J. DE MC

MANUEL

DE

NUMISMATIQUE

ORIENTALE

DE

L'ANTIQUITÉ ET DU MOYEN-AGE

FASCICULE I

LIBRAIRIE ORIENTALISTE
PAUL GEUTHNER
13, RUE JACOB, PARIS — 1923

MANUEL DE NUMISMATIQUE ORIENTALE

Contenu du fascicule I (21 fig. dans le texte) :

Avertissement. — Introduction générale.
I. La Perse Achéménide. — Monnayage royal, M. provincial, M. satrapal. — Phénicie, Syrie, Palestine.
II. Colonies phéniciennes de l'Occident. — Carthage, l'Espagne, la Numidie, la Maurétanie.
III. Asie. — Période Macédonienne.
IV. Les Arsacides de Perse.
V. Les États secondaires de l'Asie-Antérieure. — Pont, Bosphore cimmérien, Colchide Ibérie, Arménie.

LIBRAIRIE ORIENTALISTE PAUL GEUTHNER

En préparation pour paraître chez moi :

J. DE MORGAN

LA PRÉHISTOIRE ORIENTALE

TABLE DES MATIÈRES

Préface.
Historique des découvertes.
Ire PARTIE : *Généralités.* I. Géographie tertiaire. — II. L'homme tertiaire. — III. Les phénomènes glaciaires. 1. Les oscillations des pôles. — 2. Soulèvements et effondrements des Continents. — 3. Les forces sismiques. — 4. Oscillations de l'écorce terrestre. — 5. La Glaciation. — 6. Modifications dans l'étendue des Continents. — 7. Conduite des glaciers européens. — 8. Les plateaux de l'Asie Centrale. — 9. Le plateau persan. — 10. L'Arménie et le Caucase. — 11. La Sibérie. — 12. Les périodes glaciaires. — 13. Durée des temps glaciaires. — IV. Les alluvions quaternaires (Incertitudes de la chronologie des superpositions dans les couches alluviales quaternaires). — V. Les origines humaines. — VI. Les climats aux temps glaciaires. — VII. La population humaine au Pleistocène moyen. — VIII. Les grandes inondations du Pleistocène et le dépeuplement du globe. — IX. Le repeuplement de la terre (les dolichocéphales ; les brachycéphales ; les Indo-Européens ; les Sémites). — X. Des vestiges que laissent après eux les peuples sauvages. — XI. De l'usage des instruments de pierre.
IIe PARTIE : I. *L'Asie, au temps des industries de la pierre.* 1. L'industrie paléolithique en Syrie, en Mésopotamie et en Arabie. — 2. L'industrie de la pierre au pays des Somalis. — 3. L'industrie de la pierre dans l'Hindoustan. — La presqu'île de Malacca, l'Indo-Chine. — 4. L'obsidienne dans l'Asie Antérieure. — II. *La Susiane et la Chaldée.* 1. Formation de la Chaldée et de la plaine susienne. — 2. Colonisation de la Chaldée et de l'Elam. — 3. La première ville de Suse, culture de ses habitants, leurs industries. — Première période céramique. — 4. Seconde période céramique, — l'écriture, les métaux. — 5. La plaine de Moussian et le Poucht-è-Kouh. — 6. La Chaldée, la Syrie et la Palestine. — 7. Relations de la Chaldée et de l'Elam avec les pays étrangers.
IIIe PARTIE : *L'Égypte et le Nord de l'Afrique.* 1. L'industrie paléolithique en Égypte. — 2. La pierre polie dans la Vallée du Nil : le Fayoum, Hélouan. — 3. Les Kjoekkenmoeddings et les premiers villages de la Haute Égypte. — 4. Les Stations préhistoriques de la Moyenne Égypte. — 5. Les usages funéraires prépharaoniques. — 6. La dernière phase prédynastique — la Céramique, l'industrie du silex. — 7. Les métaux et la presqu'île du Sinaï. — 8. Le tombeau royal de Negadah. — 9. L'influence de l'Asie dans la Vallée du Nil aux temps prédynastiques. — 10. Les industries de la pierre dans le nord de l'Afrique, Tunisie. — 11. Les îles méditerranéennes et le littoral d'Europe et d'Asie Mineure.
IVe PARTIE : *Les débuts des métaux dans le nord de l'Asie Antérieure.* — 1. Le cuivre et le bronze. — 2. Le fer.

Conclusions.

Cet ouvrage paraîtra par fascicules à partir de 1923. Les conditions de souscription seront publiées ultérieurement.

AVERTISSEMENT

Le but que je me suis proposé, en consacrant à cet ouvrage bien des années de labeur, est de mettre à la portée de tous les numismates, aussi bien qu'à celle des orientalistes, l'étude et le classement des monnaies qui, depuis les temps les plus reculés de l'usage du numéraire, jusqu'à la fin du moyen âge, ont été émises par les peuples orientaux.

Ces séries numismatiques ont été l'objet de fort beaux travaux ; malheureusement, pour la plupart, ces ouvrages et ces mémoires ne peuvent être ni facilement, ni fructueusement consultés, tout d'abord parce qu'ils sont écrits en diverses langues, le français, l'anglais, l'allemand, le russe et le turc, entre autres, ensuite parce que bon nombre des mémoires relatifs à ces questions ont paru dans des revues peu connues du public, et dont on ne se procure que difficilement les numéros ou les tirés à part. D'ailleurs, presque toujours, dans leurs écrits, les numismates orientalistes ont supposé leurs lecteurs aussi versés qu'eux-mêmes dans la connaissance des langues orientales, et le plus souvent ont négligé d'exposer, même sommairement, les caractères et les parentés des idiomes qui figurent en légendes sur les monnaies, ne fournissant ordinairement que le texte et sa transcription en caractères hébraïques, arabes ou sanskrits, écritures qui, à première vue, rebutent les curieux. Cette méthode très rigoureuse, mais purement scientifique, n'est certes pas faite pour encourager le désir des profanes de pénétrer dans la numismatique des peuples orientaux.

D'ailleurs, cette habitude des linguistes, de n'écrire que pour leurs confrères, est si fortement ancrée dans les esprits, que les égyptologues, le plus généralement, se contentent de reproduire les textes hiéroglyphiques, sans en donner ni la transcription en caractères vulgaires ni même la traduction ; et, souvent, on voit, dans la discussion d'un texte oriental, figurer des mots écrits en cinq ou six alphabets différents, aussi inconnus du public les uns que les autres, sans transcription phonétique, ni traduction.

Ces obstacles, bien inutiles, venant se joindre aux réelles difficultés

DE MORGAN.

que présente le sujet par lui-même, rebutent la plupart des numismates qui, dès lors, se cantonnent dans les séries dont les pièces portent des légendes aisément intelligibles pour eux, c'est-à-dire grecques ou latines. Il en résulte que les ouvrages publiés sur la numismatique des Hellènes, des Romains et des peuples ayant adopté le mode d'écrire de ces maîtres, forment, à eux seuls, une très riche bibliothèque composée d'ouvrages écrits dans toutes les langues modernes, se redisant souvent les uns les autres, alors qu'on a vite fait de dresser la liste des ouvrages et des articles de revues publiés sur la numismatique orientale.

En dehors de ces difficultés d'ordre linguistique et épigraphique que rencontre le numismate dans l'étude des monnaies orientales, il est encore une cause d'éloignement des amateurs de médailles artistiques. Pour la plupart, ces pièces n'offrent pas l'attrait des belles gravures de la Grèce et de Rome ; l'art qui a présidé à leur composition est d'un tout autre ordre que celui auquel nos yeux sont accoutumés. Par suite, il est toute une classe de collectionneurs, la plus nombreuse, hélas ! qui repousse ces pièces avec dédain. On paie souvent des prix très élevés certains deniers carolingiens, les triens mérovingiens qui, quant à l'art, sont bien inférieurs aux belles pièces d'Artaxerxes I fils de Papek, ou des premiers princes de la Perside. Toutefois certaines de ces dernières monnaies, par un inexplicable caprice, sont plus recherchées ; on achète fort cher les médailles d'or sassanides, quelles qu'elles soient, alors que celles des Sakas ou des Gouptas sont toutes uniformément cotées, sans égards pour leur rareté. Pour les pièces d'argent sassanides, c'est à peine si l'on ne les vend pas au poids, comme celles des khalifes arabes et, cependant, il en est parmi ces documents numismatiques qui sont d'une extrême rareté et d'une grande valeur historique. Mais si les monnaies documentaires des divers pays occidentaux sont plus recherchées que celles des contrées orientales, c'est qu'un sentiment nationaliste préside à la réunion de leurs séries, alors que les Orientaux ne s'intéressant pas aux pièces frappées par leurs ancêtres, ces monnaies ne touchent qu'un nombre très restreint des collectionneurs européens, presque tous des linguistes.

Il en est peu, parmi les numismates, dont les collections soient générales ; chacun adopte une série, et s'efforce de la compléter le plus qu'il lui est possible. L'un ne réunira que des pièces grecques, n'adoptant parfois qu'une région, un autre collectionnera les monnaies romaines, les pièces nationales de son propre pays, ou consacrera ses ressources à un seul métal et si, parmi ces amateurs, il en est que les orientales intéressent, ou simplement amuse, il en est fort peu qui cherchent à percer l'énigme de leurs légendes.

Les collections publiques, tenues de généraliser leur documentation sont donc, sauf quelques très rares cabinets particuliers, les principaux centres des matériaux permettant les études sur la numismatique orientale. Mais, le plus souvent, dans le personnel de ces établissements, il ne se trouve pas d'orientalistes, et les séries demeurent sans classement scientifique jusqu'au jour où quelque particulier en entreprend l'examen. Ces hommes sont fort peu nombreux. Deux personnes seulement en ce jour s'occupent en France des séries sassanides, indo-sassanides, elyméennes, characéniennes, etc... En Angleterre et aux Indes, rares sont les numismates qui s'adonnent à l'étude des suites Sakas, Gouptas, etc. Cependant il convient de citer les noms des principaux parmi les numismates orientalistes, car on les compte sans peine. Sylvestre de Sacy, de Longpérier, Drouin, Dorn, de Bartholomaei, de Markoff, Mordtmann, Ed. Thomas, Stanley Poole, H. Vincent, le colonel Allotte de la Fuÿe, George F. Hill, J. Allan seront à chaque instant cités dans ce livre pour leurs travaux.

C'est donc afin de vulgariser, s'il est permis de s'exprimer ainsi, la numismatique orientale, que j'ai entrepris ce long et difficile travail. La tâche était grande et parfois très mal aisée ; car, bien des branches de cette science sont encore dans l'enfance et, dans les séries les plus connues, il existe de-ci de-là de grandes obscurités. Je me suis efforcé, sans toujours y parvenir, d'élucider quelques points douteux, voire même de chercher la traduction de légendes incomprises, la lecture de textes encore indéchiffrés. Je n'ai certes pas la prétention d'avoir fixé les choses sans appel, mais plutôt celle de montrer, pour chacune des séries, quel est, en ce jour, l'état de nos connaissances.

Un savant numismate anglais, Barclay V. Head, dans son magistral ouvrage, *Historia Numorum*, s'est attaché à la Numismatique classique grecque, et n'a touché que très légèrement à l'étude des pièces orientales antiques. La tâche de Barclay V. Head était vaste, mais facilitée par le nombre énorme des publications antérieures sur la matière. L'auteur n'avait donc qu'à résumer, et très rarement à se prononcer. Il n'en est pas de même, en ce qui regarde les séries orientales ; là, souvent les opinions des auteurs sont contraires. Il était indispensable, dès lors, que je m'étendisse longuement sur certains points encore douteux, afin de mettre le lecteur au courant des polémiques dans certains cas, des obscurités dans d'autres.

Ce livre contient donc la description des types principaux de la numismatique orientale, il décrit les caractères des séries, met le lecteur sommairement au courant des pays, des peuples, des langues et des écritures, analyse les légendes, en fournit la transcription phonétique en caractères latins et la traduction, de telle sorte que le possesseur d'une médaille soit à même de lire le texte qu'elle porte, même cette légende serait-elle incomplète et puisse classer sa pièce, autant que faire se peut, dans l'état actuel de nos connaissances.

En ce qui concerne les langues, on ne pouvait, sans étendre outre mesure ce travail, traiter de leur composition grammaticale et lexicologique ; force a donc été de ne parler que des mots qui figurent dans les légendes des médailles, et de prier le lecteur, désireux de pousser plus avant ses études, de se reporter aux traités linguistiques spéciaux ; mais les indications qu'on trouvera au cours de cet ouvrage sont amplement suffisantes pour satisfaire aussi bien les spécialistes des questions numismatiques orientales que les collectionneurs moins versés dans l'étude de ces séries. Toutefois l'alphabet latin ne contenant pas de signes correspondant à tous les sons de parlers orientaux, spécialement aux gutturales, il a été nécessaire de ponctuer ou d'accentuer certaines lettres, et de joindre aux transcriptions vulgaires leurs équivalences en hébreu ou en arabe, pour en mieux préciser la valeur. Pour chacun des alphabets je donne des tableaux dans lesquels j'indique en même temps les caractères spéciaux à chaque série monétaire et leur valeur phonétique, mais aussi, autant que faire se peut, leur ascendance, les alphabets dont ils dérivent, exposant en quelques lignes leur histoire, et j'ai joint à chacune des séries une carte géographique dont la présence m'a semblé être nécessaire, afin d'éviter au lecteur des recherches souvent difficiles.

Enfin restait un grave problème à résoudre, celui de la figuration des médailles et des textes qu'elles portent. Aujourd'hui, grâce aux progrès accomplis par les procédés photographiques, il suffit de mouler en plâtre les monnaies pour obtenir, par l'héliogravure ou la phototypie, des planches ou, par la similigravure, des figures rentrant dans le texte typographique. Ce procédé de figuration a certes le grand avantage d'être rapide et fidèle, quant à l'aspect général de la monnaie ; mais il présente en même temps le grand défaut d'atténuer la netteté des contours dans les motifs artistiques, et, qui pis est, de rendre le plus souvent les légendes difficilement lisibles. Quand il s'agit de monnaies bien conservées et de textes grecs ou latins, la parfaite connaissance de ces langues permet de suppléer, par la pensée, à ce qui manque sur la reproduction ; mais a-t-on affaire aux légendes orientales, en écritures peu courantes et parfois mêmes inconnues, alors les procédés photographiques ne suffisent plus, il faut un dessin consciencieux interprétant les caractères et un fac-similé du texte, pour que le lecteur puisse apprécier la valeur de chacun des signes. Joindre à ces dessins des planches hors texte serait certainement fort avantageux, mais du fait de l'existence d'un atlas, forcément volumineux, l'ouvrage prendrait des proportions telles qu'il ne serait plus à la portée de tout le monde. J'ai donc adopté les reproductions dessinées à la plume et insérées dans le texte à l'alinéa même qui concerne la médaille, et ces dessins je me suis astreint à les faire tous moi-même, avec toute la conscience nécessaire ; de telle sorte que l'interprétation n'y joue qu'un rôle aussi réduit qu'il est possible. Ce procédé présente aussi le grand avantage de permettre la reconstitution d'une médaille connue seulement par des exemplaires incomplets chacun.

Cette étude comprend toutes les séries de monnaies émises par les peuples orientaux depuis le vie siècle avant notre ère, jusqu'au cœur du moyen âge. Elle se partage en trois groupes principaux : 1º l'antiquité païenne avec ses dynasties diverses et les principautés soumises aux souverains des grands pays, 2º les États chrétiens de l'Orient, c'est-à-dire l'empire byzantin et les royaumes de Géorgie, d'Arméno-Cilicie et d'Axoum. Enfin 3º les séries musulmanes (arabes, turques, mongoles etc...)

La première de ces périodes offre des suites très variées, on y voit, dans les débuts, l'influence grecque dominante ; puis, peu à peu, les goûts et les écritures asiatiques chasser l'hellénisme prépondérant lors de l'occupation macédonienne de l'Asie. Chez les parthes Arsacides, les Bactriens, les Indiens, en Elam, en Characène, l'art et l'épigraphie des Grecs dominent dans les débuts ; puis, dans chaque pays, le grec n'étant plus compris des populations, on voit paraître les alphabets sémitiques, en usage déjà sous les Achéménides, voire même sous les Assyriens, pour la rédaction des écrits de la vie courante. En Perside, centre religieux mazdéen, l'écriture araméenne des Achéménides s'était conservée pure sous les successeurs d'Alexandre, et c'est de la Perside qu'est sortie la réaction iranienne contre l'hellénisme. En Arabie, également, l'écriture indigène s'était conservée, l'himyarite, le nabatéen, alors, que dans les autres pays l'araméen ne se montra guère que vers les débuts du second siècle de notre ère.

En Bactriane, le grec domine tout d'abord, dès après la conquête alexandrine ; mais de bonne heure paraît sur les monnaies le pâli-aryen, langue indienne, mais dont l'écriture est d'origine sémitique. Longtemps encore le type artistique des médailles demeure inspiré par l'hellénisme ; puis, aux Indes, paraissent les goûts locaux : la monnaie dès lors devient purement indigène, comme facies et comme légendes.

L'avènement dans l'Iran des princes Sassanides, issues de la Perside, marque un renouveau de l'esprit perse, la langue est iranienne et l'écriture, le pehlvi, n'est autre qu'un dérivé de l'araméen usité du temps des achéménides.

Les querelles incessantes des Perses avec les Romains et les Byzantins, bien que mettant les Orientaux en perpétuel contact avec leurs adversaires de l'Occident, n'influent pas sur les caractères du numéraire perse,

qui, durant le règne des Sassanides, demeure homogène, se transformant
sur lui-même, et n'a que fort peu d'influence sur le monnayage de l'empire, qui n'en reçoit presque rien lui-même.

Il n'en est pas de même dans l'Arie (Afghanistan et Transcaspienne).
Là, on rencontre, dans quelques séries numismatiques, des traces du goût
des Romains, traces fugitives d'ailleurs. Par la suite, les expéditions des
Perses contre les nomades de la Transoxiane et aussi les relations qu'ils
entretenaient avec le Multan, ont fait que le goût iranien s'est infiltré
dans les territoires orientaux : c'est ainsi que sont nées les séries dites
indo-sassanides.

Déjà sous les Arsacides l'influence perse s'était fait sentir dans ces
régions. On a frappé sur l'Oxus et dans les districts voisins des pièces
dites indo-parthes ; mais ces suites, de même que celles des indo-sassanides présentent encore de grandes obscurités. De nombreux peuples se
pressaient alors dans les steppes, leur histoire est à peine connue et
leurs monnaies, fort rares d'ailleurs, portent souvent des légendes qui
résistent encore au déchiffrement.

C'est là, au nord de l'Afghanistan de nos jours, qu'on voit intervenir
l'influence chinoise dans les émissions monétaires ; les témoins de ce
mélange sont d'ailleurs d'une extrême rareté ; car on connait seulement
quelques pièces de cuivre [1], portant d'un côté un texte pâli-aryen et de
l'autre une légende chinoise. Elles appartiennent à la peuplade des Yué-
Tchis ou Grands Kouchans, dont le rôle politique fut très grand aux
Indes et dans l'Arie.

En occident de l'Asie, dans les pays situés en dehors de la sphère des
Perses, la numismatique suit l'influence des Romains et des Byzantins,
témoins les séries de Palmyre, d'Edesse, d'Axoum en Abyssinie. Mais
quelques peuples, les Arabes, les Hébreux entre autres conservent leur
écriture sémitique nationale. En Égypte, le grec, qui domine sous les
Ptolémées, s'adapte au type romain, Alexandrie frappe encore très longtemps avec légendes helléniques, de même que la plupart des colonies
grecques d'Asie soumises à l'empire.

Il est à remarquer que les deux types d'écriture orientale les plus
anciens, le cunéiforme et l'hiéroglyphe, ne se rencontrent jamais sur les
médailles. Les dariques et les sicles des Achéménides sont anépigraphes et,
bien que la monnaie fût connue depuis très longtemps dans la vallée du
Nil [2], jamais les Égyptiens n'ont éprouvé le besoin de créer un numéraire indigène.

Sous les Achéménides, les satrapes et les villes de Phénicie, les dynastes

---

1. Cf. TERRIEN DE LACOUPERIE, *Chinese Coins*, 1892, p. 394, nos 1799 et 1799 a.
2. Trouvaille de *Mit-Rahineh* (Musée d'Alexandrie).

de Chypre et de Cilicie émettaient des monnaies avec légendes sémitiques, mais de type inspiré par les monnaies grecques, et nous connaissons de la même époque des émissions des dynastes de Carie, de Lycie, de Chypre, portant des textes en écriture indigène. Sous Alexandre le Grand et ses successeurs, ces usages se continuèrent, mais, peu à peu disparurent, pour faire place aux inscriptions grecques dont la langue était déjà celle de toutes les relations commerciales dans l'Asie antérieure occidentale, jusqu'à la frontière des états du grand roi.

Deux peuples asiatiques sont sortis du domaine de leurs ancêtres, les Phéniciens et les Arabes, et tous deux ont apporté dans leurs colonies, ou leurs nouvelles provinces, le monnayage de leur pays d'origine. A Carthage les légendes sont en lettres puniques, c'est-à-dire écrites dans des caractères dérivés du phénicien, l'Espagne et la Sicile, colonies carthaginoises, connaissent aussi ce numéraire, et il se crée là des alphabets spéciaux aux langues des Ibères, mais ces alphabets sont fortement influencés par celui de Carthage. De même les Arabes ont frappé dans tout le Nord de l'Afrique, jusqu'au Maroc, en Espagne, en Sicile et leur numéraire, de bon aloi, était si estimé, que les Croisés, les Normands de Sicile et les Espagnols, ont eu intérêt à l'imiter.

L'une des particularités les plus curieuses des débuts du monnayage des Arabes est que, contrairement aux préceptes du koran, les khalifes et leurs gouverneurs ont été obligés de frapper au type qui courait dans le pays lors de leur conquête, au type sassanide en Perse, byzantin en Syrie et dans le Nord de l'Afrique. Les pièces d'or émises en Tunisie à cette époque portent même des versets du Koran écrits en caractères latins.

Mais, à ce point de vue, les séries les plus curieuses sont, à coup sûr, celles émises par les Turcs ortokides, samanides, seldjoukides et autres qui, s'inspirant vaguement des types byzantins, ont gravé sur leurs monnaies des sujets souvent grotesques destinés uniquement à parler aux yeux des populations rurales.

En ce qui regarde les suites monétaires musulmanes, de nombreuses classifications d'ensemble ont été proposées ; les plus importantes sont celles de *F. Soret* (Éléments de numismatique musulmane, Bruxelles 1864, réimprimé dans la *Rev. de Num. Belge*, sér. ıv, t. II), de *W. Marsden* (Num. orientalia illustrata, Londres 1823), de *S. Lane Poole* (Cat. of the oriental coins in the British Museum, 10 vol.) et de *O. Codrington* (A manual of musalman numismatics, Londres 1904), mais il semble qu'afin de mettre le lecteur, non orientaliste, à même de se diriger aisément au milieu des nombreuses dynasties mahométanes, il soit préférable d'adopter une classification générale suivant les groupes ethniques des peuples qui ont embrassé l'Islam, indépendamment des conditions géographiques et chronologiques, en faisant entrer en scène les divers peuples à l'époque de leur apparition en tant que monnayeurs, puis en suivant leur destinée jusqu'à la fin de leur règne, ou jusqu'aux débuts des temps modernes.

Parmi les musulmans, les arabes, fondateurs de l'Islam, viennent naturellement en première ligne les khalifes orthodoxes, Omeyades et Abbassides, dont le pouvoir en se désagrégeant, a donné naissance à de nombreux États, puis les peuples altaïques, mongols et turcs qui sont venus imposer leur joug à l'occident asiatique, tandis que les Iraniens jouaient un rôle important aux Indes. Par la propagande des navigateurs et des missionnaires arabes, l'Islamisme s'est répandu dans la Malaisie et jusqu'en Chine.

La conversion de l'Afrique centrale à la loi de Mahomet n'a pas apporté dans ces pays barbares l'usage de battre monnaie, il n'en sera donc pas tenu compte. Notre but n'est pas de pousser l'étude des monnaies jusqu'aux temps modernes ; mais seulement de faire connaître les sources du monnayage actuel. Plus les séries se rapprocheront de nos temps et plus il en sera traité sommairement, aussi bien en ce qui concerne les émissions mahométanes, qu'en ce qui regarde celles de la Chine, du Japon, de l'Annam, etc. et des Indes brahmaniques.

Dès la chute de l'empire romain d'occident, le rôle de Constantinople prit une très grande importance, et le monnayage byzantin de plus en plus oriental, au fur et à mesure que s'atténuait le goût romain d'Italie, eut une grande influence, non seulement sur l'orient, mais aussi sur l'occident et l'Europe centrale, j'ai pensé qu'il était utile de suivre pas à pas la propagation du goût byzantin en dehors des frontières de l'Empire, et je donne cette étude avant de parler des séries arabes, y joignant la numismatique des trois pays chrétiens de l'orient l'Abyssinie (Axoum), la Géorgie et l'Arméno-Cilicie. Parmi ces peuples chrétiens, celui de la Géorgie, sans cesse asservi, modèle son numéraire sur celui de ses maîtres, sassanides, byzantins, mongols, arabes, turcs, russes, et ses suites, très irrégulières d'ailleurs, montrent une extraordinaire variété, qu'on ne rencontre chez aucune autre nation.

En nous avançant vers l'Extrême-Orient, paraît la numismatique chinoise, qui commence par des objets d'usage courant, couteaux, bêches (pus) servant aux échanges, à l'origine de la formation de cette nation. Bientôt les copies des instruments deviennent conventionnelles, seul, dans ce pays le cuivre est employé comme numéraire, l'or et l'argent circulent sous forme de lingots, le cuir et la soie tissée tiennent également ment lieu de numéraire, puis les pièces deviennent circulaires, percées au début d'un trou rond, ensuite d'un trou carré. Ce type s'est répandu dans tous les pays voisins, en Korée, au Japon, au Tibet, dans l'Annam, etc...; le monde numismatique chinois est un milieu tout à fait à part, il forme un centre spécial, dont les débuts datent du VIIe siècle avant notre ère et qui, quoi qu'en aient pensé certains auteurs, n'a rien emprunté à l'Occident.

Comme on le peut voir, par les lignes qui précèdent, l'étude de la numismatique orientale offre un champ très vaste, et, dans ce champ, les points obscurs sont encore extrêmement nombreux. De grandes découvertes sont encore à faire. Il y a bien là de quoi tenter la curiosité des chercheurs. Ce n'est donc pas avec la pensée de faire œuvre complète et définitive que j'ai entrepris d'écrire cet ouvrage. Je l'ai déjà dit : ce livre n'est qu'un essai.

Pour mettre en évidence un ensemble aussi complexe, il m'a semblé préférable, dans l'intérêt du lecteur, de suivre un ordre qui ne soit ni chronologique ni géographique ; mais qui permette de grouper les séries suivant leurs affinités. Ainsi je parlerai de la numismatique carthaginoise et de ses dérivés numides, maurétaniens et espagnols, à la suite de l'étude de la monnaie phénicienne, pénétrant ainsi jusqu'à l'extrême occident de l'ancien monde, et descendant jusqu'à l'époque romaine. La série persepolitaine devrait, au point de vue chronologique, venir après la période achéménide, sous les Séleucides, je la rejetterai plus loin cependant, la donnant avant les suites sassanides, dont elle est la préparation.

L'Inde et la Transcaspienne, l'Afghanistan forment une section séparée, bien qu'il existe des liens multiples entre cette numismatique et celles de l'Iran et des Macédoniens : mais, reporter ces diverses séries à leur époque, eût causé un grand désordre dans l'exposé.

De même l'Extrême-Orient, Chine, Japon, etc... forment une section, bien que les plus anciennes monnaies chinoises soient, pour le moins, contemporaines de la dynastie achéménide de Perse.

Quant aux Musulmans, leur apparition dans le monde ayant modifié du tout au tout l'aspect et la nature des monnaies, il en sera traité à part, en prenant successivement les Arabes, les Turcs et les Mongols : c'est un monde spécial qui, comme celui de l'Extrême-Orient, doit être envisagé séparément.

L'ouvrage entier se compose donc de cinq parties distinctes : I^o L'Asie antérieure et le Nord de l'Afrique. II° L'Asie centrale. III° L'Extrême-Orient. IV° Les byzantins et les États chrétiens de l'Orient et V^o Le monnayage des Musulmans.

INTRODUCTION GÉNÉRALE

LES SYSTÈMES MONÉTAIRES

Avant de parler du poids des médailles, il est nécessaire d'exposer en quelques mots les divers systèmes pondéraux usités, dans l'Asie occidentale, au temps des premières émissions monétaires.

L'un des plus ancien talents connus, le talent dit *Antique,* pèse 13 kg.600 grammes dans sa forme faible, et 14 kg. 166 gr. 2/3 dans sa forme forte, qui est des 25/24 de sa forme faible. Ce talent doublé a constitué le talent dit des mille onces, dit aussi médo-perse, qui pèse 27 kg. 200 dans sa forme faible et 28 kg. 1/3 dans sa forme forte, c'est-à-dire des 25/24 de celle faible. Il était en usage chez les Médo-Perses, dès les temps antérieurs à leur conquête de l'Assyro-Babylonie, et se divisait comme suit :

	Forme faible	Forme forte
Sicle 1	5 gr.44	5 gr.2/3
Pte mine....1...50	272 gr.	283 gr.1/3
Gde mine.1..2...100	544 gr.	566 gr.2/3
Talent.1.50.100.5000	27 k.200 gr.	28 k.333 gr.1/3

Mais les Achéménides, en s'emparant de l'Assyro-Babylonie, adoptèrent les coutumes de leurs nouveaux sujets, et portèrent leur talent de 50 à 60 mines, en ajoutant 10 mines aux 50 mines antérieures : on sait que chez les Sémites de la Mésopotamie les mesures étaient basées sur le système sexagésimal. Cette nouvelle variété du talent qui, chez les Arabes, porte improprement le nom de Chosroës, fut appliquée au monnayage iranien, dès le règne de Darius I, et prit trois formes distinctes :

	T. faible	T. fort	T. de Chosroës
Sicle...	5 gr.44	5 gr.2/3	5 gr.90 5/18
Mine..	544 gr.	566 gr.	590 gr. 5/18
Talent.	32 k.640 gr.	34 k.	35 k. 416 gr. 3/3

Mais le talent conserva en Perse sa division en 50 grandes mines, ce qui donnait :

	Poids faible	Poids fort	Poids de Chrosroes
Drachme.....	3 gr.264	3 gr. 40	3 gr. 54 1/6
Petite mine...	526 gr.40	340 gr.	354 gr. 1/6
Grande mine.	652 gr.80	680 gr.	708 gr. 1/3
Talent.......	32 k.640 gr.	34 k.	35 k. 416 gr. 2/3

Telles sont les mesures qui furent en usage dans les pays soumis au grand roi.

En Égypte, lors de la conquête perse, les mesures usitées étaient les suivantes :

Talent égyptien de forme faible, dite talent syrien. 40 kg.800 gr. = 3.000 sicles de 13 gr. 60.

Talent égyptien de forme forte, dite talent pharaonique.42 gr. 500 = 3.000 sicles de 14 gr.1/6.

Le sicle syrien de 13 gr. 60 égalait 4 drachmes forts médo-perses, et 4 drachmes de Chosroës de 14 gr. 1/6 répondaient au sicle pharaonique.

Mais la différence de valeur entre l'argent en Perse et en Égypte obligeait à faire encore une nouvelle transformation. On ajouta aux 42 kg. 500 du talent royal pharaonique 2,40 °/o de son poids, soit 1 kg. 020 grammes : et ainsi se forma le talent, dit thébain, dont le poids est de 43 kg. 520 grammes en argent, au titre perse, talent qui présentait la même valeur que le talent pharaonique. Il fut aussi divisé en 3000 sicles de 14 gr. 50 2/3.

Au moment de la conquête perse, il existait donc en Égypte trois types du talent : le talent syrien de 40 kgs. 200 grammes, le talent royal pharaonique de 42 kgr 500 (25/24 du talent syrien), et le talent thébain de 43 kg. 520 gr. excédant de 2,40 °/o le talent pharaonique. Chacun de ces talents était divisé en 50 mines, ce qui donnait pour cette unité de compte 816 grammes, 850 grammes et 870 gr. 40.

Les Athéniens, pour former le talent attique, sous Solon, prirent pour base le système égyptien ; mais en adoptant la moitié seulement des mesures égyptiennes, de telle sorte qu'ils eurent :

	Forme faible	Forme normale	Forme forte
Drachme..........1	4 gr.08	4 gr.25	4 gr.352
Mine........1..100	408 gr.	425 gr.	435 gr. 20
Talent attique.1.5000	20 kg.400 .	25 kg.500 gr.	26 kg.112

Ces diverses mesures furent dès lors en usage dans les pays soumis au grand roi. 1º le talent achéménide de 60 mines, dans les provinces assyro-babyloniennes et indiennes, 2º le talent achéménide de 50 grandes mines, dans les provinces iraniennes de l'empire, 3º le talent attique, dans les pays hélléniques soumis.

Mais la monnaie, ainsi constituée, ne se composa pas seulement de la mine et du sicle, elle se partagea en un très grand nombre de divisions qui, toutes, prirent un poids en relations avec le type du talent adopté. Nous n'entrerons pas dans le détail du poids de ces diverses variétés, nous contentant de les énumérer : il y eut des monnaies portant les noms d'hémiobole, hémitrihémiobole (?), obole, trihémiobole, triobole, tétrobole, sicle, octobole, sicle et demi, double hectoble, double sicle, double octobole, triple sicle. Ces quatorze variétée, comptées dans les trois systèmes (t. fort, t. faible, t. de Chosroës), ne donnent pas moins de quarante-deux poids différents.

Nous avons vu que la différence de valeur de l'argent en Égypte et en Perse avait contraint à modifier le poids de la monnaie ; mais cette différence était encore bien plus grave quand il s'agissait de métaux différents, les rapports entre la valeur de l'or et celle de l'argent, et entre celles de l'argent et du cuivre étaient variables, tout comme de nos jours ; ainsi, si l'on voulait représenter l'équivalent d'une pièce d'argent par des monnaies de cuivre, il fallait, sous les Achéménides, multiplier par 140 le poids de la pièce d'argent, ce qui eût donné des espèces d'un poids excessif ; on adopta donc, comme unité, le poids de 7 oboles d'argent, ce qui donna 20 pièces de cuivre pour une d'argent, et ces pièces de 7 oboles furent elles-mêmes subdivisées, pour répondre aux besoins courants de la vie.

D'autres systèmes furent encore adoptés ; car on voit des pièces de cuivre pesant dix oboles, leurs multiples et leurs divisions.

Le rapport de l'or à l'argent était en ces temps de 1 à 13. En sorte que les Perses ont créé des pièces d'or, les dariques, dont 13 avaient le même poids que 20 sicles. La darique d'or pèse donc 20/13 de sicle.

Il est à noter que, pour les pièces d'or et d'argent, les poids constatés se tiennent généralement en dessous du poids théorique ; cela tient à l'usure par circulation du numéraire, et au rognage des pièces, qui s'est pratiqué de tout temps ; mais, lors de leur fabrication, ces monnaies étaient pesées avec soin. Il n'en est pas de même pour les espèces de cuivre, métal de moindre valeur : parmi ces dernières monnaies on en rencontre un grand nombre dont le poids réel est de beaucoup supérieur au poids théorique.

Aux données qui précèdent, il convient aussi d'ajouter que, dans certains cas, les Perses et leurs successeurs ont tenu compte des usages locaux et respecté les poids indigènes, le système chaldéen, entre autres. Il y a donc eu, dans l'Asie antérieure, en tenant compte des poids forts et faibles et du système dit de Chosroës, dix-huit modes de tailler la monnaie, répartis en six grandes classes, trois appartenant au système assyro-babylonien, deux à celui des Médo-Perses et une speciale aux Grecs. Le grain, pris pour base dans cette classification du numéraire, est également variable de poids, suivant les systèmes adoptés. Le tableau suivant fournit tous les poids théoriques des monnaies usitées avant notre ère, dans l'Asie occidentale. Nous le devons aux belles recherches d'un savant très distingué dont nous avons à déplorer la perte récente, J. Decourdemanche, dont les travaux sur ces questions font grande autorité.

N°	GRAINS	DÉSIGNATION	POIDS FAIBLE	POIDS FORT	POIDS DIT DE CHOSROËS
			gr.	gr	gr.

Tableau n° I. — Échelle de 96 grains. — Système Assyro-Babylonien.

N°	GRAINS	DÉSIGNATION	POIDS FAIBLE	POIDS FORT	POIDS DIT DE CHOSROËS
1	4	Hémiobole	0.45 1/3	0.47 7/9	0.49 41/216
2	6	Hémitrihémiobole	0.68	0.70 5/6	0.73 113/148
3	8	Obole	0.90 2/3	0.94 4/9	0.99 41/108
4	12	Trihémiobole	1.36	1.41 2/3	1.47 41/72
5	16	Diobole	1.81 1/3	1.88 8/9	1.96 41/54
6	24	Triobole	2·72	2.83 1/3	2.95 5/36
7	32	Tétrobole	3.62 2/3	3.77 7/9	3.93 14/27
8	48	Sicle	5.44	5.66 2/3	5.90 5/18
9	64	Octobole	7.25 1/3	7.55 5/9	7.97 1/27
10	72	Sicle et demie	8.16	8.50	8.85 5/12
11	96	Double sicle	10.88	11.53 1/3	11.80 5/9
12	128	Double octobole	14.50 1/3	15.11 1/9	15.94 2/27
13	144	Triple sicle	16.32	17.00	17.70 5/6

Tableau n° II. — Échelle de 56 grains. — Système Assyro-Babylonien.

N°	GRAINS	DÉSIGNATION	POIDS FAIBLE	POIDS FORT	POIDS DIT DE CHOSROËS
1	7	1/8 d'unité	0.79 1/3	0.82 23/36	0.86 71/102
2	14	1/4 »	1.58 2/3	1.65 5/18	1.72 71/512
3	21	3/8 »	2.38	2.47 11/12	2.58 213/1024
4	28	1/2 »	3.17 1/3	3.30 5/9	3.44 71/216
5	56	Unité	6.34 2/3	6.61 1/9	6.88 71/108
6	112	Double unité	12.69 1/3	13.22 2/9	13.77 17/54

Tableau n° III. — Échelle de 80 grains. — Système Assyro-Babylonien.

N°	GRAINS	DÉSIGNATION	POIDS FAIBLE	POIDS FORT	POIDS DIT DE CHOSROËS
1	10	1/8 d'unité	1.13 1/3	1.18 1/12	1.22 421/432
2	20	1/4 »	2.26 2/3	2.36 1/9	2.42 215/216
3	30	3/8 »	3.40	3.54 1/6	3.68 133/144
4	40	1/2 »	4.53 1/3	4.72 2/9	4.91 199/216
5	50	5/8 »	5.66 2/3	5.90 5/18	6.14 377/432
6	60	3/4 »	6.80	7.08 1/3	7.57 61/72
7	70	7/8 »	7.93 1/3	8.26 7/18	8.60 355/432
8	80	Unité	9.06 2/3	9.00 4/9	9.83 43/454

Tableau n° IV. — Échelle de 120 grains. — Système Médo-Perse.

N°	GRAINS	DÉSIGNATION	POIDS FAIBLE	POIDS FORT	POIDS DIT DE CHOSROËS
1	10	Tiers de drachme	1.088	1.13 1/3	1.18 1 18
2	15	Hémidrachme	1.632	1.70	1.77 1/12
3	20	2/3 de drachme	2.176	2.26 2/3	2.36 1 9
4	30	Drachme	3.264	3.40	3.54 1/6
5	40	Drachme et un tiers	4.352	4.53 1/3	4.72 2/9
6	50	Sicle	5.44	5.66 2/3	5.90 5/18
7	60	Didrachme	6.528	6.80	7.08 1/3
8	70	Deux drachmes et un tiers	7.616	7.93 1/3	8.26 1 18
9	90	Tridrachme	9.792	10.20	10.62 1/2
10	100	Double sicle	10.88	11.00 1/3	11.80 5/9
11	120	Tétradrachme	13.056	13.60	14.00 1/6
12	180	Hexadrachme	19.584	20.40	21.25

Tableau n° V. — Échelle de 140 grains. — Système Médo-Perse.

N°	GRAINS	DÉSIGNATION	POIDS FAIBLE	POIDS FORT	POIDS DIT DE CHOSROËS
1	8 3/4	1/6 d'unité	0.952	0.99 1/6	1.03 43 44
2	17 1/2	1/8 »	1.904	1.98 1/3	2.06 43 72
3	25 1/4	3/16 »	2.856	2.97 1/2	3.09 43/48
4	35	1/4 »	3.808	3.96 2/3	4.13 7/36
5	52 1/2	3/8 »	5.712	5.95	6.19 19/24
6	87 1/2	5/8 »	9.520	9.91 2/3	10.32 71/72
7	105	3/4 »	11.424	11.90	12.39 7/12
8	122 1/2	7/8 »	13.328	13.88 1 3	14.46 13 72
9	140	Unité	15.232	15.86 2/3	16.53 7/9

Tableau n° VI. — Du monnayage Grec.

N°	GRAINS	DÉSIGNATION	POIDS FAIBLE	POIDS FORT	POIDS DIT DE CHOSROËS
1		1/6 de drachme. (Obole)	0.68	0.708 1/3	0.725 1/3
2		1/3 » (Diobole)	1.36	1.416 2/3	1.450 2/3
3		1/2 » (Triobole)	2.04	2.125	2.176
4		2/3 » (Tétrobole)	2.712	2.833 1/3	2.901 1/3
5		Drachme	4.08	4.25	4.352
6		Didrachme	8.16	8.50	8.704
7		Tridrachme	12.24	12.75	13.056
8		Tétradrachme	16.32	17.00	17.408

DU TITRE DES MÉTAUX MONÉTAIRES

Une autre question, non moins délicate que celle du poids des monnaies, est celle du titre du métal qui les compose. On sait que les anciens étaient malhabiles dans l'art d'affiner les métaux précieux. Les feuilles d'or dont étaient ornés les cercueils des princes de la XIIe dynastie découverts à Dahchour renfermaient 83 °/o d'or pur et 17 °/o d'argent ; et, bien certainement, cet alliage n'était pas voulu ; il se rencontrait tout préparé dans la nature, dans les sables du Pactole entre autres [1], alors que, dans d'autres placères, l'or est presque pur.

La teneur en argent de l'électrum était d'ailleurs fort inconstante, la proportion d'argent varie entre 20 et 48,3 °/o pour les monnaies dont on a fait les analyses. Dans une offrande de Croesus au temple de Delphes, il y avait cent treize lingots d'or blanc qui paraissent avoir renfermé 29,84°/o d'argent [2].

Les rois de Perse Achéménides, s'étaient, semble-t-il, réservé la frappe de l'or pur ; mais avaient laissé libres les provinces de leur empire de monnayer l'électrum, l'argent et le cuivre. Dans l'évaluation de leur valeur, ces monnaies d'électrum ne comptaient que suivant les proportions de métal précieux. L'argent était allié au cuivre ou à l'étain, pour lui donner plus de résistance à l'usure ; quant au numéraire de cuivre, il contenait de 10 à 16 °/o d'étain, formule d'un bronze fort résistant, connue depuis les temps préhistoriques.

Dans les périodes antérieures à notre ère, le titre des métaux employés pour la fabrication des monnaies s'est toujours maintenu assez pur. Ce n'est qu'à l'époque des Arsacides, alors que les derniers souverains de cette dynastie étaient ruinés par leur faste et par les guerres incessantes qu'ils soutenaient contre les Romains et les nomades de l'Orient, qu'on voit paraître une altération officielle de l'alliage. Cette altération porte sur les tétradrachmes seulement, alors que les drachmes demeurent en argent pur.

Dans les principautés tributaires, en Characène, en Elymaïde, toute la série monétaire baisse de valeur jusqu'à devenir, sous la seconde dynastie d'Elymaïde, entre autres, des pièces de bronze simplement saucées d'argent. L'avènement des Sassanides fit cesser ces abus dans tout l'empire ; car Artaxercès I et Sapor I, suivant en cela les traditions de la Perside, province où le numéraire était toujours resté de bon aloi, supprimèrent le tétradrachme tombé en discrédit, après l'avoir, toutefois, maintenu pendant quelque temps, en frappant d'épaisses pièces de potin.

1. SOPHOCLE, *Antigone*, 10, 38.
2. HÉRODOTE I, 50. — FR. LENORMANT, *La Monnaie dans l'Antiquité*, p. 194.

Dans la suite la pureté du métal fut respectée pendant toute la durée de la dynastie sassanide et, après elle, par les Arabes.

Les monnaies qui, dans le monde oriental, jouirent de la plus grande faveur furent celles d'Athènes, tout d'abord, ensuite celles d'Alexandre le Grand, puis le numéraire des Sassanides, enfin celui des Arabes. Le succès de ces monnaies n'est dû qu'à la grande loyauté avec laquelle elles étaient frappées ; et si le monnayage romain de basse époque et celui des Byzantins n'a pas obtenu le même succès, malgré la grande puissance politique et commerciale de l'Empire, c'est qu'à bien des reprises les émissions romaines et byzantines ont péché par le poids des pièces, comme par le titre du métal dont elles étaient faites.

DES LANGUES ET DES LÉGENDES

Ce serait une grave erreur que de juger des langues qui se sont parlées dans l'Asie occidentale, d'après les légendes gravées sur les monnaies ; car, dans bien des cas, les idiomes locaux indigènes se sont effacés devant ceux des maîtres politiques des diverses régions; c'est ainsi que le grec, apporté dans les pays iraniens, dans l'Asie et jusqu'aux Indes, par les Macédoniens, a survécu pendant plusieurs siècles comme langue officielle, en Perse, en Bactriane et dans la vallée de l'Indus, par la force du prestige qu'avait alors la culture hellénique. Mais, peu à peu, quand Rome eut abattu la puissance des Séleucides et des Ptolémées, le grec qui, en Asie, était une langue étrangère, rendit la place officielle aux langues indigènes qui, d'ailleurs, n'avaient jamais cessé d'être parlées par la population.

Dans tous les petits états de l'occident asiatique, on s'exprimait en langue sémitique, en phénicien sur la côte méditerranéenne, en dialectes araméens variés à Palmyre, à Edesse, en Élymaïde, on parlait proto-mandaïte sur le bas Euphrate et le bas Tigre, l'hébreu et le samaritain en Palestine, le nabatéen dans le Nord de l'Arabie, l'himyarite dans le Sud. En Perside le vieux perse des textes cunéiformes se transformait peu à peu en pehlvi (ou huzvarèch), par l'introduction dans l'ancien langage d'une multitude de termes sémitiques, voire même de formes grammaticales. Cependant les chaines du Kurdistan formaient la frontière entre les parlers sémitiques et ceux des Indo-iraniens, dont le domaine s'étendait jusqu'au loin dans la péninsule indoue. Plus au nord, vers les bords de l'Oxus, jusqu'au lac Baïkal, on traversait des terres de langues aryennes et d'autres ouralo-altaïques, alors que le centre et le Sud de l'Hindoustan parlaient des dialectes dravidiens, vieux idiomes antérieurs à l'apparition des Indo-Européens dans la presqu'ile.

Telle était la composition linguistique de l'Asie occidentale, quand les Macédoniens imposèrent comme langue officielle le grec, dans les divers états soumis par leurs armes. Seule de toutes ces principautés la Perside n'accepta pas la langue des Hellènes, et l'Arabie méridionale ainsi que l'Abyssinie, qui n'avaient pas été conquises, conservèrent chacune leur langue et leur écriture.

Dans les autres pays, en Perse, sous les Arsacides, en Judée sous les Grecs et les Romains, en Characène, en Elymaïde, en Bactriane, la numismatique débute par des légendes helléniques, puis, peu à peu paraissent les dialectes locaux sur les monnaies, mélangés au grec, tout d'abord, puis le remplaçant partout. Le nationalisme prend le dessus.

D'autres états, comme ceux de Palmyre, d'Arménie, de Commagène, du Bosphore cimmérien, etc., n'ont jamais fait usage que des légendes en langue hellénique, et sont passés parfois du grec au latin, lors de leur occupation par les légions. Cependant dans les noms de leurs souverains on reconnaît sans peine des asiates ; ΜΑΝΝΟΣ, ΑΒΓΑΡΟC en Osrhoène, bien que s'intititulant ΦΙΛΟΡΩΜΑΙΟC n'en sont pas moins des Sémites, et il en est de même à Palmyre pour, VΑΒΑΛΑΘΟC, ΖΗΝΟΒΙΑ·

En Characène, tous les noms des princes sont indigènes et simplement grécisés : c'est ainsi que 'בנפי'א' = I'BI'NGAI' devient ΑΒΙΝΕΡΓΛΟC.

En Bactriane et aux Indes, les pièces portent très vite des légendes bilingues, c'est que, dans ces pays l'influence hellénique a été moins forte que dans la Mésopotamie. On lit sur les monnaies de Balk : HeLiYa-KReYaSa, pour ΗΛΙΟΚΛΕΟΥΣ, sur celles de Kaboul : MeNaDRaSa, pour MENANΔPOY·, AmTiMaKHaSa pour ANTIMAXOY, etc., au Pendjâb, AMTiALiKiDaSa, pour ANTIΛΛΚΙΔΟY, etc., à Taxila AYaSa, que les Grecs ont traduit AZOY, etc.

En Abyssinie, les rois d'Axoum, beaucoup plus tard, s'inspirant des tiers de sou d'or byzantins, frappèrent d'abord avec légendes grecques, puis on vit apparaître bientôt l'écriture indigène.

Pour la plupart, les langues et les alphabets dont il vient d'être question sont connus ; il n'en est pas de même pour les textes des pièces frappées par les hordes ouralo-altaïques qui, pendant des siècles, se pressèrent, dans les steppes de la Transoxiane. Ces monnaies portent conventionnellement le nom d'indo-parthes, d'indo-sassanides, et l'on ne connaît encore ni la langue dans laquelle leurs légendes ont été conçues, ni les valeurs des caractères à l'aide desquels ils ont été écrits. L'histoire et la numismatique de ces tribus sont encore forts obscures. La plupart ont depuis longtemps disparu, se sont fondues dans les peuples qu'elles avaient conquis ou qui les ont subjuguées, de telle sorte qu'apparaissant pendant un siècle, souvent moins, elles n'ont laissé que fort peu de traces. D'ailleurs l'exploration scientifique des pays transcaspiens et baktriens est encore

bien imparfaite, l'avenir livrera certainement une foule de documents
dont nous ne soupçonnons même pas l'existence ; et le rôle de l'Extrême-
Orient sur l'Asie centrale, quand il sera mieux connu, jettera quelque
lumière sur bien des points. Déjà nous possédons quelques très rares
monnaies à légendes bilingues reliant la Chine aux grands Kouchans, et
les textes sogdiens ont été éclaircis par M. Pelliot, grâce à ses belles
découvertes de manuscrits de cette langue et de cette écriture. Dans bien
des cas, cependant, il serait prématuré de chercher à conclure, aussi
nous contenterons-nous d'exposer, sur les questions en suspens, quel
est actuellement l'état de nos connaissances.

Quant aux écritures si variées dont nous aurons à nous occuper dans
les pages qui vont suivre, toutes descendent de l'araméen, par des voies
plus ou moins directes, sauf le chinois et certains alphabets artificiels,
tels que le géorgien et l'arménien. C'est aussi de l'écriture sémitique que
sont sortis l'alphabet grec et tous ses dérivés jusqu'à nos jours, exception
doit peut-être être faite cependant pour le lycien, le chypriote, le carien,
qu'on a supposé, sans preuves d'ailleurs, être venus des hiéroglyphes
hétéens.

Ainsi, dès le début de l'usage de l'écriture alphabétique, qu'il ne faut
pas confondre avec les systèmes hiéroglyphiques (égyptien, chaldéo-
assyrien, proto-anzanite, hétéen, crétois, chinois), il se forma deux courants principaux, l'un dont les Grecs furent les propagateurs, l'autre essentiellement asiatique. La différence fondamentale entre ces deux groupes
est dans la figuration des sons voyelles nécessaires pour exprimer toutes
les valeurs des langues de la famille aryenne, sons qui ne jouent chez les
sémites qu'un rôle secondaire. Il s'en suivit que le phénicien et les
dérivés araméens, qui répondaient à tous les besoins des parlers sémitiques, étaient insuffisants pour représenter les dialectes aryens-orientaux ;
et cette insuffisance donna lieu à la naissance des écritures indiennes et
du Zend, qui ne sont autres que l'adaptation des principes sémitiques de
l'écriture à des consonances étrangères au sémitisme. Le Zend d'origine
récente, d'ailleurs, n'a jamais figuré sur les médailles.

Les Phéniciens, dans leur alphabet, n'ont de formes voyelles que pour
les sons א (A) et ו (U), car ו peut prendre les valeurs E, I, A, O, etc...
De même א ne se prononçait pas toujours A, et ו avait fréquemment la
valeur consonne V. Mais pour les langues sémitiques, dans lesquelles
seules les consonnes ont une valeur, cela n'avait pas d'importance. Sur
le tard, cependant, les Sémites estimèrent qu'il importait, surtout pour les
textes religieux, de noter les voyelles, et ils parvinrent à ce résultat au
moyen d'une ponctuation très compliquée. On en jugera par la première
ligne du décalogue que je donne ci-dessous. (Fig. 1.)

(Lire les transcriptions de droite à gauche.)

Il en est de même pour l'écriture arabe, quelle que soit la langue qu'elle exprime ; mais cette ponctuation est d'origine récente et, sauf

וַיְדַבֵּר אֱלֹהִים אֵת כָּל־הַדְּבָרִים הָאֵלֶּה לֵאמֹר:

. RMᵒEL HᵢLLEHᵢ MMIRᵥDH LKᵢ SSEMMIHᵢLÊ RᵦDIV

FIG. 1.

pour les monnaies musulmanes de très basse époque, elle n'existe jamais dans les textes sémitiques, qu'ils soient lapidaires, numismatiques ou manuscrits. Cette difficulté, venant s'ajouter à la variabilité de la forme des lettres, rend parfois fort ardue la lecture des légendes.

Afin de mieux faire saisir l'esprit dans lequel l'écriture sémitique rend les langues aryennes nous donnons une ligne de pehlvi (*Yaçua*, XXVIII). (Fig. 2.)

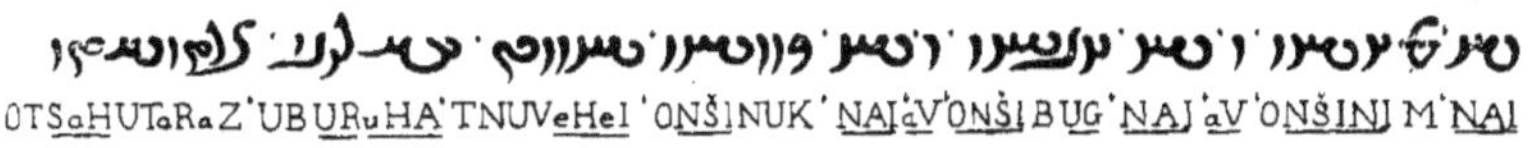

OTSₐHUTₐRₐZ'UB URᵤHA'TNUVₑHel 'ONŠINUK' NAJₐV'ONŠI BUG'NAJ'ₐV'ONŠINI M'NAI

FIG. 2.

Et une ligne de zend, écriture adaptée aux besoins des langues iraniennes (*Vendidad*, II, 1). (Fig. 3.)

A T S'INÉP S'UIINIAMARUHA'MÃDSAMMERUHA'ÔRT S'UT'ARAZ'TASEREP

FIG. 3.

Il n'existe, je l'ai déjà dit, aucune légende de médaille en écriture zend.

En ce qui concerne les origines et les sources de l'écriture alphabétique des Sémites, les opinions sont fort partagées. On admet généralement, avec de Rougé, mais sans preuves positives, que le phénicien est sorti de l'hiératique égyptien : mais nous ne possédons aucun exemple du passage de l'un à l'autre, le plus ancien document épigraphique connu jusqu'à ce jour, la stèle de Mésa, qui date d'environ 895 av. J.-C. montre une écriture déjà parfaitement fixée.

Au cours de cet ouvrage, je traiterai sommairement de toutes les écritures qui se rencontrent sur les médailles, indiquant, dans des tableaux très détaillés, leurs parentés et leur ascendance probable, de telle sorte que le lecteur, non seulement soit à même de lire les légendes, mais se rende compte de la position occupée par les divers alphabets, dans l'évolution générale de l'écriture.

Quant aux transcriptions phonétiques, je me suis efforcé de faire comprendre au lecteur la valeur des lettres diverses sans cependant adopter l'un de ces alphabets universels qui, par leurs notations d'apparence algébrique, compliquent la lecture. Pour l'étude d'une même langue, quelle qu'elle soit, les divers auteurs ne font pas, dans leurs travaux, toujours usage des mêmes notations et, souvent, ces différences causent des hésitations. Le mieux était donc de chercher dans chacun des cas particuliers à me faire bien comprendre, sans entrer dans un exposé de la phonétique scientifique envisagée dans son ensemble.

Les notations dont j'ai fait usage sont le plus généralement empruntées à l'alphabet latin et à la prononciation française. Cependant j'emploie parfois des lettres conventionnelles simples telles que *ś* pour ch (français), sh (anglais), *č* pour tch (français), c (italien), *j* pour dj, etc... Dans les langues indiennes paraissent les sons dh, bh, th, qu'il ne faut pas confondre avec le th anglais, et qui, en linguistique, sont rendus par des lettres ponctuées, *ḍ*, *ḥ*, *ṭ* etc.

LES CULTES

De tout temps, les divinités et les attributs du culte ont joué un rôle très important dans les figurations ornant les médailles, ainsi que dans les légendes, aussi bien en Occident qu'en Orient, sauf toutefois en Chine. Mais dans les pays méditerranéens, dans la numismatique classique, les manifestations de conceptions religieuses sont assez aisées à comprendre, alors qu'en Orient leur interprétation est souvent plus ardue. Elle devient presque impossible chez certains peuples barbares dont les religions nous sont à peine connues.

Chez les Hellènes la divinité joue un très grand rôle : chaque ville, chaque peuple, souvent même chaque personnage a son dieu protecteur, sa divinité favorite, dont on retrouve l'image ou l'emblème sur ses monnaies. Les cultes locaux laissent des traces tantôt au droit, tantôt au revers du numéraire et, plus tard, les pièces frappées par les colonies romaines, chez les Grecs, se compliquent encore. Elles sont d'un précieux secours pour l'histoire des divinités locales.

A Rome, le panthéon grec se mélange avec celui des Italiotes, et se complique des cultes étrangers auxquels les temples de la ville éternelle donnent généreusement l'hospitalité. C'est ainsi que, suivant les époques, l'Égypte et la Syrie envoient leurs contingents d'immortels, se faire adorer dans la maîtresse du monde.

Mais si la Grèce et Rome adoptaient volontiers les divinités étrangères, les assimilant aux leurs, il n'en était pas de même en Orient, contrées dans lesquelles les peuples étaient plus fermement attachés qu'en Occident à leurs institutions ancestrales. La conquête macédonienne a, bien certainement, répandu dans l'Asie le panthéon hellénique ; mais les dieux ont été plutôt admis à titre d'assimilation des divinités locales avec celles des conquérants, qu'adoptés comme divinités nouvelles. Il en est résulté des panthéons fort complexes, dans lesquels l'élément hellénique semble dominer, alors qu'en fait ce ne sont que les croyances indigènes qui persistent sous d'autres noms. C'est ce qui eut lieu en Phénicie, chez les peuples de l'Asie Mineure, mais plus particulièrement chez les Sémites.

En Perse, sous les Achéménides, domine le mazdéisme, qui semble disparaître lors de la conquête d'Alexandre et sous les Parthes, et cependant se conserve en Perside, pour renaître plus vigoureux que jamais sous les Sassanides. Les trois séries des médailles de ces époques en font foi : le culte mazdéen, sous les successeurs d'Artaxerxes fils de Papek, arrêté dans son expansion vers l'Occident par les légions romaines, s'étend à l'Orient, et gagne les pays de l'Oxus ; mais là, et vers les Indes, il rencontre la civilisation gréco-indienne et ses cultes divers, profondément enracinés, qu'il ne peut vaincre. Il y a dans ces pays lutte entre le bouddhisme et le brahmanisme, et finalement, ce dernier triomphe : le mazdéisme reste impuissant en présence de cet antagonisme. L'examen des monnaies montre cette lutte et cette évolution d'où est sorti le type des médailles indiennes du moyen âge, avec son panthéon bien défini.

Lors de la conquête musulmane de l'Asie, l'Orient se partageait en trois ou quatre grands groupes religieux : Byzance chrétienne, la Perse mazdéenne, l'Inde brahmanique, et, entre ces grandes divisions, de nombreux peuples secondaires, conservant leurs divinités ancestrales ; puis, plus loin encore, à l'Extrême-Orient, la Chine et les pays voisins bouddhistes. C'est dans ces pays que s'étendit l'Islam, gagnant sur Byzance les provinces syriennes, mésopotamiennes et toutes celles de l'Afrique, envahissant l'Espagne, absorbant la Perse tout entière, la Transcaspienne, pénétrant aux Indes et jusqu'en Chine.

La numismatique est un miroir fidèle de ces évolutions de la pensée : le buste d'Ormazd domine aux temps achéménides puis, avec les Sassanides, paraît l'autel du feu et, dans tous les pays conquis par les Arabes, les formules pieuses du Coran font, après un siècle environ d'hésitation, table rase des représentations d'antan, tandis que l'Inde et la Chine continuent leurs vieilles traditions et que, sur le numéraire byzantin, figurent le Christ, la Vierge et plus tard les Saints.

DE LA RARETÉ ET DU PRIX DES MÉDAILLES

Comme tous autres objets circulant dans le commerce, les médailles prennent leur valeur de l'offre et de la demande ; or la demande est extrêmement fantaisiste, variable suivant les temps, les goûts ou la mode.

Cela tient à ce que les collectionneurs obéissent à des tendances diverses, et que leurs séries sont réunies dans des buts très différents.

Il y a lieu de distinguer trois sortes de collections et de collectionneurs :

1° les cabinets d'États ou des villes, collections publiques qui doivent tout posséder ; mais cessent d'acheter du jour où ils sont pourvus ;

2° Les collections des savants, dans lesquelles les médailles remplissent le rôle de documents, et dans lesquelles la rareté plus ou moins grande d'une pièce n'est que d'un intérêt très secondaire ;

3° Les collections créées dans un but artistique ou pour satisfaire un goût pour les choses curieuses et rares.

Ces deux dernières classes chevauchent parfois l'une sur l'autre ; mais il est plus courant que la troisième, qui est la plus nombreuse, soit indépendante. Elle ne s'adresse, le plus souvent, qu'aux médailles remarquables par leurs qualités artistiques et, comme les amateurs en sont nombreux, les enchères font parfois monter les pièces à des taux incroyables. Les séries grecques, romaines et celles de la Renaissance attirent spécialement les regards de ces collectionneurs qui négligent complètement les pièces orientales. On peut dire que toutes les séries en dehors de celles de la Grèce et de Rome n'entrent dans les collections que comme sujets d'études; cependant il y a lieu d'en exclure celles concernant la numismatique nationale qui, dans chaque pays, compte de nombreux amateurs. Là, le sentiment patriotique se mêle à la curiosité : mais ceci n'a lieu que chez les Européens, car les Orientaux, si nous en exceptons les Chinois et les Japonais, ne s'intéressent que fort peu aux médailles frappées par les princes de leur.race.

Quelques cabinets numismatiques se sont fondés cependant en Orient; mais, dans la plupart des cas, ces collections sont dues à l'initiative des Européens ; à Calcutta, à Lahore, à Batavia, en Tunisie, en Égypte où moi-même j'ai créé le Cabinet des médailles d'Alexandrie, les Orientaux n'ont pris aucune part dans ces innovations. Toutefois, à Constantinople Hamdi Bey, jadis, a développé les séries numismatiques du musée, et quelques Turcs se sont intéressés aux médailles de l'Islam.

Il résulte de cette disposition d'esprit des Orientaux que les collections les plus importantes de médailles asiatiques et africaines sont en Europe, à Paris, Londres, Vienne, Berlin, Copenhague et Saint-Pétersbourg et que c'est également en Europe que sont les suites particulières les plus étendues des monnaies orientales. Il suffit, pour se rendre compte de l'intérêt que portent les Occidentaux à ces séries, de jeter les yeux sur la liste des auteurs qui ont écrit sur ce sujet, tous ou presque tous ont été des collectionneurs, quand ils n'étaient pas conservateurs de collections publiques.

Dans les séries orientales, il y a lieu de distinguer entre les médailles se reliant même vaguement à l'histoire classique, pièces qui ont droit de cité dans les collections des amateurs d'art, et celles qui n'ont aucun lien avec les annales de la Grèce ou de Rome, telles les pièces musulmanes, mongoles, indiennes, chinoises : celles-là sont complètement négligées, sauf dans les collections publiques et par quelques rares travailleurs.

En dehors des causes que je viens d'énumérer, qui influent sur le prix des médailles orientales, il est encore une raison, non sans grande valeur, de dépréciation de ces pièces : dès que les collections publiques en sont pourvues, elles ne trouvent plus acheteur que parmi les collectionneurs particuliers, très peu nombreux, qui sont capables de lire leurs légendes, de les comprendre, de connaître l'histoire, souvent très confuse, des peuples qui les ont émises.

Une pièce, quelle qu'en soit la série, est rare parce qu'elle a été émise à un très petit nombre d'exemplaires, elle est chère parce que beaucoup d'amateurs désirent la posséder, et que le nombre des spécimens en circulation ne correspond pas à la demande des collectionneurs ; mais une pièce rarissime, unique même, peut être sans valeur marchande si personne ne s'y intéresse. C'est ainsi que les monnaies orientales uniques sont nombreuses dans les collections particulières et sur le marché, et que cependant, quand elles passent en vente publique, elles atteignent des prix ridicules de bon marché.

Dans bien des ouvrages on trouve indiqués des prix pour chaque pièce. Ces livres, composés à l'époque où les musées publics avaient encore de nombreuses acquisitions à faire, où les études sur la matière n'étaient pas achevées, où l'auteur avait intérêt personnel à faire valoir ses propres médailles, sont aujourd'hui des guides sans valeur au point de vue des prix, et il en sera toujours de même quand l'auteur évaluera en argent moderne des monnaies qu'une trouvaille, que la mode même peuvent faire, un jour, tomber à rien. Par contre, certaines pièces ont, depuis un demi-siècle doublé, triplé, décuplé de prix dans les ventes aux enchères.

On ne peut s'empêcher de sourire quand on voit cotés 1.000 frs des deniers carolingiens ou des premiers Capétiens, parce qu'à l'époque de la rédaction du volume on ne connaissait que peu d'exemplaires sortis de tel ou tel atelier de frappe ; quand on voit telle pièce d'or de Philippe VI de Valois marquée de 30 à 50 frs en 1878, atteindre 200 frs en 1913, 500 frs en 1918, et 1.200 frs en 1920 ; quand on voit une belle pièce grecque d'argent vendue à Turin en 1908, 28.000 frs, alors que trente ans plus tôt on l'eût eue pour moins de 2.000 frs. Et combien d'exemples de ce genre qui viennent prouver combien ces prix marqués dans les livres sont illusoires.

Le catalogue d'une vente publique de monnaies orientales, qui a eu lieu en janvier 1913 [1] est, au sujet des prix, extrêmement instructif. On y voit entre autres : une drachme de Sapor I payée 60 francs et la même pièce, en aussi bon état de conservation, vendue 2 fr. 50 ; Varahrane III 90 et 10 frs ; Hormisdas II 80 et 5 frs ; la même drachme d'Abd-Allah-ben Zob'eïr tomber de 60 à 10 frs. Et les prix varient suivant les ventes, dans une même année, en raison de ce que les amateurs sont plus ou moins nombreux lors de la vacation.

Cependant s'il est nécessaire d'indiquer au collectionneur la rareté relative des médailles, cette rareté relative ne peut être fournie que par les prix, ou par une cote conventionnelle. R 1, R 2, R 10, R. 100, R. 1000. Cette cote ne donnerait pas tous les éléments d'appréciation et serait capable d'induire en erreur, car souvent, surtout en ce qui concerne les pièces orientales, une médaille cotée R 1000, parce qu'elle n'est connue qu'à deux ou trois exemplaires, n'atteint pas 100 frs en vente publique. Il semble donc que le procédé plus exact, et plus pratique serait d'indiquer le prix de vente le plus récent en y joignant la date.

Dans un autre catalogue de vente (décembre 1919) [2] je relève un certain nombre de prix intéressants, parmi lesquels : *Aradus* (dieu Melqarth et galère) Æ 5 [85 fr.] -- *Tyr* (le roi sur un cheval marin et chouette) Æ 6 [820 fr.]. — *Jérusalem* (calice et branche de lis) Æ 6 [270 fr.]. — *Diodote*. R/. Jupiter debout. N 4 [2000 fr.]. — *Antimaque*. R/. Neptune. Æ 9 [2625 fr.]. -- *Oerkès*. R/. Dieu Siva. N 5 [110 fr.].

Ces indications, ainsi notées, avec la date de la vente, permettraient aux collectionneurs, comme aux marchands, de se faire une idée de la rareté des médailles ; quant à fixer les prix comme ont tenté de le faire *Cohen* pour les romaines, *Sabatier* pour les byzantines, *Gariel* pour les carolingiennes, *Hoffmann* pour les monnaies des Capétiens et des Valois etc..., etc. Il n'y faut pas songer.

Somme toute si l'évaluation des prix pour les séries dont les pièces ont un cours commercial est illusoire, elle l'est plus encore pour les monnaies orientales qui, jusqu'ici, n'ont pas eu droit de cité dans le commerce. Tout ce que l'on peut faire est d'indiquer qu'une pièce est rare, unique ou abondante. Les divers commerçants, avec lesquels je me suis entretenu de cette question, ont été unanimes à déclarer qu'il est complètement impossible d'établir une échelle de rareté pour les pièces en la basant sur des prix de vente.

---

1. A Amsterdam (J. Schulman, expert).
2. Coll. M. COLLIGNON. — Paris (Feuardent frères, experts).

COMPUTATION DES TEMPS

Les anciens, tant en Europe qu'en Asie, avaient de nombreuses méthodes pour compter le temps. Les ères sont multiples et sont souvent la cause de très graves erreurs en numismatique, parce qu'on attribue fréquemment à une ère les nombres inscrits sur les médailles alors qu'en réalité ces nombres appartiennent à un autre comput des temps. Le choix de l'ère dans laquelle est exprimée une date est souvent très difficile à faire.

Afin d'aider le lecteur dans ses recherches à ce sujet, nous donnons ici une liste des ères principales dans lesquelles sont comptées les dates des monnaies orientales.

Ère d'Actium. 31 av. J.-C. — Syrie.
» ? Adana. 19 av. J.-C. — Cilicie.
» Adra'a. 83 ? av. J.-C. — Arabie.
» Alexandrie de Troade (?) durant l'ère Séleucide — Troade.
» Alexandrie d'Issus. 67 av. J.-C. — Cilicie.
» Amasia. 2 av. J.-C. — Anatolie.
» Amisus. 33 av. J.-C. — Pont Euxin.
» Anazarbus. 19 av. J.-C. — Cilicie.
» Anthedon. 71 (?) ap. J.-C. (paraît entre 79 et 83 ap. J.-C.) — Judée.
» Arabe. 105-6 ap. J.-C. — Arabie septentrionale.
» Aradus. 259 av. J.-C. — Phénicie.
» Arethusa. 68 av. J.-C. — Cœlesyrie. [monnaies très douteuses].
» Ascalon. 104 et 84 av. J.-C. — Judée.
» Asie (province romaine). 134-3 av. J.-C. — Possessions romaines de l'Asie.
» Augusta. 19 ou 20 ap. J.-C. — Cilicie.
» Balanée. 124 av. J.-C. (?) et ère Séleucide — Sud de l'Asie Mineure.
» Berytus. 80 av. J.-C. — Syrie.
» Botrys. 31 av. J.-C. — Syrie.
» Byblos. 31 av. J.-C. — Syrie.
» Césarienne. 47 av. J.-C. — Syrie du Nord.
» Cæsareia Paneas. 3 av. J.-C. — Décapole.
» Caesarea Samariae. 10-9 av. J.-C.
» Capitolias. 97 ap. J.-C. — Cœle-Syrie.
» Carne, Marathus. 259 av. J.-C.
» Chalcis ad Belum. 92 ap. J.-C. — Chalcidique.
» Cibyra. 24 ap. J.-C. — Phrygie.
» Comana Ponti. 40 ap. J.-C. — Pont.

Ère de Diospolis. 199 à 200 ap. J.-C.
» Eleutheropolis. 199-300 ap. J.-C. — Judée.
» Epiphaneia. 60 av. J.-C. — Cilicie.
» Flaviopolis. 74 ap. J.-C. — Cilicie.
» Rafia (Gabinius). Antérieure à 58 av. J.-C. — Judée.
» Gaba. 61 av. J.-C. — Trachonitis.
» Gabala. 47 av. J.-C. (et 32 ou 18 av. J.-C. (?)) — Piérie.
» Gaza. 61 av. J.-C. et 129 ap. J.-C. — Palestine.
» Germanicia Caesareia. 38 ? ap. J.-C. — Amanus.
» Irenopolis. 52 ap. J.-C. — Cilicie.
» Laodicée. 123 ou 130 ap. J.-C. — Phrygie.
» Leucas. 37 av. J.-C. et 48 ap. J.-C. — Trachonitis.
» Mopsus. 68 av. J.-C. — Cilicie.
» Neapolis. 72 ap. J.-C. — Samarie.
» Neocaesareia. 63 ap. J.-C. — Pont.
» Nicopolis (Emmaus). 71 ap. J.-C. — Palestine.
» Nysa-Scythopolis. 64 à 61 av. J.-C.
» Paltus. 259 av. J.-C. — Piérie.
» Philippopolis d'Arabie, vers 224 ap. J.-C.
» Pompée. 64 av. J.-C. — Cœlesyrie, Syrie.
» Pont. 297 av. J.-C. — Côtes du Pont-Euxin.
» Ptolernais-Ace. 174-173 av. J.-C.
» Rabbath-Moba. 106 ap. J.-C. — Arabie Pétrée.
» Saka. 78 (?) ap. J.-C. — Bactriane et Inde.
» Samosate. 71 ap. J.-C. — Cyrrhestique.
» Sebaste. 25 av. J.-C. — Samarie.
» Séleucide. 1er octobre 312 av. J.-C. — Toute l'Asie antérieure
   jusqu'aux Indes ; elle date de la victoire remportée à Gaza
   par Seleucus et Ptolémée sur Démétrius.
» Séleucie. 108 av. J.-C. — Piéride.
» Sidon. 111 av. J.-C. — Phénicie.
» Sinope. 70 av. J.-C. et 45 av. J.-C. — Paphlagonie.
» Soli. 67 av. J.-C. — Cilicie.
» Tavium. 25 av. J.-C. — Galatie.
» Termessus. 71 av. J.-C. — Pisidie.
» Tiberias. 20 ap. J.-C. — Galilée.
» Trapezus. 63 ap. J.-C. — Pont.
» Tripoli. 111 av. J.-C. — Phénicie.
» Tyre. 275-4 av. J.-C. et 126 av. J.-C. et 201 ap. — Phénicie.
» Zela. 64 ap. J.-C. — Pont.
» Tabéristan. 652 ap. J.-C. = 31 Hég. — Nord de la Perse.
» Chosroes II. 591 ap. J.-C. — Perse.
» Yezdedjerd III. 632 ap. J.-C. — Perse.

Toutes les ères sont encore loin d'être retrouvées ou nettement défi-
nies.

L'*ère d'Alexandre* le Grand, entre autres, qui a été en usage en Phéni-
cie, commencerait en 333 av. J.-C. pour Pellerin et Rouvier ; en 334 pour
Müller et Waddington ; en 319 pour Lenormant, et en 536, à l'avènement
d'Alexandre, pour Dussaud. D'autres numismates Six, Barclay Head,
Babelon, n'admettent pas que l'ère d'Alexandre soit différente de celle des
Séleucides.

Dans certaines séries numismatiques, telles que celle des rois sassanides de Perse les dates sont indiquées suivant les années de règne du
souverain, méthode qui ne donne à la chronologie aucune précision, vu
qu'une même année compte deux fois, lors des changements de règne.

Enfin l'ère la plus importante des temps modernes, avec l'ère chrétienne, est celle des musulmans, l'*Hégire*, ou fuite de Mahomet de la
Mecque, qui date du 19 avril 622 ap. J.-C.

Les dates sont inscrites en toutes lettres sur les monnaies sassanides et
arabes : sur les pièces portant des légendes grecques les nombres sont
comptés comme suit.

Unités. —	A.	B.	Γ.	Δ.	E.	Ϛ.	Z.	H.	Θ.
	1.	2.	3.	4.	5.	6.	7.	8.	9.
Dizaines. —	I.	K.	Λ.	M.	N.	Ξ.	O.	Π.	Ϙ.
	10.	20.	30.	40.	50.	60.	70.	80.	90.
Centaines. —	P.	Σ.	T.	Y.	Φ.	X.	Ψ.	Ω.	Ͽ.
	100.	200.	300.	400.	500.	600.	700.	800.	900.

FIG. 4.

Les dates sur les monnaies grecques
sont fréquemment précédées du mot
ETOYC, aux basses époques, et sur les
pièces à légendes latines de la lettre L.

Sur les monnaies à légendes sémitiques et sur celles de Phénicie
(Alexandre) à la légende grecque,
ΑΛΕΞΑΝΔΡΟΥ, la date est parfois indiquée en caractères phéniciens. En ce
cas les unités sont représentées par
des traits verticaux et les dizaines par
une lettre, ainsi qu'on peut s'en rendre
compte par les exemples ci-contre (fig.
4).

PERSE

DYNASTIE DES ACHÉMÉNIDES [1]

DE 549 A 330 AV. J.-C.

Dans tous les pays du monde, avant l'invention et la propagation de la monnaie, les transactions commerciales se faisaient par échanges et, dans les contrées méditerranéennes orientales et asiatiques, le principal objet d'échanges était le bétail. Certaines langues ariennes nous en ont conservé le souvenir dans le nom de la monnaie *pecunia* chez les Latins, *fee* et *vieh* chez les Germaniques, *roupie* (du sanscrit *Rûpa*) aux Indes.

Les coquilles ont aussi servi de monnaies dans la plupart des pays avant l'introduction ou l'invention des espèces métalliques. Les *Cypraea moneta* et *C. Annulus* ou *Cauris* (Fig. 5), d'un usage général

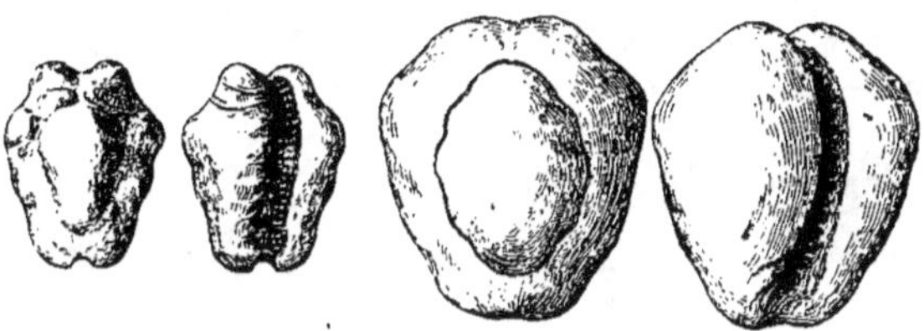

FIG. 5. — *Cypraea moneta*. Linné.   *Cypraea annulus*. Linné.

en Extrême-Orient jusqu'aux siècles qui ont précédé notre ère, ont encore, en Afrique, une valeur parfaitement fixée dans les transactions commerciales. Les Indiens de l'ouest de l'Amérique du Nord

---

1. Principaux ouvrages à consulter : IMHOOF-BLUMER, *Monnaies grecques*. — WADDINGTON (1861), *Mélanges de Numismatique*. — DUC DE LUYNES, *Numismatique des Satrapies*. — A. VON SALLET, *Zeitschrift f. Numism.*, t. IV. — SIX, *Num. chron.*, 1884. *Le satrape Mazaios.* — BARCLAY HEAD, *The Coinage of Lydia and Persia*. — *Hist. Numor.*, 1911. — E. BABELON, 1893. *Les Perses Achéménides*, id., *Traité de Numism.*, IIᵉ partie, t. II. — GEORGE F. HILL, *Catal. of the Greek Coins. Arabia, Mesopotamia, Persia*, 1922.

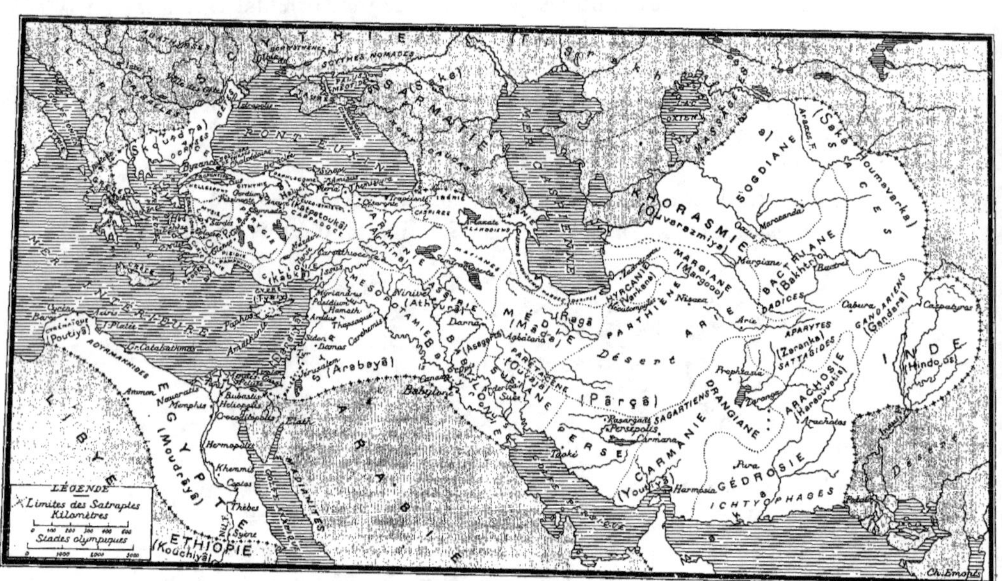

Fig. 6. — L'empire des Perses achéménides

acceptaient, il y a peu de temps encore, le *Dentalium pretiosum* (*Hay-a-Qua*) et l'*Oliva biplicata* (*Colcol*) et, dans quelques îles de la région indo-pacifique, les *Littorina obesa* et *Nerita polita* ont cours. Mais de toutes les coquilles employées comme numéraire, c'est a *Cypraea moneta* qui a joué le rôle le plus important.

Les métaux, avant qu'ils fussent à proprement parler monnayés, remplaçaient depuis longtemps le bétail dans les transactions, ou les acceptaient au poids, ce qui donna vite naissance aux lingots de poids constant, usités sous forme de saumons, soit sous celle d'instruments divers ou d'anneaux. Les *outens* d'or et d'argent de l'Égypte (Fig. 7), les anneaux-monnaies des nécropoles de l'Arménie

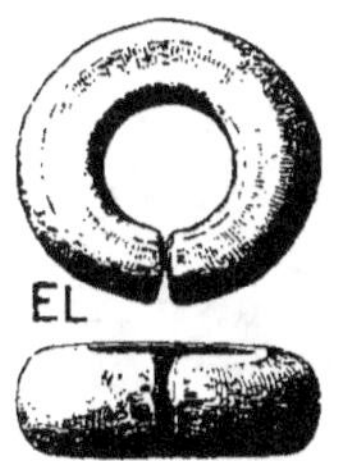

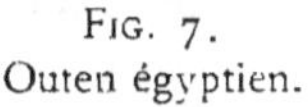

Fig. 7.   Fig. 8. — Anneaux-monnaies
Outen égyptien.   de l'Arménie russe (1/3 de grandeur naturelle).

russe (Fig. 8), de la Chaldée et de l'Élam, bien que ne portant aucune estampille de garantie, sont réellement les plus anciennes monnaies métalliques dont l'homme ait fait usage dans l'Asie occidentale et les pays méditerranéens. En Chine le monnayage débute par des objets de forme conventionnelle, tels que le couteau, au Nouveau Monde la hache de cuivre était l'unité principale d'échange.

Les anneaux-monnaies découverts par mes propres fouilles dans les nécropoles de l'Arménie russe et dont, en 1889 [1], je signalais l'existence, sont taillés sur la mine assyrienne, ses divisions et ses multiples. Quant à ceux que nous avons rencontrés dans les dépôts de fondation des temples susiens, d'après les pesées effectuées par M. Maurice Pézard, ils ne correspondent à aucun système pondéral déterminé, qu'ils soient en or, en argent ou en bronze : les 77 anneaux d'or [2] qui ont été examinés varient de poids entre 0 gr. 65

1. *Recherches sur les origines des peuples du Caucase*, p. 107 sq.
2. Musée de Louvre.

et 4 gr. 50. Ce sont des sortes de bagues à section circulaire formées,
d'une tige métallique courbée, ouverte, et dont les extrémités sont
amincies. Leur diamètre se tient aux environs de 15 millimètres [1].

Il ressort de cette constatation qu'au second millénaire avant notre
ère, époque de ces dépôts, en Susiane et peut-être aussi des tombes
caucasiennes, les métaux étaient façonnés en anneaux pour en faci-
liter la circulation, mais qu'ils jouaient encore le rôle de marchan-
dise et non de monnaie.

En Égypte, l'*outen* (Fig. 7), qui se partageait en dix *kats* et
pesait 90 gr. 72, était une boule métallique formée par le repli en
anneau très étroit d'une barre coupée à la longueur voulue pour
que le poids fût exact. C'est aussi le type des monnaies globulaires
siamoises.

Chez les Chaldéens et les Élamites, peuples adonnés depuis la
plus haute antiquité aux sciences mathématiques, l'unité était la
mine forte de 1.010 grammes dont la moitié (de 505 gr.) portait le
nom de mine faible, toutes deux partagées, suivant le système sexagésimal, en 60 sicles forts et faibles. Mes découvertes dans les nécropoles de l'Arménie russe situées auprès des gisements de cuivre où
s'alimentaient de métal les empires sémitiques du Midi, ont péremp-
toirement démontré que, dès sa sortie des ateliers métallurgiques, le
métal était partagé en mines et divisions de la mine pour en facili-
ter les débouchés. Soixante mines équivalaient au talent (60.600 gr.)
et ces mesures furent adoptées dans la Phénicie et de là se répan-
dirent dans l'Asie Mineure et le monde hellénique où elles furent
usitées en même temps que d'autres systèmes d'origines diverses.

Mais ce n'est pas ici le lieu de s'étendre sur le poids des monnaies,
nous en avons parlé plus haut.

Cependant les fraudes qui se commettaient journellement, non
pas sur le poids, mais sur le titre des métaux, spécialement de l'or,
obligèrent les commerçants et les États à garantir le titre des lingots
qui sortaient de leurs caisses, et cette garantie fut donnée par le
poinçonnage. La première monnaie avait vu le jour ; c'est au
VIIIe siècle avant notre ère que se produisit cet événement. Sardes
et Égine se disputèrent l'honneur d'avoir ainsi assuré la loyauté des
transactions commerciales ; mais on est aujourd'hui d'accord pour
considérer les premières émissions lydiennes [2] comme étant les plus

---

1. Ce sont peut-être d'ailleurs des anneaux d'oreilles.
2. On attribue aussi aujourd'hui, aux Ioniens l'invention de la monnaie.

anciennes. Hérodote d'ailleurs paraît avoir tranché la question, quand il dit : πρῶτοι δὲ ἀνθρώπων τῶν ἡμεῖς ἴδμεν νόμισμα χρυσοῦ καὶ ἀργύρου κοψάμενοι ἐχρήσαντο (I, 94).

On attribue à Gygès, le fondateur de la dynastie des Mermnades, les émissions les plus anciennes (Fig. 9, n° 1). Ces monnaies sont des globules métalliques (pesant de 10 gr. 820 à 14 gr. 255), des statères et leurs divisions, suivant les usages babyloniens ou phéniciens.

Ces globules sont de forme irrégulière, très épais ; d'un côté l'on voit seulement les stries laissées par l'enclume sur laquelle le lingot a été poinçonné, de l'autre sont des creux irréguliers, celui du centre montrant un renard courant, que Fr. Lenormant considère comme étant le symbole du Bacchus lydien, et dont il rapproche le nom, *Bassareus*, de celui du renard, *Bassara* [1].

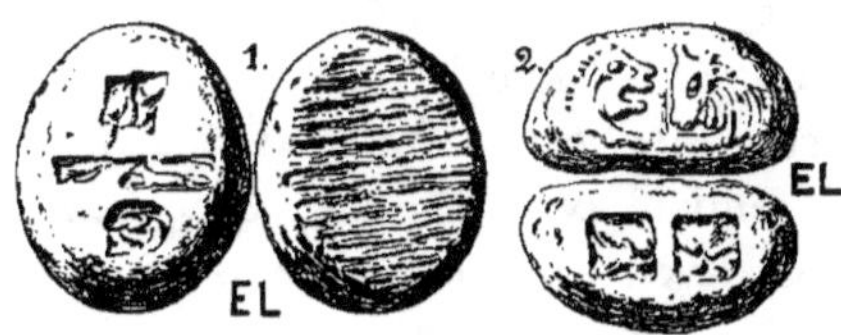

FIG. 9.

A l'époque de Croesus (568-554 av. J.-C.) la monnaie avait déjà pris un caractère plus artistique (Fig. 9, n° 2) ; on y voit d'un côté la partie antérieure d'un lion tourné à dr. et celle d'un taureau regardant à g., les deux animaux se faisant face, et, sur l'autre côté, sont deux carrés creux. Quelques numismates dont M. Six entre autres, sont d'avis que ces monnaies ont été émises au temps de Cyrus et de Cambyse.

Quoi qu'il en soit, c'est par leurs conquêtes en Asie Mineure que les Perses ont appris à connaître la monnaie. Cependant ils ne commencèrent pas à frapper eux-mêmes, dès leur premier contact avec les Occidentaux, c'est-à-dire lors des campagnes de Cyrus en 548 av. J.-C. Ce n'est, au dire d'Hérodote, que sous Darius I, fils d'Hystaspe, qu'apparurent les premières monnaies royales perses. Cyrus (549-529) et Cambyse (529-522) laissèrent aux villes conquises le droit de continuer leurs émissions monétaires autonomes, et en agirent de même vis-à-vis des divers dynastes qui, se soumettant à

1. FR. LENORMANT, *Monnaies royales de la Lydie.*

leur sceptre, devinrent leurs feudataires ; mais certains royaumes disparaissant, leur monnayage s'arrêta, il en fut ainsi pour les Créséides de la Lydie.

D'ailleurs, sous les premiers Achéménides, l'usage de la véritable monnaie était encore dans l'enfance. Quelques pays seulement émettaient déjà du numéraire. En dehors de l'Asie, en Béotie, c'étaient les villes d'Orchomène (v. 600 av. J.-C.), de Thèbes (v. 600), de Tanagra, de Pharae, d'Acraephium (v. 550) ; plus au sud, Chalcis (v. 700), Erétria (v. 600), Athènes (v. 590), Aegine (v. 700), Corinthe (v. 585), Argos (v. 600), Héraea, Mantinée (v. 650) frappaient des monnaies d'argent. Dans les Cyclades, Carthaea, Corésia, Paros, Siphnos suivaient, dès la fin du VIIe siècle, le même usage ; et il en était de même en Asie où, antérieurement à l'an 500, Cyzique, Lampsaque, Parium, Ténédos, Méthymna, Mytilène et plusieurs autres villes battaient déjà monnaie. En Ionie, Milet et Samos semblent avoir débuté au VIIIe siècle, alors que Phocée et Chio ont été, sur elles, en retard d'un siècle. La Lydie fut, nous l'avons vu, la première avec Égine à poinçonner le métal ; et les villes de Carie, de Lycie, de Pamphylie ne commencèrent que plus tard.

Ces émissions, toutefois, étaient encore de faible importance au point de vue des transactions ; car ces monnaies primitives circulaient peu, et l'on peut dire que le grand développement du numéraire date de l'époque des guerres médiques. Cette inovation s'effectua aussi bien dans les provinces occidentales de l'empire des grands rois que dans les pays de la Grèce demeurés libres. Aradus, Tyr, Sidon et les autres villes phéniciennes, pour la plupart gouvernées par leurs dynastes, ne semblent pas avoir frappé monnaie antérieurement à la domination perse en Phénicie. Il en est de même pour la Lycie, la Carie, la Phrygie, la Cilicie et, dans tous les pays soumis aux Achéménides, la monnaie satrapale se confond, comme époque, avec les émissions indigènes. En Égypte bien qu'Hérodote (IV, 166) affirme qu'Aryandès, satrape de Darius I, ait battu monnaie, nous ne voyons commencer les émissions de numéraire, certainement issu de la vallée du Nil, que sous Alexandre le Grand.

Dans les provinces de l'Iran proprement dit, en Babylonie, en Égypte, dans tout le monde non hellénique, l'ancien usage d'employer les poids dans les transactions ne fut pas modifié, et se poursuivit durant les deux siècles que les Achéménides furent maîtres de l'Orient ; mais dans les pays maritimes et l'occident de l'Asie, la mommaie déjà connue des Grecs depuis plusieurs siècles, continuant à être en faveur, l'administration perse l'adopta, et créa un type royal spécial. Fr. Lenormant (*La monnaie dans l'antiquité*, t. II, p. 3) a pensé que le grand roi se réservait la frappe de l'or pur, alors que les peuples soumis n'étaient autorisés à battre monnaie qu'en électrum, en argent et en bronze. Mais cette hypothèse n'est pas justifiée et, bien au contraire, il semble que liberté entière était laissée aux fonctionnaires, aux dynastes et aux villes d'émettre du numéraire en tous métaux, suivant leurs besoins.

Le type royal achéménide est la darique, pièce d'or pesant 8 gr. 42, c'est-à-dire la moitié de ce que pesait le statère étalon de Phocée (16 gr. 84). En même temps on créa une pièce d'argent, le sicle dit médique de 5 gr. 60, c'est-à-dire du demi-statère d'argent des villes de l'Asie Mineure, de Chypre et de la Phénicie, qui avait alors cours dans tout l'Occident, en Grèce et dans les Iles.

Sous Darius III Codoman, plutôt même sous Alexandre le Grand, on voit paraître la double darique, pièce d'or de 16 gr. 65, de poids quelque peu inférieur au statère de Phocée.

Alors que les Grecs soumis ou non au grand roi émettaient un grand nombre de monnaies divisionnaires d'électrum, d'argent et de bronze, les Achéménides n'ont jamais subdivisé leurs deux unités, la darique et le sicle, et n'ont pas monnayé le cuivre. On connaît quelques très rares hémi-sicles ; mais il n'est pas certain que ces pièces soient sorties des ateliers royaux.

Les dariques et les sicles royaux sont toujours des pièces globuleuses, de forme irrégulière analogues aux monnaies grecques les plus anciennes. Ces pièces portent, au droit, la représentation d'un personnage (le roi), agenouillé, tourné à droite, revêtu de la candyle, coiffé de la cidaris, tenant l'arc de la main gauche et, de la droite, soit une pique, soit un poignard, soit une flèche et, sur quelques pièces, ne figure que le haut du corps. Le revers est occupé, jusqu'au temps de Darius Codoman, par le creux irrégulier, laissé par l'enclume sur laquelle était frappée la monnaie. Sous Darius III, et après ce prince, on voit paraître parfois au revers des motifs simples tels que croissants adossés, lignes ondulées, proue de navire, etc.

Jamais ces monnaies ne portent de légendes ; mais on rencontre parfois au droit, dans le champ, soit à droite, soit à gauche du personnage, des signes, des monogrammes ou des lettres dont la valeur est encore inexpliquée. Ces marques, très rares sur les dariques simples (M, ΛY, Λ seulement), deviennent plus abondantes sur les dariques doubles, c'est-à-dire au temps de Darius III Codoman et après ce prince : ce sont alors la massue, la couronne, la foudre, une grappe de raisin, des monogrammes, tous composés de lettres grecques, et des caractères helléniques isolés.

Mais il n'est pas certain que ces derniers coins soient royaux, peut-être ne sont-ils dus qu'à des imitations frappées soit dans les villes soumises, soit dans les pays indépendants, car la darique et le sicle achéménides circulaient dans toute l'Asie et en Scythie. Bien des numismates pensent que ces monnaies sont postérieures à la chute des Achéménides, comme les doubles dariques qui, attribuées à Babylone, auraient été frappés sous le règne d'Alexandre.

C'est par l'examen du portrait du prince et des caractères artistiques des médailles seulement qu'on est parvenu à classer les pièces royales et à les attribuer aux divers souverains. Des circonstances particulières comme des trouvailles, sont venues apporter également leur lumière ; mais beaucoup de dariques et de sicles résistent à l'examen, il en est peu dont les caractères soient très nets.

Nous suivrons pour le classement de ces monnaies les déterminations de M. E. Babelon dans son ouvrage *Les Perses achéménides, les satrapes et les dynastes tributaires de leur empire* (Paris, g⁴ 8°, 1893. Feuardent édit. [1]), tout en faisant observer que cette classification ne reposant pas sur des bases d'indiscutable valeur, n'est pas acceptée sans réserves par les numismates.

I. — LES ÉMISSIONS ROYALES.

Darius I (fils d'Hystaspe).
521-485 av. J.-C.

« Les monnaies de Darius sont, de toute la suite des dariques, celles dont le style est le meilleur, le roi a une barbe qui s'étale sur la poitrine ; son nez est droit et régulier, son visage convient à un homme qui a atteint la quarantaine. Nous savons qu'il a vécu soixante-douze ans, et qu'il en régna trente-six. Il a les cheveux

---

1. Voir aussi George Francis Hill, *Catal. of the Greek Coins of Arabia, Mesopotamia and Persia.* Londres, 1922, p. CXX à CXL, 148 à 175 et Pl. XXIV à XXVII.

ramassés sur la nuque, en touffe, et sa cidaris, peu élevée, est couronnée de cinq petites pointes en dents de scie. » (E. Babelon, *op. cit.*, p. xiv.)

A⃗. Dariques (Fig. 10), Æ. Sicle.

Xerxès I.
485-465 av. J.-C.

« Le type adopté par Xerxès (Fig. 11) se distingue très nettement de

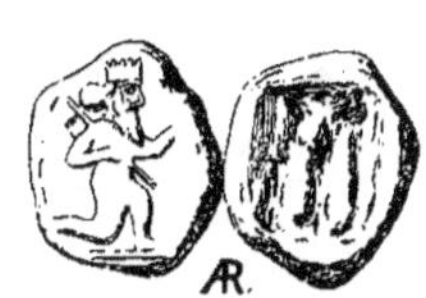

FIG. 10.   FIG. 11.   FIG. 12.

celui de Darius. La tête est plus grosse ; la tiare particulièrement basse, l'œil est dessiné de face, les pommettes des joues sont très saillantes ; la barbe descend sur la poitrine en longue pointe, sensiblement infléchie en avant ; sur la joue, la ligne de naissance de la barbe est très nettement indiquée. » (E. Babelon, *ibid.*)

A⃗. Darique, Æ. Sicle.

Artaxerxès I Longue-Main.
465-425 av. J.-C.

« Le type royal adopté par ce prince (Fig. 12), le plus jeune des fils de Xerxès, a beaucoup d'analogies avec celui de son père, bien qu'il soit néanmoins impossible de les confondre. La cidaris d'Artaxerxès est sensiblement plus élevée. Ses cheveux plus longs forment sur la nuque un bourrelet plus épais, son nez est particulièrement proéminent et dessine une courbe très accentuée. La pointe de la barbe est plus effilée. Les monnaies de ce prince sont encore d'un bon style. » (E. Babelon, *ibid.*)

A⃗. Darique, Æ. Sicle.

Darius II Nothus.
425-405 av. J.-C.

« Les monnaies de ce prince (Fig. 13), qui avait dépassé l'âge mûr quand il monta sur le trône, sont faciles à distinguer de toutes les autres. D'une manière générale elles sont d'un type plus sec, moins soigné, le type royal est celui d'un vieillard trapu, ramassé sur lui-même. Darius II a une cidaris plus élevée (ou ornée de longues pointes), ses cheveux sont représentés par de petites stries verticales ; l'œil, de profil, est très saillant, le nez épaté, la barbe hirsute et frisée, comme la chevelure. Dans la dernière partie du règne, la frappe est si négligée, que la figure du roi devient une véritable caricature. » (E. Babelon, *op. cit.*, p. XV.)

N. Darique, R. Sicle.

Cyrus le Jeune.
En 401 av. J.-C.

Cyrus le Jeune n'a vraisemblablement frappé qu'en Asie Mineure et en Syrie, seuls pays qui reconnussent son autorité.

Quelques pièces d'or, très rares d'ailleurs, représentent un per-

FIG. 13.   FIG. 14.

sonnage imberbe (Fig. 14). Sa cidaris n'est pas surmontée des pointes traditionnelles (Cf. G.F.Hill, *op. cit.*, p. CXXVII.)

N. Darique, R. Sicle.

Artaxerxès II Mnémon.
405-359 ap. J.-C.

« Nous avons plusieurs points de repère pour démêler en toute sécurité les monnaies de ce prince. Dans de récentes trouvailles, composées essentiellement de Cyzicènes et de Lampsacènes, il se trouvait quelques dariques contemporaines de ces statères grecs. L'étude de ces Cyzicènes et de ces Lampsacènes a permis d'établir que ces pièces ont été frappées vers l'an 400, plutôt après qu'avant cette date. C'est donc aussi cette époque que l'on doit assigner aux dariques de ces trouvailles.

« Un autre critérium nous est fourni par les monnaies des dynastes tributaires et des satrapes sur lesquelles est gravée l'image du prince achéménide contemporain. Nous trouvons le type royal d'Artaxerxès Mnémon sur les monnaies d'un roi de Cilicie (Fig. 15), sur celles de Tissapherne, de Datame, du roi de Sidon Straton I. Mnémon porte une cidaris droite, peu élevée, sa bouche très longue dessine un ressaut sur les côtés et ne s'allonge en pointe que sur le devant, le nez est aquilin. Un assez grand nombre de monnaies barbares de ce prince sont sans intérêt iconographique. » (E. Babelon, *op. cit.*, p. XVI.)

Sur un sicle le roi est représenté tirant de l'arc (Fig. 15 *b*).

Artaxerxès III Ochus.

359-338 av. J.-C.

« Le type iconique de ce prince se rencontre sur les monnaies du satrape Mazaïos, sur celles de Bagoas en Égypte, d'Evagoras II à Chypre et à Sidon et sur les premières monnaies de Straton II, roi de Sidon. » (E. Babelon, *op. cit.*, p. XVI.) Fig. 16 *a*.

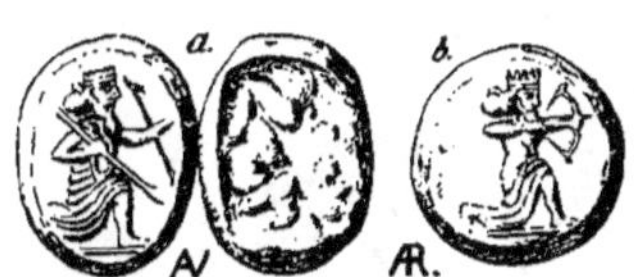

FIG. 15.   FIG. 16.

Longue barbe pointue, nez légèrement busqué, épaisse couronne de cheveux couvrant la nuque et les oreilles. Ces pièces sont généralement de style barbare.

Sur une pièce d'or attribuable à ce prince, l'archer est figuré levant le bras droit, comme pour prendre une flèche dans son carquois (coll. de l'Auteur). Fig. 16 *b*.

A′. Darique, Æ. Sicle.

Arsès.

338-337 av. J.-C.

Ce prince, à qui l'on attribue deux ans de règne sous la tutelle de l'eunuque Bagoas, a probablement aussi battu monnaie. E. Babelon, dans son Traité, lui attribue quelques sicles (Fig. 17) représentant un personnage portant un nez énorme et recourbé, à la face large, à la barbe longue, coiffé d'une cidaris à quatre denticules [1].

FIG. 17.

Darius III Codoman.

307-300 av. J.-C.

« Comme pour les rois précédents, l'effigie de ce prince figure sur les monnaies de dynastes et de satrapes contemporains Abd-Hadad à Hiérapolis, Memnon à Éphèse, Straton II roi de Sidon.

« Les dariques, les doubles dariques et les sicles de Darius Codoman nous offrent deux types distincts au point de vue iconographique : le portrait réel du roi, gravé sur les monnaies émises sous le règne de Darius lui-même, puis le portrait idéalisé, gravé sur les pièces que l'on continua de frapper postérieurement à la chute de l'empire achéménide, sous Alexandre et même après lui.

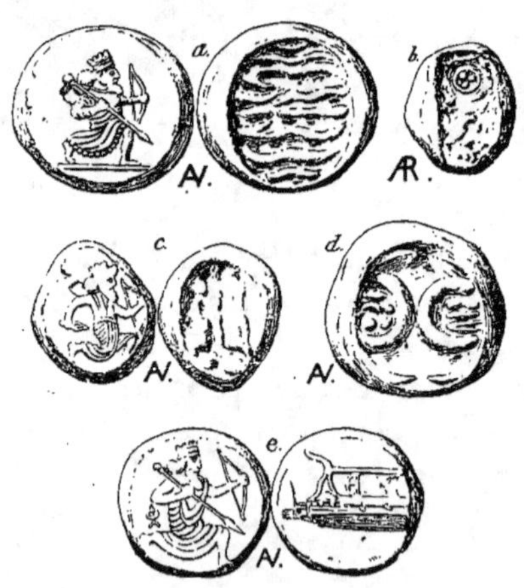

FIG. 18 [2].

« L'aspect du visage est viril, le nez aquilin, l'œil profond et la

1. Cf. G. F. Hill, *op. c.*, p. 169. Pl. XXVII. N⁰ˢ 7 à 15.
2. Les types (Fig. 18 *d* et *e*) sont considérés comme étant postérieurs à la mort de Darius III Codoman. Cf. G. F. Hill, *op. c.*, p. 176. Pl. xx, fig. 10-13 (Babylone, type d).

barbe de demi-longueur revient sensiblement en avant. » (E. Babelon, *op. cit.*, p. XVI sq.)

N. Double darique et darique, R. Sicle.

Sur certaines pièces le prince tient l'arc et la lance (Fig. 18 *a* et 18 *e*), sur d'autres sa main droite est armée d'un poignard (Fig. 18 *c*). Enfin nous voyons apparaître des motifs au revers, soit deux croissants opposés (Fig. 18 *d*), soit une proue de galère (Fig. 18 *e*), soit de simples ondulations (Fig. 18 *a*). Mais le plus souvent les monnaies d'or, comme celles d'argent, ne montrent au revers qu'une cavité informe (Fig. 18 *b* et 18 *c*), semblable à celle qu'on voit sur les dariques et les sicles des prédécesseurs de Darius III.

LE MONNAYAGE PROVINCIAL
SOUS LES ACHÉMÉNIDES

Le droit de battre monnaie a été exercé dans l'empire perse, concurremment et simultanément avec les émissions de monnaies royales, par les villes, par les despotes locaux, par les satrapes héréditaires ou revêtus de fonctions extraordinaires [1]. Pour les Perses, la monnaie, même la darique, était principalement destinée à servir aux échanges avec les Grecs, ou à payer la solde des mercenaires hellènes enrôlés dans les armées du grand roi. Les provinces du centre de l'Asie Mineure et, à plus forte raison, les contrées asiatiques les plus reculées continuèrent pendant toute la durée de l'empire des Achéménides à échanger les métaux précieux en lingots, et si des monnaies pénétraient chez elles, elles ne les recevaient qu'au poids, comme le métal non monnayé. La zone des villes qui frappèrent monnaie en Asie, sous la domination des Achéménides, forme un immense ruban longeant la mer et se déroulant depuis Trapézus sur le Pont-Euxin jusqu'au delà de l'Égypte [2], comprenant la Paphlagonie, la Bithynie, l'Hellespont, l'Éolie, l'Ionie, la Carie, la Lycie, la Pamphylie, la Cilicie, la Phénicie, le Delta du Nil et la Cyrénaïque, c'est-à-dire la VIe satrapie ; en Afrique, la côte méditerranéenne de la Ve satrapie qui comprenait la Syrie, l'Arabie, la Mésopotamie et l'île de Chypre ; la IVe satrapie, celle de Cilicie ; la Ve Satrapie, c'est-à-dire celle de l'Asie Mineure occidentale, la

---

1. Cf. Waddington, *Mélanges de numismatique*, 1861, p. 101.
2. E. Babelon, *Achéménides*, p. XXI.

IIe satrapie, appelée aussi satrapie de Sardes ou de Lydie, qui englobait la Mysie, la Lydie, le pays des Lausoniens, des Cabaliens et des Hytenniens, et la IIIe satrapie qui, avec le temps, subit d'importantes modifications géographiques.

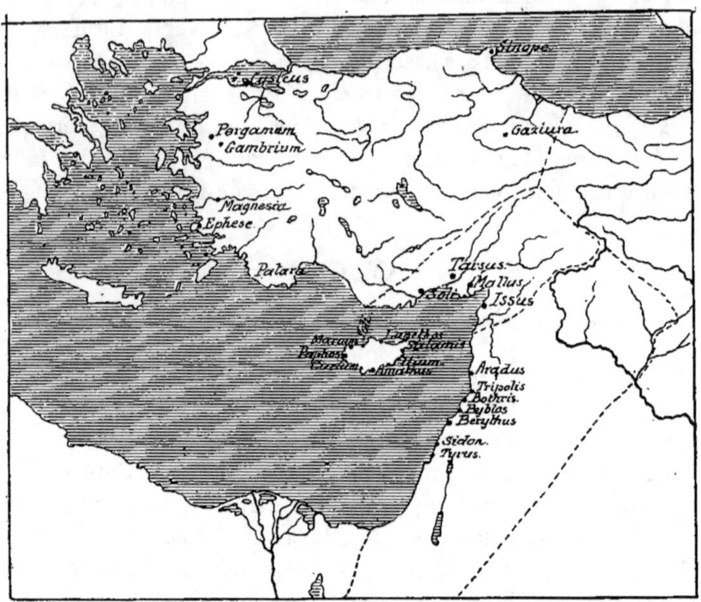

FIG. 19. — Carte des ateliers monétaires des dynastes et des satrapes.

Primitivement, ce gouvernement comprenait, outre la côte de l'Hellespont, toute la région centrale de l'Asie Mineure, depuis le Taurus jusqu'au Pont-Euxin ; mais, dès la fin du ve siècle, cette satrapie fut démembrée et partagée en trois provinces : 1° la satrapie de la petite Phrygie ou de la Phrygie hellespontique qui, du temps de Xénophon, s'étendait depuis Hamaxitos en Troade, jusqu'à Parthénios ; 2° la satrapie de la grande Phrygie, comprenant les pays situés entre le Méandre à l'ouest, l'Halys à l'est et, au sud, les frontières méridionales du district d'Iconium ; 3° la satrapie de Cappadoce située au nord de celle de Cilicie, à l'est de l'Halys. Enfin, en 362, après la mort de Datame, cette dernière province fut encore partagée en deux gouvernements, celui de la Cappadoce pontique, qui, plus tard, devint le royaume du Pont, et la Cappadoce taurique qui forma dans les siècles suivants le royaume de Cappadoce.

Nous n'avons pas à nous occuper ici des médailles émises par les cités grecques, pièces autonomes, ne rappelant en rien la domination perse : nous parlerons seulement de celles des satrapes, grands personnages perses envoyés de Suse, et des émissions faites par les dynastes locaux qui, ayant fait leur soumission au grand roi, étaient considérés par les Perses comme gouverneurs héréditaires de ce qui jadis avait été leur royaume. Ces princes, grands feudataires du roi des rois, conservèrent le titre souverain, *Melek* ou *Basileus* ; mais très fréquemment leurs monnaies témoignent de leur soumission aux Achéménides.

Quant aux satrapes, il semble qu'ils n'ont jamais eu le droit de frapper monnaie en tant que satrapes, mais bien parce qu'ils étaient temporairement investis du commandement des armées.

Nous parlerons donc, tout d'abord, des médailles frappées par les

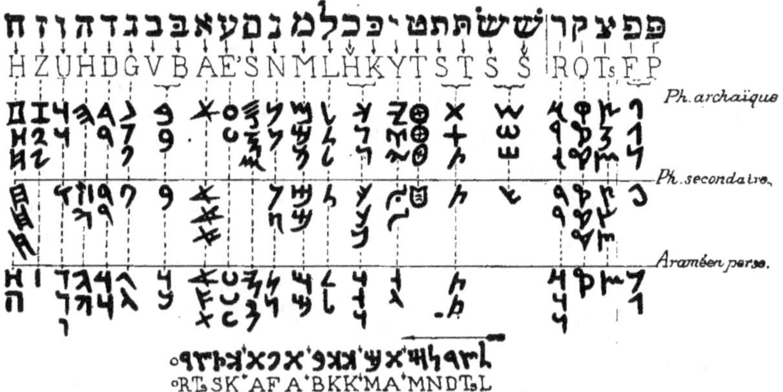

Fig. 20.

satrapes, émissions dues à des circonstances spéciales et parfois battues pour répondre à des besoins momentanés, dans des pays où se continuait en même temps le monnayage local, puis nous examinerons le monnayage des grands feudataires et des villes soumises.

Pour la plupart, ces monnaies, qu'elles soient satrapales, dynastiques ou autonomes des villes, portent des légendes en langue sémitique, écrites en caractères araméens, alors très usités en Perse dans les circonstances ordinaires de la vie. L'écriture cunéiforme, que d'ailleurs on ne rencontre sur aucune médaille, étant réservée à la cour du roi des rois pour les inscriptions lapidaires.

Comme on le peut voir dans le tableau ci-contre (Fig. 20), l'écriture araméenne procède de celle des Phéniciens. Nous donnons ci-contre les fac-similés des principales légendes phéniciennes et araméennes qu'on lit sur le monnayage contemporain des Achéménides (Fig. 21), afin que le lecteur soit à même de se

FIG. 21. — PRINCIPALES LÉGENDES PHÉNICIENNES ET ARAMÉENNES
DES MONNAIES PROVINCIALES SOUS LES ACHÉMÉNIDES.

LBGKLM KLMRDA	Adramélek, roi de Gébal (Byblos). Vers 350 av. J.-C.
" LAPLA	Elpaal, roi de Gébal. Vers 360 av. J.-C.
TRUYRA	Ariarathe, satrape à Sinope et à Gazioura. Vers 350 av. J.-C.
RUZGLAB	Baalgazour, divinité. Sur les médailles d'Ariarathe.
ZRTLAB	Baaltars, divinité. Sur les monnaies de Pharnabaze, de Datame, de Mazaïos.
ANAB	Baana, dynaste de Gaza. Vers 450 av. J.-C.
UHY	Iahou, 'Iαώ, dieu solaire d'origine chaldéenne. Sur une monnaie de la Palestine.
KLK	La Cilicie.
KLMLABL	Baalmelek I, roi de Citium (Chypre), 479-449, et Baalmelek II, 425-400 av. J.-C. environ.
MRLABL	Baalram, roi de Citium (Chypre), 400-392 av. J.-C. environ.
LBGL	à Gébal (à Byblos). Sur les monnaies autonomes de Gébal.
TŠDQLBGL	à Gébal la Sainte. Sur les monnaies autonomes.
NANKBMAAKDALL	à Berythus et à Laodicée. Sur les monnaies autonomes.
UKMDKLML	El Melek Demckou. Sur les monnaies de Demcnicus.
NTYKLM KLML	El Melek Melkiaton.
NTYMP KLML	El Melek Pumiaton.
LABZAL	El 'Azbaal.
MNDTsL	El Tsidenem (Sidon).
AGABHHMAMNDTsL	El Tsidenem am..... à Sidon.
RTsTH—	
KLMQDTsL	El Sideqmelek.
TPLKLM KLMQDTsL	El Sideqmelek melek Lapath (El Sidelmelek, roi de Lapathos).

YDZM o YDZM — Mazaïos.

A R H N R B 'A L 'A Y Z 'Y D Z M — Mazaïos, satrape de transeuphratide et de Cilicie.

K L H U - —

U L R M — Mallus.

T R M — Marathus.

K Y U S — Sur les monnaies satrapales de Palestine et d'Égypte.

D D H D B 'A — Abd-Hadad, à Hiérapolis.

L B G K L M L 'A B Z 'A — Azbaal, roi de Gébal.

H Z 'A — Gaza.

L B G K L M L N 'I 'A — Aïnel, roi de Gébal.

H T 'A R T 'A — Atergatis.

H T 'A — Athé, déesse à Hiérapolis.

U Z B N R F — Pharnabaze, satrape.

R Ts — Tyr.

N R Q — Carné.

U M K R T — TeRKaMU ou TeDDaMU, ou TeDNaMU. Datame, satrape.

Z R T — Tarse.

U Z B Y R T — TiRYBaZU. Tiribase, satrape.

U M K R B 'A — 'ABRoKoMU. Abrocomas, satrape.

H T 'A N R K Y — Sur une monnaie d'un dynaste d'Hiérapolis.

familiariser avec cette écriture, dont le rôle a été si grand en Asie, et dont les dérivés ne disparaîtront que devant les conquêtes de l'Islam.

I. — LES ÉMISSIONS SATRAPALES.

Les satrapes, nous l'avons vu, étaient investis du droit de battre monnaie d'argent et de cuivre, non comme gouverneurs, mais en tant que chargés d'opérations spéciales militaires ou autres. Nous possédons les médailles de quelques-uns d'entre eux, fort peu nombreux par rapport à la liste des satrapes perses que nous connaissons par l'histoire. Il est à remarquer que tous ces satrapes étaient, quand ils ont émis du numéraire, chargés de missions dans les provinces occidentales de l'Empire. Il n'en est aucun de ceux dont l'autorité s'étendait sur les possessions iraniennes, médiques ou extrême-orientales qui aient usé de ce droit. Dans ces régions les transactions se faisaient toujours, comme par le passé, au poids de métal ou par échanges de marchandises. Quelques-uns de ces vice-rois, tout en obéissant officiellement à la cour de Suse, n'en jouissaient pas moins d'une autorité telle qu'ils se comportaient en princes indépendants. Certains d'entre eux, *Orontès* entre autres, ont émis des statères d'or[1]. Mais c'est là fait anormal, somme toute les satrapes n'ont frappé d'une façon courante que des espèces d'argent.

Les satrapes dont nous connaissons des monnaies sont les suivants :

Tiribaze.

Tiribaze, vice-roi d'Arménie, aux temps de la retraite des dix mille, succède à Tithrauste (393 av. J.-C.) dans la satrapie de Sardes, puis commande les armées et, en 387, conclut la fameuse paix d'Antalcidas, qui livrait toute l'Asie au grand roi. Il fut ensuite (386-384) chargé de diriger la guerre contre Evagoras I, roi de Salamine (Chypre).

FIG. 22.

C'est en Cilicie, qu'en vue de cette dernière campagne militaire, Tiribaze fit frapper le numéraire à son nom. Les ateliers qui l'émirent sont : Issus, Mallus, Soli, Tarse et peut-être Nagidus.

Æ. Statères frappés à Issus et à Soli portant le nom de la ville ΙΣΣΙΚΟΝ, ΣΟ, en toutes lettres ou en abrégé, et, parfois le nom du satrape en araméen, TiR'YBaZou.

Æ. Statère perse (Fig. 22).

1. Cf. E. Babelon, *Les Perses Achéménides*, p. LXXIII.

Dr. Tête d'Hercule à dr.

R⃫. Tête de Tiribaze à dr. portant le bonnet perse.— Légende :
MAΛ, frappée à Mallus.

Æ. (Fig. 23). Stat. perse.

Dr. Ormazd de face regardant à dr. Son corps est posé sur
le disque ailé du soleil rayonnant. De la main droite il tient une
couronne et, de la main gauche, le disque solaire.

R⃫. Baal debout à g. tenant
de la main dr. un aigle, les ailes
éployées et, de la main gauche,
s'appuyant sur un long sceptre. —
Légende : TiRYBaZOU. Frappée à
Issus.

D'autres monnaies du même
prince montrent au dr. la tête barbue de Dionysos (Issus) [obole perse],

UŽB'YRT

FIG. 23.

celle d'Héraklès, ou le profil diadémé d'Aphrodite, et, au R⃫,
Héraklès debout de face (Issus) [statère]. On voit aussi un buste de
femme de face (Soli) [statère] ou, sur les pièces de Mallus, l'effigie
du satrape lui-même.

Tissapherne.

Tissapherne, fils de Hydarnès, succéda à Pissuthnès comme
satrape de Sardes. Il battit monnaie lors de sa démonstration navale
contre Lacédémone. Le quartier
général de la flotte dont il était le
chef suprême était alors à Aspendus,
en Pamphylie, vers 411, et plus
tard, en 395, à Iasos, en Carie, au
moment de la campagne qu'il entreprit contre Dercyllidas. Ses monnaies
appartiennent donc à deux émissions,
celle d'Aspendus et celle de Iasos. Les premières sont d'un style
médiocre, les secondes au contraire sont l'œuvre d'un graveur de
merveilleux talent.

FIG. 24.

Æ. Tétrad. rhodien (Fig. 24).

Dr. Profil de Tissapherne à dr.

R⃫. Le roi Artaxerxès II Mnémon, en archer mélophore, demi

agenouillé à dr. tenant l'arc de la main gauche, et la javeline de la droite. — Légende : **ΒΑΣΙΛΕΩΣ, ΒΑΣΙΛ** ou **ΒΑ**.

Quelques médailles de ce satrape portent au ℞ une lyre accompagnée de la même légende.

Pharnabaze.

Pharnabaze, fils de Pharnace (de 413 à 374), succède à son père dans la satrapie de Dascylion. Les Athéniens s'étant emparés de Cyzique, en 410, Pharnabaze leur reprit cette ville en 411. C'est à cette occasion, principalement, qu'il battit monnaie. Les

Fig. 25.

historiens nous ont conservé le souvenir de ses largesses envers ses soldats et leurs chefs. Puis, toujours pour des raisons militaires, il fit frapper en Cilicie (398 à 394), où se concentraient alors les troupes royales.

Fig. 26.

Les monnaies émises à Cyzique montrent au droit la tête barbue du satrape à dr., coiffé de la tiare perse.

Légende : **ΦΑΡΝΑΒΑ** et au ℞ la proue d'une galère terminée en cou de cygne ; le flan orné d'un griffon et, de chaque côté, un dauphin la tête en bas ; à l'exergue, à g., est un thon, le tout dans un carré creux.

Ces statères sont taillées sur l'étalon gréco-asiatique.

Les monnaies émises en Cilicie diffèrent entièrement de celles battues à Cyzique. Alors que ces dernières portent toujours des légendes en langue grecque, les premières ne montrent que des inscriptions araméennes.

Æ. Statère perse.

Dr. Tête d'Arès casqué. — Légende : FaRNaBaZU-KHiLiK (Pharnabaze-Cilicie).

R⁄. Tête d'Aréthuse de face (Fig. 25).

R⁄. (Fig. 26). Le dieu Baaltarz assis sur un trône à g. s'appuyant, de la main droite, sur un long sceptre. — Légende : B'ALTaRZ.

D'autres monnaies ciliciennes de ce satrape (statères et oboles perses), montrent au droit la tête de la nymphe Aréthuse. L'une d'entre elles (statère perse) porte Aphrodite assise à dr. et la légende grecque **ΝΑΓΙΔΙΚΟΝ**.

On connaît de ce vice-roi des monnaies frappées à Cyzique, à Lampsaque et à Tarse.

Datame.

Fils du Carien Camisarès, Datame succède à son père vers 386 dans la satrapie de Cilicie voisine de Cappadoce. Diodore (XV, 91) l'appelle satrape de Cappadoce. Sa capitale était probablement à Mazaca. Plus tard il étendit sa domination sur le Pont et sur la Paphlagonie. Ses premières monnaies ont été frappées en Cilicie, alors qu'il était chargé avec Pharnabaze et Tithrauste de diriger l'expédition de 374 contre l'Égypte, campagne qui se termina par un échec. Datame alors, demeuré seul, poursuivit les armements à Acé, en Phénicie; puis, en 372, fut rappelé en Cilicie par la révolte d'Aspis.

Les monnaies de Datame présentent, avec celles de Pharnabaze, de grandes analogies, parce qu'elles ont été frappées à la même époque, dans les mêmes lieux et pour les mêmes causes.

Vers 362 Datame frappait à Sinope dont il venait de se rendre maitre, à la suite d'une révolte. Ces pièces sont au type sinopéen.

Le nom de Datame a été l'objet de nombreuses discussions, parce que, dans les légendes des médailles, il se présente sous des formes différentes : TaRKaSU, TaDKaMU, TaRKaMU, TaRDaMU TaRHaMU. Certains numismates ont lu *Tarcamo(s)*, *Tarcommos* ou *Tarconmos* ; mais le nom de Datame étant fourni par les historiens, avec une précision qui ne permet pas de doutes, il faut voir dans les diverses formes araméennes de son nom plutôt des erreurs de gravure que des formes régulières.

Monnaies frappées en Cilicie.
De 378 à 372 av. J.-C.

Æ. Statère perse (Fig. 27).

Fig. 27.   Fig. 28.

Dr. Le dieu Baaltarz assis à g. tenant de la main droite un sceptre terminé par un aigle, et de la main gauche une grappe de raisin. — Légende : B'ALTaRZ.

Le tout dans un cercle représentant l'enceinte d'une forteresse.

℞. Le satrape assis à dr. tenant une flèche. Devant lui, un arc ; plus haut, le disque ailé du soleil (Ormazd). — Légende : TaRKaMU.

Æ. Statère perse (Fig. 28).

Dr. Même type et même légende.

℞. Deux divinités debout se faisant face, séparées par le thymiatérion. Celui de g. entièrement nu étend le bras droit ; derrière lui, la légende ANA (probablement son nom) ; celui de droite, drapé jusqu'à la ceinture, lève la main droite. — Légende : TaRKaMU.

D'autres statères montrent au dr. la tête de face de la nymphe Aréthuse et au ℞ le profil casqué d'Arès accompagné de la légende TaRKaMU.

Certaines oboles, et fractions d'oboles, sont au dr. au type d'Aphrodite et au ℞ à celui d'Arès. D'autres (fig. 29) montrent au dr. le roi de Perse Artaxerxès II Mnémon en archer mélophore, coiffé du bonnet perse, et au ℞ le profil du satrape à dr. Ces médailles sont anépigraphes.

Fig. 29.

Monnaies frappées à Sinope.
Vers 368 av. J.-C.

Æ. Drachme éginétique.

Dr. Profil à g. de la nymphe Sinope.

Ŗ. Aigle pêcheur sur un dauphin. — Légende : ΔΑΤ·Μ.

Mazaios.
Vers 362-328 av. J.-C.

Ce satrape gouverna la Cilicie, pendant environ trente ans, le nord de la Syrie pendant dix ans, dans la région située à l'occident de l'Euphrate, nommée l'Eber-Nahr ou Transpotamie, par opposition avec la Mésopotamie. Quand Alexandre vint devant Babylone, Mazaios, qui en était alors satrape, lui ouvrit les portes de la ville, ce qui lui valut de conserver cette charge jusqu'à sa mort, qui eut lieu en 328 av. J.-C.

Le monnayage de ce satrape se partage en trois catégories distinctes : la frappe en Cilicie, de 361 à 333 ; celle de Syrie et les imitations qu'il fit faire des tétradrachmes d'Athènes de 332 à 331 av. J.-C.

Monnaies frappées en Cilicie.

Æ. Statère perse.

Presque toutes ces médailles portent au dr. le dieu Baaltarz assis, regardant de face ou à g., et la légende la plus complète est B'ALTaRZ (Fig. 30).

FIG. 30.   FIG. 31.

Au Ŗ, lion dévorant un taureau ou un cerf, parfois au-dessus d'une ville fortifiée (Fig. 31).

La légende la plus complète est la suivante : MaZD'Y Z'Y 'AL'ABaRNaHRA U HLK, c'est-à-dire Mazaios (satrape) du pays au delà du fleuve et de la Cilicie (HLK pour KLK).

Sur les oboles on voit aussi : Protomé d'hyène, tête d'homme imberbe, ou le buste d'Athéna, qui figure aussi sur quelques statères.

Monnaies frappées en Syrie.

Æ. Double statère et divisions.

Le type le plus fréquent est celui de Sidon.

20 B. ʾY D Z M

Fig. 32.

Dr. Galère à g. ; comme légende la date en haut dans le champ. D·|. (année 1), D ﾟ (année 20), D|ﾟ (année 21), etc. (Fig. 32).

℞. Le roi Artaxerxès III Ochus dans son char. — Légende : MaZD'Y.

Les oboles diffèrent des doubles statères ; on y voit : la tête d'Athéna, une tête de Gorgone, une tête barbue, le dieu Baaltarz assis, ou un lion accroupi, etc...

Émissions de Babylone.
Probablement toutes contemporaines d'Alexandre
(de 331 à 328 ap. J.-C.).

Æ. Tétrad. attique.

Dr. Baaltarz assis à g.

℞. Lion passant. — Légende : מזדי = MaZD'Y.

Imitations
des tétradrachmes d'Athènes.

Æ. (Fig. 32). Dr. Tête d'Athéna casquée, de profil à dr.

℞. Chouette d'Athènes. — Légende : MaZD['Y]K[LK]Mazaios-Cilicie.

KDZM

Fig. 33.

Orontès.
362 av. J.-C.

Ce prince, fils d'Artasyras, était un bactrien. Il fut successivement satrape de l'Arménie orientale, de la Mysie (Dascylion) et, alors qu'il était à Lampsaque, se révolta contre le Grand roi. C'est

FIG. 34.

FIG. 35.

là qu'il frappa le statère d'or du Musée Hunter (Fig. 34) et les médailles d'argent que nous possédons de lui. Ces pièces sont toutes à légendes grecques **OPONTA** (Fig. 35) ; le statère d'or est anépigraphe.

Spithridatès.
Vers 334 av. J.-C.

Satrape de Sardes, sous Darius III Codoman, a émis des monnaies d'argent et de bronze au type grec du revers, portant en légende **ΣΠΙΘΡ**. Au droit est l'effigie du vice-roi.

Memnon le Rhodien.
334 av. J.-C.

Général envoyé par Darius III à Éphèse, lors de la campagne contre les Macédoniens, qu'il battit à Magnésie sur le Méandre. Les pièces au type perse frappées à Éphèse, au nom du prytane **ΠΥΘΑΓΟΡΗΣ**, l'ont été par son ordre, pour le compte du Grand roi (Fig. 36).

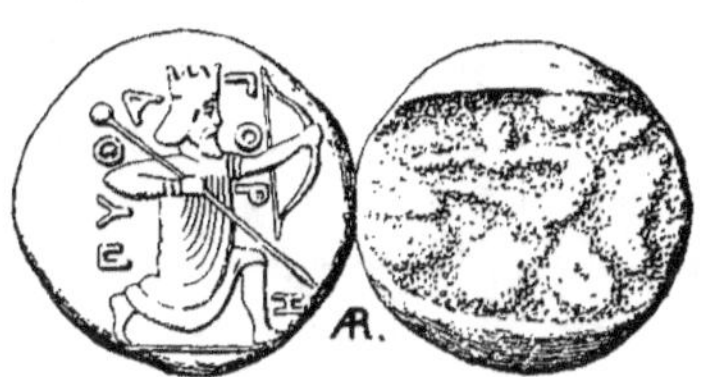

FIG. 36.

Abrocomas.
Satrape vers 360 av. J.-C. à Sinope.

FIG. 37.

 Æ. Demi-statère perse.

Dr. Tête de la nymphe Sinope (Fig. 37).

℞. Aigle pêcheur tenant un dauphin dans ses serres. — Légende araméenne : 'ABRoKoMU.

Ariarathe.

Satrape vers 350 av. J.-C.

Emissions de Sinope.

Æ. Hémi-statère perse. Même médaille. — Légende du revers :
אריורת = AR'IURaT.

Émissions de Gazioura.

Æ. Hémi-statère perse.

Dr. Le Baal de Gazioura assis à g. sur un trône, tenant de la
main dr. un cep de vigne, et de la main gauche un long sceptre. —
Légende : בעלגזור = B'ALGaZUR, en araméen.

℞. Griffon dévorant un cerf. — Lég. aram. AR'IURaT.

Bagoas.

Satrape d'Égypte.

L'Égypte, avant la conquête perse, nous l'avons vu, ne battait
pas monnaie ; elle usait des métaux au poids, de l'ancien Outen,
de lingots et des monnaies de la Phénicie et de la Grèce, toujours
estimées à la balance. Les premières émissions qui semblent avoir
été faites dans ce pays sont celles du satrape Bagoas, les légendes de
ces pièces très écourtées d'ailleurs (B, initiale du nom de Bagoas et
'A) sont toujours écrites en caractères phéniciens et aucune monnaie, de quelque temps que ce soit, ne porte d'inscriptions hiéroglyphiques. Le poids de ces pièces (statère d'Æ et ses divisions)
est toujours basé sur l'étalon phénicien. Ces monnaies, toutefois,
peuvent aussi bien avoir été émises dans la Phénicie méridionale
qu'en Égypte.

Æ. Statère et hémistatère.

Dr. Galère phénicienne. — Légende : B (Bagoas).

℞. Le roi (Artaxerxès III Ochus) dans un char attelé de trois
chevaux, conduit par un aurige. Derrière le char, un Égyptien coiffé
du pschent et vêtu de la chenti suit, portant un sceptre orné d'une
tête d'animal.

Æ. Obole. Même droit. — Légende : B en phénicien.

℞. Le roi de Perse luttant contre un lion, le poignard
(acinaces) à la main. — Légende phén. 'A.

A ces vice-rois, dont les noms sont connus par l'histoire et par
les médailles, il convient de joindre un grand nombre de satrapes

ayant exercé le pouvoir sur les provinces occidentales de l'Empire, qui eux aussi ont battu monnaie ; mais dont les noms demeurent inconnus jusqu'à ce jour, les pièces que nous possédons de ces princes ne portant pas de légendes instructives à cet égard.

III. — Monnayage autonome.
Émissions de Phénicie, de Syrie et de Palestine.

PHÉNICIE
ARADUS.

Les monnaies de cette ville ne portent pas le nom du dynaste qui les a fait frapper. On n'y voit que l'initiale du mot Aradus A, précédée de l'indice M.

De 400 à 351, époque de la révolte de la Phénicie contre la domination perse, la monnaie d'Aradus est taillée suivant l'étalon perse, elle se compose de tétroboles, dioboles, oboles, hémioboles (o gr. 36), huitième d'obole (o gr. 13), enfin de seizième d'obole (o gr. 05). Ce sont là les plus petites monnaies antiques connues.

Æ. Tétrobole. Le dieu Dagon, à queue de poisson, tenant dans chaque main un poisson par la queue (Fig. 38).

Ṝ. Galère phénicienne et au-dessous un hyppocampe, ou seulement l'hyppocampe sans la galère. — Légende phénicienne : M. A.

Divisions de l'obole.

Fig. 38.

Æ. Dr. Tête barbue casquée ou non à dr.

Ṝ. Proue de navire et dauphin, proue de navire seulement scorpion ou deux dauphins, de 351 à 332.

Æ. Double statère euboïque, statère perse et ses divisions.

Fig. 39.

Fig. 40.

Dr. Tête laurée de Melqart (Fig. 39).

Ṝ. Vaisseau. — Légende phénicienne : מאנע = MA'A.

Æ. Dilepton.

Dr. Dagon ichthomorphe à g. tenant une couronne de la main dr. portant son gouvernail sur l'épaule.

R. Galère phénicienne. — Légende : M. A.

BYBLOS (GEBAL).
Roi incertain (entre 410 et 374 environ).

Æ. Triobole gréco-asiatique (Fig. 40).

Dr. Galère phénicienne montée par trois hoplites. Hyppocampe sous le vaisseau.

R. Vautour en relief posé à g. sur un bélier gravé en creux.

Elpaal.
360 av. J.-C.

Æ. Statère gréco-asiatique et ses divisions.

Même droit.

R. Lion en relief à g. dévorant un taureau dont le corps est gravé en creux et la tête en relief. — Légende phénicienne : אלפעל מלך גבל = ALP'AL MeLeK GeBAL. *Elpaal roi de Gébal.*

Adramelek.
350 av. J.-C.

Æ. Tritémorion gréco-asiatique.

Même droit.

Même R. Mais le taureau en entier est en relief. — Légende phénicienne : ADRaMeLeK MeLek GeBaL. *Adramelek roi de Gébal.*

Azbaal.
340 av. J.-C.

Même médaille. — Légende au R. עזבעל מלך גבל = 'AZB'AL MeLek GeBaL. *Azbaal roi de Gébal.*

Aïnel.
(333 av. J.-C.), contemporain d'Alexandre le Grand.

Æ. Statère gréco-asiatique et ses divisions.

Dr. type de la Fig. 39.

R. Lion dévorant un taureau. — Légende : עינל מלך גבל = 'AINeL MeLek GeBaL. *Aïnel roi de Gébal* (Fig. 41).

A côté de ces médailles des dynastes, est une série de monnaies

autonomes portant au dr. la tête de Tyché et au ℞ Astarté (Baalat
Gébal) ou le cronos phénicien
et, comme légende, au revers :
LGeBaL = *de Géalb*, ou LGe-
BaL QDST, *de Gebal la Sainte*.

SIDON

Les monnaies de Sidon sont
de trois sortes, celles frappées au
nom du dynaste régnant, celles
portant le nom de la ville seule-

FIG. 41.

ment et les monnaies anépigraphes. Pour les premières qui jamais ne
nomment Sidon, les attributions sont conjecturales, et il en est de

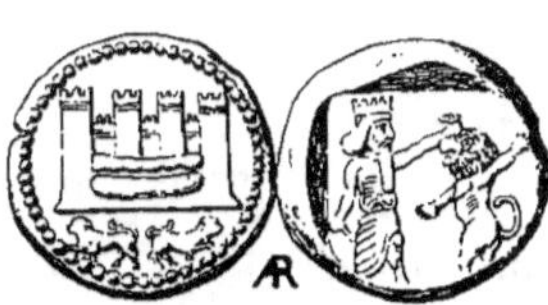

FIG. 42.

même pour celles sur lesquelles on lit
*de Sidon, la métropole de Cambé, d'Hip-
pone, de Citium, de Tyr*. Toutefois, par
leur type (Fig. 42, 43 et 44), ces pièces
se rapprochent tellement des autonomes
portant comme légende *les Sidoniens*,
que leur attribution à Sidon paraît plei-
nement justifiée.

Sidon n'a émis que des monnaies d'argent, toutes sont taillées

FIG. 43.

FIG. 44.

suivant l'étalon de Phénicie (double statère ou quadruple sicle,
sicle ou hémistatère, tritémorion, triobole, obole, etc...).

Dynaste incertain.
Av. 374 av. J.-C.

Æ. Dr. Galère phénicienne avec un rang de rameurs et un mât
garni de quatre voiles.

℞. Le roi de Perse (Artaxerxès II Mnémon ?) debout, tirant de
l'arc à dr. ; à dr. dans le champ, protomé de bouquetin, en creux ; à
g. tête de face du dieu Bésa, également en creux. — Anépigraphe.

Straton I (Abdastart).
374-362 av. J.-C.

Æ. Double statère et divisions.
Même type du droit, mais la galère est sans voiles.

℞. Le roi de Perse dans son char traîné par deux chevaux au galop ; sous le char, cadavre de bouquetin en creux ; au-dessus, en caractères phéniciens, A[bdastart] M[elek] *Straton roi.*

℞. Le roi de Perse luttant contre un lion.

Badastart.
Entre 380 et 374 av. J.-C.

Même type. Lettre ב = B au-dessus de la galère, probablement initiale de בעדשתרת = Badastart.

Straton II (Abdastart).
De 373 à 362 av. J.-C.

Même type. Dans le champ, עב initiales de עבדעשתרת = 'ABD'ASTaRT.

Tennès.
355 à 351 av. J.-C.

Æ. Double statère et divisions.

Même droit et même revers. — Légende du ℞ T'E[*nnès*] dans le champ en haut. Artaxerxès Mnémon.

℞. Le roi luttant contre un lion. — Légende : T'E.
Ici se placent des monnaies du satrape Mazaios datées des années I à IV (359-355) d'Artaxerxès III Ochus, et des années XVI à XXI (343 à 338), frappées à Sidon.

Evagoras II (de Salamine).
349-346 av. J.-C.

Æ. Dr. Galère. Artaxerxes III Ochus dans un char. — Légende : 'E'A[goras].

Straton III.
345 à 332 av. J.-C.

Æ. Même médaille. — Légende : du ℞ 'AB [*dastart*]. Artaxerxès III Ochus sur les premières monnaies, Darius III Codoman sur les autres.

Émissions autonomes.

Æ. Hémi-chalque, dilepton, chalque, tétradrachme.

Dr. Buste de Tyché.

R⁄. Europe sur le taureau. Légende : **ΣΙΔΩΝΙΩΝ** et LTsi-DoNeM en caractères phéniciens.

R⁄. Aigle debout à g. sur un éperon de navire.

R⁄. Bacchus debout à g.

R⁄. Galère phénicienne surmontée de la figure d'Astarté.

R⁄. Victoire debout à dr.

R⁄. Proue de navire surmontée de la déesse Astarté.

Æ. Hémi-chalque.

Dr. Buste tourelé de Tyché (Fig. 45).

R⁄. Gouvernail. — Légende : *de Sidon, la métropole de Cambé, d'Hippone, de citium, de Tyr.*

FIG. 45.

TYR.

Les monnaies de cette ville, contemporaines des Achéménides (de 450 à 332 av. J.-C.), sont toutes taillées sur l'étalon phénicien. Elles ont été, pour beaucoup, frappées par des dynastes qui n'y ont pas inscrit leur nom.

Æ. Statère phénicien et ses divisions (Fig.46).

Dr. Dauphin nageant sur les flots ; au-dessous, le murex qui donne la pourpre.

R⁄. Chouette debout à dr. portant sur son aile le sceptre et le fléau égyptiens. — Légendes indiquant la valeur de la monnaie :

FIG. 46.

שלשׁן = trentième (*chilochou*), מהצ כסף = (*ma-hatzi-keseph*) = demi-sicle d'argent, etc.

Æ. Statère phénicien.

Dr. Le dieu Melkart à cheval sur un hyppocampe.

Même R⁄.

Æ. Tritémorion phénicien.

Dr. Hyppocampe ailé galopant à dr. ; au-dessous, un dauphin. Même revers.

C'est par l'examen des monnaies postérieures à la conquête macédonnienne, portant des légendes très explicites, לצר = LTsiR, *de Tyr*, qu'on a fixé le type tyrien.

GAZA

Æ. Étalon attique. Drachme.

Dr. Tête diadémée à double visage.

Ŗ. Carré creux. Chouette debout à dr. regardant de face. — Légende : עזה ou אזה = Gazah.

Æ. Id. Drachme (Fig. 47).

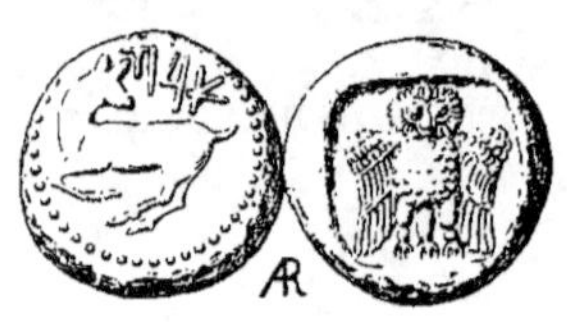

FIG. 47.

Dr. Tête de femme à dr.

Ŗ. Chouette. — Même légende.

Æ. Id., id.

Dr. Tête d'homme barbu ou imberbe à dr.

Même rev. ou protome de cheval galopant à dr. — Même légende.

Æ. Id. Dr. Deux têtes de lion face à face.

Ŗ. Deux têtes humaines accolées.

Æ. Id. Dr. Tête imberbe à dr.

Ŗ. Lion accroupi ; au-dessous, sanglier couché.

Ŗ. Lion dévorant une tête de bélier.

Æ. Dr. Obole attique. Satrape debout tenant son cheval par la bride.

Ŗ. Lion bondissant ; au-dessous, tête de bélier.

Æ. Dr. Tête imberbe.

Ŗ. Arabe sur son chameau.

Ŗ. Tête du dieu Bésa de face.

Æ. Dr. Tête d'Aréthuse de trois quarts, à g.

Ŗ. Tête du dieu Bésa, de face.

HIÉRAPOLIS (BAMBYCÉ). CYRRHESTIQUE.

Abd-Hadad, dynaste d'Hiérapolis, et grand prêtre d'Atergatis (Aphrodite syrien).
Vers 332 av. J.-C.

Æ. Didrachme attique (Fig. 48).

Dr. Buste du dieu Atergatis de face. — Légende : 'ATR'ATH = Atergatis.

℞. Abd-Hadad debout à g. dans un temple figuré par un portique, coiffé d'un bonnet conique tenant une pomme de pin au-dessus d'un petit autel. — Légende : עבהדד, 'ABDHaDaD = AbdHadad.

Æ. Didrachme attique.

Dr. Buste à g. d'Atergatis.

℞. Le roi de Perse (Darius III Codoman) dans un char traîné par deux chevaux marchant au pas. — Légende : 'ABDHaDaD.

FIG. 48.

ÉMISSIONS DE CILICIE

Les villes de Cilicie qui ont frappé des monnaies satrapales sont les suivantes :

Issus, de 450 à 380 av. J.-C. Æ.

Mallus, de 601 à 333 av. J.-C. Æ et de 380 à 333 Æ.

Soli, de 450 à 333 Æ et de 380 à 333 Æ.

Tarse, de 600 à 450 EL. de 600 à 333 Æ.

Mais ce pays était gouverné par des dynastes locaux, dont, en dehors de la numismatique, nous possédons les noms ; ce sont :

Synnesis (Συέννεσις) I...... vers 590.

Synnesis II.............. vers 510.

Synnesis III, fils d'Oromedon en 480.

Xenagoras (Ξειναγόρης)..... en 479.

Synnesis IV .... en 401.

Princes auxquels il convient d'ajouter les Satrapes.

Mazaïos, de 361-334, et Arsamès, de 334-333.

Les médailles de ces princes sont toutes anonymes ; et, par suite, les attributions qu'on en peut faire ne reposent que sur des caractères généraux, indiquant une époque approximative. Mais beaucoup d'entre elles portent le nom de la ville où elles ont été frappées.

Le type le plus courant des monnaies frappées à Tarse montre au dr. le dynaste à cheval, galopant à dr., coiffé du bonnet perse, et au ℞ un hoplite grec agenouillé, coiffé du casque corinthien, s'abri-

tant derrière son bouclier et sa lance en avant (Fig. 49) ; mais on
voit également des pièces figurant le roi des rois, soit agenouillé et
tirant de l'arc (Fig. 51), soit debout, tenant une fleur (?) (Fig. 52).
Ces pièces portent souvent comme légende les trois lettres phéniciennes TRS ou l'inscription grecque ΤΕΡΣΙ.

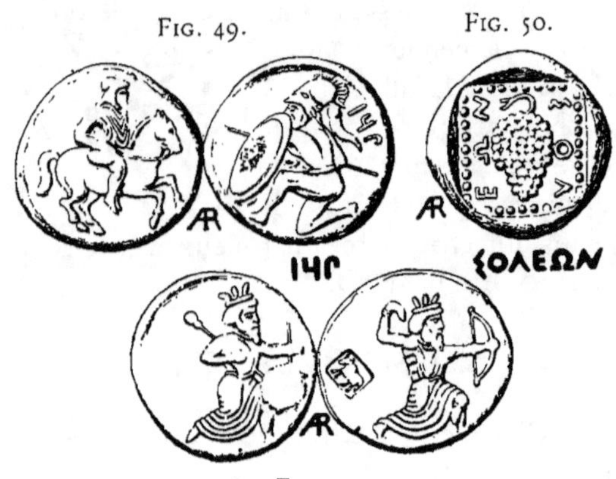

Fig. 49.   Fig. 50.

Fig. 51.

A Soli, le dr. montre généralement le roi de Cilicie bandant son
arc, et le revers porte une grappe de raisin entourée de la légende
ΣΟΛΕΩΝ (Fig. 50).

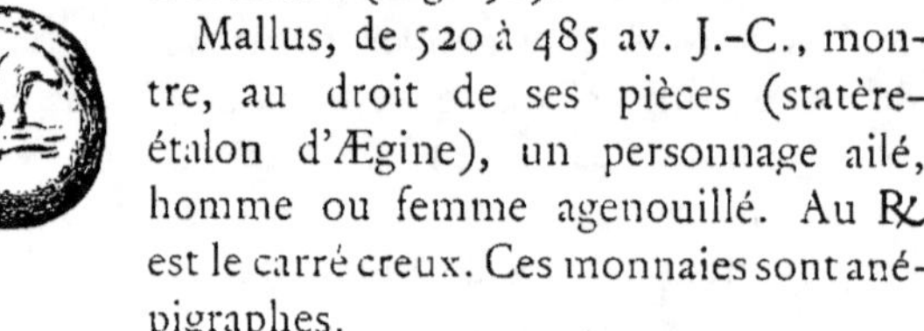

Fig. 52.

Mallus, de 520 à 485 av. J.-C., montre, au droit de ses pièces (statère-
étalon d'Ægine), un personnage ailé,
homme ou femme agenouillé. Au ℞
est le carré creux. Ces monnaies sont anépigraphes.

De 485 425 (statère et triobole-étalon d'Ægine) on voit le
même droit que précédemment et, au ℞, une pierre pyramidale
accostée de deux grappes de raisin, et parfois les lettres ∇-Γ ou ∇-I-Γ.

Sur d'autres pièces, frappées entre 425 et 385 (étalon perse), la
figure d'homme du dr. porte quatre ailes et quelquefois la tête est à
deux visages. Le ℞ porte un cygne ou un petit oiseau, et en
légende : ΜΑΡ, ΜΑΡΑ, ΜΑΡΛΟ, ΜΑΛΡ, ou ΜΑΡΛΟΤΑΝ.

Enfin de 385 à la chute de l'Empire achéménide, cette ville frappe
(étalon perse) au dr. à l'effigie du roi de Perse mélophore courant
à droite, et au ℞, soit Héraklès étranglant un lion, soit Aphrodite
devant l'Hermès, soit Déméter portant une torche, ou Zeus assis sur

un trône et tenant un sceptre. Les légendes de ces pièces sont, au ℞ : **MAΛ** ou **MAΛΛΩΥ**.

Il existe aussi des pièces anépigraphes qui, sur les deux faces, représentent le roi de Perse (Fig. 51).

Issus a frappé des statère d'argent de poids perse. Son monnayage comprend deux séries, la suite autonome et celle émise par le satrape Tiribaze.

Les monnaies autonomes montrent, au droit, Apollon debout, ou la tête d'Athéna de face et au ℞ Héraklès debout, portant la massue et la peau de lion, ou Jupiter assis sur un trône. — La légende sur ces pièces est toujours en langue grecque : **IϽϽI** ou **I-Ͻ** pour **IϽϽIKON**.

IV. — DYNASTES DE L'ASIE MINEURE, SOUMIS AUX ACHÉMÉNIDES

MAGNÉSIE

Thémistocle.
De 465 à 449 av. J.-C.

Æ. Didrachme attique.
    Dr. Apollon nu debout à dr. — Légende : **ΘΕΜΙΣΤΟΚΛΕΟΣ**.
    ℞. Aigle dans un carré creux. — Légende : **MA**.

PERGAME

Eurysténès.
Fin du vᵉ siècle av. J.-C.

Æ. Hecté et diobole perse.
    Dr. Tête d'Athéna, ou tête d'Apollon.
    ℞. Tête à dr. du dynaste Eurysténès coiffé de la tiare perse.
— Légende : **ΠΕΡΓ**.

GAMBRIUM

Gorgion.
Fin du vᵉ siècle av. J.-C.

Æ. Tétrobole perse.
    Dr. Tête laurée d'Apollon.
    ℞. Protome de taureau cornupète à dr. — Légende : **ΓΟΡΓΙ**.

Orontes (satrape).
En 362 av. J.-C.

Spithridatès (satrape).
Vers 334 av. J.-C.

ÉPHÈSE ET CARIE

Memnon (le rhodien).
334 av. J.-C.

Æ. Tétradrachme rhodien.

Dr. Le roi Darius III Codoman en archer mélophore agenouillé à dr. et tenant l'arc et le javelot. (Voir p. 53, fig. 36.)

R̸. Dépression creuse irrégulière.

DYNASTES DE CARIE

Hecatomnus.
395-377 av. J.-C.

Æ. Drachme attique au type de Milet.

Dr. Tête de lion à g. — Légende : **EKA**.

Fig. 53.

Fig. 54.

R̸. Aire creuse, astre à huit rayons (?) ou fleur.

Maussollus.
377-353 av. J.-C.

Æ. Tétradrachme rhodien, même médaille. — Légende du dr. : **MA** (Fig. 53).

Æ. Id. — Dr. tête laurée d'Apollon de trois quarts.

R̸. Zeus Stratios debout à dr. — Légende : **MAYΣΣΩΛΛΟ**.

Idrieus.

353-344 av. J.-C.

Æ. Id. — Même médaille (Fig. 55). — Légende au Ŗ : ΙΔΡΙΕΩϟ.

Pixôdarus.

340-334 av. J.-C.

N. Diobole (1 gr. 42).
  Dr. Tête à g.
  Ŗ. Hache double.
N. Hémiobole (0 gr. 36), même type (Fig. 55).
Æ. Obole et ses multiples. Même type. — Légende au Ŗ :
ΠΙΞΩΔΑΡΟΥ.

Fig. 55.

Orontopatès (satrape perse).

334 av. J.-C.

PAMPHYLIE ET LYCIE

Avant la conquête perse, les Lyciens étaient politiquement organisés en régime fédéral, et ces institutions continuèrent à être en
vigueur après leur soumission aux grands rois. Les plus anciennes
monnaies lyciennes parvenues jusqu'à nous remontent au début
du vᵉ siècle (vers 480), c'est-à-dire aux temps de Xerxès fils de
Darius I. Elles sont autonomes et, sauf dans les derniers temps, ne
portent aucun signe de la domination perse.

Le symbole de la Lycie est l'emblème solaire, connu sous le nom
de Triquètre, il orne le revers de la plupart des médailles ; on sait
que le dieu de la lumière Λύκιος (Apollon) était en grand honneur
chez ces peuples.

Le droit de ces monnaies varie suivant les époques, les plus
anciennes (vers 480 av. J.-C.) montrant soit la partie antérieure

Fig. 56.

Fig. 57.

d'un sanglier (Fig. 56 et 57), ou le sanglier tout entier, soit
un bœuf agenouillé, regardant en arrière, ou Pégase sur le disque
solaire, parfois aussi un œil humain, autre symbole du soleil, ou bien

une vache allaitant son veau. Au revers, le plus fréquemment est le carré incus, soit de surface irrégulière, soit portant une sorte d'étoile à huit rayons, ou le Triquètre. Ces médailles sont presque toujours anépigraphes ; quelques-unes cependant, portent des lettres d'une interprétation difficile.

C'est à partir de la seconde moitié du v⁰ siècle que paraissent les légendes sur les pièces lyciennes ; les sujets qu'elles représentent sont alors très variés, on y voit au droit :

Le sanglier entier ou représenté par son protome.

Le griffon.

Le bœuf entier ou représenté par son protome.

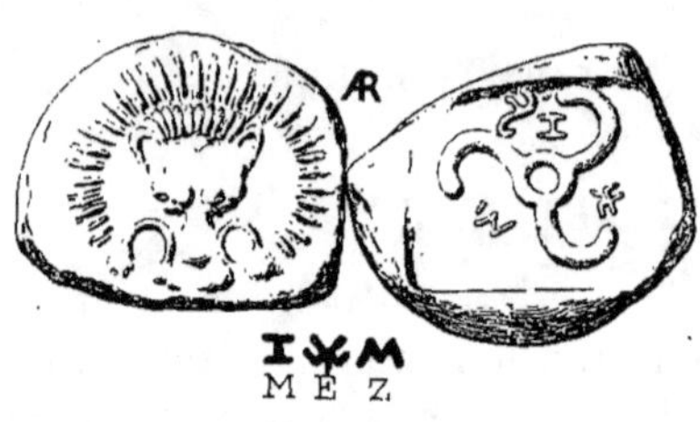

FIG. 58.

Le coq, parfois deux coqs se faisant face.

Le dauphin.

Le lion, ailé et armé de cornes, ou simple, représenté en entier, par son avant-train, ou simplement sa tête, de profil ou de face (Fig. 58).

Le cheval, entier ou son avant seulement.

Le bouc.

Le bouquetin.

Le bœuf à tête humaine.

Hercule.

Jupiter Ammon.

Une tête d'homme casqué.

Une tête de femme.

Le Silène.

La tête de Pallas (Fig. 59).

FIG. 59.

Et au revers :

Le Triquètre.

La tête d'Apollon.

Une tête de femme.

Pallas assise, son bouclier devant elle.

La tête d'Hermès.

La tête d'Hercule.

La chouette (Fig. 60).

Le lion marchant,

FIG. 60.

et parfois aussi, mais rarement, une tête d'homme portant le bonnet
satrapal des Perses (Fig. 59).

Au IVe et au IIIe siècle, jusqu'à la fin de la domination perse, les
représentations demeurent à peu de chose près les mêmes, tout au
moins comme motifs.

On voit au droit : un lion, debout ou assis, sa dépouille, la tête
de Pallas, celle du dieu Pan, le triquètre, une coquille, le murex
qui donne la pourpre.

Et au revers : Pégase, un lion, parfois deux, une tête de femme,
celle d'Hermès, enfin les effigies des dynastes.

L'alphabet lycien, tel qu'il nous a été transmis par les textes
lapidaires et les légendes des médailles, « rappelle l'alphabet grec
primitif ; mais la présence du X et du Φ prouve qu'il est de date
moins ancienne, peut-être, qu'on ne serait porté à le croire. L'alphabet
des Lyciens ne leur est pas venu de leurs voisins les Ioniens, ils
l'ont reçu des Doriens.

« Les Lyciens, en outre, dont la langue présentait un système
de vocalisme délicat et compliqué, non seulement ont adopté les
voyelles grecques, mais ils les ont dédoublées, et ont créé tout un
système de voyelles très savant, qui ne rappelle en rien la sobriété
des alphabets primitifs [1]. »

Le tableau 61 donne les diverses formes de l'alphabet lycien,

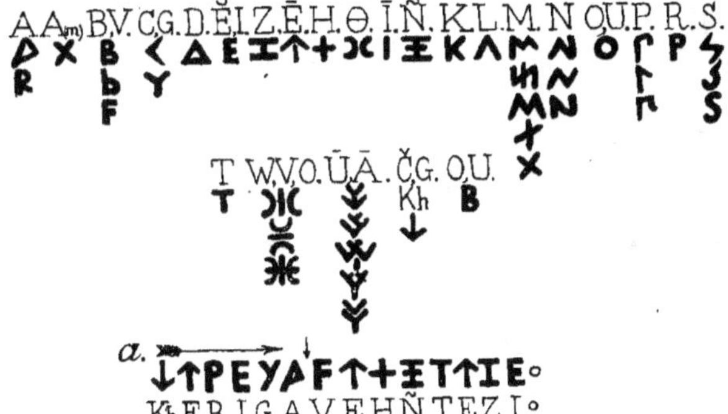

FIG. 61. — Alphabet lycien.

ainsi qu'un texte transcrit (a). Cette écriture se lit de gauche à
droite ; dans les textes et les légendes des monnaies, les mots ne
sont pas séparés les uns des autres.

[1] PH. BERGER, *Hist. de l'écriture*, p. 146 sq.

Les noms des dynastes lyciens dont on connaît des monnaies sont les suivants :

Kub[ernis], fils de Kossicas. Vers 480 av. J.-C.

Utévès. Vers 420.

Spintaza. Vers 410.

Téthivekis. Vers 410.

Kuperlis. Vers 410.

Kheriga ou *Tchériga*. Vers 410.

Khreïs. Vers 410.

Erbina. Vers 410.

Khadritimès. Vers 400.

Véxérés. Vers 400.

Zamous ou *Zémous*. Vers 410.

Trébénimis (cf. inscriptions de Limyra). Vers 410.

Mitærapata = (?) Mitrapatès. Vers 410.

Dénévélès. Vers 390.

Zanas. Vers 380.

Périclès. De 375 à 360.

Arofuteïesis = (?) Ἀρυώτης = Orontès.

Artora(m)para = Ἀτρμάρης (?).

FIG. 62. — Dynastes lyciens.

Parmi ces noms, il en est (Mithrapata, Arofutéïesis, Artoa(m)para), qui certainement sont perses, et par conséquent ont appartenu à des satrapes envoyés de Suse en Lycie par le grand roi. Les monnaies de Dénévélès (voir Fig. 59) qui, au droit représentent un personnage barbu portant le bonnet satrapal, prouvent que l'autonomie de la Lycie était loin d'être complète, et que les dynastes locaux étaient placés sous l'autorité directe d'un vice-roi iranien.

Les noms des villes que portent les médailles sont peu nombreux et encore, parfois, hésite-t-on dans leur attribution entre une ville et un dynaste. Nous citerons entre autres :

Arina pour ’Ἀρνα, ancien nom Xanthe.

Tcharéna ou *Kareua*, pour Karya ou Krya.

Pittarazu pour Patara.

Ppns ou Psis pour Pisilis.

Tlafé pour Tlos.

FIG. 63. — Noms de villes lyciens.

Et, pour la Pamphylie les trois villes de Sidé, Aspendos et Selgé.

ÉMISSIONS CYPRIOTES

L'Ile de Chypre, qui appartenait également aux Achéménides, a émis bon nombre de monnaies frappées par les dynastes de cette île qui s'étaient soumis.

Aux temps de la domination assyrienne, l'Ile de Chypre était divisée en dix petits royaumes, trois siècles plus tard il n'y en avait plus que neuf, que Diodore de Sicile (XVI, 42) énumère : Ce sont ceux de *Salamine, Citium* (avec *Idalium* et *Tamasus*), *Marium, Amathus, Curium, Paphos, Soli, Lapethos* et *Cerynée.*

Le monnayage local, dans l'Ile de Chypre, commence au IVe siècle av. J.-C. et cesse lors de la conquête de l'Ile par Ptolémée Soter, (312 av. J.-C.).

Dans ces petits royaumes, au point de vue de la frappe du numéraire, on doit distinguer les ateliers de Salamine, Idalium, Curium, Paphos, Marium, Soli, dont les monnaies portent des légendes en caractères cypriotes d'abord, en grec ensuite, et les émissions des rois sémites (?) de Citium et de Lapèthos dont les inscriptions sont en phénicien.

L'écriture chypriote, certainement d'origine fort ancienne, ne nous est connue qu'à partir du IVe siècle avant notre ère. Elle est syllabique, et par conséquent, diffère entièrement des alphabets helléniques : tout porte à croire qu'inventée dans des temps très reculés, pour une langue indigène disparue avant le vɪᵉ siècle, elle a été adaptée au grec de l'Ile, c'est-à-dire au dialecte éolien modifié à l'aide de formes grammaticales qui se rapprochent beaucoup de l'arcadien.

Dans les textes cypriotes, les mots sont fréquemment séparés par un point, contrairement aux usages courants d'alors, tant en Europe qu'en Asie. Comme en assyrien la numération est indiquée par un signe déterminatif spécial, un trait vertical.

Le tableau suivant (Fig. 64) donne les formes principales des signes cypriotes en usage sur les monnaies et leur valeur phonétique.

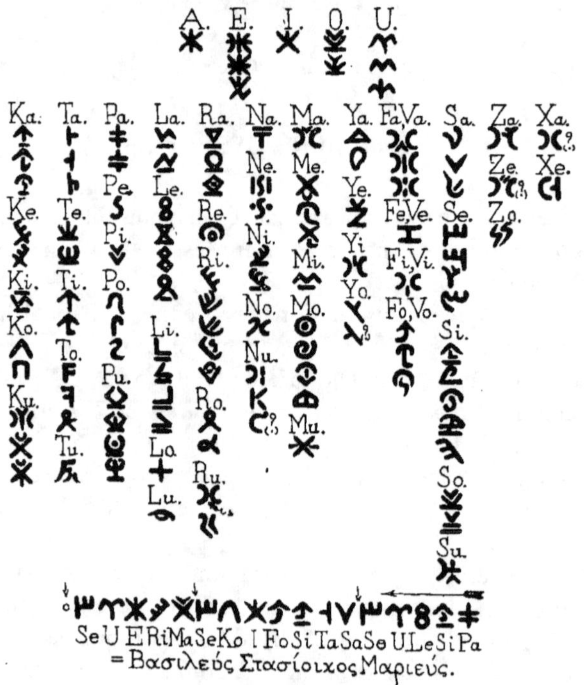

Fɪɢ. 64. — Tableau des caractères cypriotes et texte transcrit.

Cette écriture se lit de droite à gauche.

Les principales légendes en caractères indigènes des médailles cypriotes sont les suivantes (Fig. 65) :

FIG. 65. — Légendes cypriotes.

DYNASTES DE CITIUM.

Un roi inconnu, mort en 479 av. J.-C.

Baalmelek I.

Vers 479 à 449 av. J.-C., roi de Citium.

Les plus anciennes monnaies connues de ce royaume, sont celles de ce prince. Elles représentent :

Æ. Dr. Hercule marchant à droite et au revers un lion assis au milieu d'un carré creux bordé de perles.

Æ. Dr. Tête barbue d'Héraklès.

Ŗ. Lion assis. — Légende en caractères phéniciens : לבעלמלך. LB'ALMeLeK = *de Baalmelek*.

Puis vint un interrègne de quelques mois.

Azbaal.

De 449 à 425 environ, roi de Citium et d'Idalium.

.Æ. Dr. Héraklès barbu, coiffé de la peau de lion, marchant à droite ; de la main gauche il tient son arc, de la droite il brandit sa massue au-dessus de sa tête (Fig. 66).

R/. Lion dévorant un cerf abattu. — Légende phénicienne : לעובער, = L'AZB'AL = d'Aaazbaal.

FIG. 66.

Baalmelek II.

De 425 à 400 environ, roi de Citium et d'Idalium.

Æ. Même droit.

R/. Lion dévorant un taureau agenouillé, dans un carré creux encadré d'un grènetis. — Légende phénicienne : LB'AL MeLeK = de Baalmelek.

Baalram.

400-392, roi de Citium et d'Idalium.

Æ. Même droit.

R/. Lion dévorant un cerf abattu. — Légende phénicienne : לבעלרם = LB'ALRaM = de Baalram.

Demonicus.

En 388-387 av. J.-C.

Æ. Athéna debout à gauche, coiffée du casque athénien, la poitrine couverte de l'égide ornée de la tête de Méduse, appuyée sur sa lance et portant le bouclier.

R/. Héraclès semblable à celui du droit des monnaies d'Azbaal. — Légende phénicienne : למלך דמנך, = LMeLeK DeMoNiK = du roi Demonicus.

Mélékiaton.

De 392-361 av. J.-C., en deux règnes, roi de Citium et d'Idalium.

Æ. Dr. Héraclés, type d'Azbaal.

R̸. Lion dévorant un cerf. — Légende phénniciene : מלכיתן
למלך, = LMeLeK MeLaK'IaToN = *du roi Melekiaton*.

Æ. R̸. Tête d'Aphrodite.

Pumiaton.
361-312 av. J.-C., roi de Citium, d'Idalium et de Tamassos.

N̸. Dr. Héraklès. Type précédent.

R̸. Lion dévorant un cerf. — Légende phénicienne : פמיתן
למלך, = LMeLeK PuM'IaToN = *du roi Pumiaton*.

Æ. Depuis l'origine, jusqu'à la fin du règne de Baalram, la
monnaie est taillée sur l'étalon perse (statère et ses divisions). Sous
Démonicus paraît le didrachme rhodien, et sous Mélékaiton la
drachme euboïco-attique ; mais, jusqu'à la fin, le poids perse
persiste, en même temps qu'on frappe suivant les mesures grecques.

DYNASTES DE MARIUM

Æ. Statère. Les plus anciennes monnaies attribuées à cette ville
(vers 400 av. J.-C.) montrent au dr. un loup et, au R̸, un carré
creux contenant une tête d'Aphrodite et la légende en caractères
phéniciens ML(?). — Cette attribution à Marium est douteuse. Les
autres médailles sont postérieures à la chute de l'empire des Achéménides.

Stasioecus, fils de Timocharis.
Vers 420.

Æ. Statère perse.

Dr. Tête d'Apollon. — Légende en caractères cypriotes :
...Vo..[i]Ko.se.KU.RI.eV.Se. =[Βασιλεὺς Στασί]ροικος Κυριεύς.

R̸. Déesse assise sur un bœuf au galop, dans un carré creux. —
Légende : *Pasileose Timokarivose* = Βασιμέως Τιμοχάρεφος.

Onasioecus (?); fils de Stasioecus.
Vers 400.

Æ. Même dr. — Légende : Ba.Si.Le.Vo.Se-O.Va.Si.Fo.I.Kô.Se.
= Βασιλευς Ὀυασίροικος.

Même revers. — Légende : Ba.Si.Le.Vo.Se.Sa.Ta.Si.Fo.I.Kô.
= Βασιλέως Στασιφοίκο.

DYNASTES D'IDALIUM

Æ. Sphinx assis. — Légende : E.Da.Li = 'Hδαλι[έων].
R⳽. Carré creux contenant parfois une fleur de lotus.
Cette attribution à Idalium est douteuse.

Gras ou Karas dynaste.
Vers 460 av. J.-C.

Même type. — Légende en caractèrs cypriotes : Ba.Ga.Ra =
Bα-κα-ρα.

Stasicypros dynaste.
Vers 460-450 av- J.-C.

(Mentionné sur la tablette de bronze de Deli). Même type, avec
initiale Σα (attribution douteuse).

DYNASTES DE LAPETHOS

Sidqémelek.
Vers 449-420.

Æ. Statère perse.
Dr. Tête d'Athéna casquée. — Légende phénicienne מלך לפת
ליצדקמלך : LTsiDQeMeLeK MeLeK LaPeT = *De Sidqelmelek roi de
Lapethos* (Fig. 67).

FIG. 67.

FIG. 68.

R⳽. Tête d'Athéna de face, casquée, le casque orné de deux
oreilles de taureau. — Légende ליצדקמיל = LTSiDQeMeLeK = *De
Sidqémelek*.

Praxippus.

Dernier roi de Lapethos, il fut détrôné par Ptolémée Soter, en 312, d'ap. Diodore de Sicile (xix.79). Nous ne connaissons aucune monnaie à la légende sémitique ou cypriote de prince ayant occupé le trône après Sidqémelek. Praxippus a frappé seulement avec la légende grecque ΠΡ.BA.

DYNASTES DE PAPHOS

Æ. Statère perse et divisions.

Ces médailles ne portent pas de noms de dynastes, elles paraissent vers 480, et montrent à dr. un homme à tête de taureau, ou un taureau debout, au R⃰. un carré creux contenant soit un aigle, soit une tête d'aigle. — La légende ordinaire, en caractères chypriotes, est Pa Si.

Stasandros.

Æ. Même type (Fig. 68). — Légende cypriote : SaTaSaDoRô BaSi = *Le roi Stasandros.*

Pnytos II (ou Pnytagoras II).

Même type. R⃰. Légende : Ba.Pu. = Βασιλεύς Πνύτος.

Roi incertain (Onasioicos ?).
Vers 400 av. J.-C.

Même type. Dr. Légende : Ba-Si. O.Na.Si. = Βασιλεύς Ωνασι (?)

Moagetas (?).
Fin du vᵉ siècle.

Même type. Dr. Légende : Mo.a.KHe.Ta. = Μοαγέτας (?)

Timocharis.
Vers 385 av. J.-C.

Dr. Zeus assis presque de face sur un trône. — Légende : Ba.Si.Le Fô.Se, Ni.Ko.Ke.Le.Fô.Se (Βασιλέως Νικολέϝος).

R⃰. Aphrodite némésis debout de face. — Légende : Ba.Si. Le.Fô.Se, Ti.Mo.Kha.Re(?)Fô.Se (Βασιλέως Τιμοχαρως ?).

Roi incertain (Echetimos ?).

Æ. Dr. Tête d'Aphrodite à dr.

   Ŗ. Colombe à dr. — Légende : E.KHe.Ti.Mo, Ba.Si.Le.Fô.Se.

Timarchos.

Vers 332 av. J.-C.

Aʹ. Même type.

   Ŗ. Légende : Ti.Ma.Ra.KHo Ba.Si. ('Τιμαρχος Βασιλευς).

Nicoclès.

320-310 av. J.-C.

Frappe avec légendes grecques.

DYNASTES DE SALAMINE

De tous les petits États cypriotes, c'est celui de Salamine qui fournit la plus importante série numismatique.

Evelthon.

569 à 525 av. J.-C. environ.

Æ. Statère perse et ses divisions.

   Dr. Bélier couché. — Légende : E.U.Fe.Le.Tô.Ne, en caractères cypriotes (Εὐέλθων) (Fig. 69).

   Ŗ lisse ou carré creux, à surface irrégulière.

Nicodamos.

Æ. Tétrobole perse. Même dr. — Légende : Ba.Si.Le.FôSe. Ni.Ko.Da.Mô. Βασιλέως Νικόδαμω (Fig. 70).

FIG. 69.

FIG. 70.

Ŗ. Disque solaire surmontant une croix à deux traverses. — Légende : Se.La.Mi.Ni. (?) (Σελαμινίων ?)

Evanthès.
Vers 450 av. J.-C.

Æ. Statère perse. Bélier couché à g. — Légende : Eu.Fa.Θe.ôSe = Εὐάνθεως.

℟. Tête de bélier à g. — Légende : Ba.Si = Βασί[λεως].

Evagoras I.
411-374 av. J.-C.

Æ. Statère perse et ses divisions.

Dr. Tête barbue d'Héraklès coiffé de la peau de lion. — Légende en caractères cypriotes : E.U.Fa.Go.Rôe. (Εὐαγόρω).

℟. Bouquetin agenouillé ou couché. — Légende : Ba.Si.Le. FôS. Eu.A.Go.Rô. (Βασιλέωσ Εὐαγόρω).

Nicoclès.
374 à 368 av. J.-C.

Æ. Dr. Tête d'Aphrodite à g.

℟. Tête de Pallas coiffée du casque corinthien. — Légende en caractères cypriotes : Pa. Ni (Βασιλέως Νικοκλέως).

Six et Head attribuent à ce prince un statère d'Æ, d'après lequel Nicloclès aurait régné avec son frère Damonicos, ou Timokharis.

Æ. Dr. Jupiter assis de face. — Légende : Pa.Si.Le.Vo.Se.- Ni.Ko.Ke.Le.Vo.

℟. Aphrodite debout de face. — Légende : Pa.Si.Le.Vo.Se. Ti.Mo.Ka.Ri.Vo.Se. (Βασιλέωσ Τιμοχάρις).

Evagoras II.
361-351 av. J.-C.

Æ. Dr. Lion portant un aigle sur son dos, tête de Pallas casquée ou d'Aphrodite. — Légendes grecques : **BA**, ou **EYA**, ou **ΠN**.

℟. Lion passant, tête d'Aphrodite ou d'Artémis. — Légendes grecques : **BA**, ou **EYA**.

Ce prince a frappé, suivant l'étalon rhodien, des monnaies rappelant la suprématie du roi de Perse sur ses États.

Æ. Dr. Tétradrachme rhodien.

Dr. Le roi de Perse Artaxerxes III Ochus, à demi agenouillé à droite, et tirant de l'arc.

℟. Le roi Evagoras à cheval, armé d'une lance, chargeant à

dr. ; le prince est coiffé de la tiare perse. En haut, dans le champ, lettre phénicienne O, initiale du nom d'E[vagoras].

Pnytagoras.
351-352 av. J.-C.

Æ. Dr. Tête d'Aphrodite tourelée. — Légende : ΠΝ.

Ŗ. Tête d'Aphrodite portant le diadème crénelé — Légende : BA.

DYNASTES DE CURIUM

FIG. 71.

Aristochos.
Vers 388 av. J.-C.

Æ. (Fig. 71) Dr. Héraklès nu, debout à droite, étouffant dans ses bras le lion de Némée dressé contre lui. Dans le champ à g., la massue du dieu.

Ŗ. Athéna assise à g. sur la proue d'un navire. Dans le champ, croix ansée. — Légende cypriote, sous la proue du vaisseau : A.Ri. Ba.Si. (Αριστώχων Βασιλεύς).

DYNASTES DE SOLI

Eunotos I.
Vers 460 av. J.-C.

Æ. Statère perse et divisions.

Dr. Lion marchant à droite ou tête de lion. Anépigraphe.

Ŗ. Carré creux, tête de Pallas, de Gorgone, ou de taureau. Croix ansée. — Légende : Pa.A (Βασιλεύς Αριστόκυπρος) ou Pa.E. (Βασιλεύς Εὐνόστος).

Rois incertains.
480-400 av. J.-C.

Æ. Statère perse.

Dr. Hermès marchant ou lion à droite, parfois surmonté d'un aigle planant.

Ŗ. Carré creux renfermant soit une tête d'Ammon, soit une

croix ansée, soit l'avant-train d'un lion ou d'un bœuf. — Légende : Pa.Sa.La. (Βασιλεὺς Σαλᾶς ?).

Rois incertains.
De 400 à 312.

Æ. Dr. Tête de Pallas. — Légende : **B. Σ**.
  R̸. Bœuf marchant. — Légende : **AP** ou **PA·Sᵃ**.

Pasicratès.
351 av. J.-C.

Ce prince frappe avec légende grecque. **BA·ΠΑΣΙ**.

DYNASTES D'AMATHONTE

Roi incertain.
Vers 410 av. J.-C.

Æ. Tétrobole perse.
  Dr. Lion couché à droite.
  R̸. Carré creux. Protome de lion. Anépigraphe.

Evagoras I de Salamine (?)
Vers 394 av. J.-C.

Même type (attribution douteuse).

Zotimos.
Vers 390 av. J.-C.

Æ. Statère rhodien. Même médaille. Aigle posé sur le dos du lion. — Légende.

FIG. 72.

Dr. et R̸. Zô.Ti.Mó. (Ζώτιμω) en caractères cypriotes (Fig 72).

Roi incertain.

Même type.
  Dr. et R̸. Légende : Pu.Ru.Vo.So.

Roi incertain (Eutimos).

Même type.
Dr. et R⥾. Légende : E Ne.Ti.Mo. ou O.Ti.Mo.Ni.

Lysandre.
Vers 375 av. J.-C.

Æ. Id. Même médaille. — Légendes.
Dr. et R⥾. Lu.Sa.Do.Rô. (Λυσάνδρω) en caractères cypriotes.

Epipalos.
Vers 360 av. J.-C.

Æ. Même type.
Dr. et R⥾. Légende : E.Pi.Pa.Lô.

Rhoicos.
Vers 355 av. J.-C.

Æ. Tétrobole rhodien.
Dr. Tête de lion.
R⥾. Protome de lion. — Légende : Ro. (Ῥοίκω).

COLONIES PHÉNICIENNES DE L'OCCIDENT

CARTHAGE

Fondée par les Tyriens, vers le ixe siècle avant notre ère (Fig. 73), Carthage, malgré la grande étendue de son commerce, ne battit monnaie que fort tard. Ses plus anciennes émissions semblent ne dater que de l'époque où, en 410 av. J.-C., elle envahit la Sicile. Jusqu'alors, bien que depuis longtemps le numéraire grec lui fût connu, et circulât au poids, dans tous les comptoirs comme dans la métropole, elle se contentait du mode d'échanges à la balance,

que ses fondateurs avaient apporté de Phénicie. On est en droit de penser que ses premières émissions de numéraire ont été rendues nécessaires par le paiement de la solde des troupes cantonnées dans les villes grecques siciliennes. Les Carthaginois, on le sait, employaient beaucoup de mercenaires, et il est fort probable que ces soldats étrangers, accoutumés pour la plupart, dans leur pays, à l'usage de la monnaie, réclamèrent leur solde en espèces sonnantes. Quoi qu'il en soit, l'origine sicilienne de ces premières frappes carthaginoises n'est pas discutable. Ces pièces portent des légendes en langue punique, et des noms d'ateliers monétaires siciliens y sont inscrits. Le style de ces médailles et les motifs qui les ornent sont purement grecs du plus bel art et, sans leurs légendes sémitiques, toutes ces pièces pourraient passer comme ayant été frappées

FIG. 73.

par les Hellènes. Il ne peut faire aucun doute que ce sont là œuvres de graveurs grecs.

Beaucoup de pièces puniques de la Sicile portent les noms des villes où elles ont été émises : רש מלקרת = ReŠ MeLKaRTH (Cephalaedium), הכמטוא -HeMoTUA (Motya), ציץ = $\overline{\text{TS'ITS}}$ (Panormus ?), ארד -ARiD (Eryx), כפרא = KaFRA (Solus), etc... Mais il en est aussi qui ne peuvent être attribuées avec certitude à des localités siciliennes, et qui cependant ont sûrement été gravées par des artistes grecs ; on y lit : מחנת = MaHaNaT (le camp), עם מחנת = 'AM MaHaNaT, עם המחנת = -AM HeMaHaNaT ou שעם מחנת = Š'AM MaHaNaT (le peuple du camp), מחשבם = MeHaSBiM (les questeurs), etc... Ces pièces sont pour la plupart en argent.

Quant au monnayage de la métropole, il ne commence qu'en 340 av. J.-C. à l'époque où, par leurs conquêtes en Espagne, les Carthaginois devinrent les maîtres des riches districts miniers de ce pays. En 242, Hasdrubal, gendre d'Hamilcar Barca, fonda dans la péninsule la « Nouvelle Carthage » (קרתחדשת = KaRT HaDaSaT Carthagène) et de cette époque datent les grandes pièces d'argent de la métropole et celles hispano-puniques. Pendant cette période d'un siècle (340-242) les émissions d'or, d'électrum et de cuivre ont été fort nombreuses.

Mais, dès les débuts de la seconde guerre punique, la monnaie carthaginoise s'altère en même temps dans les qualités de pureté du métal et dans son aspect artistique. La perte de la « nouvelle Carthage » d'Espagne (210 av. J.-C.) avait entraîné celle des mines.

La monnaie carthaginoise était taillée sur l'étalon phénicien, les principales divisions étaient la drachme, la drachme et quart, la drachme et demie, deux, deux et demie drachmes et les multiples 3, 4, 6, 10 et 12 sans compter les divisions de la drachme ; et, sur beaucoup de ces pièces on lit : בארצת = $\overline{\text{BARTS}}$aT, « Byrsa », citadelle de Carthage, où se trouvait l'atelier monétaire principal de l'État et le Trésor.

La langue et l'écriture. — Le punique, ou phénicien d'Afrique, se partage d'une manière assez nette en deux dialectes, l'un, le plus ancien est identique au phénicien de Tyr, l'autre, dit néo-punique, est plus altéré, et souvent son orthographe diffère notablement de celle de la langue asiatique. Quant à l'écriture, l'ancien alphabet s'est maintenu presque sans modifications jusqu'à la chute de Carthage en 146 av. J.-C. (voir Fig. 20, p. 43); nous n'avons donc pas à entrer ici, pour l'étude des monnaies purement carthaginoises, dans les modifications subies par la langue et l'écriture de la Zeugitane aux temps de la domination romaine. Ces transformations concernant les légendes des pièces de la Numidie et de la Maurétanie, on les trouvera d'abord au tableau page 43 (Fig. 20) dans la seconde ligne des écritures phéniciennes, dans le tableau ci-contre (Fig. 74), puis, plus développées, dans le tableau spécial à la

	Phénicien		Punique				Phénicien		Punique		
	ancien	sidonⁿ	I.	II.	III		ancien	sidonⁿ	I	II	III
A						L					
B						M					
G						N					
D						S					
H						'E					
U						P					
Z						Ts					
H						Q					
T						R					
'I						Š					
K						T					

FIG. 74. — Écritures de Carthage.

Numidie (page 101, Fig. 103). Du temps de la splendeur de Carthage, l'influence punique s'était répandue dans tout le nord de l'Afrique, en Numidie, en Maurétanie, ainsi que dans la péninsule ibérique et, dans ces régions, l'écriture phénicienne fut en usage, assez tard, pendant la suprématie de Rome. En Espagne elle donna naissance aux alphabets ibères. Nous examinerons ces dernières écritures en traitant des monnaies espagnoles.

I. — MONNAYAGE DE LA MÉTROPOLE

Depuis 340 environ à 242 av. J.-C. (Étalon phénicien)
(Poids 22 gr. 67, 12 gr. 50, 11 gr. 34, 7 gr. 65, 2 gr. 33).

El. A'. Dr. prof. de Perséphone.
 R̷. Cheval debout. — Anépigraphe.
El. A'. Dr. id.
 R̷. Cheval et palmier (id.).

El. Dr. id.

℞. Cheval debout regardant en arrière (id.).

Æ. Mêmes types.

Depuis 241 environ à 218 av. J.-C.
(Entre la première et la seconde guerre punique.)

A⁄. Dr. Profil de Perséphone.

℞. Cheval debout au galop, avec ou sans palmier, ou

Fɪɢ. 75.

Pégase. — Légende sur quelques pièces באראת = BART.SaT. = *Birsa*. (Fig. 75 A. B.)

Fɪɢ. 76.

Æ. Dodécadrachmes et décadrachmes, même type que les pièces d'or et même légende sur quelques médailles (Fig. 76).

Depuis 218 environ à 146 av. J.-C.

Monnaies de titre et de style inférieurs en A⁄, EL, Pot.

Dr. Profil de Perséphone.

℞. Cheval avec ou sans palmier, parfois étoile dans le champ.

II. — MONNAYAGE SICULO-PUNIQUE

Pour les monnaies ne portant pas le nom de l'atelier de frappe il est impossible de distinguer d'une manière certaine entre les émissions de la métropole et celles des villes de la Sicile. On attribue à la Grande Ile les médailles suivantes :

Depuis 410 environ à 310 av. J.-C. (étalon phénicien).

N. (poids. 7 gr. 646).
Dr. Profil de Perséphone de beau style.
R⁄. Cheval au galop ; dans le champ, symbole de Baal.
Même médaille de 1 gr. 542.
N. (1 gr. 166).
Dr. Palmier.
R⁄. Tête de cheval.
N. (2 gr. 332).
Dr. Profil de Perséphone.
R⁄. Palmier.

(Étalon attique.)

Æ. (Tétradrachme).
Dr. Protome de cheval parfois couronné par la Victoire. — Légende : קרת הדשת = KaRT HaDaSaT = *nouvelle ville de Carthage.*
R⁄. Palmier. — Légende : מהנת = MaHaNaT = *le camp.* (Fig. 77).
Æ. Tétradrachme et obole.
Dr. Cheval en liberté couronné par la Victoire, tête de cheval. — Légende : קרת הדשת.
R⁄. Palmier.
Æ. Tétradrachme.
Dr. Profil de Perséphone avec ou sans dauphins, anépigraphe.

מחנת° קרת חדשת°

FIG. 77.

R⁄. Cheval en liberté devant un palmier.
Æ. Tétradrachme. Prof. de Didon déifiée, coiffée d'une tiare orientale.
R⁄ Lion et palmier. — Légende : שעם מהנת = S'AM MaHaNaT = *le peuple du camp.*
Æ. Tétradrachme.
Dr. Profil de Perséphone entouré de dauphins, ou Profil de Melkart coiffé d'une peau de lion.
R⁄. Tête de cheval et palmier. Légendes : עם מהנת = 'AM

MaHaNaT (Fig. 78) ou מהנת עכוה ou שעם מהנת ou מהשבמ =
MeHaSBiM = *les Questeurs*.

Fig. 78.

Les bronzes siculo-puniques portent au droit soit la tête de Perséphone, soit un palmier, et au ℞ Pégase ou une tête de cheval, ils
sont anépigraphes.

Mais, à ces médailles, il convient d'ajouter celles portant les noms
des villes et par conséquent dont l'origine sicilienne est indiscutable.

Cephalaedium.

Ville située sur la côte, à l'embouchure de la rivière Halys entre Agrigente et
Sélinonte, principale station navale des Carthaginois dans l'Ile, qui leur appartint
jusqu'à la fin de la première guerre punique. (Cf. Holm, n° 398).

Vers 409 à 241 av. J.-C.

Æ. Tétradrachme.

Dr. Profil de Perséphone couronnée d'épis, entouré de Dauphins. (Copie des monnaies de Syracuse.)

℞. Quadrige des monnaies de Syracuse. — Légende : מלקרת
רש ou ראש מלקרת = RaS MeLKaRT = *le cap d'Hercule* (traduction en phénicien du nom grec Héracléa).

Æ. Tétradrachme.

Dr. Profil d'un personnage barbu, lauré.

Même ℞.

Panormus.

Vers 480 à 409 av. J.-C.

Æ. Didrachme.

Dr. Tête de Nymphe. — Légende : ⵝⵉⴱ et ציץ = TS'ITS =
(Παν) ὄρμος = Panormus.

℞. Tête de nymphe et chien.

Æ. Obole.

Dr. Poseidon assis sur un rocher tenant un trident, dauphin. — Légende : ציץ.

℞. Jeune homme monté sur un bœuf à tête humaine. — Légende : ציץ.

Après 409 av. J.-C.

Æ. Tétradrachme.

Dr. Profil de Perséphone entouré de dauphins.

℞. Quadrige (Didrachme). Tête de nymphe ou prof. d'un jeune homme, dauphins.

℞. Chien debout ou cheval en liberté (obole).

℞. Aigle dévorant un lièvre, protome de bœuf à tête humaine, bœuf à tête humaine.

Ces pièces portent fréquemment la légende : שבעל עיץ = *(argent) des citoyens de Panorme* (?) et, sur les cuivres, on voit souvent l'indication de leur valeur figurée par des points.

Solus.

Ville phénicienne importante située à 20 km. env. de Panormus. Son nom carthaginois était probablement כפרא = KaFRA qu'on lit sur ses monnaies.

Émission antérieure à 409 av. J.-C.

Æ. Didrachme.

Dr. Hercule luttant contre le taureau.

℞. Dieu-fleuve sacrifiant. — Légende : ΣΟΛΟΝΤΙΝΟΝ.

Æ. Obole.

Dr. Coq ou Hermès assis.

℞. Thon, arc dans son étui. — Légende : כפרא.

Environ 405 à 350 av. J.-C.

Æ. Dr. Tête d'Héraklès coiffé d'une dépouille de lion, ou tête de Pallas de face. Légende : ΣΟΛΟΝΤΙΝΟΝ.

℞. Hippocampe, thon, écrevisse, archer agenouillé. Légende : כפרא.

Vers 340 av. J.-C.

Æ. Dr. Prot. de Perséphone dans une couronne d'épis.

℞. Taureau à tête humaine. — Légende : כפרא.

Æ. Dr. Tête casquée de Pallas. — Légende : כ-א.

℞. Cheval au galop et caducée.

III. — ÉTABLISSEMENTS CARTHAGINOIS EN ESPAGNE

Le fondateur de la puissance carthaginoise en Espagne, Hamilcar Barca, ainsi que ses successeurs, Hasdrubal et Hannibal, nous ont laissé une série de médailles d'argent qui, malheureusement, ne portent, pour la plupart, aucune légende, mais qu'il convient d'attribuer à la Péninsule Ibérique, en raison des lieux où elles le rencontrent. Il est à penser que ces monnaies ont été frappées à קרת הדשת (*Kart Hadasat, Carthago nova*), capitale des Barcas en

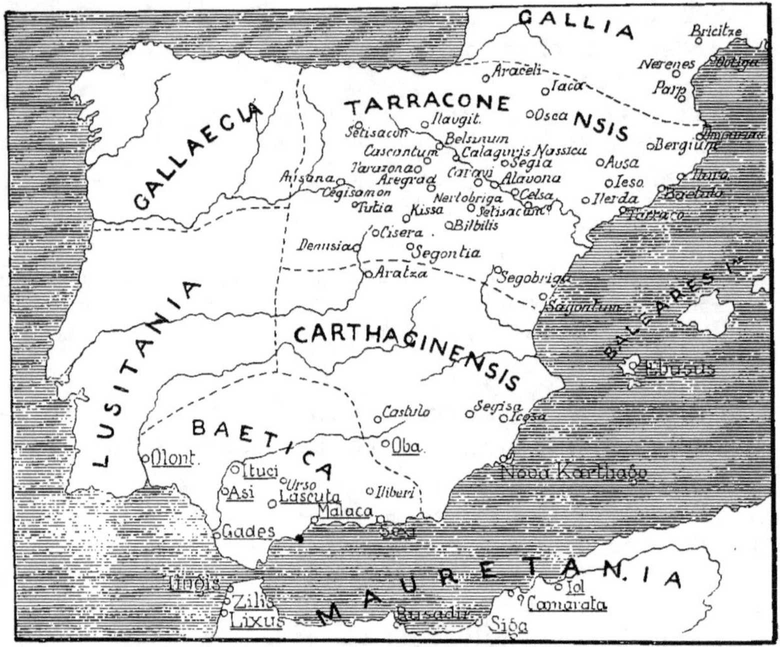

Fig. 79. — Principaux ateliers carthaginois et ibériques de l'Espagne.

Espagne, ville située dans le voisinage des riches mines d'argent qui, pour la première fois étaient alors exploitées. Ces émissions ont débuté vers 234 av. J.-C. et ont pris fin en 210, quand la nouvelle Carthage eut été prise par Publius Scipion. Ces monnaies sont taillées sur l'étalon phénicien, comme celles de la métropole. On connaît la demi-drachme, la drachme, les didrachmes, tridrachmes, tétradrachmes et hexadrachmes.

Les types principaux sont les suivants :

Æ. Dr. Tête de Perséphone.

℞. Cheval avec ou sans palmier.

Æ. Dr. Id.

℞. Tête de cheval.

Æ. Dr. Tête d'homme jeune, lauré ou non.

℞. Cheval avec ou sans palmier (Fig. 80).

FIG. 80.

Æ. Dr. Tête d'Hercule jeune, lauré, avec la massue.

℞. Éléphant.

Æ. Dr. Tête d'Hercule barbu, lauré.

℞. Éléphant et son cornac.

Æ. Dr. Tête de Pallas casquée.

℞. Cheval debout.

Æ. Dr. Id.

℞. Palmier.

Æ. Dr. Tête d'un prince imberbe, diadémé.

℞. Cheval au galop à g. Légende encadrée dans un rectangle.

Æ. Dr. Id.

℞. Proue de galère de guerre avec avirons.

(On connaît un exemplaire en or de la même médaille.)

Æ. Dr. Tête d'un prince adolescent couronné de laurier.

℞. Éléphant marchant à droite (Fig. 81).

En dehors des monnaies émises par la capitale des possessions carthaginoises en Espagne, on connaît les villes suivantes ayant frappé des pièces avec légendes puniques.

FIG. 81.

FIG. 82.

Sexsi (Almuñecar).

Port de la Méditerranée, à 50 kilomètres environ de Grenade.

Æ. (Fig. 82). Dr. Tête d'Hercule à g.

℞. Poissons. — Légende : שכש = SKS, מבעל = MB'AL = *par les citoyens de Sesxi.*

Æ. Dr. Tête casquée à dr.

℞. Proue de vaisseau. Mêmes lég.

Æ. Dr. Tête d'homme à dr.

℞. Massue placée horizontalement. Même lég.

Malaca (Malaga).

Comptoir fondé par les Phéniciens (Strab. III, IV, 2).
Célèbre par ses établissements de salaisons.

Æ. (Fig. 83). Dr. Tête de cabire.

℞. Tête du soleil, astre à huit rayons ou temple tétrastyle,
ou cabire debout. — Légende : מלכא = MaLaKA.

Vesci (position indéterminée).

Æ. Dr. Tête diadémée ou laurée à dr.

℞. Taureau à dr. — Légende bastulo-phénicienne.

FIG. 83.

FIG. 84.

Oba (Jimena de la Fontera).

Æ. (Fig. 84). Tête nue à dr. (Auguste ?).

℞. Cheval au galop. — Légende bastulo-phénicienne.
יובו = 'IUBU, et légende latine OBA.

Bailo (Bolonia).

Æ. Dr. Épi et légende bastulo-phénicienne, בילעון = B'IL'OUN,
et légende latine : BAILO.

℞. Taureau debout à g.

Gades (Cadix). [A GaDiR ou He GaDiR = *l'enceinte*].

Æ. (Fig. 85 A). Dr. Tête d'Hercule à g.

Dr. Poissons à dr. Légende phénicienne : אגדר ou הגדר מבעל.

Æ. ℞. Un seul poisson (Fig. 85 B).

Æ. Même type. — Légende phénicienne : מבעל אגדר = MB'AL-AGaDiR « *le magistrat d'Agadir* ».

Æ. Dr. Tête de face (Fig. 85 C). Anépigraphe.

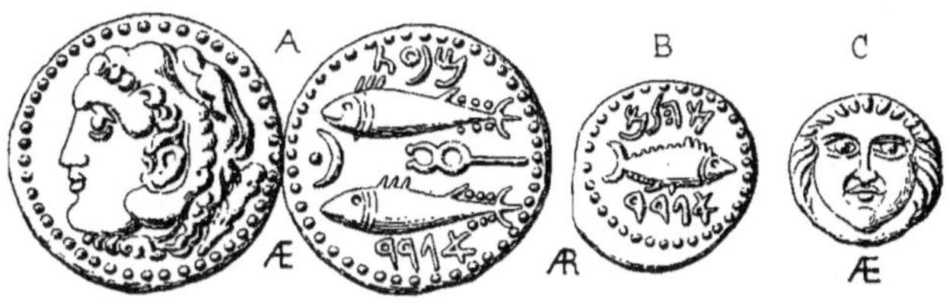

FIG. 85.

Lascuto (près d'Alcala de los Gazules).

Æ. Dr. Tête d'Hercule à dr.

℞. Éléphant à dr. — Légende bastulo-phénicienne : לסכהות = LaSKHeUT.

Asido (Ieres de la Frontera ?).

Æ. Dr. Taureau à dr.

℞. Dauphin, sanglier ou poissons. — Légende : צידען et בבל = B. BaL TS'ID'ON = « *par ordre des magistrats* », Tsido.

Il existe aussi des monnaies de cette ville à légendes latine et phénicienne.

Ituci (Ruines de Tejada) à 30 kilomètres de Séville.

Æ. (Fig. 86). Dr. Taureau ou sanglier, poisson et croissant. Cavalier à g.

℞. un ou deux épis. — Légende : יטוצוה = 'ITUTSeVeH.

FIG. 86.   FIG. 87.

Olont (Gibraléon).

Æ. Dr. Tête barbare à dr. ou à g.

℞. Cavalier à dr. pomme de pin. — Légende : לאתג = LATiGi. (Pomp. Mela écrit : *Olintigi*).

Ebusus.

(Ile d'Iviza dans les Baléares) du milieu du IIIe s. av. J.-C. à l'an 217, époque
à laquelle les Iles Baléares se soumirent à Rome. On connaît de cet atelier des
doubles drachmes, demi-drachmes et des quarts de drachme. Les légendes איבשם
fournissent le nom de l'île. (Cf. A. Vives y Escuders, *La Nécropole d'Ibiza*, Madrid,
1917).

Æ. Cabire dansant de face, tenant un marteau et un serpent.

℞. Bœuf marchant.

Æ. (Fig. 87). ℞. Légende en deux lignes dans le champ.
1re ligne איבשם = A'IBSM. 2e ligne légende = 50.

IV. — MONNAYAGE INDIGÈNE EN ESPAGNE
INFLUENCE CARTHAGINOISE

Env. 250-40 av. J.-C.

A côté de la langue et de l'écriture punique, importées par les
conquérants, il existait en Espagne d'autres langues et d'autres
écritures appartenant en propre aux populations indigènes, et ces
populations ont battu monnaie avec légendes spéciales au cours des
deux siècles qui ont précédé notre ère.

Parmi ces peuples, les Ibères étaient les plus importants, en
même temps que les plus anciens habitants, ils occupaient principalement le Nord-Est, l'Est et le Sud de la péninsule ; puis venaient
les Celtes, dont l'invasion remonte au ve siècle environ av. J.-C.,
et dont le nom se confondait avec celui des Ibères, les deux éléments ethniques s'était mélangés, ont formé le nom des Celt-
Ibériens, peuplades qui étaient surtout cantonnées dans la vallée de
l'Èbre et le centre espagnol. Au sud de la péninsule, une région à
part, la Bétique, que l'on appelle aussi Turdétaine, était habitée par
un peuple distinct, mais de même race que les Ibères [1].

Les populations méridionales jouissaient, d'après Strabon, d'une
civilisation qui n'était pas à dédaigner : « Comparés aux autres
Ibères, dit-il [2], les Turdétans sont réputés les plus savants, ils ont
une littérature, des histoires ou annales des anciens temps, des
poèmes et des lois en vers, qui datent, à ce qu'ils disent, de six

---

1. Cf. Ph. Berger, *Histoire de l'écriture*, 1891, p. 333 sq. — A. Heiss,
Monnaies antiques de l'Espagne, p. 3-41. — Hübner, *Monumenta Linguae Ibericae*,
Berlin, 1893.

2. Strab., III, 3, 6.

ALPHABETS IBERIENS.

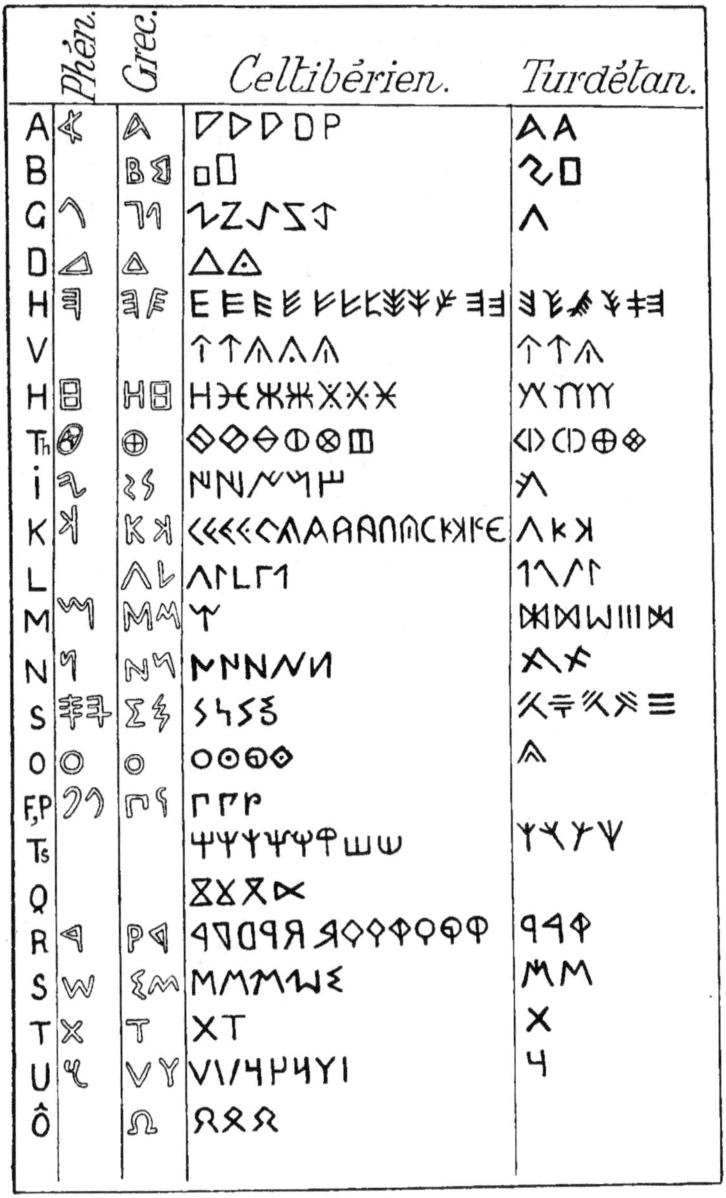

	Phén.	Grec.	Celtibérien.	Turdétan.
A				
B				
G				
D				
H				
V				
H				
Th				
i				
K				
L				
M				
N				
S				
O				
F,P				
Ts				
Q				
R				
S				
T				
U				
Ô				

FIG. 88.

mille ans [1]. Mais les autres nations ibères ont aussi leur littérature, disons mieux, leurs littératures puisqu'elles ne parlent pas toutes la même langue. »

On reconnaît sur les monnaies ibériques deux types d'écriture qui correspondent à la distinction établie par Strabon : l'alphabet celtibérien qui se rencontre sur les monnaies du Nord et du Nord-Est de l'Espagne, principalement dans la Tarraconaise, et les monnaies de la Turdétaine présentant un alphabet assez différent, quoi qu'appartenant à la même famille. Les lettres de ces deux alphabets offrent de nombreuses variantes de formes (Fig. 88). Toutefois les monnaies de la Turdétaine présentent un alphabet plus simple que celui du Nord et plus rapproché du phénicien.

Fig. 89.— Écriture Bastulo-phénicienne.

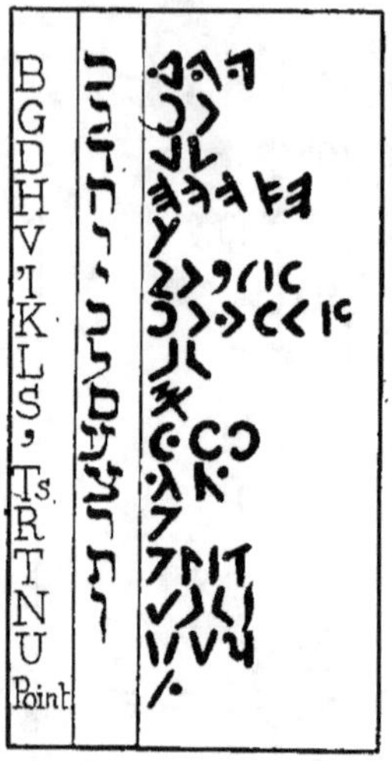

Nous ne connaissons la valeur de ces lettres que par les monnaies à légendes bilingues fournissant la prononciation des noms des villes ou des peuples qui ont frappé.

Il semble que c'est au contact des Phéniciens que les peuples d'Espagne ont appris l'art d'écrire, mais cette origine est encore indécise ; dans tous les cas, c'est à des époques fort anciennes, bien antérieures à la venue des Carthaginois dans la péninsule que le fait se serait produit ; car c'est par ses formes les plus anciennes que le phénicien ressemble aux écritures de l'Espagne. Certaines lettres, de beaucoup les plus nombreuses, sont étrangères au phénicien, et ne peuvent s'expliquer que par l'alphabet grec.

Fig. 90.

Mais il existe encore une autre catégorie de monnaies antiques de l'Espagne qui fournit un troisième mode d'écriture se rapprochant

1. Certains traducteurs lisent : « comprenant plus de six mille vers. »

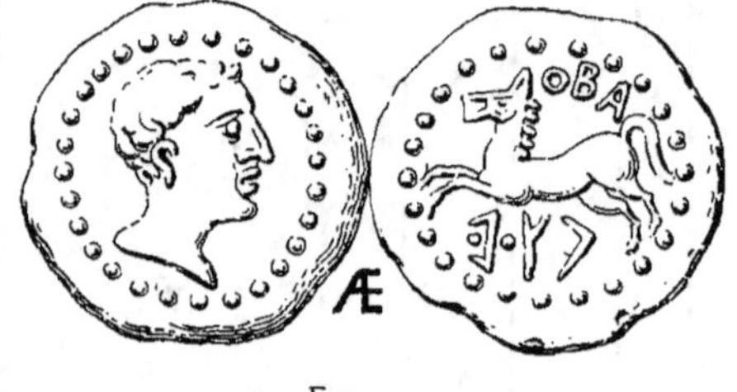

plus encore du phénicien que le turdétan (Fig. 89). Ces monnaies qui se rencontrent dans le voisinage des villes d'Asido, Brailo, Iptuci, Lasucta, Oba (Fig. 90) ont reçu le nom de bastulo-phéniciennes.

Quant aux langues de l'Espagne qui étaient nombreuses, nous n'en possédons pas une seule ; on les a rapprochées du basque sans raisons péremptoires et, sauf en ce qui concerne les noms de villes pour lesquelles nous avons des textes bilingues, nous ne pouvons traduire aucune inscription.

Le monnayage indigène espagnol comprend un petit nombre de types seulement qui constamment se reproduisent dans les diverses villes. Ces types ont été inspirés par la monnaie carthaginoise, elle-même, procédant de la numismatique sicilienne, puis par les émissions consulaires romaines.

Type N° I (Fig. 91).

Dr. Tête de Perséphone à dr. ou à g.

R/. Pégase dont la tête est parfois remplacée par un enfant. — Légende au-dessous donnant soit en grec soit en celtibérien le nom de la ville.

Fig. 91.

Type N° II (Fig. 92).

Dr. Tête casquée d'Athèna. — Légende en exergue.
R/. Lion, hippocampe, taureau, tête de cheval, Pégase.

Fig. 92.

Fig. 93.

Type N° III (Fig. 93).

Tête de jeune homme à dr.

R⁄. Dioceure ? à cheval, cheval au pas ou au galop, dauphin, coq, protome de cheval, loup ou louve, taureau. — Légende en exergue.

Fig. 94.

Type Nᵒ IV (Fig. 94).

Dr. Tête casquée à dr. — Légende circulaire bilingue.

R⁄. Proue de vaisseau surmontée d'une Victoire tenant une couronne. — Légende mixte, latine et celtibérienne ou ibérienne seulement.

Type Nᵒ V (Fig. 95).

Dr. Tête de jeune homme à dr.

R⁄. Griffon ailé à tête humaine. — Légende en exergue.

Fig. 95.

Fig. 96.

Type Nᵒ VI (Turdétan) Fig. 96).

Dr. Tête de femme à dr. — Légende latine, le tout dans une couronne de laurier(?).

R⁄. Charrue et épi de blé. — Légende : en deux lignes horizontales, soit au-dessous de l'épi de blé, soit entre la charrue et l'épi.

Type N° VII (Fig. 97).

Dr. Tête casquée à dr.

R⫿. Triquètre à tête humaine. — Légende celtibérienne en exergue.

FIG. 97.

FIG. 98.

Type N° VIII (Turdétan) (Fig. 98).

Dr. Tête d'Heraklès à g. — Légende latine circulaire.

R⫿. Légende entre deux poissons, entre deux dauphins ou sous un poisson.

Type N° IX.

Quelques pièces exceptionnelles.

Dr. Victoire.

R⫿. Éléphant.

Dr. Pecten (coquille Saint-Jacques).

R⫿. Dauphin, etc...

Les monnaies espagnoles, à légendes latines, sont beaucoup plus variées que celles à légendes indigènes.

FIG. 99. — ATELIERS MONÉTAIRES IBÉRIENS.

Principales villes d'Espagne ayant frappé monnaie avec légendes

celtibériennes et turdétanes.

EMPORIAE (Castillo de Ampurias) [ILTZeRARKeR VaNTZESEN].....

AYSA (Vich) [AVSeTZaVIRiLA]......

CASTRVM BERGIVM (Berga) [ARa-KOVRiGA].................

BAETVLO (Badalona) [BITZuLaN]....

ILVRO (Lloret) [LAVaRaN].........

KISSA (Guisona) [KESSE].... ......

IESO (Loc. indéterminée) [IESaN]....

ISA (Isona) [ISE].................

TARRACO-COSE (Tarragona) [KoSE].

ILERDA (Lerida) [ILTZaRaT].......
ILERDA & COSE (Lerida et Tarragone)
  [ILTZaRaT-KoSaKaN].............

ILERDA & SALIRVN (Lerida et Salau-
  ris) [ILTZaRaT-SALIRUN]........

CELSA (Jelsa) [KeLSE]............

ERE (Heres) ? [ERE]........... ....

SALVIE (Loc. incert.) [SALOVIE]....

ILAVGIT (Olite) ? [ILOVGITH]......

LAGUNA (Loc. incert.) [LAGuNE]...

SETISACVM (Sastago) [SETHIS].....

OSCA (Huesca) [HiLSaKaN].........

ALAVONA (Alagon) [ALAVoN].....

CALAGVRIS IVLIA NASSICA (Ca-
  lahorra) [QaLAQaRIKaS].........

CASCANTVM (Cascante) [KISKaT]...

ECALA (Ecala) [EKaLAQaTZ].......

ERALA (Erla) ? [ERALAQaS].......

ESERA (Loc. incert.) [ESOKoN].....

ETZCAS (Ezcal) ? [ETaTZaKeS]......

IACA (Iaca) [IAKa]................

OLAIS (Loc. incert.) [OLAISQaM]....

OLIGE (Loc. incert.) [ÔLIGEM].......

SESARS (Loc. incert.) [SESARS]......

SEGRA ou SEGIA (Egia de los Caballeros) [SEGA]....................

TZOVM (Loc. incert.) [TZOVM]......

BILBILIS (près de Catalayud) [PiLPiLIS]............................

AINTZON ou ONTZAN (loc. incert.) [ÔNTZAN]........................

BELSINVM (Près de Mallon) [BeRSONES-BeSNEVaS-ÔNQaT].......

BVRSAO (Borja) [ORSAV].........

CARAVI (Près de Magalleon) [KaRaVES]........................

ERESI (Loc. incert.) [ERESI]......

NERTOBRIGA (Calatorao) [NERTZaBaS]........................

TVRIASO (Tarazona) [ÔVRIAVSaV].

DAMANIA (Domeño) [TaMANIaV]...

ELIANA (Loc. incert.) [ELIaNa].....

ILVRO (Liria) [ILOVRE]...........

LAIES (Loc. incert.) [LAIESKaN].....

OSICERDA (Loc. incert.) [USEKRT]..

SAGONTVM (Murviedro) [VaLKaKLAR-IQaRoLES]................

ARACILI (Medina Celi) [ARaKILIQS].

ARATZA (Aranda de Duero) [ARATZaQaS]........................

BARA ou VARA (Loc. incert.) [BARAQaS]........................

CISERA ou CESADA (près de Carrascosa) [ViNeS-KIS-ESA]...........

HVERNES (Huernecès) [HeRNESQeN).

SEGONTIA (Siguenza) [SEQTZAS]...

TVTIA (Atienza) [TSaTSAQaS]......

AVSAMA-VXAMA (Osma) [Va-SAMVaS]. ....

SEGISAMON (Cereso) [SEGiSANES].

VIREVIA, BVRVESCA (Briviesca) [VIREVIA].................

BELIA-VELEIA (Estavillo) [OELIE-QaS].................

AREGRAD (Agreda) [AREIQaRATaS].

OLBEGA ? [EILAOBO. EILAOBIQS].

SETISACON (Sasamon) [SETHISa-KaN]..................

DENVSIA (Duenas ?) [TeNUSIA].....

LETISAMA (Ledesma) [LETISAMA].

SAMALA (Sahagon) [SAMALA].......

ARSA (Loc. incert.) [ARSAES]......

ATANIA (Loc. incert.) [UTANiV]....

LIBIA ou OLIBA (près de Leiba) [LIBAQS].....................

TRITIVM METALLVM (Tricio) [THRi-KiQaM].....................

ATANIA (Atiliana ?) [EN ?].........

LANTZA [LEVNTZaSaQaS]..........

VRCE (Sⁿ Juan de las Aguilas) [VAKE-KaN].....................

CARABACA & CONTREBIA (Cara-baña & Zozita de los Canes) [KaRa-BaKa-QaNTHUQaM ....

SEGVBRIGA (Segorbe) [SEQaBRIKeS].

GILI (Peñaguila) [GiLI]............

ICOSA (Agost) [QaNEVaTZ. IKa-SANQaM]....................

SÆTABI (San Felipe de Jativa) [SAITZ].

SEGISA (Sax) [SEKISA]...........

CASTVLO (Cazlona) [KeSTHaLE]....................

AVRILA ? [AVRiGA].. ....

ARSATZIA ? [ARSaTZIA]....................

ARSHE ? [ARSTaR]....................

CERE ? [KeRE]....................

MEDAINVM ? [MEOVAINUM]....................

REOVRA ? [REARQU]....................

ETOSCA ? [ETZÔSKaN]....................

TVNIAV ? [TUNIV]....................

OBVLCO (Porcuna) IALMVIS....................
                LIGRU....................
                TZKTHRTHLI....................
                TZU ? LM....................
                TZTHRMIVIV ....
                IMAVTZKTZR....................
                IAGIS....................
                SIRTS....................

EBVRA CEREALIS (Granada) [IBÔVRIR]......

ILIBERI (Monte Elvira près de Grenade) [ILiBeRiNE-
    KoN]....................

TVRRI REGINA (Reina) [TVRIRIIKINA]......

EVION ou AVION (Agamonte) [? 'AIViHK].....

OVTIGA ou AGATHA ? (Agde) [OVeNTSeGA]...

NERENES-NARO (Narbonne)[NEReNSEN........

BRICITZE (Béziers) [PRIKITZaN]....................

PARP (Perpignan) [PaOVRPe]....................

La liste qui précède (Tableau fig. 99) donne les principales légendes
celtibériennes et turdétanes des monnaies frappées en Espagne et
les noms des ateliers qui les ont émises, on remarquera que la
langue celtibérienne a franchi les Pyrénées, et s'est parlée dans le

Roussillon. On connaît en effet des monnaies de type espagnol de Narbonne (Fig. 100 A), Béziers, Agde et Perpignan (Fig. 100 B).

Fig. 100.

V. — LA BYZACÈNE

Deux villes seulement de cette région Thaena, cité d'origine phénicienne, aujourd'hui Sfax, et Thysdrus, ville de l'intérieur, nous ont laissé des médailles portant des légendes sémitiques : ce sont des bronzes frappés quelque temps avant le règne d'Auguste, et pendant que ce prince occupait le trône.

Thaena.

Æ. Au droit on voit soit une tête de Sérapis, soit l'effigie d'Astarté et au ℞. un temple tétrastyle. — La légende est : תעינת == T'A'NaΓ.

Thysdrus.

Æ. Tête d'Astarté diadémée et voilée.

℞. Lyre, tête de Poseidon, capricorne. — Légende : שטפשר = STHPSR.

Les autres villes de la Byzacène, *Achulla*, *Alipota*, *Leptis minor* et *Thapsus* n'ont frappé que des monnaies à légendes latines.

VI. — LES ILES ENTRE L'AFRIQUE ET LA SICILE

Cossura, Melita (Malte) et Gaulos (petite île séparée de Malte par un canal étroit) étaient peuplées de Phéniciens ; Malte n'a frappé que des monnaies à légendes grecques (IIe et Ier s. av. J.-C.), alors que, sur les pièces émises dans les deux autres îles, on voit des légendes puniques (A. Mayr, *Die antiken Münzen der Inseln Malta, Gozo und Pantelleria*, Munich, 1894).

Cossura.
IIe siècle av.-J.C.

Æ. Tête de femme avec coiffure égyptienne, couronnée ou non par la Victoire.

R̸. איבנם = A'IBNeM (= l'île des fils), dans une couronne de laurier. Au Iᵉʳ s. av. J.-C. Cossura ne frappait plus qu'avec légendes latines : **COSSVRA**.

Gaulos.

IIᵉ et Iᵉ siècle av. J.-C.

Æ. Dr. Tête de femme voilée.

R̸. Trois divinités d'apparence égyptienne celle du milieu rappelant Osiris. — Légende : אגן = ANeN.

R̸. Tête de bélier. Même légende.

R̸. Trépied. Même légende.

R̸. Coiffure de sacrifices dans une couronne. Même légende.

Dr. Tête de femme avec croissant.

R̸. Guerrier, étoile dans le champ. — Légende : ΓΑΥΛΙΤΩΝ.

VII. — NUMIDIE

[Les principaux ouvrages à consulter sur la numismatique de la Numidie et de la Maurétanie sont : Duchalais, *Soc. des Antiquaires de France*, tome XIX, 1849. *Mémoire sur les monnaies antiques frappées dans la Numidie et la Maurétanie*. L. Müller, Copenhague, 1860, 1861 et 1862. *Numismatique antique de l'Afrique du Nord*, ouvrage préparé et commencé par Falbe et Lindberg. — L. Charrier, *Description des monnaies de la Numidie et de la Maurétanie*, Mâcon, 1912.]

Nous ne connaissons pas de monnaies numides appartenant d'une façon certaine aux temps qui ont précédé le règne de Masinissa [1].

La numismatique de la Numidie se partage en deux séries, les émissions royales et celles des villes.

Les caractères usités en Numidie et en Maurétanie sont ceux de Carthage plus ou moins modifiés, cette corrup-

Écriture punique numide.

FIG. 101.

---

1. Cf. L. Charrier, *op. cit.*, Pl. II, p. 9.

tion a été cause que souvent le même caractère prend plusieurs valeurs différentes, ce qui complique beaucoup la lecture et l'interprétation des légendes (Fig. 101).

Émissions royales.

Le prince qui, le premier, en Numidie, fit graver son nom sur les médailles, est Masinissa fils de Gala, roi des Massyliens qui, après avoir combattu les Romains, devint leur allié, et fut même la cause de la troisième guerre punique, qui se termina par la ruine de Carthage (146 av. J.-C.).

Masinissa.

202-148 av. J.-C.

Æ. Dr. Tête laurée du prince à g. portant la barbe en pointe.

Ry. Cheval soit au galop, soit marchant à g., ou cheval debout à g. devant un sceptre planté verticalement, ou éléphant. — Légendes : sur quelques pièces au dr. sous le buste du roi מן = MasinisaN., au Rev. sur quelques rares monnaies, משנשן = MaSiNiSaN, mais plus

FIG. 102.

souvent MN. Parfois aussi légende indéchiffrée. (Fig. 102).

Micipsa.

148-118 av. J.-C., fils de Masinissa, roi d'une partie des États de son père, alors que les frères *Mastanabal* (148 à ?) et *Gulussa* (148 à ?) régnaient sur les autres provinces.

La classification de ces monnaies repose sur l'effigie seule.

Æ. Ry. Cheval au galop à g. devant une palme ou marchant à g. — Légende : MN pour (?) MicipsaN.

Adherbal et Jugurta.

118-106 av. J.-C.

et Hiempsal.

fils de Micipsa (118-112).

Adherbal et Hiempsal, après la mort de Jugurta, se sont partagé son royaume. Leurs monnaies de ces trois princes sont de même type que les précédentes, mais en diffèrent par l'effigie, elles portent en légende, au R⁄. AL, MN, A pour Adherbal, HT pour Hiempsal. Le buste de Jugurta est très reconnaissable il montre un prince imberbe, au nez fort, au front saillant, lauré. Les R⁄. de Jugurta portent un éléphant marchant à dr.

Gauda.

106-? av. J.-C.

On ne connaît qu'une seule monnaie attribuable à ce prince, dont le règne fut de très courte durée.

Æ. Dr. tête barbue et laurée à g.

R⁄. Cheval passant à g. — Légende sous le cheval : GN.

Hiempsal II.

106-60 av. J.-C. Fils de Gauda.

Æ. Dr. Tête du prince (?) imberbe, couronné d'épis à dr. Cercle de perles.

R⁄. Cheval au galop à dr. — Lé-gende : HT ou K͞H͞T (Fig. 103).

Æ. Dr. Tête à dr. voilée et couronnée d'épis de Cérès (?), cercle de perles.

R⁄. Cheval au galop devant une palme ou surmonté d'une couronne. — Légende : H.

FIG. 103.

Iuba I.

60 (?) à 46 av. J.-C. Fils de Hiempsal.

Æ. Dr. Buste ailé de la Victoire à g.

R⁄. Cheval au galop à dr. Anépigraphe.

Æ. Denier.

Dr. Profil drapé et diadémé du roi à dr. tenant le sceptre. — Légende latine : **REX IVBA**.

R⁄. Temple hexastyle. — Légende à dr. : יובעיתממולכת =
I'UB'A'I à dr. HaMmaMLeKeT à g.
(Fig. 104).

Æ. Quinaire et Sesterse.

Dr. Tête de Juba, buste ailé de la
Victoire, ou buste de la Numidie coiffée d'une dépouille d'éléphant. — Légende : **REX IVBA**.

R⁄. Cheval au galop (Fig. 105) avec
ou sans légende punique circulaire *Ioubai Hammamleket*, lion passant à dr.

Æ. Dr. Tête barbue de Juba portant la
corne d'Ammon.

R⁄. Temple hexastyle ou éléphant marchant à dr. — Même légende.

Dr. Buste de la Numidie à dr. coiffée
d'une tête d'éléphant.

R⁄. Lion passant à dr. — Même légende (Fig. 106).

Après que Juba se fût donné la mort, près de Zama Régia, la
Numidie fut définitivement annexée à la province romaine d'Afrique.

Je dois revenir cependant de quelques années en arrière, et parler
du petit royaume qui, après la chute de Jugurta, avait été attribué
à un prince de la famille de Masinissa, Jarbas ou Hiarbas, auquel
L. Charrier attribue quelques monnaies anépigraphes.

Mastenissa.

Qui, suivant Appien [*Bell. Civ.* IV], était le contemporain de
Iuba I, régna sur ce petit État. Ses monnaies sont peu nombreuses,
elles appartiennent toutes au même type :

Fig. 106.

Fig. 107.

Æ. (Fig 107). Dr. profil imberbe du roi à g. portant les cheveux longs. — Légende : כממלכת = [H]MaMLeKeT = royaume.

℞. Dans une couronne entre un épi ou une grappe de raisin.
— Légende : משתנצ = MaSTeNiT̄Sa.

Arabion ou Mastenissa II.

43... 40 av. J.-C.

Æ. Dr. Profil imberbe du prince à g. cheveux longs, au-dessus. —
Légende : משתנצן.

℞. Profil d'une déesse (Astarte ?) diadémée et voilée à g.
— Légende punique circulaire demi-effacée. (Fig. 108).

FIG. 108.   FIG. 109.

Monnayage des Villes.

Bulla Regia.

Æ. Dr. Aigle.
℞. Disque dans un croissant. — Légende : בבעל = BB'AL,

Cirta.

Capitale de la Numidie.

Æ. Dr. Tête de femme tourelée.
℞. Cheval (Fig. 109) ou deux gerbes de blé. — Légende :
אלבת ou בדכמלקר(?)ת...(?)כרטן.

Gazauphala.

Médailles semblables à celles de Cirta mais portant en légende :
עא.

Hippo Regius et Tipasa.

Ces deux villes voisines ont frappé au même type. Leurs monnaies ne diffèrent que par les légendes : אפן = APUN pour Hippo
Regius et טפעתן = THP'ATN pour Tipasa.

Æ. Dr. Tête de Ba'al laurée et surmontée d'une étoile ; dans le champ, un sceptre.

R⃰. Tête d'Astarté voilée, surmontée d'un disque dans un croissant.

Dr. Tête de Melqart surmontée d'une étoile ; derrière, une massue.

R⃰. Tête de Chusor-Phtah (Hephaestos) surmontée d'une étoile ; derrière, une hache.

Dr. Tête d'adolescent.

R⃰. Panthère rampant à droite.

Macromada.

Port d'origine phénicienne.

Æ. Dr. Tête de Chusor-Phtah (Héphaestos phénicien).

R⃰. Sanglier. — Légende : מקמא = MaKroMAda.

Dr. Cheval au galop.

R⃰. Disque et croissant. — Même légende.

Salviana.

Æ. Dr. Tête voilée de déesse phénicienne et caducée.

R⃰. Cheval ; au-dessous, disque et croissant. — Légende : אשלבן, = ASaLBiaN.

Saraï.

Æ. Dr. Tête d'Astarté (?) couronnée de myrthe.

R⃰. Corne d'abondance dans une couronne de myrthe. — Légende : סראע = SaRA'A.

Suthul.

Æ. Dr. Tête de Sérapis portant le modius ou d'Hermès en pétase.

R⃰. Couronne. — Légende : סת = SuT̄Hul.

Tabraca et Tuniza.

Æ. Dr. Tête voilée d'Astarté.

R⃰. Tête barbue, anneaux et symbole de Baal. — Légende : תברכען = TaBRaK'AN. — תננ צן = TuNNiTsaN.

Tagura.

Æ. Tête barbue.

R⁄. Cheval cabré. — Légende : תגרן = TaGuRaN.

Tucca (?).

Æ. Dr. Têtes laurées des Dioscures ou des Cabires surmontées chacune d'une étoile.

R⁄. Chevaux des Dioscures. — Légendes : אתכ = ATuKa.

Ces pièces ont été également attribuées à Utique (cf. Müller, II, 164).

VIII. — MAURÉTANIE

Le monnayage de la Maurétanie, comme celui de la Numidie, se compose de deux séries. Celle des pièces royales qui débutent avec Bocchus III qui, d'environ 50 à 38 av. J.-C., régna sur cette région, et les Autonomes des villes, qui paraissent être postérieures à l'an 40 après J.-C., date de l'assassinat par Caracalla du dernier prince de Maurétanie, Ptolémée.

Émissions royales.

Syphax I.

Avant 160 av. J.-C.

Æ. (Fig. 110). Dr. Profil à gauche du prince (?) portant la barbe en pointe et les cheveux plats, cercle de perlis.

R⁄. Le roi à cheval au galop à dr. — Légende au-dessous dans un cartouche : הממלכת ספק = SyP̄HaK HeMmeMLeKeT = *royaume de Syphax*.

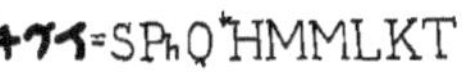

FIG. 110.

FIG. 111.

Syphax II. (Fig. 111).

167 ?-102 ? contemporain de Masinissa.

Æ. Dr. Même type, diadémé, la barbe taillée en rond, cercle de perles.

R̸. Le roi à cheval, galopant à g. — Même légende.

Vermina (Fig. 112).

202-192 ? av. J.-C. Fils de Syphax II.

Æ. Dr. Buste du roi imberbe, diadémé et drapé à dr. cercle de perles.

R̸. Cheval au galop à g. — Légende : ורמנד הממלכת = VeRMaND HeMmeMLeKeT = *royaume de Vermina*. — Cercle de perles.

L. Charrier attribue, d'après les effigies, certaines monnaies de

FIG. 112.

FIG. 113.

bronze aux rois de Maurétanie *Bocchus I* (110-81 av. J.-C.) (Fig. 113 ?) ; *Bocchus II* (?-50 ? av. J.-C.) (Fig. 114), *Bogud I* (entre 80 et 50 av. J.-C.) (Fig. 115) et à *Bogud II*, les pièces portant la légende latine **REX BOCVT**. Le premier de ces princes porte la barbe et est représenté lauré, le second est imberbe et pareillement lauré ; son profil diffère notablement de celui de Bogud

FIG. 114.

I, dont le visage est beaucoup plus plein. Les revers de Bocchus I et de Bocchus II sont à l'éléphant marchant à droite, ceux de Bogud I montrent la partie antérieure d'une galère au-dessous de laquelle sont soit un dauphin, soit un buccin.

FIG. 115.

Bogud II.

50-38 ? av. J.-C.

Reconnu par César en 43, comme roi détrôné par Bocchus III,

ce prince entra au service d'Antoine à Alexandrie; pris par Agrippa il fut mis à mort [Dion I, II et Strabon VIII].

Æ. Dr. Griffon dévorant un cerf. Cercle de perles.

℞. Griffon debout à dr. au-dessus d'un foudre. — Légende : **BOCV REX**. (Fig. 116). Cercle de perles.

Æ. ℞. Tête barbue à dr. Cercle de perles.

℞. Proue de navire. — Légende **REX BOCVT**. Cercle de perles.

Æ. Dr. Profil. à g. de l'Afrique coiffée d'une dépouille d'éléphant. Cercle de perles.

℞. Griffon debout à dr. ou à g. ou dévorant un cerf. — Même légende. Cercle de perles.

Bocchus III.

Vers 50-38 av. J.-C.

Æ. (Fig. 117). Dr. Tête portant une barbe pointue.

℞. Le dieu Bacchus tenant un bœuf par une corne.

Dr. Légende : בקש ou פקש = BoQuS ou PoQuS.

℞. Légende : שיגען = S'IG'AN = frappé à *Siga*.

Dr. Légende : בפש הממלכת = BoQuS HaMmeMLeKeT = *royaume de Bocchus*).

FIG. 117.

℞. Légende : שמש = SeMeS = frappé à *Sémès*.

Les légendes des successeurs de Bocchus III sont toutes en langue latine ou grecque.

Iuba II.

De 25 av. J.-C. à 23 ap. J.-C.

Æ. Dr. **REX IVBA**.

℞. **REX IVBA REGIS IVBAI F.**

FIG. 118.

Iuba II et Cléopâtre.

Æ. Dr. **REX IVBA**.

℞. **BACIΛICCA ΚΛΕΟΠΑΤΡΑ**. (Fig. 118).

Ptolémée.

23 à 40 ap. J.-C.

Æ. REX PTOΛEMAEVS REGIS IVBAE F ou REX REGE PTOLE-
MAEO.

Émissions des villes.

Babba.

Æ. Légendes latines. Sous l'empire romain : *Colonia Campestris
Iulia Babba.*

Camarata.

Æ. Dr. Tête barbare (Fig. 119).

R⃛. Grappe de raisin ou gerbes de blé. — Légende : כמא
= KaMA.

Iol.

(*Caesarea*) était la résidence du roi Iuba II. — Légende latine :
CAESAREA.

Lix (Fig. 120).

Æ. Dr. Tête de divinité (*Cabiros* ?) coiffée d'un chapeau conique
avec ruban pendant du sommet.

R⃛. Deux grappes de raisin, deux poissons, autel, etc... —
Légende : לכש = LiKS ou ביבעל לכש = MB'AL LiKS (*le peuple
de Lix*).

Rusadir.

Æ. Dr. Tête barbue.

R⃛. Abeille. — Légende רשאדר = RuSADiR (Fig. 121).

Sala.

Æ. Dr. Tête barbue.

R⁄. Raisin ou épi de blé, et disque dans un croissant — Légende : שעלת == S'ALaT.

FIG. 121.

FIG. 122.

Sémès. (Fig. 122).
Ville de site inconnu.

Monnaie du nom de Bocchus III et Autonomes, probablement du temps de Iuba II.

Æ. Dr. Tête de face du dieu soleil barbu.

R⁄. Étoile ou grappe de raisin et épis de blé. — Légende : מקם שמש == MaQoMSéMès.

Siga.

Æ. De Bocchus III.

Tamusida ou Tamusia.

Æ. Dr. Divinité barbue.

R⁄. Deux épis de blé. — Légende : תמדעת = TaMD'AT.

Timici.

Æ. Dr. Tête barbue.

R⁄. Grappe de raisin entre deux branches de laurier. — Légende : תמכי = TiMiK'I.

Tingis
Aujourd'hui Tanger.

FIG. 123.

Æ. (Fig. 123). Dr. Tête de Baal ou de Déméter.

R⁄. Épi de blé. — Légende : בעלת תינגא

=B'ALaT T'INGA ou מובעל תינגא = MB'AL T'INGA (*la ville* ou
les citoyens de Tingis).

Zilis

FIG. 124.

Æ. (Fig. 124). Dr. Tête d'Hermès avec caducée.
R͘. Deux épis de blé. — Légende : אשלית = ASiL'IT.

PÉRIODE MACÉDONIENNE

La conquête alexandrine n'arrêta pas partout le monnayage indigène, et bien des villes continuèrent leurs émissions. La monnaie du conquérant elle-même subit l'influence de l'Asie, et certains tétradrachmes d'Alexandre portent les initiales de l'atelier de frappe et les dates écrites en caractères phéniciens (Fig. 125). C'est sous les Séleucides seulement que, peu à peu, les légendes grecques remplacèrent les inscriptions araméennes, et que le numéraire des Hellènes parvint à effacer toute trace de sémitisme.

On connaît quatre pièces d'argent de Hiérapolis (Bambyce) sur lesquelles le nom d'Alexandre le Grand, il est écrit en caractères sémitiques (Cf. E. Babelon, *Achéménides*, p. 45, pl. VII, fig. 18, et *Num. Chron.*, 1878, p. 104, n° 2 et p. 129).

Æ. Didrachme attique (Fig. 126) (poids 8 gr. 38, coll. de Luynes).

FIG. 125.

FIG. 126.

Dr. Buste d'Atergatis à dr., les cheveux relevés autour du front et arrangés en lignes parallèles autour de la tête. Derrière, lettre מ; au-dessus, Δ.

Ŗ. Lion dévorant un taureau; au-dessous, ר; au-dessus, en lettres pointillées, אלכסנדר = ALeKSaNDeR.

Æ. Poids 8 gr. 02 (Fig. 127).

Dr. Le dieu Baaltars assis à g. sur un trône sans dossier. — Lég. *Atergatis*.

R̸. Cavalier au galop à g. frappant de sa lance un lion dont on voit l'arrière-train sous les pieds de devant du cheval. — Lég.

Alexander (unique. — Cab. de France. Cf. *Rev. Num.*, 1920, t. XXII, p. 113, pl. VI, fig. 6).

Cette dernière médaille est probablement de frappe postérieure à la mort d'Alexandre.

Cependant entre ces deux phases de la Numismatique asiatique est une période mixte, dans laquelle se rencontrent en même temps les deux sys-

FIG. 127.

tèmes et les deux arts, celui des Macédoniens et celui des Perses, dont l'usage se continua sous Alexandre et sous ses généraux. Il est nécessaire, pour faire bien comprendre l'intérêt et l'importance de cette transition, de rappeler les faits principaux de l'histoire depuis la chute de l'Empire perse, jusqu'au jour où le partage de celui d'Alexandre fut effectué.

333 av. J.-C. (novembre). Bataille d'Issus.

331 » (1er octobre). Bataille de Gaugaméla (Arbèles).

331-328 av. J.-C. Mazaïos gouverne à Babylone pour le compte des Macédoniens.

358-327 » Staménès remplace Mazaïos, mort à Babylone.

323 av. J.-C. Philippe III Arrhidée est proclamé roi. Le régent Perdiccas, confie le gouvernement de Babylone à Archon, fils de Clinias.

321 » Le régent Antipater nomme Seleucus, gouverneur de Babylone.

317 » Mort de Philippe III Arrhidée. Antigone est reconnu roi par les Babyloniens. Fuite de Séleucus.

312 » Bataille de Gaza, Seleucus reste maître de Babylone. Mort d'Alexandre IV Aegus, fils de Roxane.

306 » Les diadoques prennent le titre de roi, démembrement de l'empire d'Alexandre.

Dans cette période d'environ vingt-cinq ans, au milieu des troubles qui suivirent la mort d'Alexandre, les Macédoniens émirent bon nombre de pièces au type perse. Ces monnaies ont fait l'objet d'études très importa ntes [1], mais les attributions qui sont proposées des divers types à Mazaïos, Antigone, Staménès, Archon et Seleucus sont encore fort discutables.

L'or est représenté par la double darique imitée de celle de Darius Codoman, mais montrant au droit soit un monogramme ou quelques lettres grecques, soit une couronne. Quant aux pièces d'argent, tétradrachmes, drachmes, oboles, etc..., du système attique,

FIG. 128.

elles figurent au droit Zeus assis sur un trône, et, au revers, un lion passant (Fig. 128). Ces monnaies se distinguent entre elles parfois par la présence dans le champ du revers de signes particuliers tels que couronne, ancre, étoile, scorpion parfois par celle de lettres dans lesquelles on a pensé voir les initiales du nom du prince, mais qui peuvent tout aussi bien être des marques d'ateliers, ou simplement de monétaires, en voici quelques exemples (Fig. 129) :

FIG. 129.

Mazaïos ou Antigone   N^{os}   6, 9, 11.
Staménès..........   »   7, 8, 16, 17 et 18.
Archon . ...   »   9, 12.
Séleucus..........   »   1, 2, 6, 19, 20.
Incertains.........   »   4, 3, 5, 10, 14, 15, etc.

LES SÉLEUCIDES DE SYRIE

La numismatique des rois de Syrie est tout entière au type grec ; toutefois, sous quelques princes, les émissions des villes de la Phénicie portent les noms des ateliers monétaires écrits en caractères sémitiques. Ces rois sont : *Antiochus* IV, *Démétrius* I *Soter*, *Démétrius* II *Nicator* (1er règne), *Antiochus* VII *Évergète*, *Alexandre Bala*, *Démétrius* II *Nicator* (2e règne) et *Alexandre* II *Zebina*. Les villes

---

1. IMHOOF-BLUMER, *Num. Zeitschrift* de Vienne, 1895, p. 2 sq. — BABELON, *Traité*, t. I, p. 479. — *Les Perses Achéménides*, introd., p. LI.

sont : *Gébal* (*Byblos*), *Tyr*, *Laodicée* du Liban, et *Sidon*. Sous les autres rois les noms de villes sont tous écrits en grec.

Les caractères phéniciens de ces légendes sont les mêmes que ceux qui étaient en usage sous les souverains achéménides.

Toutes ces médailles sont en cuivre.

Type des monnaies Séleucides

Bien que la série numismatique séleucide fasse partie des suites grecques, nous pensons utile de rappeler ici les noms des divers sou-

Fig. 130. — Séleucus I Nicator
(Tétradrachme).

verains et les dates de leur règne, cette chronologie jouant un rôle très important dans l'étude des médailles de l'Asie. Nous marquons en caractères gras ceux de ces princes dont certaines médailles portent des légendes sémitiques.

Fig. 131. — Antiochus III le Grand.
(Tétradrachmes).

Souverains séleucides de Syrie

	Av. J.-C.	Ère séleucide.
Séleucus I Nicator................................	312-280	6-31
Antiochus I Soter................................	281-261	31-51
Antiochus II Théos...............................	261-246	51-66

	Av. J.-C.	Ère séleucide.
Séleucus II Kallinicos, Pogon..............	246-226	66-86
Antiochus Hiérax (compétiteur de Séleucus II)..	246-227	?-85
Séleucus III Soter, Keraunos...............	226-222	86-90
Antiochus, fils de Seleucus III.	222	90
Antiochus III le Grand....................	222-187	90-126
Molon...............................	222-220	90-92
Achaeus......................... ·	222-215	90-97
Séleucus IV Philopator..................	187-175	126-138
Antiochus IV Epiphanes...............	175-164	138-149
Antiochus V Eupator.....................	164-162	149-151
Démétrius I. Soter...................	162-150	151-162
Timarchus......................	162	150-151
Alexandre I Bala....................	150-145	162-167
Démétrius II Nicator (1er règne)...........	146-138	166-175
Antiochus VI Dionysos...................	145-142	167-170
Tryphon Diodotus......................	142-139	170-174
Antiochus VII Évergète...............	138-129	174-183
Démétrius II Nicator (2e règne)..........	130-125	182-187
Alexandre II Zebina..................	128-123	184-190
Séleucus V...........................		186
Cléopâtre fille de Ptolémée VI Philométor...	125	186
Antiochus VIII Gryphus.............	121-96	187-216
Antiochus IX Cysicenus..................	116-95	196-217
Séleucus VI Epiphanes, Nicator............	96-95	216-217
Antiochus X Eusebes, Philopator..........	94-83	218-229
Antiochus XI Philadelphe................	92	220
Antiochus X et son frère Philippe..........		
Philippe Philadelphe....................	92-83	220-229
Démétrius III Philopator.... ·	95-89	217-225
Antiochus XII Dionysos.................	89-84 ?	225-228

DESCRIPTION DES MÉDAILLES PORTANT DES LÉGENDES SÉMITIQUES.

Antiochus IV Épiphane.

138-149 Sel. = 175-164 av. J.-C.

Tyr.

Æ. Chalque. Poids 7 gr. 30 (Cabinet de France) (Fig. 132, n° 1).

Dr. Profil diadémé du prince à dr. Dans le champ à g. ΔΜΡ = année 144 sel.

R⳽. Proue de galère ornée de l'aplustre à dr. — Légende horizontale : haut, **ΒΑΣΙΛΕΩΣ ΑΝΤΙΟΧΟΥ ΤΥΡΙΩΝ**. — Bas, צדנם לצר אם, = *De Tyr, Métropole des Syriens*.

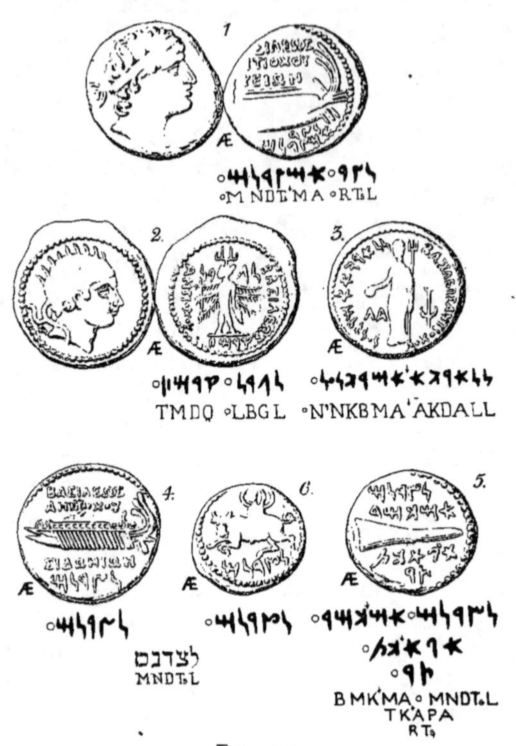

FIG. 132.

Gébal (Byblos).

Æ. Chalque. Poids 7 gr. 90 (coll. de Luynes) (Fig. 132, n° 2).

Dr. Profil radié et diadémé du prince à dr.

R⳽. Cronos phénicien debout à g., tenant un sceptre de la main droite, portant six ailes et, sur la tête, un ornement (égyptien) à quatre branches. Cercle de perles. — Légende à dr. **ΒΑΣΙΛΕΩΣ** ; à g. **ΑΝΤΙΟΧΟΥ** ; en haut, dans le champ. לגבל = LGeBaL = *de Gébal* ; en bas קדשת = *la Sainte*. Cercle de perles.

Laodicée du Liban.

Æ. Chalque. Poids 5 gr. 90, 6 gr. 05, 6 gr. 50 (Cab. de France) 5 gr. 95 (coll. de Luynes) (Fig. 132, n° 3).

Dr. Même type que fig. 133, n° 2.

R⳽. Poseidon debout de face, à demi nu, drapé dans la chlamyde, tenant de la main droite une patère et s'appuyant de la main gauche sur son trident ; dans le champ à g. ΛΑ ; à droite ancre. — Légende circulaire à dr. **ΒΑΣΙΛΕΩΣ ΑΝΤΙΟΧΟΥ** ; à g. אם בכנען ללאדכא = *de Laodicée, Métropole de Canaan.*

Sidon.

Æ. Chalque. Poids 6 gr. 60, 6 gr. 90, 6 gr. 30 (Cab. de France) (Fig. 132, n° 4).

Dr. Même type que n° II.

℞. Galère phénicienne ornée de l'aplustre. Cercle de perles. — Légende : haut, ΒΑΣΙΛΕΩΣ ΑΝΤΙΟΧΟΥ ; bas, ΣΙΔΩΝΙΩΝ. לצדנם = *de Sidon.*

(*b*) Æ. Chalque. Poids 5 gr. 25, 5 gr. 95 (Cabinet de France) (Fig. 66, n° 5).

Dr. Profil diadémé et radié d'Antiochus à dr. Cercle de perles. — Légende circulaire ΒΑΣΙΛΕΩΣ ΑΝΤΙΟΧΟΥ ΕΠΙΦΑΝΟΥΣ.

℞. Gouvernail. Cercle de perles. — Légende horizontale : haut, אבמכסב לצדנם; bas, צר אפאכת = *de Sidon, la Métropole de Cambé, d'Hippone, de Citium, de Tyr.*

(*c*) Æ. Hémichalque. Poids 2 gr. 80 ; 3 gr. 00 ; 3 gr. 90 ; 3 gr. 60 (Cabinet de France) (Fig. 66, n° 6).

Dr. Même type. — Légende : ΒΑΣΙΛΕΩΣ ΑΝΤΙΟΧΟΥ.

℞. Europe assise sur un taureau bondissant à gauche ; la nymphe retient d'une main son voile qui flotte au-dessus de sa tête. Cercle de perles. — Légende : au bas, sous le taureau, לצדנם = LTsiDoNeM = *de Sidon.* [E. Babelon. *Les rois de Syrie* 1890, p. 87, n°s 685 à 688, donne ΣΙΔΩΝΙΩΝ au revers, en haut ; légende qui ne se voit pas sur la médaille figurée Pl. XV, fig. 1.]

Démétrius I Soter.
1 51-161 Sel. = 162-150 av. J.-C.

Tyr.

Æ. Chalque. Poids 8 gr. 10 (coll. de Luynes), 6 gr. 05, 6 gr. 10, 7 gr. 70, 6 gr. 50, 7 gr. 10, 6 gr. 55, 5 gr. 60, 6 gr. 50 (Cab. de France).

Dr. Profil à dr. de Démétrius. Cercle de perles.

℞. Proue de navire ornée de l'aplustre ; à dr. (type de la fig. 132, n° 1). Cercle de perles. — Légende : en haut, ΒΑΣΙΛΕΩΣ ΔΗΜΗΤΡΙΟΥ ; en bas, ΤΥΡΙΩΝ, לצר; en dessus, la date. Cercle de perles.

Æ. Dilepton. Poids 2 gr. 45 (Cab. de France). Même type du dr. et du ℞. date = ΞΡ = 160 sel.

Sidon.

Æ. Chalque. Poids 6 gr. 40, 5 gr. 65, 7 70, 5 gr. 75, 4gr. 45, 6 gr. 00, 6gr. 50 (coll. de Luynes, Cab. de France).

Dr. Semblable au précédent.

R⁄. Galerie ornée de l'aplustre (type de la fig. 123, n° 4). — Légende : haut, **ΒΑΣΙΛΕΩΣ ΔΗΜΗΤΡΙΟΥ**; bas, **ΣΙΔΩΝΙΩΝ** = לצדנם. == *de Sidon.* Cercle de perles.

Æ. Hémi-chalque (coll. de Luynes). Poids 3 gr. 30. Même type du Dr. et du R⁄.

Æ. Chalque. Poids 5 gr. 40, 5 gr. 40 (Cab. de France).

Dr. Profil de Démétrius à dr. Cercle de perles. — Légende : **ΒΑΣΙΛΕΩΣ ΔΗΜΗΤΡΙΟΥ·**

R⁄. Galerie ornée de l'aplustre. Cercle de perles. — Légende : לצדנם אמכסב אפאכת צר == *De Sidon la Métropole, de Cambé, d'Hippone, de Citium, de Tyr.*

(Type de la fig. 132, n° 5).

Fig. 133.

Æ. Hémi-chalque. Poids 3 gr. 55 (Cab. de France).

Dr. Même type.

R⁄. Europe sur le taureau (Fig. 133) (type de la fig. 132, n° 6). — Légende : en haut, **ΣΙΔΩΝΙΩΝ** = לצדנם = *les Sidoniens* (ou *de Sidon*).

Alexandre I Bala

162-167. Sel. == 150-145 av. J.-C.

Sidon.

Æ. Chalque, Poids 5 gr. 60, 7 gr. 45, 4 gr. 05 (coll. de Luynes, Cab. de France).

Dr. Profil à dr. d'Alexandre Bala. Cercle de perles.

R⁄. Galère. — Légende : haut, **ΒΑΣΙΛΕΩΣ ΑΛΕΞΑΝΔΡΟΥ**; en bas, **ΣΙΔΩΝΙΩΝ.** = לצדנם = *de Sidon.* Cercle de perles (type de la fig. 132, n° 4).

Démétrius II Nicator

PREMIER RÈGNE

166-175 Sel = 146-138 av. J.-C.

Tyr.

Æ. Chalque. Poids 5 gr. 90, 6 gr. 20, 9 gr. 75, 6 gr. 50, 6gr. 55, 5 gr. 35 (coll. de Luynes, Cab. de France).

Dr. Profil à dr. de Démétrius, imberbe, diadémé. Cercle de perles.

Ɍ. Proue de galère ornée de l'aplustre (type, fig. 132, n° 1). — Légende : haut, ΒΑΣΙΛΕΩΣ ΑΝΤΙΟΧΟΥ ; bas, ΤΥΡΙΩΝ. לצר LTsR = *de Tyr*. Au-dessus, la date.

Antiochus VII Évergète.
174-183 Sel = 138-129 av. J.-C.

Tyr.

Æ. Chalque. Poids. 6 gr.30, 6 gr.15, 7 gr.35 (Cab. de France).
Dr. Profil à dr. d'Antiochus. Cercle de perles.

Ɍ. Galère (type de fig. 122, n° 4).—Légende : haut, ΒΑΣΙΛΕΩΣ ΑΝΤΙΟΧΟΧ. Monogrammes et au bas, date et légende LTsR.

Sidon.

Æ. Hémichalque, 3 gr. 75, 2 gr. 05 (Cab. de France).

Ɍ. Légende : haut, ΒΑΣΙΛΕΩΣ ΑΝΤΙΟΧΟΥ ; bas, ΣΙΔΩΝΙΩΝ. LTsiDoNeM = *les Sidoniens.*

Démétrius II Nicator.
SECOND RÈGNE
185-187. Sel. = 130-125 av. J.-C.

Tyr.

Æ. Hémi-chalque. Poids 2 gr. 85 (Cab. de France).
Dr. Profil à dr. du prince.

Ɍ. Éperon de navire, avec palme et monogramme. Cercle de perles (Fig. 134). — Légende : en haut, ΒΑΣΙΛΕΩΣ ΔΗΜΗΤΡΙΟΥ ; en bas, date et légende L TsR = *de Tyr*.

FIG. 134.

Sidon.

Æ. Chalque. Poids 7 gr. 15, 7 gr. 35, 6 gr. 55, 8 gr. 85, 5 gr. 55, 6 gr. 30, 6 gr. 40 (Cabinet de France).
Dr. Profil diadémé et drapé de Démétrius.

Ɍ. Astarté vêtue du chiton talaire, debout à g. sur une proue de galère ; de la main droite elle tient un aplustre et, de la main gauche, l'armature d'un trophée. Dans le champ à dr., la date

ΔΠR = 184. — Légende : à g., ΣΙΔΩΝΟΣ ΘΕΑΣ; à dr.,

4ל4ן־4־ל. לצדנם LTSiDeNeM = *de Sidon.*

Laodicée du Liban.

Æ. Chalque. 3 gr. 85, 3 gr. 90, 6 gr. 06 (Cab. de France) (très frustre).

Dr. Profil diadémé du prince à dr.

R⁄. Poseidon (type de la fig. 132, n° 3). — Légende : à dr., **ΒΑΣΙΛΕΩΣ ΔΗΜΗΤΡΙΟΥ**; à g., ללאדכא אם בכנען = *de Laodicée Métropole de Canaan.*

Alexandre II Zebina

184-190 Sel = 128-123 av. J.-C.

Laodicée du Liban.

Æ. Chalque. 4 gr. 95 (Cabinet de France).

FIG. 135.

R⁄. Poseidon (Fig. 135). — Légende : à dr., **ΒΑΣΙΛΕΩΣ ΑΛΕΞΑΝΔΡΟΥ**; à g. = *de Laodicée, Métropole de Canaan.*

LES
PARTHES ARSACIDES DE PERSE

Lors de l'arrivée des Macédoniens dans les régions transcaspiennes, les Parthes vivaient alors cantonnés dans les districts voisins de l'Oxus et, suivant Justin, après les avoir soumis, Alexandre leur aurait donné pour gouverneur un certain Andragoras, qui semble être le même personnage que celui qu'Arrien désigne sous le nom de Phrataphernès.

Certains auteurs (P. Gardner, *Num. Chron.*, 1879, et *Bactrian Catalogue*) ont pensé pouvoir attribuer à ce satrape, quelques-unes des monnaies du trésor de l'Oxus découvert en 1878 et portant en légende **ΑΝΔΡΑΓΟΡΟΥ** (Fig. 134) ; mais ces attributions ne semblent pas être justifiées[1], et il ne paraît pas que les Parthes aient battu monnaie avant de s'être avancés dans l'Iran, et d'en avoir chassé les Séleucides. Toutefois ces tribus n'en avaient pas moins des chefs puissants, appartenant à la famille Arsacide, lignée qui fournira les princes de quatre grandes dynasties orientales, dont celle de l'Iran, la plus importante, qui exercera la suzeraineté sur les trois autres.

FIG. 134.

Tous les auteurs qui, jusqu'à ce jour, ont traité de la Numismatique des Arsacides de Perse, ont attribué aux premiers princes des Parthes de singulières monnaies d'argent et de bronze, relativement abondantes dans les collections, sur lesquelles on voit au droit l'effigie d'un personnage imberbe, coiffé d'un capuchon et, au revers, une figure, assise à droite sur l'omphalos ou sur un trône[2] (cf.

1. Cf. Henry H. Howorth, The initial Coinage of Parthia dans *Num. Chron.*, IIIe série, vol. X. — G. F. Hill, Andragora, in *Istit. ital. di Numism.* Roma, 1909.

2. A von Petrowicz, *Cat.*, p. 1, pl. I, fig. I, Arsace Ier.

fig. 139, n° 6), portant la même coiffure que l'effigie du droit, et tenant en avant, de la main droite, un arc bandé. Les divers numismates ont accordé ces médailles soit à quelques-uns seulement[1] des cinq premiers Arsacides, soit à tous ces princes depuis Arsace Ier jusqu'à Phraate Ier[2].

L'idée première de cette attribution provient de ce que tous les auteurs ont considéré le capuchon figuré, tant au droit qu'au revers de ces monnaies, comme étant la coiffure nationale des Parthes, celle que portaient leurs ancêtres, alors qu'ils habitaient les steppes de la Transcaspienne; et l'on en a déduit que cette classe de médaille ne pouvait appartenir qu'aux premiers princes, à ceux qui avaient conservé pures encore les traditions et les usages de la vie nomade. Or, d'une part, le prétendu capuchon scythique paraît être d'origine iranienne et, d'autre part, les premiers Arsacides ne semblent pas être qualifiés pour qu'un numéraire quelconque leur soit attribué[3].

C'est de 250 à 248 av. J.-C. qu'Arsace Ier, dit le fondateur, aurait, suivant la tradition[4], gouverné les Parthes. Ce règne, de très courte durée, marqua l'époque à laquelle ce chef scythe, quittant, avec sa tribu, les pâturages de l'Ochus[5], rivière du bassin de l'Oxus, envahit la Parthie (Khoraçân) et s'y fixa. Cette province appartenait alors aux rois de Syrie, elle était située à la frontière de leur empire et, par suite, exposée aux incursions si fréquentes en ces temps, surtout dans ces régions.

Tiridate Ier, frère et successeur d'Arsace Ier, fut, à la mort d'Arsace[6],

1. A. von Petrowicz, *Arsaciden-Münzen. Katalog*, 1904. — Arsace Ier et Tiridate Ier.

2. Warwick Wroth, *Catalogue of the Coins of Parthia*, 1903.

3. M. le colonel Allotte de la Fuye (*Rev. Num.*, 1904, p. 343), rendant compte du Catalogue de Warwick Wroth, s'exprime ainsi au sujet des attributions de cet auteur aux cinq premiers Arsacides : « Ce classement des premiers Arsacides ne sera pas sans soulever une opposition assez vive et l'on aura quelque peine à admettre que les souverains (Arsace Ier à Phraate Ier) dont quelques-uns ont régné jusqu'à un âge avancé soient représentés imberbes, alors que Mithridate Ier et ses successeurs portent la barbe dès le commencement de leur règne. »

4. Justin, XLI, 4.

5. Strabon, IX, 9, 2.

6. Arsace Ier fut tué dans une bataille ; il eut à lutter d'abord contre des princes locaux et des compétiteurs, avant de se mesurer avec les troupes de gouverneurs syriens.

mis à la tête des Parthes, qu'il gouverna pendant trente-cinq années[1] (248/7 à 210/11 av. J.-C.). Mais les Séleucides s'étaient émus de l'installation des Scythes dans leurs domaines, et Seleucus Callinicus, marchant contre la Bactriane, en 246 av. J.-C., vainquit, chemin faisant, les Parthes, et obligea Tiridate à s'eufuir chez les Scythes de l'Oxus. Les Arsacides cependant parvinrent à conserver leur indépendance après le départ des troupes grecques et, à la mort de Tiridate, leur domaine comprenait la Parthie (Khoraçân), l'Hyrcanie (Asterâbâd) et les anciennnes possessions de leur famille dans la vallée de l'Ochus. Leur capitale était Dara [2], ville dont la fondation est attribuée à Tiridate, mais qui, probablement, était depuis longtemps le centre du domaine familial des Arsacides, et que ce prince ne fit qu'agrandir, en raison de l'extension de ses territoires. Dara était située en Scythie, sur le versant septentrional des montagnes. Le choix de cette ville comme capitale implique de la part de Tiridate la pensée que la Parthie et l'Hyrcanie ne constituaient pour lui qu'un accroissement de richesse, mais n'étaient pas devenues la partie importante de ses États.

Arsace II [3], fils et successeur de Tiridate Ier (210-191 av. J.-C.), lutta pendant dix-neuf ans contre les armées des satrapes d'Antiochus III le Grand, et ne parvint qu'à se maintenir dans les territoires qui lui avaient été légués par son père.

Nous ne connaissons rien du règne de Phriapatius (191-176 av. J.-C.). Quant à Phraate Ier son successeur (176-171 av. J.-C.), nous savons que, pendant les cinq années qu'il fut au pouvoir, le domaine des Arsacides s'étendit quelque peu vers l'Ouest au détriment de la satrapie séleucide de Médie [4].

A la mort de Phraate Ier les possessions de la famille arsacide comprenaient donc : la vallée de l'Ochus, la province d'Hyrcanie limitée au nord par l'Atrek de nos jours, la Parthie et les districts de Médie jusqu'à Ragae (Chah abdul 'Azim, près de Téhérân). Au

1. Syncelle, *Chron.*, p. 284.

2. Justin, XLI, 5. — Les Arsacides conservèrent l'usage de se faire ensevelir à Nisaia (Parthaunisa), aujourd'hui Nichapour (v. Olshausen, *Parthava und Pahlav.* Berlin, 1877, p. 10 sq.).

3. Ce prince est nommé Artaban Ier par tous les auteurs modernes (sauf von Gutschmid et Warwick Wroth) suivant en cela Vaillant, Longuerue et Eckhel. Cf. Allotte de la Fuye, *Rev. Num.*, 1904, p. 320 sq.

4. Isid, *Char. Mans. Parth.*, VII.

Sud elles s'arrêtaient au désert salé et à la Sogdiane (Seïstân actuel).

Ces princes d'un petit État, toujours en lutte pour leur affranchissement, souvent vaincus, mais parvenant à conserver intact leur modeste royaume et à l'agrandir peu à peu, étaient bien certainement des personnages de médiocre importance, par rapport aux souverains des grands États qui les avoisinaient à l'Ouest et à l'Est. Nouveaux venus, étrangers (Scythes) [1], au milieu de populations iraniennes, ce n'étaient que de puissants chefs de tribu, considérés par les Perses comme des intrus, et il serait bien invraisemblable qu'ils eussent, dès l'époque de leur révolte, nourri l'ambition de reconstituer à leur profit, et au détriment de leurs puissants suzerains, les rois de Syrie, le vaste empire des Achéménides. Les succès inespérés de leurs descendants, la puissance colossale qui se développa sous leur nom familial fit, bien certainement, rejaillir sur eux une gloire posthume bien supérieure à leur destinée ; car, si leurs successeurs n'avaient créé l'Empire, ils seraient assurément demeurés inconnus, ignorés comme le sont aujourd'hui dans l'histoire la plupart des dynastes, qui, à cette époque, se partageaient les provinces de la Perse.

Et c'est à ces chefs de tribu que les numismates ont attribué jusqu'ici des monnaies où se lisent les titres les plus orgueilleux qui jamais se soient vus en Orient ! Le droit de ces médailles est anépigraphe : mais au revers on lit :

ΑΡΣΑΚΟΥ
ΒΑΣΙΛΕΩΣ ΑΡΣΑΚΟΥ
ΒΑΣΙΛΕΩΣ ΜΕΓΑΛΟΥ ΑΡΣΑΚΟΥ
ΒΑΣΙΛΕΩΣ ΘΕΟΥ ΑΡΣΑΚΟΥ
ΒΑΣΙΛΕΩΣ ΜΕΓΑΛΟΥ ΑΡΣΑΚΟΥ ΘΕΟΠΑΤΟΡ[ΟΣ]
ΒΑΣΙΛΕΩΣ ΑΡΣΑΚΟΥ [ΑΥΤΟ]ΚΡΑΤΟΡΟ[Σ]

Ces légendes ne permettent certainement pas les attributions qui ont été proposées par tous les auteurs ; car il est impossible d'appliquer à l'un ou à l'autre de ces princes des monnaies où seraient qualifiés d'ΑΥΤΟΚΡΑΤΟΡΟΣ, de ΒΑΣΙΛΕΥΣ ΜΕΓΑΣ ou de ΘΕΟΣ, de simples dynastes en révolte contre leur suzerain.

Les Arsacides, comme la plupart des princes arrivant au pouvoir,

---

1. « Parthi Scytharum exules fuere : hoc etiam ipsorum vocabulo manifestatur, nam scythico sermone, Parthi exsules dicuntur — sermo inter scythicum Medicumque medius et ex utrisque mixtus » (Justin, XLI).

n'ont pas eux-mêmes composé les titres dont ils se décorent sur leurs médailles; ils les ont empruntés à leurs voisins de l'Est et de l'Ouest, afin d'accroître leur prestige, et, s'il leur était possible, de traiter d'égal à égal avec leurs puissants adversaires. C'est donc à la numismatique de la Syrie et de la Bactriane qu'il faut recourir pour se rendre compte de l'époque à laquelle ces titres ont pu faire leur apparition dans les légendes arsacides.

ΒΑΣΙΛΕΩΣ ΜΕΓΑΛΟΥ se montre pour la première fois en Bactriane sur le numéraire d'Eukratidès (190-160 av. J.-C.) et, en Syrie, sur celui de Timarchus (v. 162 av. J.-C.). ΘΕΟΥ apparaît en Bactriane sur les monnaies d'Agathoclès et d'Antimachus, contemporains d'Eukratidès, et en Syrie sous Antiochus IV Épiphane (175-164 av. J.-C.). Toutefois une inscription lapidaire grecque de Seleucus [1] (306-281 av. J.-C.) montre ce souverain décoré de ce titre ; mais il est peu probable que les Arsacides l'aient inscrit sur leurs monnaies, avant que l'exemple leur en eût été donné par les Séleucides ou par les rois de Bactriane, sur leurs propres médailles.

ΘΕΟΠΑΤΟΡΟΣ se rencontre pour la première fois en Syrie sous Alexandre Bala (150-145 av. J.-C.).

Le titre d'ΑΥΤΟΚΡΑΤΟΡΟΣ, très rare dans les autonomes grecs, ne se montre pas en Syrie avant le règne de Tryphon (142-139 av. J.-C.). En Perse, on ne le voit que sur les drachmes que nous attribuons à Sinatrocès [2] (77-70 av. J.-C.) et plus tard sur les tétradrachmes de Tiridate II [3] (26 av. J.-C.).

Ce n'est donc pas avant Phriapatius (192-176 av. J.-C.), Phraate Ier (176-171 av. J.-C.) ou Mithridate Ier (171-138 av. J.-C.) au plus tôt que ces titres ont pu faire leur apparition sur le monnayage des Arsacides de Perse ; car il serait illogique d'admettre qu'ils ont été, pour la première fois, portés par les dynastes de Parthie, et qu'à leur exemple les rois de Syrie et de Bactriane s'en seraient décorés. Il ne peut donc pas être question de les attribuer à Tiridate Ier (248-211 av. J.-C.), dont la tradition fait l'un des principaux fondateurs de monarchie et qui, par la durée de son règne, eût été plus que tout autre qualifié à les prendre, s'il avait été réellement roi. Mais à son époque, ces titres n'étaient pas d'usage.

---

1. Cf. E. Babelon, *Rois de Syrie*, 1890, Introd., p. LVI.

2. Cf. W. Wroth, *Cat.*, p. 42, pl. X, fig. 1. P. Gardner, *Parthian Coinage*, 1877, pl. III, fig. 1.

3. Cf. W. Wroth, *Cat.*, p. 135. Pl. XXIII, fig. 8 et 9.

Quant à Phriapatius et à Phraate Ier, pendant les vingt années qu'ils ont commandé les Parthes, tous leurs soins ont été absorbés par la lutte, souvent malheureuse, qu'ils eurent à soutenir pour l'indépendance de leur petit royaume, et l'on ne conçoit pas que ces dynastes eussent été portés à s'arroger les titres de « Grand Roi », d'« Autocrate » et de « Dieu ».

Avec Mithridate Ier (171-138 av. J.-C.) la fortune se déclare définitivement en faveur des Arsacides, et l'Empire se crée par un bond prodigieux. Les Mèdes vaincus sont contraints d'accepter le roi Bacasis, que Mithridate leur impose, remplaçant ainsi les satrapes par des feudataires placés sous sa suzeraineté. Toute la Perse est conquise, et la principauté d'Elymaïde, qui jouissait probablement déjà d'une indépendance relative vis-à-vis de Séleucie, est soumise au joug arsacide. Les districts de Turina et d'Aspronius, en Bactriane, passent des mains d'Eukratidès à celles du conquérant [1] et, suivant Diodore[2], les armées parthes pénètrent dans les Indes jusqu'aux pays où jadis avait régné Porus [3].

Mithridate fut également heureux en Arménie, dont son frère Valarsace reçut la couronne [4] ; mais c'est principalement contre la Syrie que les victoires furent de la plus grande portée au point de vue de la fondation de l'Empire. Après une succession de fortunes diverses [5] Mithridate parvint en 140 av. J.-C. à s'emparer de la personne même de son suzerain, Démétrius Nicator, qu'il combla d'honneurs, tout en le retenant prisonnier en Hyrcanie, et auquel il donna sa fille Rodogune en mariage.

Si je suis entré dans autant de détails historiques au sujet du règne de Mithridate Ier et de ses prédécesseurs, c'est pour bien montrer l'énorme différence qui existait entre la situation politique de ce prince et celle des cinq premiers dynastes ; Mithridate Ier fut le véritable fondateur de l'Empire : ce fut le premier « Roi des Rois » alors que ses ancêtres n'étaient que de puissants chefs de tribu. Les succès de ses armes, sa qualité de beau-père du roi de Syrie, légitimèrent en lui toutes les ambitions, et justifient les titres orgueilleux

---

1. Strabon, XI, XI, 2.

2. Diod., Sic. XXXIII, 20.

3. Cette exagération ne fait que mieux comprendre l'importance des succès remportés, à cette époque, par les armées parthes.

4. Moïse de Khorène (trad. fr.), II, 3-7.

5. Justin, XXXVI et s.

que nous lisons sur ses médailles, alors qu'aucun de ses prédécesseurs n'eût été qualifié pour les prendre.

Le point de départ des conquêtes de Mithridate Ier fut en Orient, dans les provinces voisines de la Bactriane ; c'est donc au type bactrien, quelque peu modifié, que furent faites les premières émissions. Celles de Syrie ne vinrent qu'à la fin du règne [1]. Entre temps, sur le plateau Iranien, on avait frappé quelques pièces qui, tout en conservant des traces très importantes d'hellénisme, présentent déjà quelque chose de l'aspect qu'offrira le monnayage national parthe.

La série la plus ancienne, celle où l'influence bactrienne est nettement caractérisée, a été attribuée par A. de Longpérier (pl. II, fig. 20-27) à Phraate Ier ; par Percy Gardner (pl. II, fig. 3-7) à des satrapes de Mithridate Ier, et par Warwick Wroth (pl. II) à la période de Mithridate Ier, sans désignation spéciale.

La série intermédiaire comprend des drachmes, oboles et bronzes au revers arsacide, mais portant au droit la même effigie que les monnaies d'imitation bactrienne (cf. W. Wroth, *Cat.*, pl. II, fig. 1-5).

Enfin viennent les belles monnaies d'argent, tétradrachmes et drachmes, que A. de Longépérier (pl. IV, fig. 39 à 43) et W. Wroth (pl. III, fig. 7-12) attribuent à Mithridate Ier, que P. Gardner (pl. II, fig. 1-2) suppose avoir été émises par des satrapes de ce prince, alors que M. de Petrowicz (pl. XXIV, fig. 5-9), leur refusant l'accès de la suite arsacide, les accorde à Valarsace, roi d'Arménie.

Les trois types d'effigies diffèrent sensiblement : mais dans ces trois classes elles-mêmes, on constate aussi de notables variantes. On comprendra sans peine qu'il puisse exister de grandes différences entre les monnaies diverses émises au cours d'un règne de trente-cinq ans, par des ateliers distants parfois de milliers de kilomètres, alors que l'Empire était en formation. D'ailleurs l'attribution de cette série à Mithridate Ier est non seulement affirmée par les dates, que portent certains tétradrachmes, ainsi que par les influences variées dont elle témoigne, mais aussi par la paléographie des textes que portent ces médailles. L'examen des légendes des pièces frappées par les Arsacides depuis Mithridate Ier jusqu'à Mithridate II, montre le bien fondé de la classification.

---

1. Elles portent d'ailleurs les dates de 173 et 174 sel., soit 140-138 av. J.-C. et l'on sait que Mithridate Ier est mort au cours de cette dernière année.

Quant aux monnaies (drachmes et cuivres) fournissant au droit l'effigie d'un personnage imberbe, coiffé du bonnet, elles ne peuvent

1 ΒΑΣΙΛΕΩΣΜΕΓΑΛΟΥΑΡΣΑΚΟΥΦΙΛΕΛΛΗΝΟΣ
2 ΒΑΣΙΛΕΩΣΑΡΣΑΚΟΥ
3 ΒΑΣΙΛΕΩΣΑΡΣΑΚΟΥ
4 ΒΑΣΙΛΕΩΣΜΕΓΑΛΟΥΑΡΣΑΚΟΥ
5 ΒΑΣΙΛΕΩΣΜΕΓΑΛΟΥΑΡΣΑΚΟΥΕΠΙΦΑΝΟΥΣ

Fig. 135. — Légendes des tétradrachmes de Mithridate Ier à Mithridate II. N°s 1 et 2, Mithridate Ier ; n° 3, Artaban Ier ; n° 4, Himerus ; n° 5, Mithridate II.

1 ΒΑΣΙΛΕΩΣΑΡΣΑΚΟΥ
2 ΒΑΣΙΛΕΩΣΜΕΓΑΛΟΥΑΡΣΑΚΟΥ
3 ΒΑΣΙΛΕΩΣΠΕΓΑΛΟΥΑΡΣΑΚΟΥ
4 ΒΑΣΙΛΕΩΣΜΕΓΑΛΟΥΑΡΣΑΚΟΥΘΕ·ΠΑΤ·Ρ·Σ
5 ΒΑΣΙΛΕΩΣΒΑΣΙΛΕΩΝΜΕΓΑΛΟΥΑΡΣΑΚΟΥ
6 ΒΑΣΙΛΕΩΣΑΡΣΑΚΟΥ
7 ΒΑΣΙΛΕΩΣΒΑΣΙΛΕΩΝΑΡΣΑΚΟΝΕΠΙΦΑΝΟΥΣ

F𝙸𝙶. 136. — Légendes des drachmes de Mithridate Ier à Mithridate II. N°s 1 à 3, Mithridate Ier ; n° 4, Phraate Ier ; n° 5, Artaban Ier ; n° 6, Himerus ; n° 7, Mithridate II.

en aucun cas être attribuées aux souverains, parce qu'elles diffèrent complètement des médailles royales, et ne suivent pas les règles du protocole de la Cour. Le revers d'une pièce de Mithridate Ier montre un personnage coiffé du bonnet et le revers caractéristique des séries arsacides n'est autre qu'un personnage imberbe, coiffé du bonnet, assis sur l'omphalos ou sur un trône et présentant l'arc.

Le bonnet figuré sur ces médailles (Fig. 137, n° 5) a toujours été considéré jusqu'ici comme étant la coiffure nationale des Scythes. Les auteurs qui, sans la moindre cause scientifique d'ailleurs, ont avancé cette hypothèse, ont été suivis par tous les numismates. « Mais, dit avec juste raison Longpérier [1], l'expérience démontre qu'entre toutes les erreurs, les pires sont celles que l'on emprunte », et c'est le cas pour le prétendu bonnet scythique.

En examinant les médailles des premiers dynastes de la Perside, Bagadate Ier, Oborze et Artaxercès Ier, on voit ces personnages coiffés d'un bonnet absolument semblable au capuchon scythique, mais le portant de tout autre manière que les Arsacides (Fig. 137, n°s 3-4).

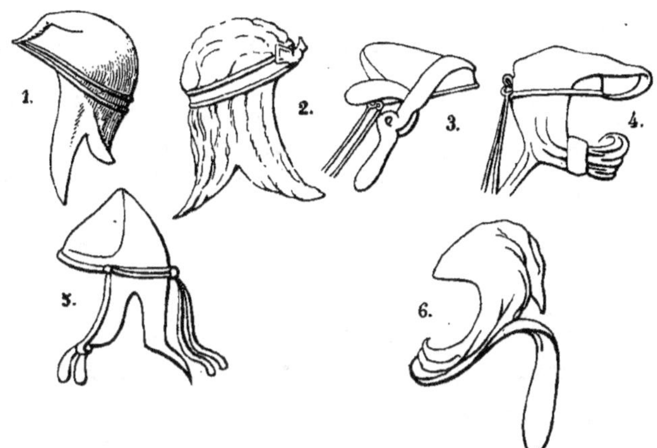

FIG. 137. — Diverses formes du bonnet.

1. Bonnet satrapal, d'après un statère d'argent d'Orontes, satrape achéménide d'Arménie. — 2. Bonnet satrapal, d'après un statère d'or de Tissapherne, satrape achéménide de Sardes. — 3. Bonnet persépolitain, d'après un tétradrachme de Bagadate Ier. — 4. Bonnet persépolitain, d'après un tétradrachme d'Autophrate Ier. — 5. Bonnet parthe, d'après les drachmes portant l'effigie imberbe. — 6. Bachlik actuellement en usage chez les Tartares, les Turkomans, les Transcaucasiens et les habitants du nord de la Perse.

Cette coiffure, très originale, se compose d'un bonnet offrant la forme du bachlik encore porté par les Orientaux, turcs, tartares et persans des provinces septentrionales (Fig. 137, n° 6). Les deux bandes d'étoffe des côtés, plus étroites que celles du bachlik actuel, sont, sur les monnaies de Bagadate Ier, ramenées sur la tête, puis nouées sur l'oreille droite (Fig. 137, n° 3), tandis que sur les pièces d'Oborze, Artaxercès Ier et Autophradate, les deux bandes, au lieu d'être serrées autour de la tête sont attachées en avant et couvrent la barbe ainsi que tout le bas du visage (Fig. 137, n° 4).

En Perside, c'est vers l'an 220 av. J.-C. que nous voyons apparaître cette coiffure ; mais elle était beaucoup plus ancienne ; car on la retrouve portée par les satrapes des grands rois achéménides [1] (Fig. 137, n°s 1 et 2).

1. Statère d'argent de Tissapherne, statère d'Orontes. E. Babelon (*Rev. num.*, 1892, p. 462) pense que c'était là la coiffure satrapale.

Quoi qu'il en soit, c'est en Perside, et non en Scythie, que les Parthes apprirent l'usage de cette coiffure, et cela au moment où ils envahirent cette partie de la Perse, c'est-à-dire sous Mithridate Ier, pas avant.

Les légendes que portent les drachmes et les cuivres, représentant le personnage imberbe, ne sont pas seulement intéressantes par les titres qu'elles fournissent, mais elles le sont aussi par leurs caractères paléographiques, et par le dispositif adopté dans leur tracé. Comme écriture, elles se montrent très inférieures aux légendes de Mithridate Ier de la classe bactrienne, mais se rapprochent des textes du numéraire iranien de ce prince (2e classe) et, plus encore, de ceux

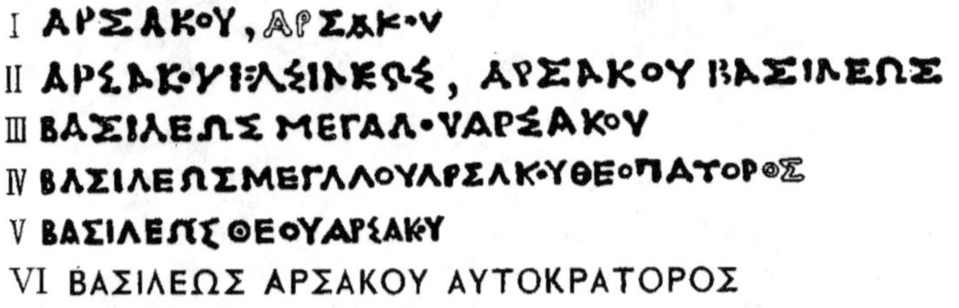

I ΑΡΣΑΚΟΥ, ΑΡΣΑΚΟΝ

II ΑΡΣΑΚΟΥ ΒΑΣΙΛΕΩΣ, ΑΡΣΑΚΟΥ ΒΑΣΙΛΕΩΣ

III ΒΑΣΙΛΕΩΣ ΜΕΓΑΛΟΥ ΑΡΣΑΚΟΥ

IV ΒΑΣΙΛΕΩΣ ΜΕΓΑΛΟΥ ΑΡΣΑΚΟΥ ΘΕΟΠΑΤΟΡΟΣ

V ΒΑΣΙΛΕΩΣ ΘΕΟΥ ΑΡΣΑΚΟΥ

VI ΒΑΣΙΛΕΩΣ ΑΡΣΑΚΟΥ ΑΥΤΟΚΡΑΤΟΡΟΣ

Fig. 138. — Légende des monnaies sacerdotales.
I. Omphalos au revers. — I. Trône au revers. — II-IV. Omphalos au revers. —
V. D'après Drouin. — VI. Paléographie inconnue. (Drouin.)

des monnaies émises par Phraate II, Artaban Ier et Himérus. La position occupée par les légendes de ces médailles est la même que celle en usage, sur les pièces des premiers princes, jusque sous Mithridate II, que celles des monnaies émises par Phraate II, Artaban Ier et Himérus. Et il en est ainsi, quant au dispositif de ces légendes, sur les médailles, jusqu'aux premières années de Mithridate II.

Quelques drachmes de cette série portent des bordures circulaires de perles, et jamais on n'y voit le cordon de laine si caractéristique des débuts du monnayage des Arsacides. C'est sous Phraate II seulement qu'apparaît la bordure perlée dans la frappe royale, en même temps toutefois que, sur beaucoup de médailles, le cordon de laine persiste jusqu'au début du règne de Mithridate II [1].

Le droit des drachmes et des monnaies de cuivre de cette classe porte toujours une effigie imberbe ; or parmi ces portraits, non

____

1. Nous pensons devoir attribuer au commencement du règne de Mithridate II

seulement il est aisé de reconnaître des personnages différents, mais on constate qu'ils sont loin d'être tous du même âge. Les uns sont très jeunes [1], d'autres d'âge moyen [2], d'autres enfin atteignent ou dépassent la cinquantaine [3], et tous sont imberbes, non pas, bien certainement, par suite de leur jeunesse, mais parce qu'ils étaient rasés : fait insolite si nous examinons la suite des rois parthes dans lesquelles tous les princes, sauf les deux Pacorus, qui étaient des jeunes gens, portent la barbe qu'ils entretiennent fort longue. Pacorus II lui-même montre sur ses dernières médailles une barbe naissante.

FIG. 139. — Émissions sacerdotales [4].

On remarquera que le revérs de la monnaie de bronze (Fig. 139, n° 6) montre le personnage assis sur un trône, siège qui ne paraît sur les monnaies royales que sous Mithridate II.

Jusqu'ici, le nom dynastique inscrit seul était considéré comme une preuve d'antiquité et l'on n'hésitait pas à donner les médailles

les drachmes que W. Wroth (pl. III, fig. 2, 3 et 4) donne à l'époque de Mithridate Ier.

1. W. Wroth, *op. cit.*, Pl. I, fig. 6.

2. W. Wroth, *op. cit.*, Pl. I, fig. 1, 4, 7.

3. W. Wroth, *op. cit.*, fig. 3, 10.

4. 1. D'après P. Gardner. Pl. I, fig. 1.

   2.   »   »   Pl. I, fig. 2.

   3.   »   »   Pl. I, fig. 4.

   4.   »   Éd. Drouin. *Gaz. numism.*, 1899 (une drachme inédite).

   5.   »   P. Gardner. Pl. I, fig. 3.

   6.   »   A.-V. Petrowiez. Pl. I, fig. 1.

qui le portent à Arsace Ier le fondateur [1]. Et voilà que sous Mithridate II, qui s'intitule **ΒΑΣΙΛΕΩΣ ΒΑΣΙΛΕΩΝ ΜΕΓΑΛΟΥ ΑΡΣΑΚΟΥ ΕΠΙΓΦΑΝΟΥΣ ΔΙΚΑΙΟΥ ΕΥΕΡΕΤΟΥ ΚΑΙ ΦΙΛΕΛΛΗΝΟΣ**, apparaît une drachme royale portant simplement **ΑΡΣΑΚΟΥ**. Ainsi s'écroulent toutes les classifications proposées depuis un siècle pour ces médailles, puisque loin d'avoir exclusivement appartenu aux cinq premiers princes Arsacides, prédécesseurs de Mithridate Ier, les pièces portant le nom familial seul étaient encore frappées au milieu du siècle qui a précédé notre ère.

Les drachmes portant les légendes **ΑΡΣΑΚΟΥ**, **ΒΑΣΙΛΕΩΣ ΑΡΣΑΚΟΥ** et **ΒΑΣΙΛΕΩΣ ΜΕΓΑΛΟΥ ΑΡΣΑΚΟΥ** que figure W. Wroth (pl. I, fig. 1-2 ; id., fig. 2, 4 et 5 ; id., fig. 6-17) peuvent être à la rigueur considérées comme étant contemporaines de Mithridate Ier; le style des revers permet cette attribution. On remarquera que le coin de bronze au type de l'éléphant présente un revers qui ne se rencontre que sous Mithridate Ier. Quant au type du cheval, il se trouve sous Phraate II, Artaban Ier, Mithridate II, etc.

Le monnayage aux effigies imberbes n'est certainement pas royal, puisqu'il a été frappé en même temps que les émissions des souverains ; il n'appartient pas à des dynastes feudataires, car la coiffure, la face imberbe ne peuvent convenir à ces sortes de princes. Il ne peut avoir été émis, au nom du grand Roi, que par le grand eunuque du Paials pour les besoins du harem et de la maison royale, ou, ce qui semble plus probable, par le clergé parthe. Nous le désignerons donc provisoirement sous le nom de *monnayage sacerdotal*, et sa durée semble s'étendre depuis Mithridate Ier jusqu'à Mithridate II, pour le moins.

FIG. 140.

D'ailleurs ces monnaies reproduisent au droit l'effigie de ce personnage mystérieux qui figure sur les revers des drachmes frappées par tous les princes de la dynastie, personnage assis et tenant l'arc, coiffé du bonnet satrapal ou sacerdotal, vêtu d'un justaucorps et d'un pantalon étroit, costume qui ne ressemble en rien à celui porté par les souverains arsacides (Fig. 140). Ce personnage n'est donc

---

1. Dans les légendes de quelques-unes de ces médailles on remarque que l'o est figuré par un point et que l'upsilon prend la forme V et sont là des variantes de basse époque.

pas un roi, il ne semble pas non plus être une divinité, peut-être y doit-on voir soit l'éponyme de la race, soit la représentation du grand prêtre. La première de ces hypothèses ne semble pas être justifiée ; car, si l'auteur de la dynastie était rasé, il est à croire que les princes arsacides, qui se montrent si traditionalistes, n'eussent pas porté la barbe, et se fussent revêtus du costume ancestral. Quant à la supposition relative à la figuration du grand prêtre, elle demeure bien douteuse ; car nous ne connaissons rien de la religion des Parthes, en dehors des emprunts qu'ils ont faits au panthéon des Hellènes.

LES TYPES MONÉTAIRES

Les parthes Arsacides n'ont frappé que des monnaies d'argent et de bronze, on ne connaît aucune pièce d'or parthe.

Les monnaies d'argent comprennent des pièces de grand module

FIG. 141. — Position des légendes sur les monnaies des souverains Arsacides de Perse (dimensions réduites).

1. Vononès. — 2, 4 à 7. Mithridate I. — 3. Émissions sacerdotales. — 8, 10 et 11. Mithridate II. — 12. Phraate II. — 13, 14 et 15. Phraate IV. — 16. Phraate III.

(tétradrachmes, double-octoboles, tridrachmes) et des monnaies de petit module (drachmes, tétroboles, trioboles, etc.).

Les monnaies de bronze de grandes dimensions sous Mithridate Ier (tridrachmes, octoboles) se réduisent sous ses successeurs (triobole, etc...) pour atteindre une très petite taille sous les derniers princes parthes (1/3 drachme, trihémiobole, diobole, etc.).

Le droit des monnaies arsacides est presque toujours anépigraphe. Les légendes sont généralement au revers, le plus souvent disposées en carré. Elles se composent parfois de plusieurs lignes sur les quatre faces du carré (Fig. 141).

Les dates sont comptées dans l'ère des Séleucides, et indiquées sur les monnaies d'argent de grand module, et sur quelques autres pièces. Cette ère commence en l'an 312-311 av. J.-C. (Fig. 142).

FIG. 142. — Position de la date sur les diverses monnaies des rois Arsacides de Perse (dimensions réduites).

1. Mithridate I. **ΔΟΡ** = 174 Sel. = 139-138 av. J.-C. — 2. Phraataces. **ΑΙΤ** = 311 Sel. = 2-1 av. J.-C., 7e mois **ΑΡΤΕΜΙϹΙΟΥ**. — 3. Pacorus II. **ΦΤ** = 390 Sel. = 78-79 ap. J.-C., 13e mois **ΕΜΒΟΛΙΜΟϹ**. — 4. Artaban III. **ΔΛΤ** = 334 Sel. = 22-23 ap. J.-C. — 5. Vologèse II **ΘΛΥ** = 439 Sel. = 127-128 ap. J.-C. — 6. Osroes. **ΗΚΥ** = 428 Sel. = 116-117 ap. J.-C. — 7. Émission municipale. **ΔΚΣ** = 224 Sel. = 89-88 av. J.-C. A, 1er jour du 1er mois **ΔΙΟϹ** (Octobre ?).

Les revers des médailles sont très variables ; mais le plus fréquent est celui représentant le personnage dont j'ai parlé plus haut, assis à dr. sur l'omphalos ou sur un trône, coiffé du bonnet satrapal et présentant un arc devant lui (cf. Fig. 140). Ce revers est très caractéristique du monnayage parthe, on le retrouve sur presque toutes les drachmes, sur quelques tétradrachmes et quelques bronzes.

Dans son ensemble, le monnayage de ces princes est inspiré de celui des Séleucides de Syrie. C'est au revers, nous l'avons vu, que se trouve l'inscription, encadrant un motif ornemental. C'est également là que se rencontre, spécialement sur les tétradrachmes, la date ; mais le nom du roi fait presque toujours défaut, de telle sorte que dans la plupart des cas, l'attribution d'une monnaie au souverain qui l'a émise ne peut se faire qu'en rapprochant la date inscrite sur la pièce (dans l'ère séleucide) de la liste chronologique des rois parthes que nous sommes parvenus à rétablir à peu près exactement, en usant des sources occidentales :

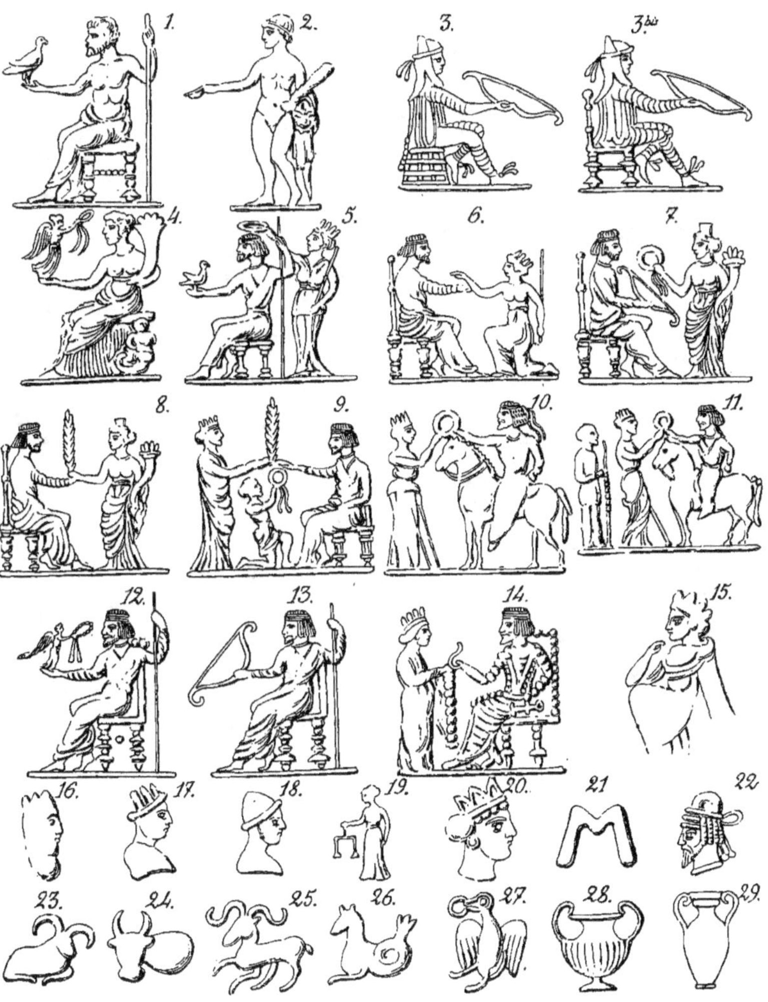

FIG. 143. — Revers des monnaies parthes

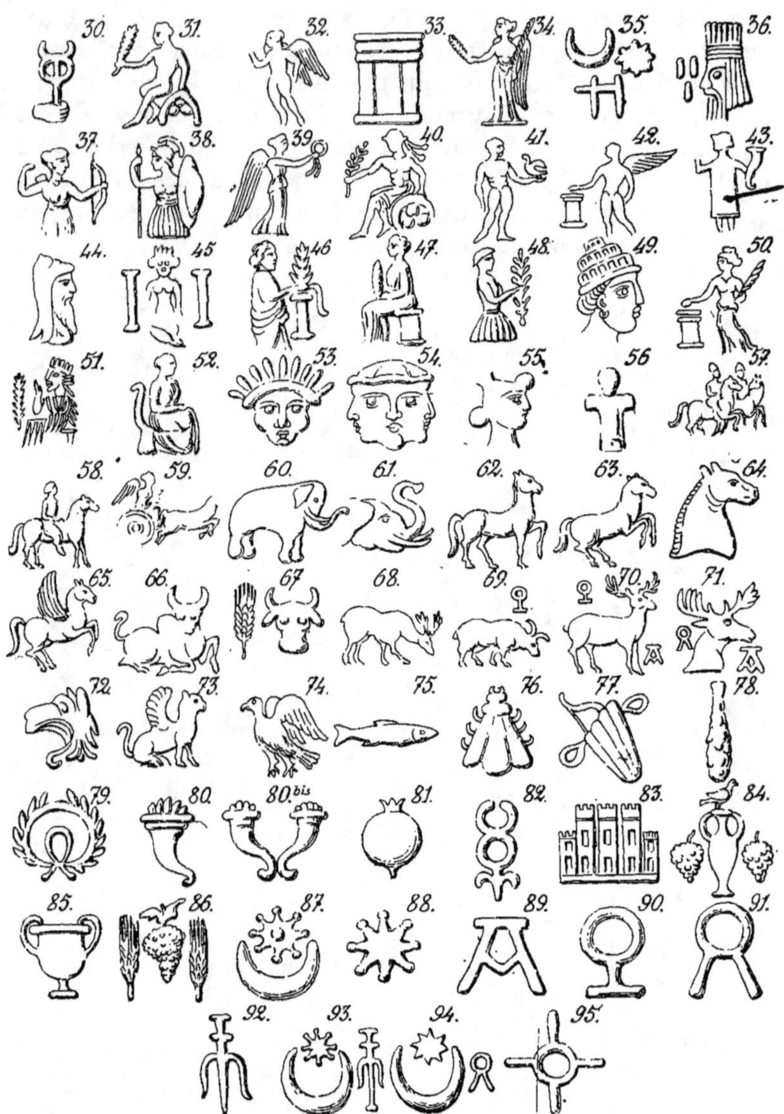

Fig. 143 (*suite*). — Revers des monnaies parthes.

Ces attributions, encore parfois soumises à des hésitations, ne concernent que les tétradrachmes et quelques autres médailles, pour les drachmes et les bronzes il n'existe d'autre mode de classification que celui de la comparaison des effigies avec celles que portent les pièces datées. Ceci explique les divergences d'opinion qui existent entre les divers numismates au sujet de la détermination de quelques-unes de ces médailles. D'ailleurs la suite elle-même des rois arsacides est, sur quelques points, encore bien douteuse.

Les revers principaux (Fig. 143).

1. Æ. tetradrachme Déméter, portant le chiton et le péplos, assise à g., tenant une Victoire de la main dr. et une corne d'abondance de la g. (*Mithridate I, Artaban I, Himérus*).

2. Æ. t. Héraklès imberbe debout, de face, étendant la main dr. et tenant la massue de la main g. (*Mithridate I*).

3. Æ. t, d. Æ. Divinité parthe assise à dr. sur l'omphalos présentant l'arc de la main dr. Ce revers se trouve parfois sur les tétradrachmes (*Mithridate II, Artaban II, Sinatrocès, Phraate III, Mithridate III, Orodes I, Tiridate II*) ; il se rencontre sur presque toutes les drachmes postérieures à Mithridate I, et sur certains bronzes (*Phraate IV, Gotarzès*).

3 *bis*. Même revers, mais le personnage est assis sur un trône (*Mithridrate II* et tous les autres rois jusqu'à la fin de la dynastie).

4. Déméter assise à g. sur un siège sans dossier, portant le chiton et le peplos, tenant de la main g. une corne d'abondance et de la dr., une Victoire présentant une couronne (*Mithridate I, Artaban I, Himérus*).

5. Æ. t. Le roi assis à g. sur un trône, tenant un aigle de la main dr. et un long sceptre de la main g. ; derrière lui, une femme tourelée, debout, le couronne (*Phraate III*).

6. Æ. t. Même type, mais la femme tourelée est à genoux devant le roi (*Orode I*).

7. Æ. t. Même revers, mais la femme présente une couronne (*Phraate IV, Tiridate II, Gotarzès*).

8. Æ. t. Même type ; mais la femme tourelée est placée en face du roi et lui présente une palme (*Orode I, Phraate IV, Artaban III, Vardane*).

9. Æ. t. Même type ; mais, derrière un personnage agenouillé, est une femme tourelée présentant une palme (*Artaban III*).

10. Æ. t. Le roi à cheval à g. ; devant lui, une femme tourelée lui présente une palme ou une couronne (*Artaban III*).

11. Æ. t. Même type ; mais, derrière la femme tourelée, se tient un personnage debout (*Pacorus II*).

12. Æ. t. Même type du roi, tenant une Victoire en place de l'aigle. La femme tourelée manque (*Orode I, Phraate IV, Phraatacès, Orode II*).

13. Le roi assis à g. sur un trône tenant de la main g. un long sceptre, de la dr. un arc (*Phraate IV, Orode II*).

14. Le roi assis à g. sur un trône, devant lui est une Tyché tenant de la main droite un diadème déroulé (*Artaban IV*).

15. Ville assise à g. (*Vologèse III, Mithridate IV*).

16. Tête de ville à dr. (*Orode I*).

17. Tête tourelée à dr. (*Orode I*).

18. Profil de Dioscure (*Pacorus I*).

19. La Justice tenant la balance (*Phraate IV*).

20. Tête de femme couronnée (ou tourelée) à dr. (*Gotarzès, Pacorus II, Osroès*).

21. Lettre M (*Phraate IV*).

22. Effigie à g. d'un personnage barbu coiffé de la tiare (*Gotarzès*).

23. Bélier couché à dr. (*Mithridate IV*).

24. Tête de bœuf (*Mithridate IV*).

25. Bouquetin courant à g. (*Artaban V*).

26. Cheval marin (*Osroès, Artavazde*).

27. Aigle tenant en son bec une couronne (*Mithridate IV, Vologèse V*).

28. Cratère (*Pacorus II*).

29. Amphore (*Gotarzès*).

30. Main tenant un caducée (*Phraate IV*).

31. Héraklès (?) assis à g. tenant la massue ou une palme (*Gotarzès*).

32. Æ. Éros à g. (*Phraate IV, Artaban III*).

33. Æ. Autel.

34. Æ. d. Victoire debout à dr. ou à g. tenant une palme (*Himerus, Vononès I*).

35. Étoile, croissant et lettre Π (*Gotarzès*).

36. Personnage barbu, diadémé. de prof. à g.; dans le champ, trois billettes (*Gotarzès*).

37. Æ. Artémis à mi-corps de face regardant à dr. (*Gotarzès*).

38. Æ. Athéna tenant la lance et le bouclier (*Gotarzès, Vologèse I*).

39. Æ. Victoire debout à dr. (*Mithridate II, Phraate III, Mithridate III, Orode I, Phraate IV, Vononès, Pacorus II, Vardane I, Gotarzès*).

40. Æ. Personnage assis à g. sur un rocher, tenant une palme (*Gotarzès*).

41. Æ. id. (Héraklès ?) debout, de face, regardant à dr., tenant une palme (*Meherdatès*).

42. Æ. Personnage ailé (Éros ?) debout à g. sacrifiant sur un autel (*Vologèse I*).

43. Æ. Id. debout tenant une corne d'abondance (*Vardane I*).

44. Æ. Tête barbue à dr. coiffée du bonnet satrapal (*Mithridate I*)

45. Æ. Femme tourelée debout entre deux colonnes (*Vologèse I*).

46. Æ. Femme debout à dr. tenant une palme au-dessus d'un autel (*Osroès*).

47. Æ. Id., assise à g. sur une colonne (*Vologèse II*).

48. Æ. Femme à mi-corps à dr. tenant une palme (*Gotarzès*).

49. Æ. Tête de femme tourelée à dr. (*Orode I, Phraate IV, Gotarzès, Pacorus II, Osroès, Vologèse II*).

50. Æ. Femme tourelée debout à g. devant un autel, tenant une palme (*Phraatacès, Gotarzès, Vologèse III*).

51. Æ. Id. assise à g. (*Phraatacès, Vologèse III*).

52. Æ. Id. assise à dr. (**BOYΛH**) (*Vardane I*).

53. Æ. Tête radiée de face (*Phraate IV, Gotarzès*).

54. Æ. Tête de femme à triple face (*Phraate IV*).

55. Æ. Tête de femme à dr. (*Orode I, Artaban III*).

56. Æ. Dieu terme de face (*Phraate IV*).

57. Æ. Dioscures à cheval à dr. (*Mithridate I*).

58. Æ. Cavalier (le roi ?) à dr. (*Phaaratacès, Gotarzès*).

59. Æ. Victoire dans un char à dr. (*Mithridate I*)

60. Æ Éléphant à dr. (R⸓. de Séleucus I Nicator) (*Mithridate I, Phraate II, Artaban II, Mithridate III, Orode I*).

Id. à g. (*Monnaies sacerdotales*).

61. Æ. Tête d'éléphant (R⸓. d'Antiochus III le Grand) (*Orode I*).

62. Æ. Cheval debout à droite (R⸓. de Séleucus II, Callinicus) (*Phraate II, Artaban I, Mithridate II, Artaban II, Sinatrocès, Mithridate III, Orode I, Phraate IV, Gotarzès*).

63. Æ. Cheval au galop (R⸓. d'Eutydème de Bactriane) (*Phraate III*).

64. Æ. Tête de cheval à dr. (R⸓. de Séleucus I Nicator (*Mithridate I et II, Artaban II, Sinatrocès, Phraate II, Mithridate III, Orodès I Gotarzès, Volagèse I, Mithridate IV*).

65. Æ. Pégase à dr. (*Mithridate II et III, Phraate III, Orode I, Osroës*).

66. Æ. Bœuf zébu debout ou couché à dr. (℞. de ·Séleucus II Callinicus) (*Mithridate IV*).

67. Æ. Tête de taureau de face et, parfois épi de blé (℞. de Ménander, roi de Kaboul) (*Mithridate III et IV, Phraate IV*).

68. Æ. Cerf broutant (*Phraate IV*).

69. Æ. Bélier à droite (*Phraate IV, Mithridate IV, Artaban V*). Id. à g. (*Volagèse V, Artaban V*).

70. Æ. Cerf à droite (*Orode I, Phraate IV*).

71. Æ. Tête de cerf à dr. (*Orode I*).

72. Æ. Tête de lion à g. (*Gotarlès*).

73. Æ. Sphinx à dr. (*Phraate IV*).

74. Æ. Aigle à g. (℞. d'Achaeus de Syrie) (*Gotarzès, Vologèse III, IV et V*).
Id. à dr. (*Orode I, Phraate IV, Vologèse II, Mithridate IV, Vardane I*).

75. Æ. Poisson (*Phraate IV, Gotarzès*).

76. Æ. Abeille (*Mithridate I*).

77. Æ. Arc dans son étui (*Mithridate II, Sinatrocès, Orode I*).

78. Æ. Massue (℞. d'Antiochus VII Évergète) (*Mithridate II et III, Phraate III, Orode I*).

79. Æ. Couronne de laurier (*Gotarzès*).

80. Æ. Corne d'abondance (*Gotarzès*).

80 *bis*. Æ. Double corne d'abondance (*Phraate IV*).

81. Æ. Grenade (*Gotarzès*).

82. Æ. Caducée (*Phraate IV, Gotarzès, Vologèse I*).

83. Æ. Ville fortifiée (*Orode I, Pacorus I, Phraate IV*).

84. Æ. Amphore surmontée d'un aigle et accostée de deux grappes de raisin (*Phraate IV*).

85. Æ. Coupe à deux anses (kantharos) (*Phraate IV, Artaban III, Gotarzès, Pacorus II*).

86. Æ. Grappe de raisin entre deux gerbes de blé (*Phraate IV*).

87. Æ. Croissant et étoile (*Orode I, Phraate IV, Phraatacès, Artaban III, Gotarzès*).

88. Æ. Étoile à huit branches (*Orode I*).

89. Æ. Lettre **A** (*Phraate IV, Vonones I*).

90. Æ. Anneau muni d'un appendice (*Phraate IV, Volagèse I et III*).

91. Æ. Diadème garni de ses rubans (*Phraate IV*).

92. Æ. Ancre (R̟. de Séleucus I, Nicator).
93. Æ. Ancre, croissant et étoile (*Orode I*).
94. Æ. Croissant et étoile (*Orodès*) et signe ठ (*Gotarzès*).
95. Æ. Signe ⌀ (*Vologèse III*).

ÉPIGRAPHIE

Nous avons vu plus haut, qu'en s'emparant de la Perse, Mithridate I, obéissant aux traditions laissées par la conquête alexandrine, avait adopté l'écriture et la langue des Grecs, et non l'idiome iranien qui se parlait alors dans tout le pays, et les caractères protopehlvis restés en usage en Persépolitaine, depuis les temps achéménides. Mithridate était un Scythe, et probablement, la langue de ses compatriotes n'était-elle pas iranienne ; dans tous les cas, elle ne possédait pas de caractères d'écriture propres à son génie. En gravissant les marches du trône, ce prince pensa que l'adoption de l'hellénisme pouvait être un soutien puissant de son autorité, tant était grand en Asie le prestige des Macédoniens. Les rois Arsacides d'ailleurs, jusqu'à la fin de la dynastie, se sont déclarés philellènes, dans les légendes de leurs médailles.

Le grec, langue officielle de l'Empire, était peu connu des populations qui, nous en avons des preuves, s'exprimaient en langue perse, et rédigeaient leurs actes en araméen, comme au temps des Achéménides. C'est donc dans le monde officiel et à la cour, seulement, que la langue des Hellènes était vraiment d'usage. Mais là aussi, bientôt elle déclina, surtout quand l'hellénisme, vaincu par Rome, eut disparu avec les cours grecques de l'Asie, les légendes des monnaies parthes se ressentirent de cet abandon. Le tableau ci-joint (Fig. 144), dans lequel on voit reproduites les formes des lettres en usage aux diverses époques, montre les étapes successives de cette dégénérescence ; mais rien ne peut être plus instructif à cet égard qu'une suite de fac-similés des légendes complètes, depuis Mithridate I jusqu'au dernier prince ayant battu monnaie, Artavazde (Fig. 145).

Dans les débuts, sous Mithridate I, Phraate II, Artaban I, et Himérus, l'écriture est parfaitement courante et remarquablement correcte. Vers l'époque de Mithridate II, quelque peu même avant ce prince, suivant l'usage à la cour des Séleucides, elle commence à être gravée par points ; puis sous Orode I les O et les C prennent la forme carrée. Avec Phraate IV, le Φ devient une simple croix.

	MITHRIDATE I		PHRAATE II à ARTABAN II		SINATROCÈS à ORODE II		ORODE II à VARDANE I		PACORUS II à MITHRIDATE IV		VOLOGÈSE III à ARTAVASDE	
	Tetr.	Dr.	Tetr.	Dr.	Tetr.	Dr.	Tetr.	Dr.	Tetr.	Dr.	Tetr.	Dr.
A	Λ	Λ	Λ	Λ	ΛΛΛ	ΛΛ	Λ	Λ	Λ	Λ	Λ	Λ
B	B	B	B	B	BBB	B	ΗB	B	B	B	B	BΠ
Γ	Γ	Γ	Γ	Γ	ΓΓΓ	ΓΓ	Γ	Γ	Γ	Γ	ΓΓ	ΙΙ
Δ	Δ		Δ		Δ	Δ	Δ	Δ	Δ		Δ	Δ
E	E	E	E	E	EEE	ECE	CE	E	CE	E	CE	Ι:Ι
Z						Z		Ξ				
H	H		H		HHHHHH	H	HH	H	ΙΙ		H	ΙΙ::
Θ			ΘΘ		ΘΘ		ΘΘ		ΘΘ		Θ	
I	I		I	I	ΙΙ	I	ΙΙ	I	I	I	ΙΙ	I:
K	K	K	K	K	K K	K	KKKKK		X	K	X	
Λ	Λ	Λ	Λ	Λ	Λ	ΛΛΛ	Λ	Λ	Λ	Λ	Λ	
M	M	M	M	M	M	M	M		M	ΜΙΙΜ	ΙΙ	
N	N		N	N	NNN	N	N	N	ΝΙΙΝ	ΙΙ		
Ξ					Ξ		Ξ		Ξ	Ξ		
O	O	O	O	O○	O□□•	ΧΟO○	O		O	□	OO	Η
Π			Π	Π	ΠΠΠΠΠ	Π	Π	Π	Π	Π	Π	ΠΠ
P	P	Γ	P	P	PPP	P	PΓP		ΙΙPP		Ι:	
Σ	Σ	Σ	Σ	Σ	ΞΕΕΕ	CΧC	CC		ΕCΣC		ΕΙ	
T			T	T	T		T		T		T	
Υ	Υ	Υ	ΥV	ΥV	V		ΥVΥV		ΥV	V	ΥV	V
Φ	Φ		+	+Ι	Ι+✢	✢	+++	+	+	+	Φ+	Ι:
X												
Ψ												
Ω	Ω	Ω	Ω	ΠΠΠ	Π	ΠΩ	ΛΩ	ωΛΩ		ΛωΩ		ΙΙΙ

FIG. 144.

Phraatacès nous montre le C lunaire, et Vononès accentue cette tendance, en écrivant Є, C, ꙍ. Enfin, avec Vologèse I, apparaissent, pour la première fois, sur les monnaies, les caractères proto-pehlvis.

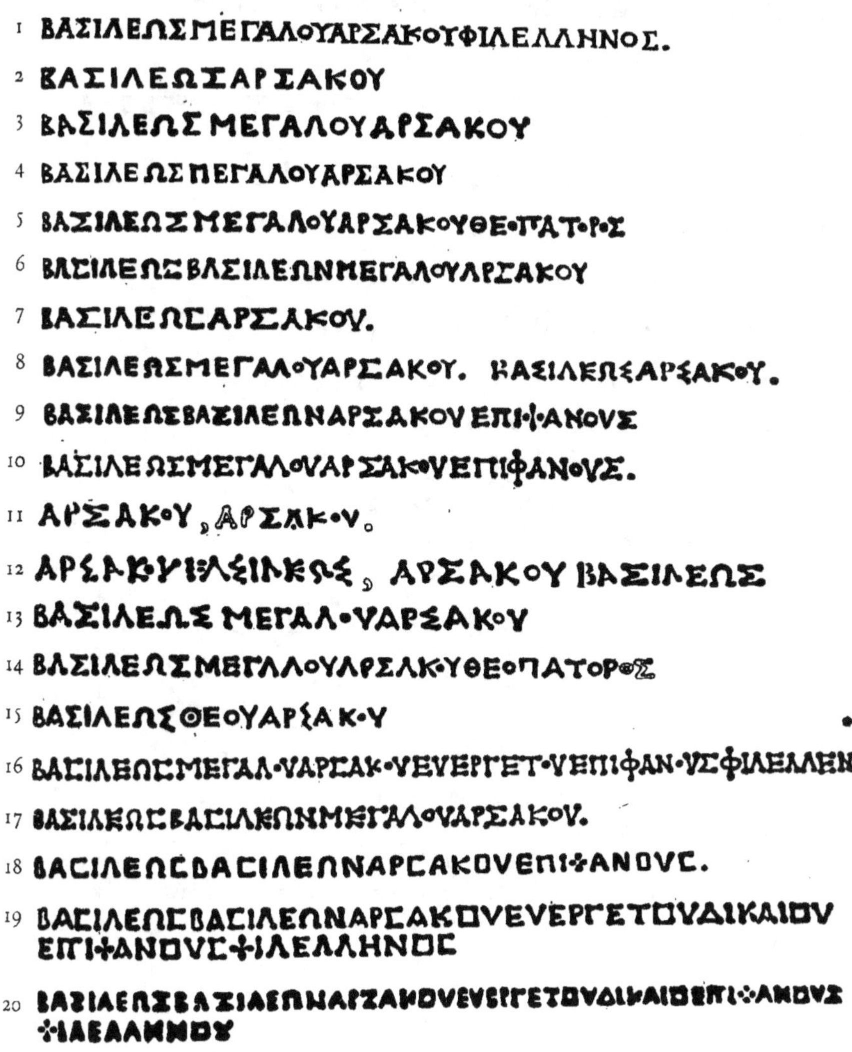

1 ΒΑΣΙΛΕΩΣΜΕΓΑΛΟΥΑΡΣΑΚΟΥΦΙΛΕΛΛΗΝΟΣ.

2 ΒΑΣΙΛΕΩΣΑΡΣΑΚΟΥ

3 ΒΑΣΙΛΕΩΣ ΜΕΓΑΛΟΥΑΡΣΑΚΟΥ

4 ΒΑΣΙΛΕΩΣ ΜΕΓΑΛΟΥΑΡΣΑΚΟΥ

5 ΒΑΣΙΛΕΩΣ ΜΕΓΑΛΟΥΑΡΣΑΚΟΥΘΕ·ΠΑΤ·Ρ·Σ

6 ΒΑΣΙΛΕΩΣΒΑΣΙΛΕΩΝΜΕΓΑΛΟΥΑΡΣΑΚΟΥ

7 ΒΑΣΙΛΕΩΣΑΡΣΑΚΟΥ.

8 ΒΑΣΙΛΕΩΣΜΕΓΑΛΟΥΑΡΣΑΚΟΥ. ΒΑΣΙΛΕΩΣΑΡΣΑΚΟΥ.

9 ΒΑΣΙΛΕΩΣΒΑΣΙΛΕΩΝΑΡΣΑΚΟΝ ΕΠΙΦΑΝΟΥΣ

10 ΒΑΣΙΛΕΩΣΜΕΓΑΛΟΥΑΡΣΑΚΟΝΕΠΙΦΑΝΟΥΣ.

11 ΑΡΣΑΚΟΥ, ΑΡΣΑΚΟΝ.

12 ΑΡΣΑΚΟΥΒΑΣΙΛΕΩΣ, ΑΡΣΑΚΟΥ ΒΑΣΙΛΕΩΣ

13 ΒΑΣΙΛΕΩΣ ΜΕΓΑΛ·ΥΑΡΣΑΚ·Υ

14 ΒΑΣΙΛΕΩΣΜΕΓΑΛΟΥΑΡΣΑΚ·ΥΘΕ·ΠΑΤΟΡ·Σ

15 ΒΑΣΙΛΕΩΣ ΘΕΟΥΑΡΣΑΚ·Υ

16 ΒΑΣΙΛΕΩΣΜΕΓΑΛ·ΥΑΡΣΑΚ·ΥΕΝΕΡΓΕΤ·ΥΕΠΙΦΑΝ·ΥΣΦΙΛΕΛΛΗΝ·Σ.

17 ΒΑΣΙΛΕΩΣΒΑΣΙΛΕΩΝΜΕΓΑΛΟΥΑΡΣΑΚΟΥ.

18 ΒΑΣΙΛΕΩΣΒΑΣΙΛΕΩΝΑΡΣΑΚΟΝΕΠΙΦΑΝΟΥΣ.

19 ΒΑΣΙΛΕΩΣΒΑΣΙΛΕΩΝΑΡΣΑΚΟΝΕΝΕΡΓΕΤΟΥΔΙΚΑΙΟΝ ΕΠΙΦΑΝΟΥΣΦΙΛΕΛΛΗΝΟΣ

20 ΒΑΣΙΛΕΩΣΒΑΣΙΛΕΩΝΑΡΣΑΚΟΝΕΝΕΡΓΕΤΟΥΔΙΚΑΙΟΝΕΠΙΦΑΝΟΥΣ ΦΙΛΕΛΛΗΝΟΥ

Fig. 145. — 1. Mithridatès I. — 2. id. type bactrien. — 3. id. type iranien. — 4. id. type syrien. — 5. Phraates II. — 6 et 7. Artaban I. — 8. Himérus. — 9 et 10. Mithridatès II. — 11 à 15. Émissions sacerdotales. — 16. Phraatès III. — 17. Mithridratès III. — 18 et 19. Orodès I. — 20. Phraatès IV.

FIG. 145 (*suite*). — 21. Phraatacès. — 22. Vononès I. — 23. Vardanès I. — 24. Gotarzès. — 25. Vologèse I. — 26. Pacorus II. — 27. Vologèse II. — 28. Mithridate IV. — 29. Vologèse III. — 30. Vologèse IV. — 31. Vologèse V. — 32. Artaban V. — 33. Artavazdès.

C'est le glas funèbre du grec qui sonne entre 51 et 78 de notre ère; cependant l'écriture grecque demeurera encore, à peu près intelligible, pendant un demi-siècle environ, car c'est sous Mithridate IV (130 ? à 147) qu'elle devient tout à fait indéchiffrable ; les légendes ne sont plus alors qu'une suite de signes sans valeur, gravés suivant la fantaisie d'un scribe ignorant, et la seule partie intéressante de ces textes est la ligne supérieure du revers qui porte, en caractères sémitiques, le nom du prince.

Ces caractères sémitiques sont araméens d'origine, ils descendent de ceux qu'on employait au temps des Achéménides, et dont, comme nous l'avons vu, l'usage était resté en Perse. Ces lettres sont étroitement apparentées à celles de la Perside et à celles de l'Élymaïde ; mais elles ont pris, dans les légendes des monnaies, une forme générale carrée, due au voisinage des textes grecs : le graveur les a traitées de même qu'il en usait pour les caractères helléniques, sans les défigurer, cependant, parce que tous les scribes iraniens d'alors connaissent cette écriture, d'usage courant dans toute l'Asie Antérieure (Fig. 146).

	A	B	Š	D	H	I	K	L	M	R	T	U	Z
Hébreu.													
Phén. arch.													
Sidonien.													
Persépolit.													
Chald. pehlvi.													
Papyrus aram.													
Pehl. sassan.													
Elyméen.													
Pehlvi des Arsacides													

FIG. 146. Alphabet pehlvi arsacide et comparaison avec les autres alphabets araméens.

En dehors des légendes que portent les médailles des Arsacides, on rencontre fréquemment des monogrammes dans le champ des pièces,

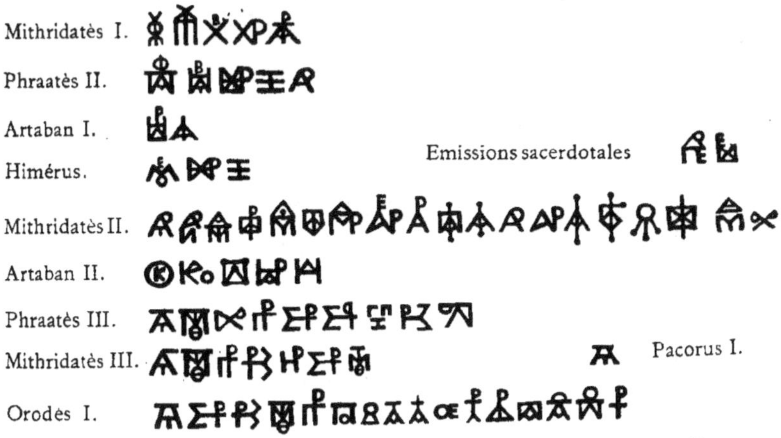

Mithridatès I.

Phraatès II.

Artaban I.

Himérus.   Emissions sacerdotales

Mithridatès II.

Artaban II.

Phraatès III.

Mithridatès III.   Pacorus I.

Orodès I.

FIG. 147. Principaux monogrammes des monnaies des Arsacides de Perse.

Phraatès IV.	
Phraatacès.	
Orodès II.	
Vononès I.	
Artaban III.	
Vardanès I.	
Gotarzès.	
Vononès II.	
Vologèse I.	
Vardanès II.	
Derniers rois.	

Fig. 147 (*suite*). — Principaux monogrammes des monnaies
des Arsacides de Perse.

souvent très compliqués (Fig. 147), qui ont fait l'objet de nombreuses
recherches. La plupart de ces monogrammes doivent être considérés comme représentant des noms de villes, d'ateliers monétaires :
malheureusement notre ignorance de la géographie de la Perse à
cette époque est cause qu'on ne peut faire état des identifications
qui ont été proposées. On doit ajouter que certains de ces signes
sont certainement d'ordre religieux ou superstitieux, et qu'on voit
figurer certains d'entre eux antérieurement à l'avènemeet des Arsacides, et longtemps après eux.

PRINCIPAUX OUVRAGES A CONSULTER
SUR LA NUMISMATIQUE DES ARSACIDES DE PERSE

1725. *J. Foy-Vaillant*. Arsacidarum imperium sive Regum Parthorum historia
ad fidem numismatum accomodata. Parisiis (1re édit. 1725, 2e édit. 1728). Glogau
(IIIe édit. 1752), Vienne (IVe Édit. 1752) in-8o.

1808. *Th. Ch. Tychsen*. Commentatio nummis veterum Persarum, cum illus-
tratione aliquot numorum persicorum. Göttingae in-4o, 2 pl.

1808. *Th. Ch. Tychsen*, Commentationes II de Numis Veterum Persarum et
Arsacidarum (Comment. Nov. Soc. Scient. Götting. Vol. I et II).

1810. *Th. Ch. Tychsen.* De Nummis veterum Persarum commentatio altera : qua regum Achaemenidarum et Parthorum sive Arsacidarum numi secundum ectypa Mionneti et Argenteos Gothanos illustrantur. Gottingae, in-4°, 30 pp. II pl.

1817. *E. Q. Visconti.* Médaille de la reine Thermuse, épouse de Phraate IV et mère de Phraatacès, roi des Parthes (Journ. des Savants, Paris, in-4°, 17 pp. 1 pl.).

1874. *Von Prokesch-Osten.* Les monnaies des rois parthes (Mém. Soc. fr. de Numism. et d'Archéol. Paris, in-4°, 82 pp., VI, pl.).

1876. *A. de Markoff.* Les monnaies des rois parthes. Supplément à l'ouvrage de M. le Cte Prokesch-Osten (Paris, in-4°. Fasc. I et II, 15 pp. et II pl. et 63, p. VIII, pl.).

1877. *P. Gardner.* The Parthian Coinage (International Numism. Orientalia, V^e partie, Londres, in-4°, 65 pp. et VIII pl.).

1890. *Sir H. Howorth.* The initial Coinage of Parthia (Num. Chron. Ser. III. T. X).

1889. *A. de Markoff.* Monnaies arsacides de l'Institut des langues orientales (Saint-Pétersbourg).

1895. *Ed. Drouin.* Onomastique arsacide, essai d'explications des noms parthes (Rev. Num.).

1903. *Warwick Wroth.* Catalogue of the Coins of Parthia (Musée Britannique) in-8° LXXXVIII et 289 pp. XXXVII pl. Londres.

1904. *A. von Petrowicz.* Arsaciden-Münzen (Katalog) in-4° VIII et 206 pp. XXV pl. Wien.

1892. *A. de Markoff.* Monnaies Arsacides inédites (en russe) grand in-8° Saint-Pétersbourg, 40 pp. 2 pl.

1904. *Allotte de la Fuye.* Monnaies arsacides surfrappées (Rev. Num., 25 pp., 1 pl.).

1904. *Allotte de la Fuye.* Nouveau classement des monnaies arsacides d'après le catalogue de British Museum (Rev. Numism., p. 317 à 374 pl. VII et VIII).

1905. *Allotte du la Fuye.* Monnaies arsacides de la collection Petrowicz (Rev. Num., p. 129-172, pl. III).

1841. *A. de Longpérier.* Examen des médailles d'Artaban IV et coup d'œil sur la Numismatique des onze derniers rois parthes Arsacides. (Rev. Num. Fr., t. VI, p. 245-255, I pl.).

1841. *Ch. Lenormant.* Mémoire sur le classement des médailles qui peuvent appartenir aux treize premiers Arsacides (Ann. Int. fr. Archeol Rom., t. II, 46 pp. 2 pl.).

1848. *I. de Bartholomaei.* Recherches sur la Numismatique des rois Arsacides (Mém. Soc. Archéol Saint-Pétersbourg, t. II, pp. 1 à 80, VII pl.).

1853. *J. Lindsay.* A view of the history and coinage of the parthian Kings with descriptive catalogue and tables. Cork, 250 pp., XII pl.).

1853. *A. de Longpérier.* Mémoire sur la chronologie et l'iconographie des rois parthes Arsacides. Paris, in-4° 160 pp., XVIII pl. (publié seulement en 1882).

1912. *J. de Morgan.* Observations sur le monnayage des premiers Arsacides de Perse (Rev. Num., IVe série, t. XVI, pp. 169-192).

SUITE MONÉTAIRE

DES

ROIS ARSACIDES DE PERSE

———

Mithridatès I.

141/142-174/175 Sél. = 171-138 av. J.-C.

Æ. Tetradr. (15 gr. 420 dr. (3 gr. 75) et obole (0 gr. 520). Æ.

Réel Fondateur de la dynastie Arsacide de Perse, accrut d'abord
ses domaines au détriment de la Bactriane, où régnait alors Eukratidès, s'empara (145 ? av. J.-C.) de la Médie, puis conquit la Babylonie, et s'empara de Séleucie sur Demetrius II Nicator qui, soutenu
par les Perses et les Mèdes, fut d'abord victorieux (140 av. J.-C.) ;
mais, l'année suivante le prince Séleucide fut défait et fait prisonnier
en Médie. Mithridate lui assigna comme résidence l'Hyrcanie, et
lui donna sa fille Rodogune en mariage. La dernière expédition de
Mithridate fut contre le royaume d'Elymaïde (Susiane), dont il
s'empara : son armée pilla les temples susiens célèbres de la déesse
Nana (Artémis).

Fig. 148.

Le monnayage de Mithridate I appartient à trois types distincts :
Dr. 1° type bactrien (Fig. 148 A).
℞. Nᵒˢ 3, 4, 44, 57, 59, 60, 64, 76, 77.
Dr. 2° type iranien (Fig. 148 C).
℞. Nᵒˢ 3, 39, 62.

Dr. 3° type syrien (Fig. 148 B).

℞. N°s 1, 2.

Légendes, toujours au ℞.

ΒΑΣΙΛΕΩΣ ΑΡΣΑΚΟΥ·

 »   ΜΕΓΑΛΟΥ ΑΡΣΑΚΟV·

 »   »   »   ΦΙΛΕΛΛΗΝΟΣ·

Phraates II.

Fils de Mithridate I.

175-185 Sél. = 138/137-128/127 av. J.-C.

℞. Tédadr. dr. (3 gr. 95) et obole (o gr.54). Æ.

En 130 av. J.-C. Antiochus VII reprit aux Parthes la Babylonie et la Médie, avec sa capitale Ecbatane, mais perdit de nouveau ces provinces les années suivantes. Dès lors l'empire arsacide ne fut plus menacé du côté de la Syrie ; un autre danger, toutefois, celui des Scythes, se levait en Orient, vers la Parthie et la Bactriane. C'est en combattant les Scythes que Phraate II trouva la mort.

Fig. 149.

Dr. Effigie de profil du prince (Fig. 149). Légende : NICAX.

℞. N°s 3, 44, 60, 62. — Légende : ΒΑΣΙΛΕΩΣ ΜΕΓΑΛΟΥ ΑΡΣΑΚΟΥ ΘΕΟΠΑΤΟΡΟΣ·

Artaban I.

Oncle de Phraate II, plus jeune frère de Phraate I et de Mithridate I,
fils de Phriapatius.

185-190 Sél. = 128/127-123/122 av. J.-C.

℞. Tétradr. (15 gr. 48), dr. (3 gr. 88). Æ.

Ce prince mourut des suites d'une blessure reçue en combattant les Scythes Tochari.

Dr. Effigie de profil du prince (Fig. 150).

℞. N°s 3, 4, 34, 62, 64. — Légendes :

Fig. 150.

ΒΑΣΙΛΕΩΣ ΑΡΣΑΚΟΥ·

 »   ΜΕΓΑΛΟΥ ΑΡΣΑΚΟΥ ΘΕΟΠΑΤΟΡΟΣ·

 »   »   »   ΦΙΛΑΔΕΛΦΟΥ·

 »   »   »   »   ΦΙΛΕΛΛΗΝΟΣ·

Himérus.

Vers 189 Sél. = 124/123 av. J.-C.

Æ. Tétradr. (13 gr. 80, usé), dr. (4 gr. 07). Æ.

Himérus ou Euhémérus, nommé vice-roi par Phraate II, lors de son départ pour la guerre contre les Scythes, est qualifié de roi des Parthes par Diodore (XXXIV, 21. Εὐήμερος ὁ τῶν Πάρθων βασιλεύς).

Dr. Effigie de profil du prince (Fig. 151).

R̸. Nᵒˢ 4, 12, 38 (à g.). — Légendes :

ΒΑΣΙΛΕΩΣ ΑΡΣΑΚΟΥ ΕΠΙΦΑΝΟΥΣ ΦΙΛΕΛ-
ΛΗΝΟΣ·

ΒΑΣΙΛΕΩΣ ΜΕΓΑΛΟΥ ΑΡΣΑΚΟΥ ΝΙΚΗΦΟΡΟΣ·

Fig. 151.

Émissions sacerdotales

de 150 à 120 environ av. J.-C.

Æ. dr. (4 gr. 200) obole (0 gr. 520) et diobole (1 gr. 040). Æ.

Dr. Effigie du grand prêtre (?) [voir p. 135, fig. 139 nᵒˢ 1 à 6].

R̸. Nᵒˢ 3 et 3 *bis*, 60, 62.

Légendes toujours au R̸.

ΑΡΣΑΚΟΥ·

ΒΑΣΙΛΕΩΣ		ΑΡΣΑΚΟΥ·	
»	ΘΕΟΥ	»	
»	ΜΕΓΑΛΟΥ	»	
»	»	»	ΘΕΟΠΑΤΟΡΟΣ·

Mithridate II.

Fils d'Artaban I.

189/190-224/225 Sél. = 123-88 av. J.-C.

Æ. Tétradr. (15 gr. 50) et dr. (4 gr. 146). Æ.

Surnommé le Grand, ce prince arrêta les Scythes par les armes, intervint dans les affaires de l'Arménie, étendit son pouvoir sur toutes les frontières et, en 92 av. J.-C., envoya une ambassade à Rome. Avec lui débutent les relations entre les Parthes et les Romains. Ses monnaies sont très nombreuses et montrent son effigie à tous les âges.

Fig. 152.

Dr. Effigie de profil du prince diadémé (Fig. 152 A) ou portant la tiare (Fig. 152 B et 153).

Ŗ. Nᵒˢ 3, 3 *bis*, 39, 62, 64, 76, 65, 78. — Légendes :

FIG. 153.

ΒΑΣΙΛΕΩΣ ΜΕΓΑΛΟΥ ΑΡΣΑΚΟΥ ΕΠΙΦΑ-
ΝΟΥΣ.
ΒΑΣΙΛΕΩΣ ΒΑΣΙΛΕΩΝ   »   »
      »   ΜΕΓΑΛΟΥ   »   ΣΩΤΗΡΟΣ·
      »   ΒΑΣΙΛΕΩΝ ΜΕΓΑΛΟΥ ΑΡΣΑΚΟΥ
ΕΠΙΦΑΝΟΥΣ·
ΒΑΣΙΛΕΩΣ ΜΕΓΑΛΟΥ ΑΡΣΑΚ[ΟΥ] ΕΥΕΡΓΕ-
Τ[ΟΥ] ΕΠΙΦΑΝΟ[ΥΣ] ΦΙΛΕ[ΛΛΗΝΟΣ].
ΒΑΣΙΛΕΩΣ ΒΑΣΙΛΕΩΝ ΑΡΣΑΚΟΥ ΔΙΚΑΙΟΥ
ΕΥΕΡΓΕΤΟΥ ΚΑΙ ΦΙΛΕΛΛΗΝΟΥ.

Autonomes de Villes.

224 Sél. = 89/88 av. J.-C.

Æ.

FIG. 154.

Dr. Tête allégorique de femme.

Ŗ. Dans le champ. **ΔΚΣ ΔΙΟΥ Α** = novembre (?) 224 Sél. en trois lignes (Fig. 154).

Ŗ. Artémis ou Figure allégorique assise sur un rocher.

Artaban II.

224/225-235/236 Sél. = 88-77 av. J.-C.

Æ. Tétradr. (15 gr. 950), dr. (3 gr. 950). Æ.

Dr. Effigie de profil du prince (Fig. 155).

Ŗ. Nᵒˢ 3 *bis*, 62, 60, 64. — Légendes :
ΒΑΣΙΛΕΩΣ ΜΕΓΑΛΟΥ ΑΡΣΑΚΟΥ ΘΕΟΠΑ-
    ΤΟΡΟΣ ΕΥΕΡΓΕΤΟΥ ΕΠΙΦΑΝΟΥΣ ΦΙΛ-
    ΕΛΛΗΝΟΣ·
Var. [Κ]ΑΤΑΣΤΡΑΤΕΙΑ ΜΕΓΑΛΟΥ, etc.

FIG. 155.

ΒΑΣΙΛΕΩΣ ΜΕΓΑΛΟΥ ΑΡΣΑΚΟΥ ΘΕΟΠΑΤΟΡΟΣ ΜΑΡΓΙΑΝΗ.
    »   »   »   »   ΑΡΕΙΑ.
    »   »   »   »   ΤΡΑΞΙΑΝΗ.
    »   »   »   »   ΚΑΤΑΣ-
                                             ΤΡΑΤΕΙΑ.

Sinatrocès.

Fils d'Artaban II.
235/236-242/243 Sél. = 77-70 av. J.-C.

Æ. Tédr. (14 gr. 60), dr. (4 gr. 200). Æ.

Ce prince était octogénaire, quand il monta sur le trône ; il reve-
nait d'exil chez les Scythes Sakaurakes (Lucien.
Macrob. 16).

FIG. 156.

Dr. Effigie de profil du prince portant la tiare
(Fig. 156).

R̸. Nᵒˢ 3 *bis*, 63, 64, 77. — Légende :
ΒΑΣΙΛΕΩΣ ΜΕΓΑΛΟΥ ΑΡΣΑΚΟΥ ΑΥΤΟΚΡΑ-
ΤΟΡΟΣ ΦΙΛΟΠΑΤΟΡΟΣ ΕΠΙΦΑΝΟΥΣ ΦΙΛΕΛ-
ΛΗΝΟΣ.

Phraatès III.

Fils de Sinatrocès.
242/243-275/276 Sél. = 70-57 av. J.-C.

Æ. Tétradr. (15 gr. 550) et dr. (4 gr. 080). Æ.

Ce prince, en 66 av. J.-C., fit campagne en Arménie contre
Tigrane, qu'il défit en 64, après
le départ d'Asie de Pompée. Il fut
assassiné par ses deux fils Mithridate III et Orode I.

Dr. Effigie diadémée (Fig.
157 A).

R̸. Nᵒˢ 3 bis, 66, 64, 77.

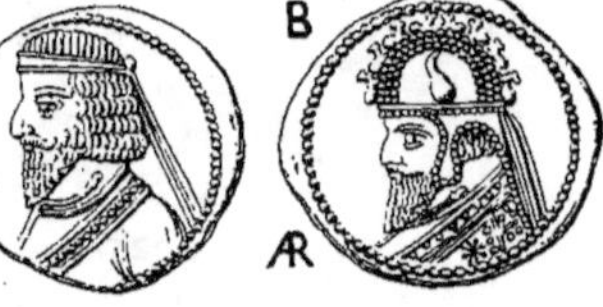

FIG. 157.

— Légende : ΒΑΣΙΛΕΩΣ ΜΕΓΑΛΟΥ ΑΡΣΑΚΟΥ ΕΥΕΡΓΕΤΟΥ
ΕΠΙΦΑΝΟΥΣ ΚΑΙ ΦΙΛΕΛ-
ΛΗΝΟΣ.

Dr. Le souverain porte
la tiare (Fig. 157 B et 158).

R̸. Nᵒˢ 3 *bis*, 39, 63, 64,
78. — Légende : ΒΑΣΙΛΕΩΣ
ΜΕΓΑΛΟΥ ΑΡΣΑΚΟΥ ΘΕΟΥ
ΕΥΕΡΓΕΤΟΥ ΕΠΙΦΑΝΟΥΣ
ΦΙΛΕΛΛΗΝΟΣ.

FIG. 158.

ΒΑΣΙΛΕΩΣ ΜΕΓΑΛΟΥ ΑΡΣΑΚΟΥ ΘΕΟΠΑΤΟΡΟΣ ΝΙΚΑΤΟΡΟΣ.

Mithridatès III.
Fils de Phraate III.
275/276 Sél. = 57 av. J.-C.

Æ. Tétradr. (15 gr. 070) et dr. (4 gr. 015). Æ.

Orodès I aurait (selon Dion) succédé à son père comme grand roi, tandis que son frère Mithridate III régnait sur la Médie.

Fig. 159.

Chassé par la noblesse à cause de sa cruauté, ce prince s'enfuit auprès de Gabinius proconsul romain de Syrie. Plus tard, avec le concours des Romains, il détrôna Orode ; mais, assiégé dans Séleucie, il dut se rendre, et fut mis à mort par ordre de son frère.

Dr. Effigie de profil (Fig. 159 A. B, 160), avec ou sans tiare.

℞. Nᵒˢ 3 *bis*, 39, 62, 64, 78. — Légende :

ΒΑΣΙΛΕΩΣ ΜΕΓΑΛΟΥ ΑΡΣΑΚΟΥ ΦΙΛΟΠΑΤΟΡΟΣ. ΕΥΕΡΓΕΤΟΥ ΕΠΙΦ-ΑΝΟΥΣ ΦΙΛΕΛΛΗΝΟΣ.

Var. ΚΑΙ ΦΙΛΕΛΛΗΝΟΣ

ΒΑΣΙΛΕΩΣ ΜΕΓΑΛΟΥ ΑΡΣΑΚΟΥ ΕΥΠΑΤΟΡΟΣ.

Fig. 160.

Dr. Effigie de face diadémée (Fig. 159 C).

℞. Nᵒˢ 3, 17, 38, 40, 60. — Mêmes légendes.

Orodès I.
Fils de Phraate III.
255/256-275 Sél. = 57-38/37 av. J.-C.

Æ. Tétradr. (15 gr. 700), dr. (4 gr. 020) et obole (0 gr. 610). Æ.

Le règne de ce prince se passa en entier en guerres contre les Romains : en 53 il infligeait aux légions de Crassus le désastre de Carrhes ; en 52-50 il envahissait la Syrie, l'évacuait en mai de l'an

50 et, en 40, cette province était reconquise par son fils Pacorus I.
En 39 les Perses étaient encore obligés d'évacuer la Syrie, et, en 38

ils furent vaincus. Pacorus trouva la mort à
la bataille de Gindarus (Cyrrhestique).
Orodès ayant perdu son fils préféré associa
l'aîné de ses trente fils, Phraatès, à la couronne,
et ce prince le fit assassiner, pour occuper
seul le trône.

FIG. 161.   FIG. 162.

Dr. Profil diadémé du roi (Fig. 161 A. B et 162).

R⁄. Nᵒˢ 3 *bis*, 16, 17, 39, 49, 50, 60, 61, 62, 64, 65, 67, 70,
71, 74, 77, 78, 83, 87, 88, 93. — Légendes :

ΒΑΣΙΛΕΩΣ ΒΑΣΙΛΕΩΝ ΜΕΓΑΛΟΥ ΑΡΣΑΚΟΥ ΚΑΙ ΚΤΙΣΤΟΥ·
   »   »   ΑΡΣΑΚΟΥ   ΕΥΕΡΓΕΤΟΥ   ΔΙΚΑΙΟΥ
ΕΠΙΦΑΝΟΥΣ ΦΙΛΕΛΛΗΝΟΣ.

ΒΑΣΙΛΕΩΣ ΜΕΓΑΛΟΥ ΑΡΣΑΚΟΥ ΔΙΚΑΙΟΥ ΕΠΙΦΑΝΟΥΣ ΘΕΟΥ
ΕΥΠΑΤΟΡΟΣ ΦΙΛΕΛΛΗΝΟΣ·

Var. ΦΙΛΟΠΑΤΟΡΟΣ·

ΒΑΣΙΛΕΩΣ ΒΑΣΙΛΕΩΝ ΑΡΣΑΚΟΥ ΔΙΟΕΥΕΡΓΕΤΟΥ ΦΡΑΑΤΟΥ
ΕΠΙΦΑΝΟΥΣ ΕΠΙΚΑΛΟΥΜΕΝΟΥ ΦΙΛΕΛΛΗΝΟΣ·

Var. ΒΑΣΙΛΕΩΣ est parfois écrit ΒΑΣΙΝΕΩΣ.

Pacorus I.

Fils d'Orode I. Associé à l'empire.
Vers 274-275 Sél. = 38 av. J.-C.

Æ. dr. (3 gr. 750). Æ.

Dr. Effigie du prince de profil (Fig. 163).

R⁄. Nᵒˢ 3 *bis*, 18, 83. — Légendes :

ΒΑΣΙΛΕΩΣ ΒΑΣΙΛΕΩΝ ΑΡΣΑΚΟΥ ΕΥΕΡΓΕ-
ΤΟΥ ΔΙΚΑΙΟΥ ΕΠΙΦΑΝΟΥΣ ΦΙΛΕΛΛΗΝΟΣ.

Var. ΕΠΙΦΑΝΟΥΣ ΦΙΛΕΛΛΗΝΟΣ avec le
sigma lunaire.

FIG. 163.

Vonônès I.
320-323 Sél. = 8/9-11/12 ap. J.-C.

Æ. Tridr. (13 gr. 750). Tétrob. (3 gr. 800). Æ.

La noblesse parthe ayant demandé à Rome que l'un des quatre fils de Phraate fût envoyé pour occuper le trône, Onônès (ou Vonô-nès) fut choisi ; mais ses mœurs romaines ne plaisant pas aux Perses, un compéti-teur, Artaban III, arsacide par sa mère, fut porté au pouvoir par les mécontents. Une première fois

FIG. 168.

Vonônès le vainquit ; mais il fut finalement défait, et gagna l'Ar-ménie, dont il occupa le trône alors vacant.

Tridrachme. Dr. Profil. à g. du prince (Fig. 168 A). — Légende circulaire : **ΒΑCΙΛΕVE ΒΑCΙΛΕΩΝ ΟΝΩΝΗC.**

Ɍ. Nᵒˢ 5, 7, 39. — **ΒΑCΙΛΕΩC ΒΑCΙΛΕΩΝ ΑΡCΑΚΟΥ ΕVΕΡΓΕΤΟV ΔΙΚΑΙΟΥ ΕΠΙΦΑΝΟΥC ΦΙΛΕΛΛΗΝΟC.**

Tétrobole. Dr. Même effigie (Fig. 168 B). — Légende circu-laire : **ΒΑCΙΛΕVC ΟΝωΝΗC.**

Ɍ. Nᵒ 17. — Légende : **ΒΑCΙΛΕωC ΟΝωΝΗC ΝΕΙΚΗCΑC ΑΡΤΑΒΑΝΟΝ**. *Le Roi Onônès, le tueur d'Artaban.*

Æ. Mêmes légendes.

Ɍ. Nᵒˢ 17 et 68.

Artaban III,
322-351/352 Sél. = 10/11-40 ap. J.-C.

Æ. Tridr. (14 gr. 06). Tetrob. (3 gr. 85). Æ.

Dr. Tridrachme. Effigie de face du prince (Fig. 169 A).

Ɍ. Nᵒ 10. — Légende : **ΒΑCΙΛΕΩC ΑΡCΑΚΟΥ ΔΙΚ-ΑΙΟΥ ΕΠΙΦΑΝΟVC**.

Dr. Effigie de profil (Fig. 169 B. C).

FIG. 169

Æ. ℟. Nᵒˢ 3 *bis*, 8, 9, 32, 48, 55, 85, 87. — Même légende, en plus **ΦΙΛΕΛΛΗΝΟC**.

Vardane I.

353-356/357 Sél. = 41/42-45 ap. J.-C.

Æ. (13 gr. 85-3 gr. 70). Æ.

D'après Joseph (*Antiq. Jud.*, XX 3), des deux fils d'Artaban III, Vardanès aurait directement succédé à son père, alors que suivant Tacite (*Ann.* XI, 8), c'eût été Gôtarzès ; mais il semble, d'après. les dates que portent les médailles de ces princes, que tous deux étaient en même temps compétiteurs à la couronne. La noblesse, cependant, effrayée par les cruautés de Gôtarzès, offrit bientôt la

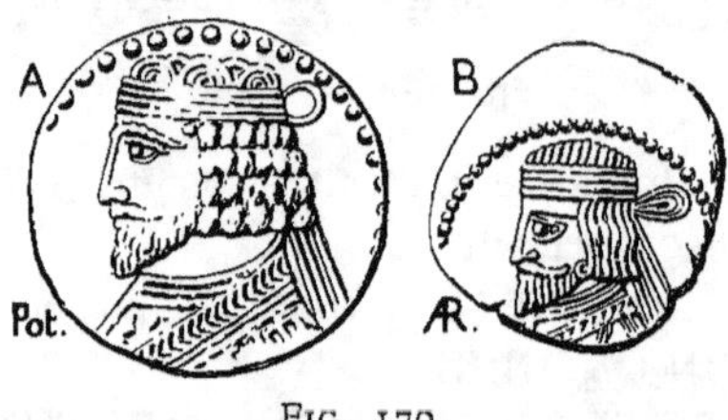

FIG. 170.

couronne à son frère, et le roi détrôné s'enfuit chez les Scythes Dahae et les Hyrcaniens, se préparant à reprendre la couronne. Il fut vaincu par son rival. Toutefois en 45 ap. J.-C., Vardane, victime d'une conspiration, étant tombé sous le poignard d'assassins, au cours d'une partie de chasse, Gôtarzès reprit le pouvoir.

Dr. Effigie de profil du prince (Fig. 170. A B).

℟. Æ. Nᵒˢ 3 *bis*, 8, Æ. 39, 52, 74. — Légende : **ΒΑCΙΛΕΩC ΒΑCΙΛΕΩΝ ΑΡCΑΚΟΥ ΕΥΕΡΓΕΤΟΥ ΔΙΚΑΙΟΥ ΕΠΙΦΑΝΟΥΕ ΦΙΛΕΛΛΗΝΟC.**

Gôtarzès.

352-362/363 Sél. = 40/41-51 ap. J.-C.

Æ. (13 gr. 90-3 gr. 82). Æ.

Gôtarzès, devenu seul roi, par suite de la disparition de son frère, lassa bientôt son peuple par ses cruautés et ses prodigalités (Tacite, *Ann.* XI, 10., XII, 10), et les grands adressèrent une ambassade à l'empereur Claude, le priant de leur envoyer un autre roi, dans la personne de Méherdatès fils de Vononès I, et petit-fils de Phraate IV. Ce prince quitta Rome en l'an 49; mais, fait prisonnier, il fut mutilé afin d'être, suivant les coutumes perses, incapable d'occuper le trône. Peu après Gotarzès mourut.

Dr. Profil du prince diadémé (Fig. 171 A).

R⁄. Æ. N°s 3 *bis*, 8, Æ. 22, 29, 31, 35, 36, 37, 38, 39, 48, 49, 53, 62, 64, 72, 74, 75, 79, 80, 81, 82, 85, 87. Légendes :

ΒΑCΙΛΕШC ΒΑCΙΛΕШΝ ΑΡCΑΚΟV EVEPΓΕΤΟV ΔΙΚΑΙΟV ΕΠΙΦΑΝΟVC ΦΙΛΕΛΛΗΝΟC.

ΒΑCΙΛΕШC ΒΑCΙΛΕШΝ ΑΡCΑΚOV ΕΠΙΦΑΝOVC EVEPΓΕΤOV ΓШΤΑΡΖOV.

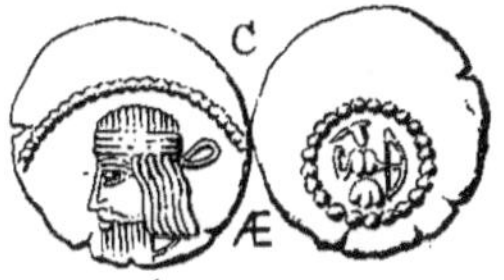

FIG. 171.

Drachmes (f. 171 B).   ΒΑCΙΛΕШC ΒΑCΙΛΕШΝ ΑΡCΑΚΟV VOCKCΚΑΛ ΟVΜΕΝΟC ΑΡΤΑΒΑΝΟV ΓШΤΕΡΖΗC. (Arsace roi des rois, nommé Gôtarzès, fils d'Artaban).

Monnaie de cuivre (Fig. 171 C).

Autonomes de Villes
(Révolte de Séleucie ?)
(Vers 348-354 Sél. = 36-43 ap. J.-C).
Æ.

Dr. Tête de ville (Fig. 172).

R⁄. Victoire volant à g., date **ANT** = 351 Sel., **BNT** = 352 Sel.

FIG. 172.

FIG. 173.

Méherdatès.
361 Sel. = 49/50 ap. J.-C.

Æ. (3 gr. 90). Æ.

Tétrobole. Dr. Effigie de face du prince (Fig. 173).

℞. Æ. Nᵒˢ 3 *bis*, Æ. 41. — Légende : **BACIΛEΩC BACIΛEΩN APCAKOY EYEPΓETOV ΔIKAIOV ETIΦANOVC ΦIΛEΛΛHNOC·**

Vonones II.
362 Sél. = 51 ap. J.-C.

Ne régna que quelques mois, et ne semble pas avoir battu monnaie.

Vologèse I.
362/363-389 Sél. = 51-77/78 ap. J.-C.

Æ. (14 gr. 05-4 gr. 05). Æ.

Fils et successeur de Vonônès II, ce prince fit, avec ses frères un accord, par lequel l'un d'eux, du nom de Pacorus (qu'il ne faut pas confondre avec Pacorus II) reçut le royaume d'Atropatène et l'autre Tiridate, celui de l'Arménie. Durant son long règne Vologèse I eut à repousser une invasion des Alains, qui ravagèrent l'Arménie et la Médie, à lutter contre son propre fils, Vardanès II qui, en l'an 55 se révolta contre lui, et à réprimer en 58 un soulèvement des Hyrcaniens.

Fɪɢ. 174.

C'est à cette époque que paraissent pour la première fois les caractères sémitiques sur le monnayage des Arsacides : on voit au droit des drachmes les lettres וו = UL ou VL.

Æ. Dr. Profil à g. du prince (Fig. 174 B) dans le champ VL *ogases* en caractères sémitiques.

℞. Nᵒ 8 et var. (Tétradrachmes). (Fig. 174 A). ℞. Légende : **BACIΛEWC BACIΛEWN APCAKOV EYEPΓETOV ETIΦANOVC ΦIΛEΛΛHNOC·**

Æ. Nᵒ 3 (Tétrobole). Les légendes de ces pièces sont très barbares (Fig. 174 B); sous ce prince débute l'atrophie des légendes grecques.

Æ. ℞. N°s 3 *bis*, 30, 33, 38, 42, 44, 45, 65, 90, 82. Même légende.

Pacorus II.

389/390-393/394 Sél. = 78-82 ap. J.-C.

Æ. (14 gr. 20-3 gr. 89). Æ.

Les successeurs de Vologèse I furent Pacorus II et Vologèse II qui, pendant quelque temps régnèrent chacun, probablement sur des parties diverses de l'Empire ; les dates que portent leurs monnaies en sont la preuve. Nous ne savons que fort peu de chose du règne de Pacorus. Gutschmidt (*Gesch. Irans*, p. 140) dit qu'en l'an 110, Pacorus vendit le royaume d'Edesse à Abgar VII fils d'Izates.

Fig. 175.

Æ. (Tétradr.). Dr. Effigie imberbe diadémée ou coiffée de la tiare (Fig. 175 A.), barbe naissante (fig. 175 B.), toute la barbe (fig. 175 C.).

℞. N°s 7, 11. — Légende des tétradrachmes : ΒΑCΙΛΕWC ΒΑCΙΛΕШΝ ΑΡCΑΚΟΥ ΠΑΚΟΡΟΥ ΔΙΚΑΙΟΥ ΕΥΕΡΓΕΤΟΥ ΕΠΙΦΑ-ΝΟΑC ΦΙΛΕΛΛΗΝΟC.

Quelques pièces de cuivre (N°s 3 *bis*, 28, 85) de ce prince sont datées des années 394 et 395.

Æ. Dr. Effigie de profil à g.

℞. Tête de femme tourelée à dr.

Artaban IV.

392 Sél. = 80/81 ap. J.-C.

Æ. (13 gr. 48).

Ce prince n'est connu que par ses monnaies (Tétradrachmes) et par une mention de Zonare (*Ann.* XI, 18), qui parle d'un roi parthe de ce nom ayant soutenu, sur l'Euphrate, sous le règne de Titus, la cause du Pseudo-Néron.

FIG. 176.

Dr. Buste à g. du prince diadémé (Fig. 176).

Ŗ. Le roi assis sur un trône à g. recevant les hommages d'une Tyché debout devant lui (n° 7). — Légende : ΒΑCΙΛΕWC ΒΑCΙΛΕWΝ ΑΡCΑΚΟΥ ΑΡΤΑΒΑΝΟΥ ΔΙΚΑΙΟΥ ΕΠΙΦΑΝΟΥC ΦΙΛΕΛΛΗΝΟC. date ΒϞΤ = 392 Sél.

Osroes.

418 ou 419 à 441/442 Sél. = 106/7 (ou 109/10)-130 ? ap. J.-C.

Æ. (3 gr. 50). Æ.

Frère et successeur de Pacorus II, ce prince fut en guerre avec les Romains au sujet de l'Arménie. L'empereur Trajan se porta en personne contre les Parthes, les vainquit en Médie et sur le Tigre, s'empara de Séleucie et de Ktésiphon. Osroes s'enfuit, l'Arménie et la Mésopotamie devinrent provinces romaines ; mais, à la mort de Trajan, qui survint en 117, Hadrien rendit aux Perses les provinces conquises par son prédécesseur.

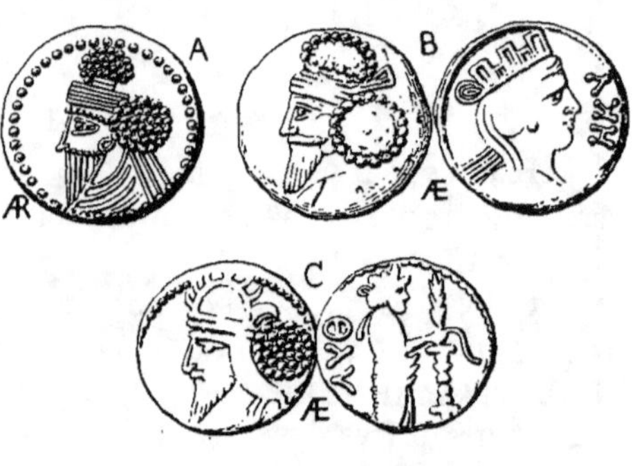

FIG. 177.

Les monnaies d'Osroes présentent un caractère tout spécial, le prince est représenté au dr. (Fig. 177) portant les cheveux partagés en trois touffes bouclées l'une sur le sommet de la tête, les autres de chacun des côtés. Cette mode étrangère aux coutumes parthes sera reprise par Vologèse IV, et sera constante sous les Sassanides.

℞. Æ. (Drachmes) (fig. 177 A.) nᵒˢ 3 *bis*, 20, 26. — Légende barbare : ΒΑΣΙΛΕΩΣ ΒΑΣΙΛΕΩΝ ΑΡΣΑΚΟΥ ΕΥΕΡΓΕΤΟΥ ΔΙΚΑΙΟΥ ΕΠΙΦΑΝΟΥΣ ΦΙΛΕΛΛΗΝΟΣ et date ΗΙΥ = 418.

Æ. (Fig. 173 B.C.). Tête tourelée de Tyché à dr. ou personnage debout à dr. devant un autel, et date ΑΚΥ = 421 sel, ΔΚΥ = 424, ΗΚΥ = 428, ΘΚΥ = 429, ΒΛΥ = 432, ΘΛΥ = 439.

℞. Nᵒˢ 24 et 51.

<h3 style="text-align:center">Vologèse II.</h3>

389-458 Sél. = 77/78-146/147 ap. J.-C.

Æ. (14 gr. 125-3 gr. 758). Æ.

Ce prince, sur qui se tait l'histoire, a régné dans une partie de l'Empire du vivant d'Osroes. Ses tétradrachmes portent les dates 458, Sél. et les bronzes indiquent qu'en 423 Sél. était déjà sur le trône.

Dr. Profil du prince coiffé de la tiare. Sur les tétra-drachmes, on lit les lettres Β. Δ. et sur les drachmes les caractères sémitiques ᕍᕯ = UL ou VL (Fig. 178 B).

(Tétradrachmes). (Fig. 178 A.). ℞. (nᵒ 7). Le roi

FIG. 178.

assis sur un trône à g. ; devant lui une ville debout lui présente une couronne.

Légende : ΒΑΣΙΛΕΩΣ ΒΑΣΙΛΕΩΝ ΑΡΣΑΚΟΥ ΟΛΑΓΑΣΟΥ ΔΙΚΑΙΟΥ ΕΠΙΦΑΝΟΥΣ ΦΙΛΕΛΛΗΝΟΣ et date.

(Drachme) ℞. Nᵒ 3 *bis*.

Æ. ℞. Nᵒˢ 20, 52, 74.

Drachmes. ΒΑΣΙΛΕΩΣ ΒΑΣΙΛΕΩΝ ΑΡΣΑΚΟΥ ΕΥΕΡΓΕΤΟΥ ΔΙΚΑΙΟΥ ΕΠΙΘΑΝΟΥΣ ΦΙΛΕΛΛΗΝΟΣ.

<h3 style="text-align:center">Mithridate IV.</h3>

Vers 441/442/-458-459 Sél. = 130-147 ap. J.-C.

Æ. (3 gr. 900). Æ.

Sur les drachmes de ce prince on lit pour la première fois, écrit en caractères sémitiques, en toutes lettres, le nom du souverain מלכא

Fig. 179.

מתרדת = MiTKaDaT MaLKA, accompagné d'une légende grecque très corrompue, dans laquelle on reconnaît à peine les mots du texte courant.

Dr. Effigie de profil du prince diadémé (Fig. 179).

Ŗ. Ѫ. N°s 3 *bis*, Æ. 15, 23, 64, 66, 67, 74.

Vologèse III.

458/459-502/503 Sél. = 147/148-191 ap. J.-C.

Ѫ. (13 gr. 65 -3 gr. 85). Æ.

Successeur de Vologèse II, ce prince fut en guerre avec Rome au sujet de l'Arménie et de la Syrie ; en 164 les légions envahirent la Mésopotamie, s'emparant de Séleucie qui fut livrée aux flammes, et le palais royal de Ktésiphon fut détruit. L'empire des Arsacides sortit de ces guerres considérablement affaibli.

Ѫ. Tétradrachmes.

Dr. Profil du prince coiffé de la tiare à g. Dans le champ, lettre B (Fig. 180 A).

Ŗ. (N° 7). Le roi assis sur un trône à g. reçoit une couronne des mains d'une ville debout devant lui. —

Fig. 180.

Légende: **ΒΑCΙΛΕШC ΒΑCΙΛΕШΝ ΑΡCΑΚΟΥ ΟΛΑΓΑCΟΥ ΔΙΚΑΙΟΥ ΕΠΙΦΑΝΟΥC ΦΙΛΕΛΛΗΝΟC** date et indication du mois.

Ѫ. Drachmes.

Dr. Même type.

R⁄. Nᵒ 3 *bis*. — Légende grecque barbare, en haut : מלכא
ולכשי = ULKaŠI MaLKA, « Vologèse roi ». (Fig. 180 B).

Æ. Dr. Effigie de profil du prince et date.

R⁄. Nᵒˢ 15, 20, 74, 95.

Æ. Dr. Effigie de face du roi.

R⁄. Nᵒ 47.

On connaît de ce prince une monnaie de cuivre, probablement frappée à Édesse et rappelant, par son aspect, les coins de Waël fils de Sahrou.

Dr. Même type.

R⁄. Nᵒ 90. — Légende araméenne ולגשי ארשכ מלביך מלכא = ULKaŠI ARŠaK MaLKIN MaLKA. = *L'Arsacide Vologèse, roi des rois* (Fig. 180 C).

Vologèse IV.

502-519 Sél. = 191-207/208 ap. J.-C.

Æ. (13 gr. 65-3 gr. 85). Æ.

Le règne de ce souverain est encore marqué par des guerres désastreuses contre les Romains. Vologèse et les autres princes orientaux ayant soutenu la cause de Niger, Septime Sévère ravagea la Mésopotamie et, en 198, ruina Séleucie et Ktésiphon. Cent mille prisonniers perses tombèrent au pouvoir de l'Empereur.

Dr. Tétradrachme. Effigie de face du roi (Fig. 181 A) portant les cheveux partagés en trois touffes bouclées.

R⁄. Le roi assis à g. sur un trône reçoit une couronne des mains d'une femme debout devant lui. — Légende : ΒΑϹΙΛΕWϹ ΒΑϹΙΛΕWΝ ΑΡϹΑΚΟΥ ΟΛΟΓΑϹΟΥ ΔΙΚΑΙΟΥ ΕΠΙΦΑΝΟΥϹ ΦΙΛΕΛΛΗΝΟϹ, date et mois.

ושלואזוע
AKLM'I Š GLU

FIG. 181.

R⁄. Drachme nᵒ 3 *bis* (Fig. 181 B). — Légende grecque illisible, en carré et, en haut du carré ULKaŠI MaLKA, en caractères sémitiques.

Æ. R⁄. Nᵒ 74.

Vologèse V.

519-533 Sél. = 207/208-221/222 ap. J.-C.

Æ. (13 gr. 60-3 gr. 85). Æ.

Fils et successeur de Vologèse IV. Ce roi s'associa son frère Artaban V qui, en 213, avait déjà la haute main sur le pouvoir : ces princes relevèrent le prestige des Parthes par la défaite qu'ils infligèrent aux légions de Macrin, en 217, devant Nisibe.

Fig. 182.

Dr. Tétradrachmes. Effigie du roi à g., portant la tiare. Dans le champ, lettre B.

℞. Le roi assis sur un trône à g. reçoit une couronne des mains d'une femme debout devant lui (Fig. 182 A). — Légende semblable à celle de Vologèse IV et date.

Dr. Drachme. Même type, dans le champ, UL ou VL en caractères sémitiques (Fig. 182 B).

℞. N° 3 *bis*. — Légende grecque barbare et ULKaŠI MaLKA en caractères sémitiques.

Æ. ℞. N°74 et quadrupède couché à g.

Artaban V.

Vers 524/525-538/539 Sél. = 213-227 ap. J.-C.

Æ. (3 gr. 82). Æ.

C'est sous Artaban V vers 224 ap. J.-C. que se produisit la révolte d'Artaxercès, fils de Papek, contre le pouvoir des Arsacides, et l'élévation au trône de la dynastie des Sassanides, fait considérable dans l'histoire de l'Orient ; car ce soulèvement mit fin à la culture hellénique en Perse, et restaura le culte de Zoroastre, ainsi que les usages iraniens. Artaban fut en trois occasions vaincu par Artaxerces et périt dans la dernière de ces batailles.

Dr. — Drachmes. Profil du prince coiffé de la tiare (Fig. 183 A B).

Fig. 183.

R̷. N° 3 *bis*. — Légende grecque barbare et légende sémitique occupant le haut du carré : התביר מילכא == HaRTaBI MaLKA.

Æ. R̷. N° 23, bélier ou bouquetin couché à g.

Artavazde.

Vers 539 Sél. = 227/228 ap. J.-C.

Æ. (3 gr. 75).

Après la mort d'Artaban V, Artavazd qui probablement était son fils, ou tout au moins son parent, fit valoir ses prétentions à la couronne, en frappant des monnaies à son nom. Nous ne connais-sons rien d'autre de ce prince qui ne paraît pas avoir régné effectivement.

Tétrobole. Dr. Profil à g. d'Artavazd coiffé de la tiare. Dans le champ אר = AR *tavazd*.

Fig. 184.

R̷. N° 3 *bis*. — Légende grecque barbare. En haut : מילכא ארתבזו = ARTaBaZU MaLKA (Fig. 184).

Æ. R̷. N° 26.

Nota. — J'ai choisi, pour indiquer les poids des monnaies parthes, les maxima relevés par les divers auteurs et par mes propres pesées ; mais l'état de conservation des médailles ne permet pas toujours de distinguer les différentes variétés : tétradrachmes, tridrachmes, drachmes, tétroboles, etc... Quant aux espèces de bronze leur poids originel était très peu précis.

LES ÉTATS SECONDAIRES

DE

L'ASIE ANTÉRIEURE

DU

IIIᵉ SIÈCLE AV. J.-C. AU IIIᵉ SIÈCLE DE NOTRE ÈRE

Après le démembrement de l'Empire macédonien, il se forma,
dans l'Asie antérieure, un très grand nombre de royaumes et de principautés (Fig. 185), les uns indépendants, tels ceux des Séleucides, du

FIG. 185.

Pont, de l'Arabie heureuse, de l'Abyssinie, les autres soumis soit aux
Arsacides de Perse, l'Arménie, l'Elymaïde, la Characène, la Perside,
soit aux Romains, la Judée, la Nabathène, Palmyre, l'Osrhoène,
le Bosphore Cimmérien, et fréquemment ces États changèrent de
suzerains, passant des Parthes aux Romains et vice-versa. C'est la

numismatique de ces États que nous allons examiner dans les pages qui suivent. Partout on retrouve dans ces séries l'influence prépondérante de la Grèce et de Rome ; mais, fréquemment aussi, voit-on intervenir les légendes indigènes.

Toutefois à cette époque, en dehors des Sémites et des Hellènes aucune nation de l'Asie antérieure ne possédait de caractères propres à sa langue ; aussi les peuples non-sémites adoptèrent-ils l'écriture des Grecs, l'adaptant aux noms de leurs princes, et l'influence hellénique était encore si grande que, jusqu'au IIe siècle ap. J.-C. la plupart des peuples sémitiques frappèrent des monnaies à légendes grecques. Ce n'est que plus tard, vers la fin de la dynastie arsacide, alors que la renaissance des traditions indigènes était imminente, que disparurent la langue et l'écriture des Grecs.

Nous avons vu cette évolution se produire chez les Parthes, à partir de Vologèse I. Nous la voyons, à la même époque, chez les Characéniens et les Elyméens, en Osrhoène, alors que chez les Arabes et les Juifs, plus libres que les peuples dont il vient d'être parlé, l'écriture sémitique s'est mieux conservée. En Arménie, en Ibérie, à Palmyre, sur le Bosphore Cimmérien, le grec a persisté ; parce que, sauf les Palmyréniens, ces peuplades ne possédaient pas d'écriture indigène. En Perside, pour des causes religieuses, le grec ne fut jamais adopté. Ceci constitue une exception ; car, nous verrons plus tard, que dans l'Asie voisine de l'Inde, c'est-à-dire en Bactriane et dans la haute vallée de l'Indus, les légendes grecques toujours correctes, des médailles furent peu à peu doublées puis remplacées par des textes indiens.

I

ROYAUME DU PONT

Les princes de ce pays étaient des Achéménides, apparentés aux anciens souverains de la Perse. Ils régnaient sur les districts situés au nord-est de l'Asie Mineure, jusqu'aux rives du Phase, fleuve qui séparait leurs possessions de la Colchide.

Les peuples sur lesquels s'exerçait leur pouvoir étaient des Asiatiques, pour la plupart de souche fort anciennement établis dans le pays. C'étaient les *Leucosyres* [1], les *Tibarènes*, autonomes encore du

---

1. Cl. APPIEN, *De Bell. Mithrid.*, ch. LXIX. EUSTATHE, *l. c.*

temps de Xénophon [1], les *Chalybes* [2], les *Mossinœques* [3], les *Drilles*, les *Macrobes* [4], les *Moschiens* tous noms qui paraissent dans les inscriptions des rois d'Assyrie. Mais ces peuples, encore très barbares, ne possédaient pas d'écritures spéciales ; la langue des Hellènes était seulement celle de la cour et de l'administration ; toutes les monnaies du Pont portent des légendes grecques.

Ces séries rentrant dans les suites monétaires grecques, nous nous contenterons de donner la liste de ceux des rois du Pont qui ont battu monnaie.

Mithradatès IV.
Vers 250-190 av. J.-C.

Æ. ΒΑΣΙΛΕΩΣ ΜΙΘΡΑΔΑΤΟΥ.

Pharnacès I.
Vers 190- 157 av. J.-C.

Æ. ΒΑΣΙΛΕΩΣ ΦΑΡΝΑΚΟΥ.

Mithradatès V.
157-121 av. J.-C.

Æ. ΒΑΣΙΛΕΩΣ ΜΙΘΡΑΔΑΤΟΥ ΦΙΛΟΠΑΤΟΡΟΣ ΚΑΙ ΦΙΛΑΔΕΛΦΟΥ.

Réunion du Bosphore au royaume du Pont.
Mithradates VI (le Grand).
121-63 av. J.-C.

AV. Æ. ΒΑΣΙΛΕΩΣ ΜΙΘΡΑΔΑΤΟΥ ΕΥΠΑΤΟΡΟΣ et ΒΑΣΙΛΕΩΣ ΕΥΠΑΤΟΡΟΣ.

Pharnacès II.
D'abord roi du Bosphore, ensuite roi du Pont et de la Colchide.
63-47 av. J.-C.

AV. ΒΑΣΙΛΕΩΣ ΒΑΣΙΛΕΩΝ ΜΕΓΑΛΟΥ ΦΡΑΝΑΚΟΥ.

1. *Anabase*, V, 5 et VIII, 8.
2. STRAB., *Geogr.*, c. 9.
3. XÉNOPHON, *Anab.*, V, 4 et VII, 8.
4. HÉRODOTE, VII, 78. STRAB., XII, 2.

Asander,
beau-frère et successeur de Pharnacès II.
Vers 47-16 av- J.-C.

Ν. Æ. Æ. Comme régent : ΑΡΧΟΝΤΟΣ ΑΣΑΝΔΡΟΥ ΒΟΣΠΟ-ΡΟΥ. Comme roi : ΒΑΣΙΛΕΩΣ ΑΣΑΝΔΡΟΥ.

Hygiaenou.
Ier siècle av. J.-C.

Æ. (unique). ΑΡΧΟΝΤΟΣ ΥΓΙΑΙΝΟΝΤΟΣ.

Dynamis.
femme d'Asander, puis de Polémon I.

Ν. ΒΑΣΙΛΙΣΣΗΣ ΔΥΝΑΜΕΩΝ.

Polémon I.
39-8 av. J.-C.
Roi de Cilicie, du Pont, du Bosphore et de l'Arménie Mineure.

Æ, Æ. ΒΑΣΙΛΕΩΣ ΠΟΛΕΜΩΝΟΣ ΕΥΣΕΒΟΥΣ (avec Marc Antoine et Auguste).

Pythodoris,
veuve de Polémon I, reine du Pont.
8 av. J.-C. à 21 ap. J.-C.

Æ. ΒΑΣΙΛΙΣΣΑ ΠΥΘΟΔΟΡΙΣ (avec Auguste et Tibère).

Tryphaena,
fille de Polémon I et de Pythodoris, mère de Polémon II.
21-27 ap. J.-C.

Æ. Avec son fils : ΒΑΣΙΛΙΣΣΑ ΤΡΙΦΑΙΝΑ ou ΒΑΣΙΛΙΣΣΗΣ ΤΡΙΦΑΙΝΗΣ et ΒΑΣΙΛΕΩΣ ΠΟΛΕΜΩΝΟΣ.

Polémon II,
roi du Pont.
37-63 ap. J.-C.

Æ. Æ. Avec Caligula, Claude, Aggrippine et Néron. ΒΑCΙΛΕѠC ΠΟΛΕΜѠΝΟC.
En l'an 63 le royaume du Pont fut réduit en province roumaine.

II

ROYAUME DU BOSPHORE CIMMÉRIEN

L'histoire du Bosphore Cimmérien (Fig. 186) est intimement liée à celle de l'empire romain. Ses rois, protégés par les Césars, demeuraient sous leur surveillance. Mithridate III qui, en 42, avait remplacé Polémon sur le trône du Bosphore [1], était un Achéménide et descendait de Mithridate Eupator. Ce prince, qui vivait à Rome, fut porté au pouvoir par l'empereur Claude, le trône du Bosphore étant vacant par suite de la mort de son roi Rescuporis I, la couronne demeura dans la même famille jusqu'en 323, fin du règne de Rhadamsadès.

Les peuples qui habitaient alors le sud de la Russie étaient presque tous nomades ; ils appartenaient à ces tribus barbares qui, quelques siècles plus tard, devaient se montrer sur le Danube. Chacune était gouvernée par son prince ; elles étaient fort turbulentes, et Rome n'avait d'autre moyen de les tenir en respect que de soutenir contre elles les rois du Bosphore. Le Don (Tanais) était alors la frontière entre l'Europe et l'Asie ; mais cette limite n'était que conventionnelle, et les peuplades de même sang habitaient les deux rives du fleuve.

FIG. 186.

Les monnaies des rois du Bosphore sont en or, en électrum, en argent et en bronze, l'électrum est très variable de teneur en or. Cet alliage naturel était fourni alors par les placères de l'Oural : il venait

---

[1]. DION CASSIUS. IX, 8.

des brumes du Nord Est, en même temps que les caravanes de marchandises pour lesquelles le royaume du Bosphore jouait le rôle d'emporium. Le commerce de transit de ces pays était alors fort important.

Pendant bien des siècles, d'ailleurs, le Bosphore Cimmérien avait été le grenier d'Athènes. Les Grecs en tiraient annuellement deux cent mille hectolitres de blé. Il était riche, également par les métaux et les pelleteries qui lui venaient de chez les Scythes.

Avant sa réunion au royaume du Pont, sous Mithridate VI le Grand, le Bosphore était gouverné par des princes dont quelques-uns nous ont laissé des médailles à légendes grecques, ce sont :

Acès .
IIe s. av. J.-C.

Æ. ΒΑΣΙΛΕΩΣ ΑΚΟΥ[1].

Leucon.
IIe s. av. J.-C

Æ. ΒΑΣΙΛΕΩΣ ΛΕΥΚΟΝΟΣ.

Spartocus.
IIe s. av. J.-C.

Æ. ΒΑΣΙΛΕΩΣ ΣΠΑΡΤΟΚΟΥ.

Paerisadès.
Contemporain de Mithridate.

Æ. ΒΑΣΙΛΕΩΣ ΠΑΙΡΙΣΑΔΟΥ

Après la disparition du royaume du Pont, quand le Bosphore Cimmérien fut soumis à Rome, il n'en continua pas moins à dater les médailles de ses princes dans l'Ère du Pont (297 ay. J.-C.) tout en adoptant les poids de Rome.

Ces souverains qui ont été soumis au contrôle romain sont les suivants :

1. Cf. Chabouillet, *Statère d'or du roi Acès.* Paris, 1866.

Sauromatès I.
8 av. J.-C. à 11 ap. J. C.

N. De Kœhne attribue à ce prince des monnaies à deux effigies portant des monogrammes ; l'une de ces effigies serait la tête d'Auguste (Fig 187).

FIG. 187.　　　　　FIG. 188.

Rescuporis I.
11-37 ap. J.-C.

N. Avec Auguste, double effigie, monogramme et date.

N, Æ. Avec Tibère.

Dr. Tête diadémée de Rescuporis, à dr. monogramme.

R̸. Effigie de Tibère à dr.. — Légende : **ΚΑΙΣΑΡΟΣ ΤΙΒΕΡΙΟΣ** (Fig. 188).

N, Æ. Avec Caligula.

Dr. Prof. diadémé de Rescuporis, monogramme et valeur de la pièce.

R̸. Effigie de l'empereur à dr. — Lég. **ΓΑΙΟΥ ΚΑΙΣΑΡΟC ΓΕΡΜΑΝΙΚΟΥ**.

Mithridate III.
42-49 ap. J.-C.

Æ. Le prince seul.

Dr. Son profil à dr. — Lég. **ΒΑCΙΛΕΩC ΜΙΘΡΑΔΤΑΟΥ**.

R̸. Dépouille de lion, arc et trident.

Æ. Le prince et la reine Gépéris.

Dr. prof. diadémé du roi à dr. — Lég. **ΒΑCΙΛΕΩC ΜΙΘΡΑΔΑΤΟΥ**.

R̸. Buste drapé de la reine à dr. Légende **ΒΑCΙΛΙCCΗC ΓΗΠΑΙΠΥΡΕΟC**. (Fig. 189).

Æ. R̸. Même légende. Buste voilé d'Astara coiffée du kalathos. Sur quelques monnaies la reine est seule.

Cotys I.
49-69 ap. J.-C.

Æ. Les dons de l'empereur.

Dr. Bouclier, lance, épée dans sa gaine, casque, tête de cheval et buste radié. — Légende : **TOY ACΠOYPΓOY·**

FIG. 189.

FIG. 190.

R̸. Trône surmonté d'une couronne. — Légende : **TEIMAI BACIΛEωC KOTOYC·** (Fig. 190).

N̸. Avec Claude et Britannicus (46 à 50 ap. J.-C.).

Bustes sur les deux faces ; au R̸. monogramme et date.

N̸. Dr. Effigie diadémée de Cotys à dr. Monogramme.

R̸. Effigie de Britannicus. — Lég. **KAICAPOC BPITANNKOY**

Æ. Avec Claude et Agrippine.

Dr. effigie de Claude à dr. Lég. : **TI KΛAVΔIOV KAICAPOC·**

R̸. Effigie d'Agrippine à g. — Lég. : **IOVΛIAN AΓPIΠΠINAN** (frappés vers 49 ou 50).

Æ. Avec Néron seul (54 à 58).

Dr. Buste lauré de Néron à dr. — Lég. : **NEPωNOC KAICA-POC·**

R̸. Victoire.

Æ. id.

Dr. Lég. : **(NEPωNOC) KΛAVΔIOY KAICAPOC (CEBAC-TOY).**

R̸. **M H** dans une couronne de chêne.

Æ. Avec Néron et Agrippine.

R̸. Lég. : **AΓPIΠΠINHC CEBACTHC·**

Æ. Avec Néron et Poppée.

R̸. Prof. à g. de Poppée. — Légende : **ΠOΠΠHIAC CEBAC-THC·**

Æ. Avec les effigies de Néron et de Claude (de 58 à 68).

Dr. Prof. de Néron à dr. Monogr. de Cotys, date [**ZNT** = 357]

Ŗ. Prof. lauré de Claude à dr. — Anépigraphe.

Æ. Avec les effigies de Vitellius père et fils.

Dr. Prof. à dr. de Vitellius lauré.

Ŗ. Prof. à dr. de Vitellius fils, monogr. de Cotys, date [**EΞT** = 365]

Rescuporis II (Tiberius Julius).
79-87 ap. J.-C.

Æ. Avec Domitien.

Dr. Prof. diadémé du roi, portant la moustache. — Lég. : **BACIΛEWC PHCKOYΠOPIΔOC·**

Ŗ. Prof. à dr. de Domitien. Date.

Æ. Ŗ. Astarté portant le kalathos et le voile. Monogramme.

Æ. Dr. Le roi assis dans une chaise curule. — Lég. : **TIBEPIOC IOVΛIOC BACIΛEVC PHCKVΠOPIC.**

Ŗ. Les dons de l'empereur. — Lég. : **TEIMAI BACIΛEWC PECKOYΠOPIΔOC· M· H·**

Æ. Le roi et la reine.

Dr. Bustes diadémés du prince à dr. et de la reine à g. affrontés ; au-dessous **MH**.

Ŗ. Effigie du roi diadémé à dr. — Légende ordinaire.

Æ. Le prince au droit, la reine au revers.

FIG. 191.

Æ. Dr. Prof. du prince. — Légende ordinaire.

Ŗ. Rescuporis à cheval galopant à dr. (Fig 191).

Æ. Ŗ. Porte de ville.

Æ. Ŗ. Couronne de chêne avec **M H**.

Æ. Dr. Dons de l'empereur.

Ŗ. Victoire.

Sauromatès II. (Tiberius Julius)
(92 ou 93 à 124)

Æ. (monnaie d'investiture).

Dr. Le prince assis sur un trône, tenant le sceptre surmonté

du buste de Domitien, vêtu de la tunique et de la toge. — Lég. :
TIBEPIOC IOYΛIOC BACIΛEYC CAYPOMATHC·

℞. Les dons de l'empereur. — Lég. : **TEIMAI BACIΛEWC CAYPWMATOY.** — Dans le champ. **M· H.**

N. Æ. Avec le buste de Trajan au ℞.

N. Æ. Avec le buste d'Hadrien.

Æ. Avec les bustes affrontés du prince et de la princesse.

FIG. 192.

 Æ. Dr. Buste du prince.

 ℞. Buste d'Astarté dans une couronne de laurier.

 Æ. ℞. Victoire.

 Æ. ℞. Porte de ville en flammes et captive **M·H ·** (de Köhnep. 239 a pris les flammes pour des arbres).

Æ. Dr. Prof. du prince à dr. entre une massue et un trident. — Lég. : **BACIΛEWC CAYPOMATOY·**

℞. Couronne de chêne avec **M· H·** (Fig. 192).

Æ. ℞. Victoire.

Cotys II.
(124-132)

N. Dr. Buste diadémé du roi à dr. Lég. : **BACIΛEWC KOTOVC.**

℞. Buste à dr. de l'empereur Hadrien.

Æ. ℞. Dons de l'empereur.

Æ. ℞. Le prince à cheval au galop à dr.

Æ. ℞. Victoire (Fig. 193).

FIG. 193.

FIG. 194.

Æ. ℞. Couronne avec **M· H.**

Æ. ℞. Couronne avec monogramme de Cotys.

Æ. ℞. Temple pentastyle.

Rhoemetalcès
(132-154)

A'. Avec Hadrien Dr. Buste diadémé du roi à dr. — Lég. :
BACIΛЄWC POI MHTAΛKOV·

R⁄. Effigie laurée d'Hadrien à dr. Date.
A'. Avec Antonin le Pieux.
Æ. Dons de l'empereur. — Lég. BACIЄWC POIMHTAΛKOV·
(Fig. 194).
Æ. R⁄. Victoire, couronne de laurier avec M· H·

Eupator (Tiberius Julius)
151-171

A'. Avec Antonin le Pieux. Buste à dr. du roi
arbu et diadémé. — Lég. : BACIΛЄWC ЄVПA-
TOPOC·

R⁄. Prof. lauré d'Antonin le Pieux. Date.
(Fig. 195).
A'. Avec Marc Aurèle et Lucius Verus.
R⁄. Effigies affrontées de Marc Aurèle et de
L. Vérus.
A'. R⁄. Effigie de Marc Aurèle seulement.
Æ. R⁄. Couronne de laurier avec M· H· Victoire,
temple.

Fɪɢ. 195.

Sauromatès III.
175-211

Æ. Dr. Buste diadémé du roi. — Lég. : BACIΛЄWC CAVPO-
MATOY·

R⁄. Dons de l'empereur (Fig. 196).
A'. Même dr.
R⁄. Buste à dr. de Marc Aurèle.
A'. R⁄. Effigie de Commode.
El. Æ. R⁄. Effigies de Septime Sévère et de Caracalla.
Æ. R⁄. Couronne avec M· H· le roi à cheval, Panthée Sarmate.
Les divers travaux d'Hercule, Astarté, Aigle, le roi à cheval à dr. les
dons de l'empereur, trophée et captif.

Rescuporis III. (Tiberius Julius).
228-219

N. Dr. Effigie à dr. du prince diadémé, portant la moustache.
— Lég. : BACIΛEWC PHCKOVΠOPIΔOV·
℞. Tête laurée de Caracalla à dr.

FIG. 196.

FIC. 197.

El. N. ℞. Effigie laurée de Macrin à dr.
El. N. ℞. Effigie laurée d'Héliogabale à dr. (Fig. 197).
Ml. N. ℞. Prof. lauré d'Alexandre Sévère à dr.
Æ. ℞. Victoire, le roi à cheval, Astarté.

Cotys III (Tiberius Julius).
228-235

Æ. Æ. El. Dr. Buste de Cotys à dr. diadémé
et vêtu du chiton.— Légende : BACIΛEWC
KOTYOC·

℞. Effigie laurée à dr. d'Alexandre Sévère
(Fig. 198).

Æ. ℞. Astarté.

Æ. Dr. Bustes affrontés de Cotys et d'Astarté.
℞. Astarté.

FIG. 198.

Sauromate IV.
230-233

Æ. Dr. Effigie à dr. du prince diadémé. — Lég. BACIΛEWC
CAYPOMATOV·

℞. Effigie d'Alexandre Sévère lauré à dr. de style barbare
(Fig. 199).
℞. Astarté assise sur un trône.

Rescuporis IV
234-235

Æ. Dr. Effigie à dr. du roi diadémé. — Lég. : **BACIΛEωC PHCKOYΠOPIΔOC**.

℞. Prof. lauré d'Alexandre Sévère.

Æ. ℞. Astarté assise sur un trône (Fig. 200).

Æ. Dr. Bustes affrontés du prince et d'Astarté. — Même légende.

℞. Astarté assise.

FIG. 199.   FIG. 200.   FIG. 201.

Ininthimeus.
235-239.
(Usurpateur probablement de race scythique.)

Æ. Dr. Effigie à dr. du prince barbu et diadémé, revêtu du chiton. — Légende : **BACIΛEωC ININΘIMHYOY**.

℞. Effigie laurée d'Alexandre Sévère.

Æ. ℞. Effigie laurée à dr. de Maximin.

Æ. Æ. Effigie laurée à dr. de Gordien III.

Æ. Même dr.

℞. Le roi à cheval, Astarté assise (Fig. 201).

Æ. Dr. Bustes affrontés du prince et d'Astarté. — Même légende:

℞. Astarté assise sur un trône.

Rescuporis V.
240-268.

Æ. Dr. Buste du roi, les cheveux flottants, diadémé et vêtu du chiton. — Lég. : **BACIΛEωC PHCKOYΠPIΔOC**.

℞. Bustes affrontés et laurés de Valérien et de Gallien.

Pot. ℞. Effigie de Gordien III à dr.

Pot. ℞. Tête laurée de Philippe l'Arabe à dr.

Pot. ℞. Effigie à dr., très barbare, de Trajan Dèce.

Pot. ℞. Effigies affrontées de Trébonien Galle et de Volusien.

FIG. 202

Pot. ℞. Prof. à dr. de Trébonien Galle.

Pot. ℞. Bustes affrontés de Valérien et de Gallien (Fig. 202 B).

Æ. Æ. ℞. Profil de Gallien lauré (Fig. 202 A).

Æ. ℞. Astarté assise.

Sauromatès V.
Vers 276

Æ. Dr. Buste à dr. du roi diadémé, portant les cheveux flottants, devant lui, un trident. — Légende : BACIΛEⲰC CAVPOMATOV.

℞. Buste d'un empereur.

Æ. ℞. Un aigle devant le buste de l'empereur, à dr., lui présente une couronne.

Rescuporis VI.
Entre 284 et 312.

Nous ne connaissons pas de monnaie de ce prince dont l'existence nous est signalée par Constantin Porphyrogénète.

Sauromates VI.

Aucune monnaie de ce roi ne nous est parvenue.

Rescuporis VII.
314-335.

Ce roi n'est connu que par ses monnaies.

Æ. Dr. Buste diadémé du prince à dr. — Légende : BACIΛEⲰC PHCKO-VΠOP ou PHCKOVΠOPIC.

℞. Effigie de Constantin I.

Æ. ℞. Aigle devant l'effigie de Constantin. (Fig. 203).

Æ. ℞. Victoire couronnant l'empereur.

FIG. 203.

Les princes dont les noms suivent, qui ne sont connus que

par leurs médailles et par quelques textes lapidaires, ont régné en même temps que les derniers rois de sang achéménide, à partir de Rescuporis V. Le royaume du Bosphore Cimmérien était alors partagé, et il est à croire que cette royauté secondaire était entre les mains d'une famille appartenant à l'une des nombreuses tribus scythiques qui habitaient alors sur les rives du Taraïs et du Palus Maeotis.

Pharsanzès
254-255.

(De Koehne considère ce prince comme un usurpateur d'origine perse et, avec Mirza Djafar Topchibachef, assimile son nom à celui de Faraân des persans, cette hypothèse ne se justifie pas.)

Pot. Dr. Effigie diadémée à dr. d'un travail extrêmement barbare. — Légende : BACIΛЄⲰC ФАРЄАN(COⲨ) ou B·АРЄАNCOⲨ·

℞. Tête barbare d'un empereur à dr. (Fig. 204).

Fig. 204.   Fig. 205.

Synges ou Sygges
Entre 258 et 276.

Æ. Dr. Effigie diadémée du prince vêtu du chiton. — Légende : BACIΛЄⲰC CⲨΓΓHC

℞. Astarté assise à gauche.

[Nous donnons (Fig. 205) cette médaille d'après le dessin de Koehme Musée Kotschoubey, t. II, 1857, p. 363, bois dans le texte.]

Teiranès (Tiberius Julius).

Æ. Dr. Effigie diadémée du roi à dr. — Légende : BACIΛЄⲰC TЄIPANOⲨ·

℞. Effigie laurée d'un empereur à dr. (Fig. 206), probablement Probus.

Tothorsès.

279-308.

Æ. Effigie du roi à dr. — Légende : **BACIΛΕѠC ΘΟΘΟΡ· COV**.

℟. Buste lauré à dr. d'un empereur, Probus, Carus, Numérien, Dioclétien et Constantin I, d'après les dates que portent les monnaies (Fig. 207).

FIG. 206.   FIG. 207.   FIG. 208.

Rhadamsadès.

309-323.

Æ. Dr. Effigie à dr. du prince. — Légende : **BACIΛΕѠC PAΔAM — CAΔ —**

℟. Effigie à dr. de Constantin I (Fig. 208).

III

COLCHIDE

La Colchide comprenait le bassin du Phase (aujourd'hui le Rion). Elle était célèbre par l'expédition des Argonautes attirés jadis par le renom des sables aurifères que roule son fleuve. Sa population, comme celle d'aujourd'hui d'ailleurs (les Mingréliens) était de race caucasienne. Les Grecs fondèrent sur la côte, à l'embouchure du fleuve, un établissement qui prit le nom de Phasis, et, plus au nord, au pied du grand Caucase, un autre comptoir nommé Dioscurias qui, tardivement, vers 100 avant notre ère, frappa monnaie.

Æ. Dr. Bonnets des Dioscures.

℟. Thyrse. — Légende : **ΔΙΟΣΚΟΥΡΙΑΔΟΣ·**

Vers la même époque (vers 63-47 av. J.-C.) un dynaste de Colchide, du nom d'*Aristarchus* (Appien, Mithrid. 114), émit des pièces d'argent.

Æ. Dr. Tête d'Apollon (?).

R⁄. Femme assise de face. — Légende : **ΑΡΙΣΤΑΡΧΟ[Υ] ΤΟΥ ΕΠΙ ΚΟΛΧΙΔΟ[Σ]** [1]

On attribue à la Colchide de petites monnaies d'argent, à bas titre, anépigraphes, qu'on rencontre spécialement dans ce pays. Elles auraient été frappées vers 400 av. J.-C. ou quelque peu après cette époque.

Æ. Dr. Tête archaïque de profil à dr. (style égyptien ?).

R⁄, Tête de bœuf de profil à g., médailles globuleuses (coll. de l'auteur).

Fig. 209.

IV

IBÉRIE

Géorgie actuelle, au pied du Grand Caucase central, dans la haute vallée du Cyrus (Kourah). Population caucasienne, apparentée à celle de la Colchide.

Nous ne connaissons de ce pays, comme monnaies qui lui soient attribuables, qu'une grossière imitation du denier d'Auguste.

Æ. Dr. Profil lauré d'Auguste à dr. — Légende : **CAESAR AVGVSTVS DIVI F PATER PATRIAE·**

R⁄. Caius et Lucius debout, tenant chacun la haste et le bouclier. Dans le champ, le simpule et le bâton d'Augure. — Légende : **C·L·CAESARES AVGAS-TI F·COS·DESIG· PRINC·IVVENT·**

Fig. 210.

Ces imitations sont assez abondantes en Transcaucasie ; aussi Bartholomaei [2] et Langlois [3] les attribuent-ils à la Géorgie. Se basant sur ce que l'expédition romaine de l'an 2 avant notre ère [4], dut amener dans le pays un grand nombre de deniers de ce type pour la solde des légions.

1. *Num. Chron.*, 1877, 1. — B. HEAD. *Hist. num.* (1887), p. 423.
2. Lettres IV, p. 24.
3. Suites Mon. géorg., p. 14 sq.
4. *Tacite*, Annales, II 3. *Vel. Paterculus* II, 101.

V

ROYAUME D'ARMÉNIE

Géographie. — Le royaume d'Arménie, dont le centre était situé entre le lac de Vau, au sud, l'Euphrate supérieur, à l'ouest, le petit Caucase, au nord, et les plaines où l'Araxe rejoint le Cyrus n'eut jamais de frontière fixe. Il s'étendit parfois jusqu'à la Coele-Syrie, sous Tigrane le Grand, en d'autres temps, il fut réduit au plateau actuel d'Erzeroum et à la haute vallée de l'Araxe, rivière près de laquelle étaient situées ses principales villes. Ne possédant pas, à cette époque, d'écriture propre à leur langue, les Arméniens adoptèrent le grec pour leurs légendes : le style de leurs monnaies se ressent du voisinage des Séleucides de Syrie, des rois du Pont et des Arsacides de Perse.

Sous les grands rois achénides, l'Arménie formait une province de l'empire Perse, la XIIIe Satrapie. La conquête macédonienne de l'Asie n'eut tout d'abord d'autre effet que de lui donner de nouveaux maîtres. Mais, sous les Séleucides, ce pays peu à peu s'émancipa, tout en demeurant officiellement soumis aux Grecs. Le régime arsacide ne modifia guère cet état de choses, et il en fut de même sous les Sassanides. Placés entre l'empire romain et celui des Perses, les Arméniens, tout en demeurant, tour à tour, feudataires des uns ou des autres de ses puissants voisins, eut ses princes qui portaient le titre de rois.

Souverains. Nous possédons une liste importante, mais incomplète des dynastes arméniens, les uns nous sont connus par l'histoire, les autres par leurs médailles seulement. Cette liste est la suivante [1] :

Phrataphernès ou Néoptolème	vers 323 av. J.-C.	
Orontès I (Hrant ou Ervant)	322-301	»
Ardoates ou Ardvard	v. 301	»
Charaspès (connu seulement par des monnaies)	?	»
Artabazanès (ou Artavazd)	239-220	»

---

1. Les noms des princes dont nous possédons des monnaies sont imprimés en caractères italiques.

Arsamès (connu seulement par ses médailles).	v. 230	»
Orontès II..................................	220 ? à 215 ?	»
Abdissarès (connu seulement par ses médailles)	v. 200	»
Artaxias (Artachès I).....................	150-159 ?	»
Xercès (connu seulement par ses médailles)....	» 170	»
Artavazd I................................	159 ?-149	»
Zariadrès................................	v. 190	»
Morphilig................................	v. 150	»
Tigrane I.................................	149-123	»
Artavazd II (Artoadistus)..................	123-94	»
Tigrane II (le Grand)....................	94-54	»
Artavazd III.............................	56-30	»
Alexandre.................................	34-31	»
Artachès II..............................	30-20	»
Tigrane III..............................	20-12	»
Tigrane IV...............................	12-5 et 2 ap. J.-C.	
Erato...................................	»	»
Artavazd IV...............................	5-2 av. J.-C.	
Ariobarzanès..............................	v. 2 ap. J.-C.	
Artavazd V................................	2-11	»
Erato (de nouveau)........................	14-15	»
Vononès (Arsacide de Perse)................	16-17	»
Arsace ou Archag I........................	18-34	»
Mithridate	35-37 et 47-51	»
Rhadamiste (roi d'Ibérie).................	51-53	»

Vient ensuite la dynastie arsacide d'Arménie ; mais nous ne connaissons aucune médaille de ces princes.

En résumé onze princes et princesses seulement ont émis des monnaies qui sont parvenues jusqu'à nous ; peut-être ce nombre s'accroîtra-il par de nouvelles découvertes, mais il est certain que, pour la plupart, ces dynastes, feudataires de grands États, n'ont pas été autorisés par leurs souverains a battre du numéraire. Sous le régime parthe leur situation était donc moins favorisée que celle de l'Elymaïde, de la Characène et de la Perside. Cela tient à ce que l'Arménie tenait lieu de boulevard aux armées romaines et perses qui, pendant des siècles, se disputèrent la possession de ce pays.

L'histoire de l'Arménie a fait l'objet de nombreuses études et je

suis moi-même l'auteur du dernier ouvrage paru sur ce sujet [1].
Quant à la Numismatique de ce royaume, bien qu'elle soit très peu
développée, il en a été traité fréquemment [2].

Charaspès.

Æ. Dichalque. Poids 9 gr. 55 [3] (Fig. 211).
Dr. Têtes accolées des Dioscures coiffés de coquilles d'œuf [4].
Cercle de perles.

FIG. 211.   FIG. 212.

℞. Aigle debout à dr. sur un foudre. — Légende verticale :
à dr. **ΒΑΣΙΛΕΩΣ**, à g. **ΧΑΡΑΣΠΟΥ**.
Monogramme **ΝΕ** en exergue.

Arsamès.
Vers 82 Sel. = 230 av. J.-C.

Æ. Chalque. Poids 6 gr. 50 (Fig. 212).
Dr. Buste drapé du prince coiffé d'un bonnet. Cercle de perles.
℞. Cavalier marchant à droite [5].

Abdissarès.
Vers 112 Sel. = 200 av. J.-C.

Æ. Chalque Poids 7 gr. 40 et dilepton. Poids 2 gr. 15 (Fig. 213).

1. *Histoire du peuple arménien*, Paris, 1919.
2. Cf. VISCONTI, *Icon. grec.* — LANGLOIS, *Numism. de l'Arménie dans l'antiquité.*
— BARTHOLOMAEI. *Lettres numismatiques.* — E. BABELON, 1890. *Les rois de Syrie
d'Arménie et de Commagène*, p. CXCI à CCVII et p. 211 à 216.
3. E. Babelon, *op. cit.*, p. 211. Pl. XXIX, fig. 1.
4. On sait que les Dioscures étaient fils de Léda et du Cygne.
5. Cf. E. Babelon, *op. cit.*, p. 211. Pl. XXIX, fig. 2.

Dr. Buste drapé du prince, coiffé du bonnet satrapal. Cercle de perles.

℞. Chalque et dilepton. Aigle debout à droite.

℞. Dilepton. Tête de cheval bridé à droite. — Légende verticale : à dr. ΒΑΣΙΛΣΩΣ, à g. ΑΒΔΙΣΣΑΡ·Υ [1].

FIG. 213.

Xerxès.

Vers 154 Sel = 170 av. J.-C.

Æ. Chalque. Poids 5 gr. 40. Dilepton. Poids 1 gr. 90 (Fig. 214).

Dr. Buste du prince à dr. barbu, coiffé du bonnet satrapal. Cercle de perles.

FIG. 214.

℞. Victoire debout à g. — Légende verticale à dr. ΒΑΣΙΛΕΩΣ, à g. ΞΕΡΞΟΥ. Dans le champ, monogramme ΝΚ [2].

Nota. Les monnaies attribuées à Zariadrès et à Morphilig par Otto Blau (*Num. Z.*, Vienne, t. IX) ne semblent pas appartenir à la série arménienne.

Tigrane II (le Grand).

215 à 256 Sel. = 97 à 56 av. J.-C. (Tigrane I. E. Babelon [3].)
Tigrane II. 94 à 54 av. J.-C. (Basmadjian)

Æ. Tétradrachme. (Fig. 215) Poids 15 gr. 70, 15 gr. 80, 15 gr. 90, 16 gr. 00,

Dr. Buste drapé du prince à dr. coiffé de la tiare. Cordon de laine.

℞. La ville d'Antioche assise tenant une palme, le génie de l'Oronte à ses pieds.

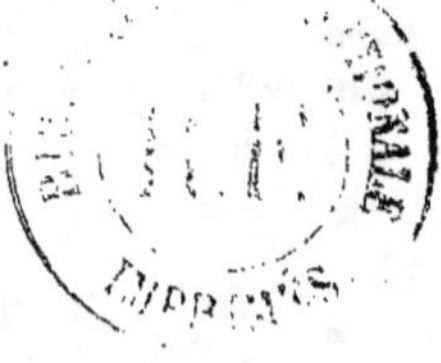

FIG. 215.

Tétradr. Chalque et hémichalque. — Légende verticale : à dr.

1. E. Babelon, p. 211 sq. Pl. XXIX, fig. 3 à 5.
2. E. Babelon, p. 212. Pl. XXIX, fig. 6 à 7.
3. E. Babelon, p. 213. Pl. XXIX, fig. 8 et 9.

ΒΑΣΙΛΕΩΣ, à g. ΤΙΓΡΑΝΟΥ. — Monogramme ΑΡ dans le champ. Date à l'exergue.

Hémi-chalque (Fig. 216). ℞. Palme. Même légende verticale. Monogramme et lettres ΛΦϞ dans le champ. — A g. monogramme(?) ℞. La Fortune debout à g.

Fig. 216.

Fig. 217.

Artavazde III.

256 à 282 Sel. = 56 à 50 av. J.-C.
(Artavazde I. E. Babelon.)

Æ. Chalque. Poids 9 gr. 00 (Fig. 217).

Dr. Buste du prince à dr. coiffé de la tiare ; derrière, la lettre Λ. Cercle de perles.

℞. Victoire dans un char marchant à g. tenant une couronne. — Légende verticale : à dr. ΒΑϹΙΛΕΩΣ, à g. ΒΑϹΙΛΕΩΝ ΑΡΤΑΥΑΖΔΟΥ.

[Ce prince est le premier des dynastes arméniens qui, sur ses médailles, s'intitule Roi des rois [1].]

Fig. 218.

Tigrane III.

292 à 300 Sel. = 20 à 12 av. J.-C.

Æ. Chalque. Poids 5 gr. 55 (Fig. 218).

Dr. Tête barbue du prince, coiffé de la tiare.

℞. La Fortune assise à g. tenant une patère et une corne d'abondance. — Légende verticale : à dr. ΒΑΣΙΛΕΩΣ ΤΙΓΡΑΝΟΥ [2].

Tigrane IV.

1er règne : 300 à 305 Sel. = 12 à 5 av. J.-C.
2e règne : 308 à 401   »   2 av. J.-C. à 1 ap. J.-C.
(Tigrane III. E. Babelon.)

Æ. Chalque. Poids 6 g. 40 (Fig. 219).

1. E. Babelon, *op. cit.*, p. 215. Pl. XXIX, fig. 16.
2. Tigrane II. E. Babelon, *op. cit.*, p. 215. Pl. XXIX, fig. 17.

Dr. Profil à g. du prince coiffé de la tiare.

R̸. Personnage debout à dr. tenant un aigle ou une fleur et s'appuyant de la main dr. sur un long sceptre. — Légende verticale : à g. ΒΑϹΙΛΕΩϹ ΜΕΓΑΛΟΥ, à dr. ΤΙΓΡΑΝΟΥ ΦΙΛΕΛΗΝΟ (*sic*).

Æ. Chalque. Poids 4 gr. 05 (Babelon *ibid.*, fig. 18).

R̸. Victoire debout à g. — Légende : à g. [ΒΑΣΙΛΕΩΣ] [ΜΕ]ΓΑΛΟΥ ; à dr. ΤΙΓΡΑΝΟΥ.

Æ. Hémi-chalque. Poids 2 gr. 85 (Babelon, *ibid.*, fig. 20).

R̸. Cheval debout à g. — Légende : (haut) ΒΑΣΙΛΕΩΣ à dr., ΜΕΓΑΛ[ΟΥ], à g. [ΤΙ]ΓΡΑΝΟΥ (au-dessous, à g.) ΘΕΟΥ [1].

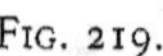

FIG. 219.

FIG. 220.

Tigrane IV et sa sœur Erato.

Æ. Chalque. Poids 7 gr. (Fig. 220).

Dr. Profil à dr. du prince coiffé de la tiare. — Légende circulaire : ΒΑϹΙΛΕΥϹ ΒΑϹΙΛΕΩΝ ΤΙΓΡΑΝΗϹ.

R̸. Profil à g. de la princesse. — Légende circulaire : ΕΡΑΤΩ ΒΑϹΙΛΕΩϹ ΤΙΓΡΑΝΟΥ ΑΔΕΛΦΗ [2].

1. Cf. E. Babelon, p. 216. Pl. XXIX, fig. 19.
2. Babelon, *ibid.*, fig. 21.

LES
ÉTATS DE LA MÉSOPOTAMIE
ET DE
LA SYRIE

I. — PRINCIPAUTÉ D'ÉLYMAÏDE

La principauté d'Élymaïde, située dans la province persane actuelle de l'Arabistan, n'était autre que le dernier vestige du royaume d'Élam (Carte, Fig. 221). Nous ne connaissons pas ses limites ; mais assurément elle s'étendait sur la plaine du Kâroûm, de l'Âb-é-Diz et de la Kerkha.

Les trouvailles de monnaies élyméennes faites à Suse [1], à Ahwaz et à Dizfoul[2] portent à croire que les districts où s'élèvent aujourd'hui ces villes et ces ruines en faisaient partie.

Tout ce que nous possédons, par les auteurs de l'Antiquité, sur l'histoire de la principauté d'Élymaïde, se résume

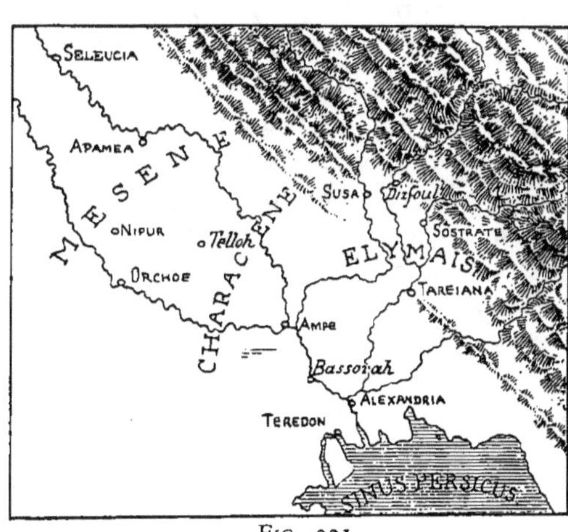

FIG. 221.

me en ce court passage de Lucien : Και μνασκίρης δὲ βασιλευς Παρτναίων ἒξ καὶ ενενήκοντα ἒζησεν ἒτη.

Lucien place [Ka]mnaskirès parmi les princes de la Characène ;

1. Trouvailles de Suse (Cabinet de France).

2. Trouvailles de Dizfoul et d'Ahwaz (Coll. de l'auteur et ses dons au Cabinet de France et au Musée Britannique).

cette erreur s'explique par ce fait que la principauté characénienne était limitrophe de l'Elymaïde.

Ces deux États furent successivement feudataires des Séleucides de Syrie et des Arsacides de Perse ; aussi, dans ses débuts, le monnayage élyméen est-il fortement empreint du goût des successeurs d'Alexandre. Vers 174 de l'ère séleucide, le grand roi Parthe Mithridate I (170-140 av. J.-C.) fit une expédition heureuse dans les districts chaldéo-susiens, et soumit à son sceptre les dynastes de cette région. Il est à croire qu'il rencontra en Élymaïde le dynaste Kamnaskirès I. Nicéphore, prince dont nous possédons une médaille, la plus ancienne connue jusqu'ici de cette série.

On peut supposer, avec quelques numismates, que Mithridate I remplaça le dynaste indigène par un prince de sa maison, et que c'est ce vice-roi qui nous aurait laissé le beau tétradrachme portant comme légende ΒΑΣΙΛΕΩΣ ΑΡΣΑΚΟΥ, puisque le pouvoir aurait été rendu à la famille des Kamnaskirès ; mais ce n'est là qu'une simple hypothèse. Plus tard, dans la seconde moitié du premier siècle de notre ère, les Kamnaskirides furent remplacés à leur tour par une dynastie de princes portant des noms arsacides. L'avènement au trône de Perse d'Artaxercès I, le Sassanide, marque l'époque à laquelle ce petit royaume cessa d'exister.

Les monnaies des princes de l'Élymaïde sont peu communes, nous ne les connaissons guère que par quelques trouvailles, il s'en suit que, très certainement, nous ne possédons pas ces séries complètes, et que le nombre des princes est plus considérable que nous ne le pensons aujourd'hui.

Quant à la succession des dynastes dont les monnaies nous sont parvenues, elle est, dans la majeure partie des cas, fort problématique, très rarement on rencontre dans les légendes des pièces le nom du père du souverain qui les a fait frapper, on est donc obligé de s'en rapporter, pour le classement aux caractères artistiques et épigraphiques.

Tous les princes de la première dynastie portent le nom familial de Kamnaskirès, aucun d'entre eux ne nous a transmis son nom personnel : en Élam il en est alors de même, que chez les Parthes. Mais, chez les Kamnaskirides, les effigies présentant entre elles beaucoup plus de similitudes que chez les Arsacides, il est fort malaisé de les partager en séries correspondant aux divers dynastes. Ces médailles portent parfois des dates comptées, semble-t-il, dans l'ère des Séleucides. Ces dates sont les seuls guides que nous possédions pour établir un classement qui ne saurait être définitif. · Les princes de la seconde dynastie portent presque tous le nom d'Orode, cependant on voit un Phraate, un Chosroes (?) et peut-être aussi un Vologèse ; leurs médailles se classent par le type, par les légendes, et aussi par le costume qui, comparé à celui que portaient les grands rois arsacides, permet de se rendre approximativement compte de l'époque de leur émission. Les monnaies des premiers princes de cette seconde série portent des légendes grecques et quelques-unes des textes araméens, mais peu à peu l'écriture grecque se corrompt entre les mains de scribes ne possédant pas la langue des Hellènes ; ces scribes, accoutumés aux langages sémitiques qui se parlaient alors dans le pays, ont souvent traité le grec comme ils en usaient de l'araméen, et l'ont écrit de droite à gauche (Fig. 222), puis le grec a disparu pour faire place aux légendes sémitiques.

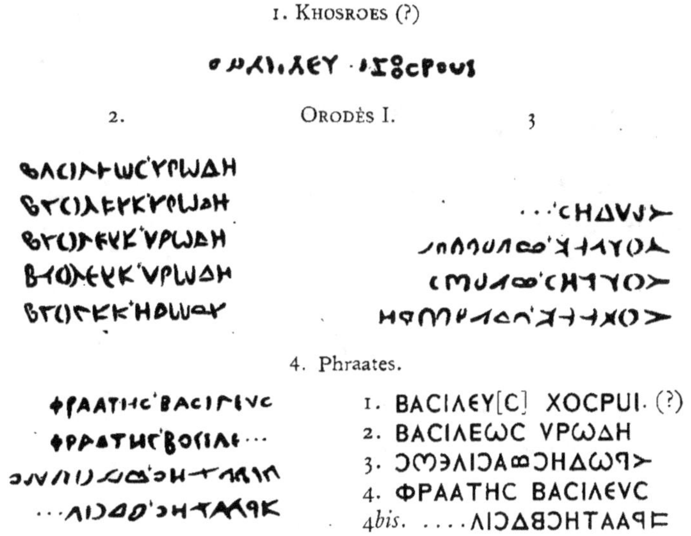

1. Khosroes (?)

2. Orodès I. 3

4. Phraates.

1. BACIΛEY[C] XOCPUI· (?)
2. BACIΛEWC VPWΔH
3. ƆMƷΛIƆΑ∞ƆHΔWꟼ>
4. ΦΡΑΑΤΗC BACIΛEVC
4bis. .... ΛIƆΔBƆHTΑΑꟼℲ

FIG. 222. — Types d'écriture grecque élyméenne.

Quant à l'écriture araméenne, dont l'usage débute dès Orode I, elle présente la forme chaldéo-pehlvie connue par l'inscription rupestre de Hadjiâbâd. Toutefois cette écriture se modifie peu à peu et, en dernier lieu prend, dans quelques lettres, des formes très voisines du pehlvi de la numismatique persépolitaine de basse époque et des Sassanides.

Nous donnons dans le tableau ci-contre (Fig. 223) les principales formes des lettres sémitiques relevées sur les monnaies de l'Élymaïde. On constate l'existence de trois phrases dans l'évolution de cette

		ELYMAIDE			Chal-pehl.	Sassan.	Papyrus.
		I	II	III			
א	A						
ב	B						
ד	D						
ה	H						
ו	U						
ז	Z						
י							
כ	K						
ל	L						
מ	M						
נ	N						
פ	P						
ר	R						
ש	Š						

FIG. 223. — Alphabets sémitiques d'Élymaïde.

écriture. Dans la première les lettres sont très voisines du chaldéo-pehlvi d'Hadjiâbâd. Dans la seconde les caractères se modifient, pour entrer, avec la troisième, dans une période barbare, tout en se rapprochant des formes du pehlvi sassanide.

Après ce qui vient d'être dit, on conçoit qu'il soit impossible d'établir une liste définitive des princes de l'Élymaïde, et d'assigner à chacun d'eux son rang *ne varietur* ; aussi, est-ce en faisant les plus expresses réserves, que ·nous donnons le tableau qui suit.

Iʳᵉ DYNASTIE. (INDIGÈNE ?)	ÈRE SÉLEUCIDE.	ÈRE CHRÉTIENNE.	ROIS DES PAYS VOISINS
Kamnaskirès I nicéphore............	Vers 150.	Vers 163 av. J.-C.	Alexandre Bala (Syrie).
Vice-roi arsacide.(?)..	» 175.	» 158 »	Mithridatès I (171-138 av. J.-C.)
Kamnaskirès II, grand roi d'Elymaïde....	» ?	» ? »	
Kamnaskirès III, époux d'Anzazé...	» 231.	» 82 »	Mithridatès II (123-88 av. J.-C.)
Kamnaskirès IV.....	»	» »	Phraatacès (2 av. 4 ap. J.-C.)
Kamnaskirès V......	» 310-370	4-58 ap. J.-C.	Gotarzès (41-51 ap. J.-C.)
Kamnaskirès VI.....	» 370- ?	58- (?)	Attambelos II (Characène)
Divers Kamnaskirès........			Vononès II (51 ap. J.-C.)
»			Vologèsès I (51-78)
» ......,.			Pacorus II (78-110 ?)
IIᵉ DYNASTIE (ARSACIDE).	50 ans		
Khosroès..... (?)....			
Orodès I...........			
Phraatès......:.....			
Orodès II.............			
Kamnaskir-Orodès III			Osroès (106-130)
Orodès IV et Ulfan..			Mithridatès IV (130-147)
Orodès V.........			Vologèsès II (78-147)
Prince de nom inconnu...........	Cent ans		Vologèsès III (147-191)
			Vologèsès IV (191-208)
Vologèsès (?).......			Vologèsès V (208-213)
			Artaban V (213-227)

Succession probable des princes de l'Elymaïde.

TRAVAUX SUR LA NUMISMATIQUE DE L'ÉLYMAIDE

Les premiers numismates, Vaillant, Visconti [1], Mionet [2] considéraient ces médailles comme faisant partie des séries royales de Perse. Bartholomaei [3] et de Longpérier [4] les séparent des suites arsacides, et font des princes qui les ont émises des feudataires des grands rois, mais sans préciser la contrée qu'ils gouvernaient; Vaux, en 1856 [5], attribue au sud de la Babylonie ou à la Susiane quelques médailles au nom de Kamnaskirès nouvellement entrées au cabinet britannique et, en 1873, Percy Gardner [6] donne ces mêmes pièces à la Characène, mais rectifiant son erreur en 1877, il les reporte à la Susiane. C'est alors que von Salle [7] reprenant la question, donna une première liste des médailles élyméennes et que Mordtmann [8] fit beaucoup avancer cette étude. Markoff, en 1889 [9], n'apporta guère que du trouble dans la question.

Les choses en étaient là, quand le colonel Allotte de la Fuÿe [10] reprenant tous les travaux de ses prédécesseurs aborda de nouveau la question et, dans plusieurs remarquables mémoires, établit une chronologie relative des princes d'Élymaïde. Le premier de ces travaux porte sur la dynastie des Kamnaskirès, le second et le troisième sur les princes de la seconde période. Cette dernière partie fut traitée avec beaucoup de développement, grâce aux très nombreux documents que je venais de découvrir à Suse [11]. Enfin George F. Hill en 1921 a donné la plus récente étude sur la question dans un volume de la série du Musée britannique.

1. Visconti, *Iconographie grecque* (Didot, 1808). IIe partie, p. 477, 642 sq.
2. Tome V, p. 663, t. VIII, p. 443.
3. *Mém. Ac. St-Pétersbourg*, 1852, t. VI, p. 173.
4. *Chron. et iconogr. des rois Parthes*, 1853. Pl. VI, fig. 64 à 74.
5. *Num. Chron.*, 1856.
6. *Num. Chron.*, 1873, p. 135. *Parthian Coinage*, 1877, p. 60. Pl. VII, fig. 25 et 26.
7. *Zeitsch. f. Numism.* (Berlin), t. VIII, p. 205.
8. *Zeitsch. f. Numism.* (Berlin), 1875 et 1878.
9. *Arsakidskaya Moneti.* St-Pétersbourg, 1892.
10. *Rev. Numism.*, 1903, p. 92. *La Dyn. des Kamnaskirès*, 1905. Mon. de l'Élymaïde, dans Mém. de la Déleg. en Perse. T. VIII (67 pp. et 5 pl.). Les monnaies de l'Élymaïde (Modifications au classement proposé en 1907. *Rev. Num.*, 1919, p. 45 à 84, 2 pl.).
11. Voir également George F. Hill, *Catal. of the Greek Coins. Arabia, Mesopotamia, Persia*, etc... 1922, pp. clxxxii sq., 245 sq. Pl. XXXVIII-XLII.

Ire DYNASTIE (DES KAMNASKIRÈS)

Kamnaskirès I Nicéphore.

Vers 150 av. J.-C.

Æ. Tétradrachme (Fig. 224). Poids 16 gr. 70 pour 17 gr. 00. Cabinet de France.

Dr. Profil à dr. du prince. Anépigraphe.

Ƀ. Apollon assis à g. sur l'omphalos. — Légende : ΒΑΣΙ-ΛΕΩΣ ΚΑΜΝΑΣΚΙΡΟΥ ΝΙΚΗΦΟΡΟΥ.

Type séleucide.

FIG. 224.

Vice-roi arsacide ?

138 av. J.-C.

Æ. Tétradrachme (Fig. 225). Poids 16 gr. 30 pour 16 gr. 32. Cabinet de Berlin.

Dr. Profil à dr. du prince (peut-être plus tard Phraate grand roi). Anépigraphe.

Ƀ. Apollon assis à g. sur l'omphalos. — Légende : ΒΑΣΙΛΕΩΣ ΑΡΣΑΚΟΥ.

Dans le champ, monogramme.

En exergue ΒΑ ou ΒΛ.

Médaille de type séleucide.

FIG. 225.

Kamnaskirès II grand roi d'Elymaïde.

Æ. Tétradrachme (Fig. 226 reconstituée). Poids 15 gr. 50. — Cabinet de France.

FIG. 226

Dr. Profil à g. d'un homme encore jeune, portant la barbe taillée en pointe, diadémé et drapé.

R/. Jupiter nicéphore assis. — Légende : ΒΑCΙΛΕΩΣ ΚΑΜΝΑCΚΙΡΟΥ ΤΟΥ ΕΓΒΑCΙΛΕΩC ΚΑΜΝΑCΚΙΡΟΥ.

Dans le champ à g., monogramme.

A l'exergue date ΑΝΣ = 241

dont le haut seul est visible.

Kamnaskirès III et Anzazé.

82 av. J.-C.

Æ. Double octobole (Fig. 227 reconstituée d'après plusieurs exemplaires). Poids 15 gr. 90 pour 15 gr. 94. Cabinet de France.

Æ. Drachme. Poids 3 gr. 150 pour 3 gr. 264. Cab. de France.

Æ. Hémidrachme. Poids 1 gr. 70. Coll. Petrowicz.

Æ. Obole. Cab. de Berlin.

FIG. 227.

Dr. Bustes de profil à g. du prince et de la princesse. Ancre dans le champ à dr. Anépigraphe.

R/. Jupiter nicéphore assis à g.

Légende : ΒΑCΙΛΕΩC ΚΑΜΝΑCΚΙΡΟΥ.

ΒΑCΙΛΙCCΗC ΑΝΖΑΖΗΣ.

Au-dessous de la main droite de Jupiter, légende indistincte en petits caractères : ΕΛΚΕΔΩΝ ou ΣΑΚΕΔΩΝ ou ΝΙΚΗΦΟΡΟΥ?

A l'exergue. ΑΛΣ = 231 sél. = 82 av. J.-C.

Toutes les monnaies de ce prince sont semblables.

Kamnaskirès IV.

Vers 4 av. J.-C.

Æ. Double octobole (Fig. 228 reconstituée d'après plusieurs exemplaires). Poids 15 gr. 50 pour 15 gr. 94. Cabinet de France.

Dr. Profil à g. d'un jeune prince (type arsacide).

℞. Jupiter nicéphore assis à g. — Légende : **ΒΑΣΙΛΕΩΣ ΚΑΜΝΑΣΚΙ- ΡΟΥ ΤΟΥ ΕΓΒΑΣΙΛΕΩΣ ΚΑΜΝΑΣΚΙΡΟΥ.**

A l'exergue : **ΑΝΖ** (?) = 241 ? sél. = 4 ? av. J.-C.

FIG. 228.

Kamnaskirès V.
Vers 58 ap. J.-C.

Æ. Double octobole (Figure 229). Poids 16 gr. pour 15 gr. 94. (Figure reconstituée d'après plusieurs exemplaires.)

FIG. 229.

Æ. Drachme. Cabinet de France et de Londres. Coll. de l'auteur.

Dr. Buste diadémé à g. d'un prince portant la barbe (type arsacide). Anépigraphe.

℞. Buste diadémé de Jupiter (?) ou d'Héraklès (?) — Légende : **ΒΑΣΙΛΕΩΣ ΚΑΜ- ΝΑΣΚΡΟΥ ΤΟΥΛΕΓΒ**....**ΜΝΑΣ**.....

Inscription composée de lettres très déformées.

Kamnaskirès VI.
Vers 58 ap. J.-C.

Æ. (à bas titre). Double octobole (Figure 230). Poids 15 gr. 68 pour 15 gr. 94. Cabinet de Londres.

Æ. Diobole. Poids 1 gr. 95 pour 1 gr. 96. Cab. de Londres.

Æ. Dixième de sicle. Poids 0 gr. 58 pour 0 gr. 59.

Dr. Profil à g. d'un prince plus âgé que Kamnaskirès V. Anépigraphe.

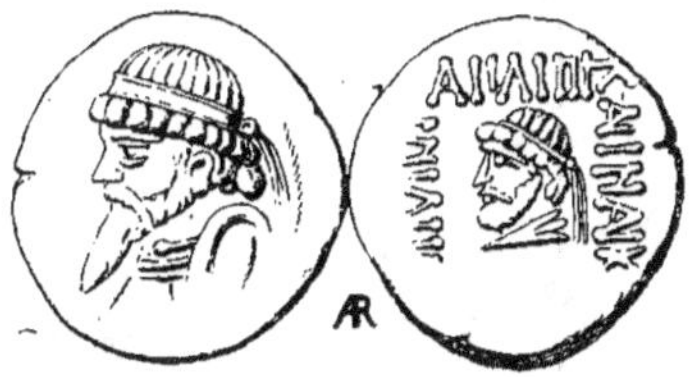

FIG. 230.

Ɽ. Tête de Jupiter ou d'Héraklès à g. très barbare. — Légende très barbare : **BAIIΛIΠ...KAMNAIK OVIIΛIC**.

Kamnaskirès A.

Après 58 ap. J.-C.

Æ. A très bas titre double octobole (Fig. 231). Poids 14 gr. 35

FIG. 231.

très variable. Coll. de l'auteur.

Dr. Buste du prince à gauche, d'une gravure plus barbare que celle des précédentes effigies. Anépigraphe.

Ɽ. Tête de Jupiter ou d'Héraklès très barbare. — Légende très confuse dans laquelle on retrouve cependant quelques lettres des mots **BACIΛEΩC** et **KAMNACKIPHC**.

Kamnaskirès B.

Æ. A très bas titre double octobole (Fig. 232). Poids 15 gr. 30 très variable. Cabinet de France. Coll. de l'auteur.

Dr. Même type.

Ɽ. Tête de Jupiter ou d'Héraklès très barbare et légende illisible.

Une de ces médailles (coll. de l'auteur) montre une légende moins inçorrecte dans

FIG. 232.

laquelle on peut lire : **BACIΛEΩC KAΠMCKIPHCO...PIEΩN**.

FIG. 233.

Kamnaskirès C.

Æ. (Argenté.) Double octobole (Fig. 233). Poids 15 gr. 75. Cabinet de Berlin, coll. de l'auteur.

Dr. Même type.

Ɽ. Même type. — Légende illisible.

Kamnaskirès D.

Æ. (Argenté.) Double octobole (Fig. 234). Poids 15 gr. 70 pour 15 gr. 94. Coll. de l'auteur.

Æ. (Argenté.) Drachme. Poids 2 gr. 80.

Æ. (id.) Triobole. Poids 4 gr. 10. Cabinet de France, coll. de l'auteur.

Dr. Même type très barbare.

R⁄. Parfois traces de la tête de Jupiter (?) le plus souvent traits gravés en désordre.

A partir de Kamnaskirès IV les groupes de monnaies sont très indécis, l'art se corrompt

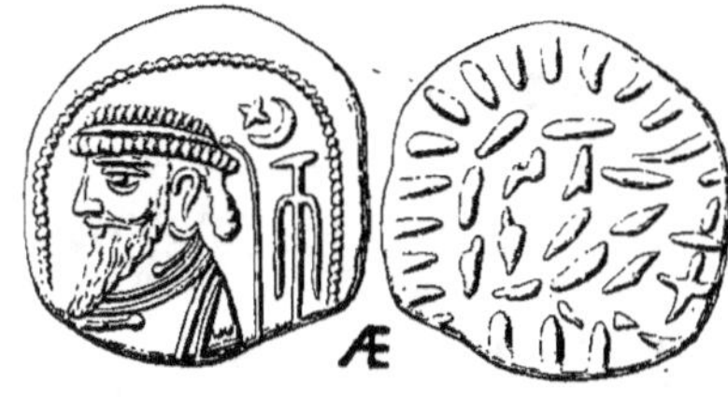

FIG. 234.

peu à peu, et graduellement les légendes deviennent illisibles, pour être, finalement, remplacées par de simples points longs. Il est donc impossible de dire d'après les médailles combien de princes du nom de Kamnaskirès ont occupé le trône d'Élam.

IIᵉ DYNASTIE (DES PRINCES ARSACIDES).

Khosroès (?)

Æ. (Argenté.) Tétrobole. Poids 3 gr. 57 pour 3 gr. 32,5. Coll. Pétrowicz (Fig. 235). Cabinet de France.

FIG. 235.

Dr. Buste à g. avec la barbe en pointe, grosses touffes de cheveux sur le sommet et sur les côtés de la tête (type du roi arsacide Osroès).

R⁄. Artémis en pied à dr. tenant l'arc et tirant une flèche de son carquois. — Légende très confuse sur laquelle Pétrowicz lit : XOCPUI BACIΛEV[C].

Orodès I.

Æ. (Argenté.) Tétradrachme (Fig. 236). Poids 14 gr. 40.

Dr. Buste barbu du prince avec tiare diadémée, ornée d'une ancre, à dr. dans le champ. Ancre et croissant |ponctué, étoile à quatre branches derrière la tête. — Légende ורוד מלבא = URUD MALKA.

R⫋. Semis de gros points allongés.

Æ. (Argenté.) Drachme. Poids 3 gr. 40 pour 4 gr. 08. Pièces de 21 grains (poids 4 gr. 00 pour 4 gr. 08), de 14 grains (poids 2 gr. 10 pour 2 gr. 38), etc... Cabinet de France. Coll. de l'auteur.

Dr. Buste du prince à g. coiffé de la tiare. Ancre dans le champ à dr. Anépigraphe.

R⫋. Buste à dr. d'Artémis. — Légende : BACIΛЄΩC YPΩΔHC · BACIΛЄYK YPΩΔHC. (Fig. 237 a) écrite de g. à dr. ou de dr. à g. ϽΩƎΛIϽΛBϽHΔ-ΩꟼY. (Fig. 237 b c.)

R⫋. Buste de la Fortune à g. Anépigraphe (Fig. 237 d).

R⫋. La même à dr. Anépigraphe.

R⫋. Ancre dans une couronne. Anépigraphe.

R⫋. Ancre et vestiges barbares de légende.

Dr. Buste de face.

R⫋. Aigle tenant en son bec une couronne. Anépigraphe (Fig. 237 e).

R⫋. Couronne cantonnée de deux croissants. Anépigraphe (Fig. 237 f).

R⫋. Traits rangés en dents de scie et tête de Jupiter(?) du R⫋. des Kamnaskirès. (Fig. 237 g).

R⫋. Semis de points allongés.

FIG. 237.

Phraatès.

Æ. Double octobole (Fig. 238).

Dr. Buste à g. du prince portant la tiare ornée d'un croissant ponctué. Dans le champ à dr., ancre et croissant ponctué. — Légende :

מלכא ורוד בר מלכא [פר]אאת = (PR)AAT MaLKA BaR URUD MaLKA
= *Phraatès roi, fils d'Orodès roi.*

℞. Semis de points allongés. (Musée Britannique. Unique.)

Æ. (Argenté.) Drachme. Poids 3 gr. 50, 3 gr. 30.

Fig. 238.

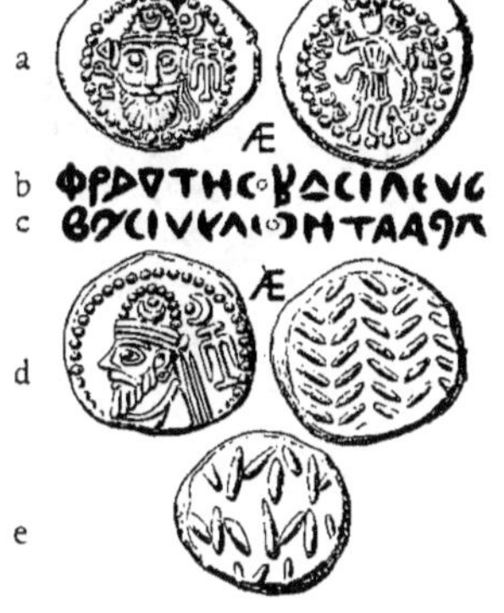

Fig. 239.

Æ. (Argenté.) Tétrobole. Poids 3 gr. 60, 3 gr. 40 (Fig. 239). Cabinet de France. Coll. de l'auteur.

Dr. Effigie de face ou de profil coiffée de la tiare. Dans le champ à g. ΠΡΑ[ΑΤΗϹ] ou anépigraphe.

℞. Artémis radiée debout à droite tenant l'arc et tirant une flèche de son carquois. — Légende : ΦΡΑΑΤΗϹ ΒΑϹΙΛΕWϹ. soit écrite normalement (Fig. 239 *b*), soit de droite à gauche.

ϽΗΤΑΑϞΦ ϽWƎΛΙϽΑΒ soit partie dans un sens, partie dans l'autre ΒΑϹΙΛΕWϹ ϽΗΤΑΑϞΦ ou ϽΗΤΑΑϞΠ. (Fig. 239*c*).

Orodès II.

Æ. (Argenté.) Double octobole (Fig. 240). Poids 15 gr. 00 pour 15 gr. 1/9   14 gr. 40 pour 14 gr. 50 1/3.

Æ.   (Argenté.) Drachme, Tétrobole. Poids 3 gr. 50 pour 3 gr. 625.

Dr. Æ. Double octobole. Buste du prince de face. — Légende en caractères sémitiques : ורוד מלכא

URUD MaLKA = *Orodès roi.*

Fig. 240.

℞. Ancre ou semis de points.

Æ. (Drachme). (Fig. 241). Dr. Même type. Cabinet de France, coll de l'auteur. — ℞. (Fig. 240). Buste d'Artémis. Légende : ורוד מלכא ברי ורוד = URUD MaLKA BaRI URUD = *Orodès roi fils d'Orodès*

FIG. 241.

Æ. (double octóbole et divisions). Dr. Buste de profil. — Légende : URUD MaLKa.

℞. Ancre, buste d'Artémis, semis de points.

Kamnaskir-Orodès III.
Vers 120 ap. J.-C.

Æ. (Argenté.) Double octobole. Poids 14 gr. 90, 15 gr. 20 pour 15 gr. 1/9. Cabinet de France. Coll. de l'auteur.

Æ. (Argenté.) Drachme. Poids 3 gr. 30 à 3 gr. 70 (Fig. 242). Cab. de France. Coll. de l'auteur.

Æ. (double octobole). Dr. Buste de face du prince. Cheveux en touffes épaisses et frisées sur les côtés de la tête. — Légende : ורוד מלכא כבנתכיר ורוד מלכא ברי KaBNaHKIR URUD MaLKA BaRI URUD MaLKA = *Kamnaskir Orodès roi fils d'Orodès roi.*

FIG. 242.

℞. Semis de points allongés. Anépigraphe.

Æ. (Double octobole). Dr. (Fig. 242, B B'). Même type. — Légende ורוד מלכא כומשכיר : KUMnaŠKIR URUD MaLKA.

℞. Semis de points allongés. Anépigraphe.

Æ. (drachme). Dr. (Fig. 242, C C'). Même type. Anépigraphe.

℞. Buste drapé d'Artémis. — Légende : KUMnaSKIR URUD MaLKA.

℞. Semis de points allongés irréguliers. Anépigraphe.

Æ. Drachme (Fig. 243).

Dr. Effigie de face du prince diadémé, les cheveux bouffants sur les deux côtés de la tête; barbe longue et carrée. Ancre et croissant ponctué dans le champ. Cercle de perles.

AKLMDURUNMUK

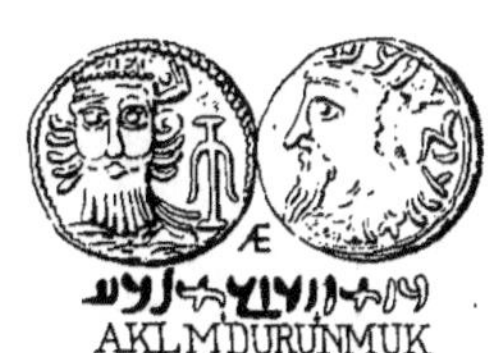

FIG. 243.

℞. Profil d'un personnage barbu à g. — Légende circulaire à droite : KUMN-askir-URUD MaLKA. (Coll. de l'auteur. Unique.)

Orodès IV.

AKLM DURU

NAFLU

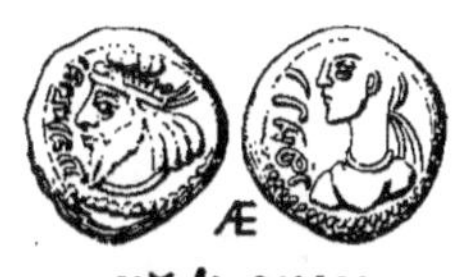

FIG. 244.

Æ. (Argenté.) Poids 2 gr. 50 à 3 gr. 00. Cabinet de France.

Orodès IV et Ulfân (Fig. 244).

Dr. Buste drapé du prince à g. — Légende : URUD MaLKA.

℞. Buste drapé de la princesse à g. — Légende : ולפאנ = ULFAN. Cab. de France.

Orodès IV, seul.

Dr. Buste du prince de face.

℞. Profil à g. d'Artémis. Anépigraphe

℞. Ancre dans une couronne. Cab. de France.

Orodès V.

Æ. (Argenté.) (Fig. 245). Poids 3 gr. à 3 gr. 20. Cab. de France.

Dr. Buste du prince. — Légende : URUD MaLKA = *Orodès roi*.

℞. Buste d'Artémis. Anépigraphe.

A KLMDURU

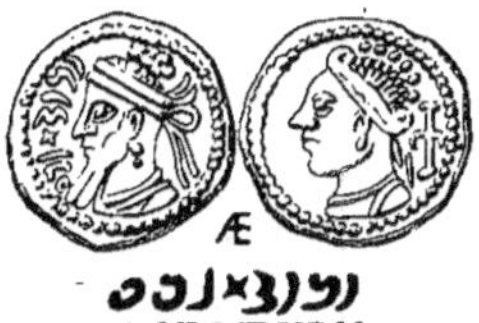

FIG. 245.

Prince α.

Æ. (Argenté.) (Fig. 245). Poids 1 gr. 70 à 2 gr. 50.

 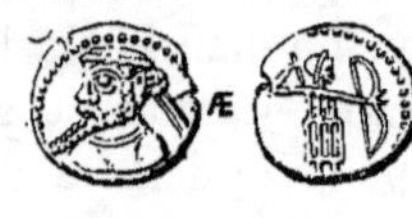

FIG. 246.

Dr. Buste drapé et diadémé à g. portant la barbe très longue. (type arsacide).

R⁄. Artémis debout à dr. tenant l'arc et prenant une flèche dans son carquois. Cabinet de France. Anépigraphe.

Prince β.

Æ. (Argenté.) (Fig. 247). Drachme. Poids 3 gr. 40, 21 grains (poids 2 gr. 40). Cabinet de France.

FIG. 247.

Dr. Buste drapé et diadémé à g. portant la barbe courte et les cheveux en touffes sur le sommet de la tête et sur les côtés (type du grand roi Osroès). Ancre dans le champ à dr.

R⁄. Pallas debout à dr. tenant la lance et le bouclier. Anépigraphe.

Prince γ.

Æ. (Argenté). Drachme (Fig. 248).

Dr. Effigie de face du prince diadémé, portant la barbe et les cheveux partagés en trois touffes, l'une située au sommet de la tête, les autres de chacun des côtés. Type très différent du précédent Cercle de perles.

R⁄. Profil à g. de femme (Artémis ?) Ancre dans le champ à dr. Cercle de perles.

R⁄. Ancre cantonnée de deux croissants ponctués, le tout dans une couronne.

FIG. 248.

II. — PRINCIPAUTÉ DE CHARACÈNE

Géographie. — La Characène était située dans le Delta du Tigre et de l'Euphrate, réunis sous le nom actuel de Chatt-el-Arab; au nord elle ne dépassait pas le confluent de ces deux fleuves, et au sud ainsi qu'au sud-est elle comprenait toute la plaine, jusqu'aux rivages marécageux du Golfe Persique.

Au nord-est elle était voisine de l'Élymaïde et, en amont de l'union des deux fleuves, était la Mésène ou Parapotamie, province formée par la plaine située entre le Tigre et l'Euphrate. Ces régions étaient peuplées de Sémites, on y parlait des dialectes araméens.

La Characène tirait son nom de celui de sa capitale Charax (Σπα-σίου Χαραξ), mais le nom de Χαρακηνή était peu employé par les Grecs, qui faisaient plutôt usage de périphrases pour la désigner : « Territoire voisin de la mer Érythrée, pays des Arabes, province du Tigre, Parapotamie, etc... »

La ville de Charax avait été fondée par Alexandre le Grand, sous le nom d'Alexandrie du Tigre, puis reconstruite sous celui d'Antiochia, mais elle fut détruite par les eaux, et le premier dynaste de la Characène, Hypsaosinès, qui la rebâtit, vers 129 av. J.-C., lui donna le nom de Charax.

L'histoire de la Characène est intimement liée à celle de la Mésène. Cette province de Mésène faisait partie des pays qui, dans la haute antiquité, portaient les noms de Šumir et d'Akkad, et que les écrivains orientaux nomment l'Irak-Arabi, tandis que la Characène, située plus au sud, dans la région dont Basrah est aujourd'hui le chef-lieu, porte, chez les auteurs musulmans le nom de Sawâd, et parfois aussi celui de Maïsân ou Meïsân, noms employés dans le Talmud et chez les Syro-Arabes, pour désigner toute la contrée comprise entre Apamée et la mer. Les textes confondent le plus souvent la Mésène et la Characène, ce qui n'est pas sans apporter beaucoup de confusion dans l'histoire de ces deux principautés.

Bibliographie. — Il a été traité de l'histoire et de la géographie de cette principauté en 1838, par Saint-Martin (*Recherches sur la Mésène et la Characène* Paris, in-8°) et, dans leurs études sur les monnaies des dynastes de ce pays, E. Babelon (Sur la numismatique et la chronologie des dynastes de la Characène, dans *Journ. d'Archéol. et de Numism. d'Athènes*, t. I. 1898, p. 381 à 404, 2 pl.) et Ed.

Drouin (Essai de déchiffrement des monnaies à légendes araméennes de la Characène, dans *Rev. Num.*, 1889, t. II, p. 211 à 254
et 1889, t. III, p. 361 à 384) ont repris la question en la résumant.

Visconti (Icon. grecque), Saint-Martin (1838), Mionet, Reinaud
(1864) ont été les premiers, parmi les orientalistes à tenter de
classer cette série numismatique, et d'établir la suite chronologique
des princes characéniens. Waddington, en 1866 et 1867, a publié
deux importants mémoires ; mais les travaux les plus utiles à consulter sont ceux d'E. Babelon (*op. c.*), de Ed. Drouin (*op. c.*) et de
G. F. Hill., *Catal* of the Greek Coins of Arabia Mesopotamia and
Persia, 1922, p. cxciv à ccxii, 289 à 304. Pl. XLIII-XLVI. Le premier de ces auteurs a proposé la succession des médailles à légendes
grecques, le second a fait part de ses tâtonnements quant à la lecture
des textes sémitiques que portent les monnaies des derniers dynastes,
légendes dont j'ai, moi-même, soumis une interprétation dans la
Numismatic chronicle (1920). M. G. F. Hill, dans son dernier ouvrage,
a quelque peu modifié les successions proposées par M. Babelon.

Épigraphie. — Les médailles des quinze premiers dynastes connus jusqu'à ce jour portent toutes des légendes grecques parfaitement lisibles sur les exemplaires bien conservés, elles possèdent
également la date de leur émission inscrite à l'exergue, dans l'ère
des Séleucides.

A partir du XVIe dynaste le texte grec disparaît des médailles pour
faire place à des légendes sémitiques écrites en un alphabet spécial,
dont on ne possède pas encore la clé avec certitude.

Nous ne connaissons certainement pas l'alphabet characénien
complet. Les médailles ne nous fournissent que seize signes dont
quatorze lettres simples (trois douteuses) et deux ligatures (dont
une douteuse).

Ces lettres, je crois pouvoir leur attribuer les valeurs A. B. Gh.
D. Z. I. K. L. T. N. M. et la ligature KA dont la valeur est connue.

Dans le tableau ci-contre (Fig. 249) je donne non seulement les
diverses formes des lettres characéniennes, qui sont d'ailleurs très
variables, mais aussi les signes que je considère comme étant leurs
équivalences dans les divers alphabets sémitiques de l'Asie. Le
mandéen qui occupe la première ligne n'est autre que la forme
moderne du characénien.

C'est à l'aide de ce tableau et en partant du mot MaLKA, fréquent

sur les médailles, que je suis parvenu à proposer des valeurs pour
les signes divers dans les légendes. Le plus long de ces textes est

Valeurs.	A	B	Gh.	? 1.	D	Z	I	K	KA	L	L?	T	N	M	? 2.	? 3.
Characénien.																
Mandéen.																
Estrangélo																
id.																
Nabathéen																
Pehlvi. arsacide.																
P. sassanide																
id																
Hébreu carré.																
Syriaque.																

FIG. 249.

celui du prince *Magha fils d'Attambélos IV* (?) il serait ainsi conçu :

MAGha ZI ATaMABIAZ MaLKA

Une autre légende fournit à mon sens :

IBINGhAI MaLKA

deux noms propres que les Grecs auraient rendus par **ΑΤΤΑΜΒΗΛΟC**
et **ΑΒΙΝΕΡΓΑΟC**, ou **ΑΒΙΝΕΡΓΛΟC**, figurant le *ع* par **ΡΓ** ou **ΡΓΛ**
et probablement aussi le *ع* par A initial dans IBINGhAI.

On trouvera, à la description des monnaies de chacun des princes,
la transcription des textes proposée par l'auteur [1].

____

1. Voir J. DE MORGAN, *Essai de lecture des légendes sémitiques des monnaies characéniennes* [*Num. Chron.*, IVᵉ série, vol. XX, 1920], ainsi que les observations
du colonel Allotte de la Fuye et de M. Hill (G. F. HILL, *Catal. Brit. Mus.*, 1922,
p. CXCIV sq., 289 sq.). Ces MM. ne partagent pas entièrement ma manière de voir
au sujet de la lecture de ces textes.

Monnaies dés Dynastes de la Characène

Hyspaosinès.

188 Sel. = 125-4 av. J.-C.
Fondateur de la principauté (?).

Æ. Tétradrachme (Fig. 250). Poids 15 gr. 00.
Cabinet de France (cf. E. Babelon, *op. c.*, p. 384. Pl. IH', fig. 2).
— Cabinet de Berlin (cf. Waddington, *op. c.*, p. 79. Pl. VI, fig. 2).

FIG. 250.

— J. Friedländer, *Zeitsch. f. Numism.*, 1877, t. IV, p. 6. — A. von Sallet, *Z. f. N.*, 1881, t. VIII, p. 213. — E. Babelon, *op. c.*, 1898, p. 384. Pl. IH', fig. 1.) — G. F. Hill. *Cat.*, 1922, p. 289.

Dr. Profil diadémé du prince à dr. buste nu, visage rasé, cheveux longs et bouclés. — Cordon de laine encadrant l'effigie.

R. Héraklès assis à g. sur un rocher (?) tenant de la main droite la massue posée sur le genou droit. — Légende verticale : dr. ΒΑΣΙΛΕΩΣ, g. ΥΣΠΑΟΣΙΝΟΥ ; à g. lettre Α. — A l'exergue, date ΗΠΡ = 188 Sel. = 124 av. J.-C.

[Médaille de style séleucide. Le type du revers persiste sur toutes les monnaies des XVIII premiers princes Characéniens, sauf sur les tétradrachmes de Tiraios I].

Apodacos.

203-207 Sel. = 110/9-106/5 av. J.-C.
Dynaste inconnu dans l'histoire.

Æ. Tétradrachme (Fig. 251). Poids 15 gr. 66.
Cabinet britannique. (Cf. Waddington, *op. c.*, p. 85, 86. — E. Babelon, *op. c.*, p. 385. Pl. IH', fig. 3. — G. F. Hill, *Cat.*, 1922, p. 289.)
Dr. Profil à droite du prince.

FIG. 251.

℞. Même type. — Légende : dr. **ΒΑΣΙΛΕΩΣ**, g. **ΑΠΟΔΑΚΟΥ**.
A g. un monogramme renfermant les deux lettres **ΔΙ**.
En exergue, date ΓΣ = 203 Sel. = 109 av. J.-C..

Tiraios I. Euergétès.
203 Sel. = 90-89 av. J.-C.
Dynaste inconnu dans l'histoire [1].

Æ. Tétradrachme (Fig. 252). Poids 15 gr. 40.
Cabinet de France (Coll. Waddington) unique.

Dr. Profil diadémé du prince à dr., buste nu, visage maigre, nez long et fort, arqué, se terminant en pointe, œil démesurément grand, barbe courte et raide, moustache rasée.

Contremarque indéchiffrable sur le cou.

FIG. 252.

℞. Tyché drapée, tourelée, assise à g. sur un trône, tenant, de la main gauche, une corne d'abondance, et de la main droite, une Victoire lui présentant une couronne.

Légende verticale : dr. en deux lignes, **ΒΑΣΙΛΕΩΣ ΤΙΡΑΙΟΥ** g., **ΕΥΕΡΓΕΤΟΥ**.

A g. deux monogrammes.

En exergue, date ΓΚΣ = 223 Sel. = 89 av. J.-C.

[A partir de Tiraios I les effigies montrent clairement que les princes de Characène étaient de race sémitique.]

Tiraios II. Sôter Euergétès.
252-261 ou 264 Sel. = 61/0-52/1 ou 49/8 av. J.-C.
261 Sel. = 51 av. J.-C. [2]

LUCIEN (*Macrobii*, XVI) dit que ce prince était le troisième successeur d'Hyspaosinès, et qu'il mourut à l'âge de quatre-vingt-douze ans.

---

1. WADDINGTON, *Mél.*, II, p. 86. Pl. VI, f. 3. — BABELON, *Mél.*, III. Pl. VI, f. 3. — G. F. HILL, *Cat.*, p. 288 (manque au Brit. Mus.).

2. R. PAYNE-KNIGHT, *Num. Vet.*, p. 193. 1. — VISCONTI, *Icon. Gr.*, III. Pl. IX, f. 9. — LANGLOIS, Pl. II, 2. — WADDINGTON, *Mél.*, p. 87. Pl. VI, f. 4. — E. BABELON, *Mél.*, Pl. VI, f. 5. — G. F. HILL, *Cat.*, p. 290. Pl. XLIII, f. 2 et 3.

Æ. Tétradrachme. Poids 13 gr. 62.

Cabinet britannique. (Cf. WADDINGTON, E. BABELON, p. 386. Pl. IH', fig. 5.) — Cabinet de Berlin. (Cf. A. VON SALLET, *Zeitsch.*

f. Numism., t. III, 1876, p. 249 id., t. VIII, 1881, p. 213.)

Drachme. Cabinet de France.

Æ. Tétradrachme. (Fig. 253.)

FIG. 253.

Dr. Profil diadémé du prince à dr., cheveux longs et bouclés, barbe très forte. Cercle de perles.

℞. Héraklès, même type que sur les médailles d'Hyspaosinès. — Légende verticale en quatre lignes.

Dr. ΒΑΣΙΛΕΩΣ ΤΙΡΑΙΟΥ ΣΩΤΗΡΟΣ [ΕΥΕ]ΡΓΕ[ΤΟΥ].
Au-dessus du bras droit, monogramme.

En exergue : ΣΞΑ ou ΣΞΔ = 261 ou 264 Sel. = 51 ou 48 av. J.-C. (Cab. britannique).
ΣΝΒ = 252 Sel. = 60 av. J.-C. (Cabinet de Berlin). Drachme (Cab. de France), date effacée.

Æ. Poids 3 gr. 69.

Même dr. — ℞. La Victoire marchant à g. — Légende : [B]A- CIΛE···TIRA·

Attambélos I. Sôter Euergétès.
269 (ou plus tôt) - 273 Sel. = 44/3-40/39 av. J.-C.

Ce prince n'est connu que depuis 1920, par cinq tétradrachmes provenant de Chaldée, acquis par le Musée Britannique[1].

Æ. Tétradrachme. (Fig. 254) Poids 13 gr. 70 à 10 gr. 51. (Mus. brit.)

Dr. Profil diadémé du prince à dr. cheveux et barbe calamistrés.

FIG. 254.

1. G. F. HILL, *Catal.*, 1922, p. CXCVIII, p. 291. Pl. LV, fig. 10-14.

℟. Héraklès assis à g. appuyant sa massue sur son genou droit. Dans le champ, en face de la tête, monogramme. Date en exergue. Légende en quatre lignes verticales, deux à dr. et deux à g. : ΒΑΣΙΛ/////ΑΤΤΑΜΒΗΛ/////ΣΩΤΗΡΟ/////ΚΑΙ ΕΥΕΡΓΕΤ/////.

Théonnèsès I.
273 (?) Sel. = 40/39 av. J.-C.
Prince inconnu dans l'histoire.

Æ. Tétradrachme. (Fig. 255.) (Cabinet de France, trois exemplaires.) (Cf. E. Babelon, p. 388. Pl. IH', fig. 6.) M. Hill, (*Cat*. 1922, p. 202) place ce prince après Attambélos I.

Dr. Profil diadémé du prince à dr. Cercle de perles.

℟. Héraklès.

Légende verticale en quatre lignes.

Fig. 255.

Dr. ΒΑΣΙΛΕΩΣ ΘΙΟΝΗΣΙΟΥ, g. ΣΩΤΗΡΟΣ ΕΥΕΡΓΕΤΟΥ. Au-dessus du bras droit, monogramme.

En exergue, ΓΟΣ = 273 Sel. = 39 av. J.-C.

Attambèlos II. Sôter Euergétès.
de 269 (ou plus tôt) Sel. à 273 (?) Sel. = 44/3
à 40/39 av. J.-C.

Ce prince est mentionné par Dion Cassius (LXVIII, 28). Les médailles existent en nombre dans presque toutes les collections [1].

Æ à très bas titre. (Fig. 256). Tétradrachme. Poids 13 g. 70, drachme.

Dr. Profil diadémé à dr. du prince, de même type que le précédent, mais nez très fort et très arqué.

Fig. 256.

1. Waddington, p. 89. — A. Von Sallet, *Z. F. N.*, Berlin, 1876, p. 250 et id., 1881, t. VIII, p. 214. — E. Babelon, p. 388. Pl. IH', fig. 7. — G. F. Hill, *Cat.*, 1922, p. 291.

℞. au type d'Héraklès.

Légende verticale en quatre lignes.

A dr. : **ΒΑΣΙΛΕΩΣ ΑΤΤΑΜΒΕΛΟΥ** — à g. : **ΣΩΤΗΡΟΣ ΕΥΕ-ΡΓΕΤΟΥ]**.

En haut, monogramme.

En exergue, dates nombreuses, toutes entre 283 et 317 Sel.

[A partir de cette époque, le titre de la monnaie tombe, et les pièces sont en potin qui, lui-même, s'altère de plus en plus.]

Abinèrglos I.

321 Sel. = 9 ap. J.-C ou 324-333 Sel. = 12/13 à 21/22 av. J.-C. ?

Pot. Tétradrachme. (Fig. 257.) Poids 14 gr. 33.

Cabinet britannique (exemplaire unique) [1].

Josèphe (*Antiq. Jud.* xx. 2-1) mentionne ce prince à propos de  ses rapports avec Monobaze et Isatès, rois d'Adiabène, il le nomme *Abinne-rigos*. Bien qu'on discute l'existence de deux dynastes, l'un Abinèrglos, l'autre Adinnèrglos, il ne semble pas possible de la nier, car les types de ces deux dynastes sont très différents

Fig. 257.

et les légendes n'admettent pas d'hésitation [2].

Dr. Profil du type précédent, nez presque droit.

℞. au type d'Héraklès.

Légende en quatre lignes.

A dr. : **ΒΑΣΙΛΕΩΣ ΑΒΙΝΗΡΓΛ[ΟΥ]**

A g. : **[Σ]ΩΤΗΡΟ[Σ ΕΥΕΡΓΕΤΟΥ]**. ·

En haut, monogramme indistinct.

En exergue, date **ΤΚΑ** = 321 Sel. = 9 ap. J.-C.

Adinnèrglos. Soter.

333 Sel. = 21 ap. J.-C.

Pot. — Tétradrachme. (Fig. 258.) Poids 14 g. 33.

1. Cf. WADDINGTON, *op. cit.*, p. 91. — E. BABELON, p. 388. Pl. IH', fig. 8 ; cf. G. F. HILL, *Cat.*, 1922, p. 295.

2. Cf. G. F. HILL, *Cat.*, p. CCI. — E. DROUIN, *Rev. Num.*, 1889, p. 226. — J. DE MORGAN, *Num. Chron.*, 1920, p. 126.

Cabinet de France [1].

Dr. Même type, nez très arqué.

R⁄. au type d'Héraklès.

Légende verticale en quatre lignes.

A dr. : ΒΑΣΙΛ[ΕΩΣ] ΛΔΙΝΝΕΡΓΛΟ[Υ].

A g. : [Σ]ΩΤΗΙΟϹ [ΕΥΕΡΓΕΤΟΥ].

En haut, monogramme indéchiffrable.

Sous le bras droit, lettre très barbare, peut-être characénienne. A ?

On lisait autrefois le nom du prince *Adinnigaos* (cf. S, de BARTHÉLEMY, *Mém. Acad. Inscr. et Belles-Lettres*, t. XXXII, p. 682. — MIONET, *Descr. méd. antiq.*, t. V, p. 706).

FIG. 258.

Il n'est pas certain qu'Adinnerglos ne soit pas pas le même prince qu'Abinnerglos ; la lecture des lettres **B** et **Δ** demeurant douteuse par suite de l'état de conservation des médailles [2].

Théonnèsès II. Soter.
363 Sel. = 51-2 ap. J.-C.

Prince inconnu dans l'histoire.

Pot. Tétradrachme. (Fig. 259.) Cab. de France [3].

FIG. 259.

Dr. Même type.

R⁄. Au type d'Héraklès.

Légende verticale en quatre lignes.

A dr. [ΒΑϹΙΥΕШϹ]ΘΕΟΝΗϹ[ΟΥ].

A g. ϹШΤΗΡ[ΟϹ ΕΥΕΡΓΕΤΟΥ ?]

Sous le bras, signe indistinct, peut-être le **T** characénien de Théomèsès, peut-être **M** de M(alka).

En exergue : **TΞΓ** = 363 Sel. = 51 ap. J.-C.

1. Cf. WADDINGTON, p. 95. — E. BABELON, p. 389. Pl. IH', fig. 9.

2. C'est l'avis de G. F. HILL, *Num. Chron.*, 1920, IVe s., t. XX, p. 139. — ID., *Cat. Brit. Mus.*, 1922, p. CXCIX.

3. Cf. E. BABELON, p. 391. Pl. IH', fig. 10. — G. F. HILL, *Cat.*, 1722, p. 295 (manque au Muée britannique).

Attambêlos III. Soter Euergetes [1].
365-383. Sel. = 53/4-71/2 ap. J.-C.

Ce prince a frappé des tétradrachmes à bas titre. Poids 15 gr. 30-
11 gr. 41. Ses premières pièces portent son effigie imberbe, sur les
dernières il a toute sa barbe.

Fig. 260.

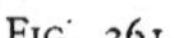

Fig. 261.

Fig. 262.

Æ. (bas titre). Tétradrachme. (Fig. 260, 261 et 262.)
Dr. Profil·diadémé à droite, imberbe.

Fig. 263.

℞. au type d'Héraklès. —
Légende verticale en quatre lignes.
BACIΛEWC ATTAMBHΛOV
CWTHP KAI EVEPΓET. Dans
le champ, en face d'Héraklès, mo-
nogramme. Sous le bras du dieu,
lettre characénienne M (?) A (?).
En exergue, date : TΞϹ, TΞΘ,
TΞϹ.

Æ. (bas titre). Tétradrachme. (Fig. 262.)

1. G. F. Hill, *op. c.*, p. 296. Pl. XLIII, fig. 8-10, pl. XLIV, fig. 1-5.

Même type mais le prince porte la barbe.

Dates : **TOΔ, TOB, TOΛ, TOΣ**.

Quelques-unes de ces médailles portent dans le champ les lettres characéniennes **AT**.

Pot. — Tétradrachme. (Fig. 262.)

Même type, effigie du prince beaucoup plus âgé [1].

Artabaze.
Entre 71 et 100 ap. J.-C.

Nous ne possédons aucune médaille de ce prince dont l'existence nous est signalée par Lucien : « Artabaze, septième roi de Charax après Tiraios, ramené dans sa patrie par les Parthes, monta sur le trône et l'occupa jusqu'à l'âge de quatre-vingt-six ans » (LUCIEN, *Macrobii* XVI).

Attambèlos IV. Soter Euergétès [2].
de 412 Sel. = 100/101 ap. J.-C.
à 416 Sel. = 104/5 ap. J.-C.

Prince inconnu dans l'histoire, mais dont nous possédons de nombreuses médailles.

Æ. ou Pot. Tétradrachme. (Fig. 264.) Poids 14 g. 34.

Collections diverses. Cabinet de France (trouvaille de Telloh) [3].

Dr. Même type qu'Attambèlos III mais, même en dehors des dates, ne saurait être confondu avec celui de ce dernier dynaste.

Ŗ. au type d'Héraklès sans monogramme ni lettre dans le champ.

Légende verticale en quatre lignes.

FIG. 264.

A dr. [BACIΛEWC A]TTAMPH[ΛOV], à g. [C]WTHPO[C...]

Dates en exergue.

---

1. Cette médaille est généralement attribuée à Attambelos II, mais je pense préférable de la donner à la fin du long règne d'Attambelos III.

2. LONGPÉRIER, I, p. 310. Pl. V, f. 1. — WADDINGTON, p. 101. Pl. VII, f. 14.

3. Cf. E. BABELON, *op. c.*, p. 393. Pl. I0', fig. 5. — G. F. HILL, *op. c.*, p. 299, pl. XLIV, fig. 6.

Théonnèsès III. Soter Evergetes.

de 421 Sel. = 109/10 ap. J.-C.
à 423   »   = 111/12 »   »

Dion Cassius (LXVIII. 28) nous informe qu'en l'an 116 ap. J.-C.,
quand Trajan parut sur les bords du Tigre, le dynaste de la Characène qui était alors sur le trône, portait le nom d'Attambélos, or
un premier groupe de monnaies au nom de Théonnèsès porte les
dates ΥΚΑ = 421 Sel. = 109 ap. J.-C., ΥΚΒ et ΥΚΓ ; puis il y a
interruption et nous retrouvons ensuite la date ΥΛΑ ou ΥΛΔ = 431

Pot.

FIG. 265.

ou 434 Sel. = 119 ou 122 ap.
J.-C. Cette lacune dans le monnayage de Théonnésès III semble
correspondre à la durée de l'occupation de la Chaldée par les
troupes romaines. On sait en effet
qu'elles ne furent retirées qu'en
118 ap. J.-C. par ordre de l'empe-
reur Hadrien, et Dion Cassius nous apprend qu'un prince du nom
d'Attambélos (IV) avait, lors de l'arrivée des Romains, remplacé
Théonnésès. Ce dernier dynaste aurait eu deux règnes, le premier
avant l'expédition romaine et le second après, quand les Arsacides,
de nouveau maîtres de la basse Chaldée restaurèrent son pouvoir.
La numismatique vient confirmer les données que fournit l'histoire.

Æ. ou Pot. (Fig. 265.) Poids 14 gr. 75.

Médailles assez nombreuses dans les collections. — Cabinet de
France (trouvaille de Telloh [1]).

Dr. Même type que les précédents, le prince porte la barbe
courte. A dr. dans le champ, une palme.

℞. au type d'Héraklès.

Légende verticale en quatre lignes.

A dr. : ΒΑCΙΛ[ΕѠC] ΘΕΟΝΗCΟΥ, à g. : [C]ѠΤΗΡΟ[C] etc...

En haut : monogramme

Sous le bras droit d'Héraklès Χ, ou lettre characénienne Μ.

En exergue date.

Contremarques au monogramme d'ΑΤΑΜΒΗΛΟΣ.

---

1. Cf. WADDINGTON, *op. c.*, p. 103. — A. VON SALLET, *Z. F. N.*, t. VIII,
1881, p. 217. — E. BABELON, *op. c.*, 1898, p. 394. Pl. IΘ′, fig. 7 et 8. — G. F.
HILL, *op. c.*, p. 300. Pl. XLIV, fig. 7 et 8.

Attambèlos V.

425 Sel. = 113 ap. J.-C.

Prince cité par Dion Cassius (LXVIII. 28). Une seule monnaie peut lui être attribuée (Cab. de France). C'est un bronze portant nos

FIG. 266.

nom, et sur lequel M. E. Babelon [1] croit pouvoir lire la date **YKE** = 425 Sel. = 113/4 de J.-C. date pour laquelle Waddington proposait, sous réserves, **YMT** = 443 Sel. = 131 ap. J.-C. G. F. Hill ne reconnaît pas de monnaies à ce prince.

Æ. ou Pot. à très bas titre (Fig. 266). Dr. Effigie à dr., de profil, d'un prince jeune et imberbe. — Cercle de perles.

℞. au type d'Héraklès [**BA**]**CI∧**[**EⲰC**] **ATTAMB** [**H∧OV C**]**Ⲱ·TH**[**POC**]

Sous le bras d'Héraklès, lettre characénienne **M**. Devant les genoux du dieu, **AT** en caractères characéniens.

Date en exergue : 425 ? Sel.

Obadias ou Obadas (?).

après 400 Sel. = 88 ap. J.-C. (le reste de la date est illisible).

FIG. 267.

Ce prince, inconnu dans l'histoire, nous a laissé des médailles de facture très barbare. Il est le dernier qui gravât sur ses pièces des légendes en langue grecque.

Pot. ou Æ. (Fig. 267.)

Musée britannique et Cabinet de France [2].

---

1. E. BABELON, *op. c.*, 1898, p. 396. Pl. Iθ', fig. 9.

2. Cf. A. DE LONGPÉRIER, *Œuvres publiées* par G. SCHLUMBERGER, t. I, p. 311. — A. VON SALLET, *Z. f. N.*, 1876, t. III, p. 251 et 1881, t. VIII, p. 215. — E. DROUIN, 1889, *Rev. num.*, p. 375. — E. BABELON, 1898, p. 398. Pl. IΘ', fig. 10-12. — G. F. HILL, *Catal.*, 1922, p. 301.

Dr. Même type, très barbare. Cercle de grosses perles.

℞. au type d'Héraklès. — Légende en deux (?) lignes verticales.

A dr. OB(?)AБIΣ ou OBAБAC

A g. ...ΩOAT...

[Prokesch-Osten lisait *Orabazès* ou *Orabzès*.]

En haut, croissant ?

En exergue, date.

Adadnadinachès.

(*Hadad-nadin-achi.* — 'Αϑαϑναϑινάγης), restaurateur du palais de Telloh, qui peut-être a régné sur la Characène et la Mésène (Telloh se trouve en Mésène).

Nous ne possédons pas de médaille de ce dynaste.

Abinérglos II.

Prince inconnu dans l'Histoire, que nous plaçons à la suite des dynastes dont les monnaies portent des légendes grecques, par suite du sujet (Héraklès) figuré au revers de ses médailles.

Pot. ou Æ. (Fig. 268.) Poids 15 gr. 34. Cabinets de France, de Berlin et d'Angleterre [1].

FIG. 268.

Dr. Buste de profil à dr. drapé, les cheveux bouclés, partagés en grosses touffes sur les côtés et sur le sommet de la tête, cercle de perles : anépigraphe. Peut-être doit-on voir dans cette effigie du dr. l'image du suzerain parthe, portrait conventionnel, souvent sans légende.

Il existe, en Nabathène, un souverain du même nom, dont la légende porte [א]עבדת מלכ [2], mais dont le type ptolémaïque diffère complètement de celui de la Characène.

1. Cf. Scott, *Num. Chron.*, 1855, t. XVIII. Pl. n° 9. — Ed. Drouin, *Rev. Num.*, 1889, p. 218 sq. Pl. V, fig. 1-4 lit *Binega* — G. F. Hill, *op. c.*, p. 302, lit *Banaga* ou *Binaga*(?).

2. Cf. G. F. Hill, *Cat.*, p. 314. Pl. XLIX, p. 3.

R̞. Type très barbare d'Héraklès assis. — Légende (Fig. 269 à -e).

מלכא יביםוגאי = MaLKA IBINGhAI

מלכא במוגאי = MaLKA BiNGhAi

que Drouin, ne tenant pas compte des points, lisait BiNé **GA**·

IBINGHAI, probablement ʾ**IBINGʾAI**, se rapproche trop du nom déjà connu par sa transcription grecque *Arbinerglos*, pour qu'on puisse hésiter à y voir la forme sémitique de ce mot. Il est à penser que le premier ו se prononcerait comme ع arabe, gutturale que les Grecs ont rendue par **A**. Quant au غ, il est exprimé par **ΕΡΓ**, groupe qui, en effet, rend approximativement ce son. M. G. F. HILL (*op. c.*, p. CCIV) partage mon avis.

Dans le champ du revers, au-dessus du bras droit d'Héraklès, est un monogramme grec, et, sous le même bras, les traces d'une lettre mal formée et illisible.

FIG. 269.   FIG. 270.

A la fin de la légende e (fig. 270) sont deux lettres **AM**, qui, sur une monnaie, figurent sous le bras d'Héraklès.

Madabaze.
Prince inconnu dans l'Histoire.

Pot ou Æ. Poids 16 gr. 40.

Cabinet britanique[1] (unique) (Fig. 271).

Dr. Effigie semblable à celle d'Abinerglos II. — Légende characénienne indéchiffrable et monogramme grec.

R̞. Profil à dr. d'un personnage portant de longs cheveux et la barbe droite. — Légende : à droite en haut, deux lettres en forme

---

1. Cf. ED. DROUIN, *op. c.*, 1889, p. 230. Pl. V, fig. 6, qui lit *Artabaze*. — G. F. HILL, *op. c.*, ne reconnaît pas ce prince.

de Π superposées formant probablement un emblème, puis un monogramme grec, déjà connu. Enfin la légende characénienne qui se lit en deux parties, l'une débutant au-dessous du monogramme, le nom [M]ADABAZ, dont la première lettre est effacée, et la seconde, le titre MaLKA, commençant en haut, à gauche derrière la tête. —

Pot.

FIG. 271.

La légende complète semble donc être

אדאבאז מלכא‎[מ] = [M]ADABAZ MaLKA.

Attambélos VI.

(Artabaze II de Drouin.)

Atamabazaze ?

Pot ou Æ.
Cabinet de Berlin (unique).
    Dr. Semblable au précédent. — Légende indistincte.
    ℞. Semblable au précédent. — Légende semblablement disposée, mais effacée dans sa partie de gauche derrière l'effigie.
    ATaMABaZAZ [MaLK]A = אתמאבזאז ‎[מלכא]א (?)

Cette médaille, qui est peut-être confondue avec celles qui suivent, serait à donner au père de Mag'a. Toutefois, bien qu'ayant eu communication des moulages de toutes les pièces de cette suite du cabinet de Berlin, je n'ai pas retrouvé la médaille publiée par Drouin, et je suis porté à croire que cette pièce n'est autre qu'un coin de Mag'a sur lequel la première partie de la légende est effacée : MAG'a ZI, et que, par suite, il n'y a pas lieu de conserver ce dynaste dans la liste des princes de la Characène.

Mag'a, fils d'Attambélos (VI ?).
Prince inconnu dans l'Histoire.

Pot ou Æ. Poids 16 gr. 50.
Cabinets de Londres, de Paris, de Berlin et dans beaucoup de collections (Fig. 272).

Dr. Même buste que sur les monnaies précédentes. — Légende (Fig. 272. Droit nᵒˢ 1 à 7).

℞. Même profil. — Légende se lisant en deux parties, commençant toutes deux en haut de la médaille (Fig. 271. ℞ nᵒˢ 1-6).

MAG'a ZI ATaMA- BIAZ MaLKA =
מאג זי אתמאביאז מלכא

Mag'a (fils) d'Attam- bélos roi.

G. F. HILL (*op. c.*, p. 304, 305 sq.) sépare en deux groupes les monnaies de *Maga* fils d'Athabiaios, et les attribue à deux princes du même nom.

Le prince *Délizare Artabaze* de DROUIN (*op. c.*, 1889, p. 253, pl. VI, fig. 35) ne paraît pas devoir être conservé.

FIG. 272.

La médaille publiée par ce numismate semble être une pièce de Mag'a à légende incomplète.

Anonymes.

FIG. 273.

Cette série (Fig. 273) comprend quelques rares monnaies (16 gr. 81) anonymes du même type ne portant qu'un monogramme au droit.

III. — PRINCIPAUTÉ DE SUBCHARACÈNE [1]

Nous plaçons au voisinage de la Characène, sur l'Euphrate, l'origine de quelques curieuses monnaies de bronze qui, par leurs caractères, ne semblent pas devoir être fort éloignées de la Mésopotamie, mais dont le lieu de frappe est encore douteux [2].

Ces médailles se présentent sous deux types différents :

1° Prince incertain.
ıı° siècle ap. J.-C.

Æ. Poids 15 gr. 34. Dr. Tête barbue, diadémée à dr., bordure de perles.

℞. Héraklès assis tenant la massue. — Légende illisible sur les exemplaires connus.

2° Meherdates, fils de Phobas (?).
454. Sel. = 142-3 ap. J.-C.

Æ. (Fig. 274). Poids 14 gr. 74. Dr. Buste du prince à dr. portant toute la barbe, drapé, coiffé de la tiare arsacide, ornée de trois croissants étoilés. Collier de perles. — Cercle de perles

℞. Buste d'une déesse (ville) à dr. drapée, coiffée de la couronne murale. — Légende : ΒΑCΙΛΕШC ΜΕ-ΡΕΔΛΤΗC ΥΙΦΟΒΑ ΒΑCΙΛΕ.. ΥΝΔ.

FIG. 274.

1. Ce nom, qui a été proposé par M. G.H.Hill (*op. c.*, p. ccx), paraît être d'un choix judicieux ; car par leur type ces médailles se rapprochent beaucoup de celles de la Characène. Assurément elles ont été frappées dans le voisinage de la Basse Chaldée.

2. On trouve des dessins défectueux de cette monnaie dans PELLERIN, 1778. IIᵉ *Supp.* Pl. V, n° 7 ; dans VIEZAY, 1814, *Musée Hedervar*, t. I. Pl. XXVII, n° 390 ; dans LINDSAY, 1852, *History and coinage of the Parthians*. Pl. X, nᵒˢ 16 et 17, et aussi dans ED. DROUIN, *op. cit.*, p. 231. Pl. V, fig. 8 à 15 et Pl. VI, fig. 16 à 34. Cf. KÖHNE in *Berl. Mzbl.*, iii (1866), p. 262 ; LONGPÉRIER, *Œuvres*, i, pp. 309-15 ; A. VON SALLET, *Z. f. N.*, iii (1876), p. 250 f. et viii (1881), 215-16 ; DROUIN, *Rev. Num.*, 1889, pp. 375-6 ; JUSTI, *Iran. Namenbuch*, p. 105 ; BABELON, *Mél. Num.*, iii, pp. 242-3. — F. G. HILL, *Catal. op. c.*, 1922, p. ccx et 310-313.

IV. — ROYAUME DE PALMYRE

Suivant les traditions israélites [1] et d'après Flavius Josèphe [2], Palmyre (תמור ‏يَتمور‎ Témour ou ‏تَدمر‎ Tedmour des Sémites) aurait été fondée par le roi Salomon. Pline en parle [3] comme d'une opulente cité, de fondation très ancienne, elle servit aux Hébreux et

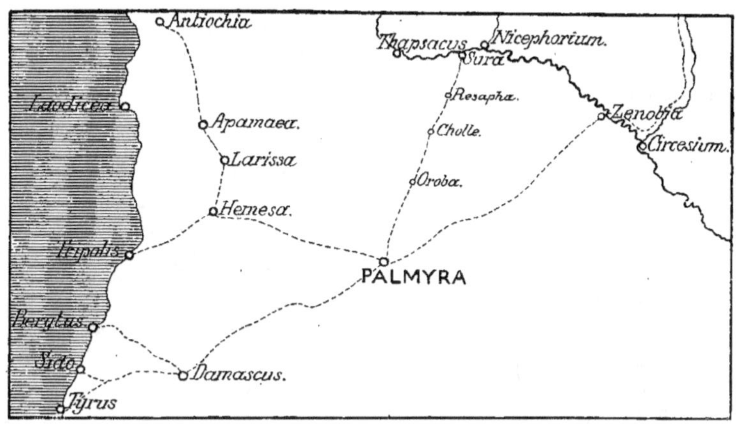

Fig. 275.

aux Phéniciens de station commerciale sur leur route vers l'Euphrate et les contrées orientales (Fig. 275).

Sous Gallien, Odénath, sénateur de Palmyre, reçut du Sénat romain la dignité d'Auguste, pour prix des victoires qu'il avait remportées sur le roi de Perse Sapor. A la mort de ce prince, sa femme Zénobie conçut la pensée de fonder à Palmyre un royaume héréditaire, indépendant ; mais elle fut vaincue par Aurélien en 263, et une garnison romaine occupa la citadelle dont les ruines se voient encore sur une colline qui domine la ville.

Bien que les Palmyréniens fussent des Arabes, et qu'ils eussent leur écriture propre (Fig. 276, texte de la statue de Zénobie), ils n'inscrivirent pas sur leurs monnaies de légendes sémitiques et,

1. Chroniques, II, VIII, 4. — Livre des rois I, IX, 18.
2. *Antiquités juives*, VIII, VI, 1.
3. *Hist. nat.*, V, 26.

d'ailleurs, ne semblent pas avoir battu monnaie avant l'époque d'Odénath ; encore est-il fort douteux que ce prince ait frappé,

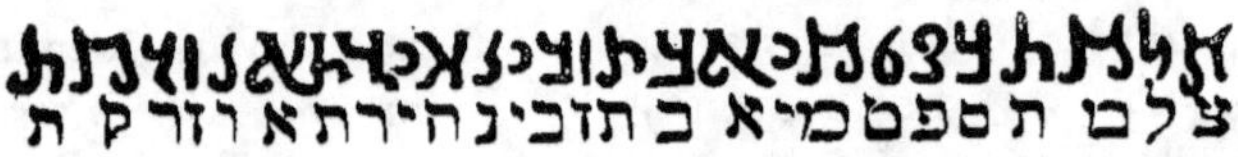

צלם ת ספטמיא כ תזבינ חירתא וזרק ת

FIG. 276. — Texte de la Statue de Zénobie.

car la seule médaille qui lui a été attribuée (par Ch. Lenormant et V. Langlois) est une pièce barbare que H. Cohen et les autres numismates se refusent à donner à Odénath.

Zénobie.

La veuve d'Odénath a frappé deux types de monnaies de bronze, l'un sur le modèle romain, avec légendes latines, l'autre sur le type alexandrin de cette époque avec légendes grecques.

FIG. 277.

Æ. Dr. Tête de Zénobie à dr. entourée d'un croissant. — Légende : ZENOBIA AVG.

R⁄. La Piété assise à g. tendant la main à un enfant et appuyée sur une haste. — Légende : PIETAS AVG.

Æ. Dr. Buste diadémé de Zénobie à dr. — Légende : CEΠT. ZHNOBIA. CEB·

R⁄. Buste de Diane (ou de la Lune). Grand croissant dans le champ à dr. — Légende : L·E· (ou ς)

Æ. (Fig. 277). Dr. Buste drapé de la reine à dr. — Légende : CEΠTIMIA·ZHNOBIA· CEB.

R⁄. La Providence levant le bras droit et portant de la main g. deux cornes d'abondance

Æ. R⁄. Femme debout devant un autel allumé. — Légende : Γ·E·

R⁄. L'Espérance passant à g.

R⁄. Buste devant un croissant.

R⁄. Palmier. — Légende : L·Z·ΠΑΛ.

Zénobie et Aurélien. — Æ. ou Potin. Dr. Buste à dr. de Zénobie. — Légende : CEΠTIMIA·ZHNOBIA· CEB.

℞. Buste lauré d'Aurélien à dr. — Légende : AYT·K·Λ·Δ·
AYPHΛIANOC· CEBC ; et LA dans le champ.

Vabalathe.

Vabalath seul. Les monnaies du fils de Zénobie sont assez nombreuses ; elles appartiennent aux deux types, romain et alexandrin.
Sur les unes, comme sur les autres, le prince est seul ou accompagné
au ℞ par l'effigie d'Aurélien. Comme son père, il porte le titre
impérial.

Æ. Dr. Buste radié et drapé à dr. — Légende :
IMP·C· VHABALATHVS· AVG·

℞. L'Équité. — Légende : AEQVITAS AVG·

« Le Soleil radié debout à dr. — Légende :
ÆTERNITAS AVG·

℞. Jupiter debout. — Légende : IOVI STATORI·

℞. Hercule nu, debout, de face. | Légende :
IVENVS (pour IVVENTVS) AVG·

℞. Vénus debout à g. — Légende : VENVS AVC·

℞. (Fig. 278). Victoire marchant à g. tenant
une palme et présentant une couronne. — Légende :
VICTORIA· AVG·

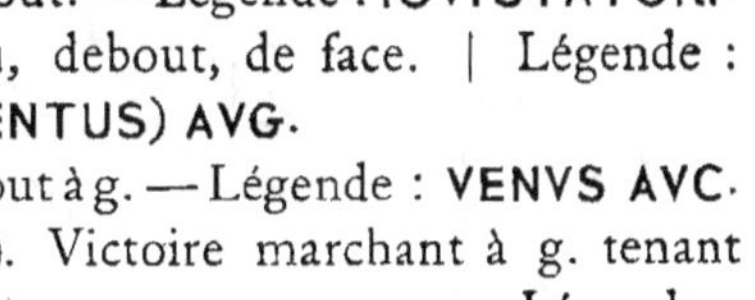

FIG. 278.

℞. Hercule nu, debout, de face. — Légende : VIRTVS AVG·
Æ. ou Pot. à bas titre (type alexandrin).

Dr. Buste drapé de Valabath à dr. — Légende :
AYT·K·OYABAΛAΘOC· AΘHNO·CEB·

℞. Buste drapé de Malach-bel à dr. — Légende :
LЄ (an 5 du prince) dans le champ.

℞. La Providence debout à g. — Légende :
LЄ dans le champ.

FIG. 279.

Valabath et Aurélien. Æ. (Fig. 279) Dr. Buste
lauré et drapé de Valabath à dr. — Légende :
VABALATHVS VCRIMDR. (IVI pour M·)
(*Vir Consularis Rex Imperator, Dux Romanorum,*
d'après V. SALLET [1]).
Buste radié et cuirassé d'Aurélien, à dr. —
Légende : IMP·C· AVRELIANVS·AVG·

1. *Zeistch. f. num.*, 1874, p. 250.

A l'exergue A ou B, Γ, Δ Є Z, H ou Θ.

Æ. ou Pot. à très bas titre (type alexandrin) (Fig. P. 4).

Dr. Buste radié de Vaablath à dr. — Légende :
AYT·CЄBIAC·OYABAΛAΘOC·AΘHNOY·Y·
Dans le champ, L· ou Δ.

R⁄. Tête laurée d'Aurélien à dr. avec le paludamentum. — Légende : A·K·Λ·ΔOM-AYPHΛIANOC·CЄB·C·

A côté de ces monnaies, il existe de Palmyre une série très nombreuse et très variée de petites pièces de cuivre montrant souvent au dr. la tête allégorique de la ville, puis au revers un lion, un bœuf, une chèvre, des épis de blé, un palmier, des cornes d'abondance (Fig. 281), la Victoire, etc. Presque

FIG. 280.

toutes ces monnaies sont anépigraphes. Quelques-unes portent en légende le nom de la cité ΠΑΛ, ou ΠΑΛΜΥΡΑ (Fig. 282). L'époque de leur frappe demeure indécise, mais

FIG. 281.

FIG. 282.

elles semblent avoir été soit contemporaines du règne d'Odénath, soit quelque peu postérieures.

<h2 style="text-align:center">V. — ROYAUME D'ÉDESSE [1]</h2>

OSRHOÈNE DES GRECS [2]

La ville d'Édesse [2] (actuellement Ourfa,) était située dans la Haute-Mésopotamie, sur une petite rivière le Scirtos ou Daïcan, tributaire du Balik Sou, affluent de la rive gauche de l'Euphrate. Son royaume

---

1. Les principaux ouvrages à consulter sur la numismatique de l'Osrhoène sont : Th. S. Bayer, *Historia osrhoëna et Edessana ex Numis illustrata*, St.-Petersbourg, in-4º, 1734. — Visconti, *Iconographie grecque*, t. II, pp. 4 à 12. — Ch. Lenormant, *Trésor de numismatique, Rois grecs*, p. 130 à 134. — V. Langlois, *Numismatique de l'Arménie dans l'antiquité*, pp. 48 à 82. — E. Babelon, *Numismatique d'Edesse en Mésopotamie* dans *Revue belge de numismatique*, t. XLVIII, 1892, p. 249 sq. — Pour l'Histoire, voir Rubens Duval, *Histoire politique religieuse et littéraire d'Édesse*, Paris, 1892, in-8º, 302 pp. (ext. du *Journal asiatique*).

2. D'ap. Étienne de Byzance le nom d'Édesse aurait été donné à cette contrée par les Macédoniens ; primitivement elle s'appelait *Ourhoï* d'où *Osrhoène* ou *Orrhoène*, nom qui s'est perpétué jusqu'à nos jours dans *Ourha*, *Orfa*, *Roha*.

s'étendait à l'ouest et au nord jusqu'à l'Euphrate, fleuve qui le séparait de la Commagène, et à l'est jusqu'au Tigre, sur lequel il était
limitrophe de l'Adiabène. Au dire de Pline, sa population était
arabe, et cette assertion se trouve être confirmée par une suite de
médailles portant des légendes en écriture estranghélo.

Antiochus IV, roi de Syrie (175 à 165 av. J.-C.), frappa à Édesse
des bronzes sur lesquels cette ville est désignée sous le nom d'Antioche près Callirhoé, mais
après la mort de ce prince,
Édesse reprit son ancien nom
qu'elle ne quitta plus. Son
atelier monétaire cessa de
frapper dès lors, jusqu'à la première moitié du second siècle
de notre ère. Les premières
pièces jusqu'ici connues des
rois d'Édesse sont de petits
bronzes portant des légendes
en écriture araméenne voisine de l'estranghélo (Fig.
283. Tableau de lettres).
L'Osrhoène était alors soumise aux Arsacides de Perse.
Après l'établissement définitif
de l'influence romaine, les
dynastes d'Édesse émirent des

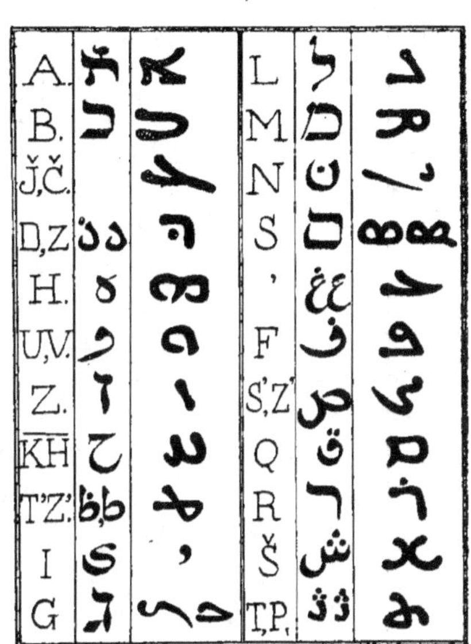

FIG. 283. Alphabet d'Edesse.

monnaies d'argent et de bronze portant sur une face le nom et
l'effigie de l'empereur romain régnant alors, et sur l'autre le nom
du prince osrhoénien ; les légendes sont alors en grec et le roi
d'Édesse s'y intitule souvent : ΦΙΛΟΡΟΜΑΙΟΣ.

Liste des rois d'Osrhoène (d'après Rubens Duval)

Les noms des princes dont nous possédons des monnaies sont écrits en italique.

132-127 av. J.-C.   Aryon.
127-120   »   'Abdou, fils de Maz'our.
120-115   »   Phradacht, fils de Gébar'ou.
115-112   »   Bakrou I, fils de Phradacht.
112-94   »   Bakrou II (seul).

94 av. J.-C.		Bakrou II et Ma'nou.
94-92	»	Bakrou II et Abgar le bègue.
92-68	»	Abgar I le bègue (seul).
68-53	»	Abgar II, fils d'Abgar I.
53-52	»	Interrègne.
52-34	»	Ma'anou II, dit Alâhâ.
34-29	»	Paqouri.
29-26	»	Abgar III.
26-23	»	Abgar IV le rouge.
23-4	»	Ma'anou III, l'aristoloche.
4 av., 7 ap. J.-C.		Abgar V (1er règne).
7-13	»	Ma'anou IV.
13-50	»	Abgar V (2e règne).
50-57	»	Ma'anou V.
57-71	»	Ma'anou VI.
71-91	»	Abgar VI.
91-109	»	Interrègne.
109-116	»	Abgar VII.
116-118	»	Interrègne.
118-122	»	Hour (ou Ialoud) et Pharnataspat.
122-123	»	Pharnataspat (seul).
123-139	»	Ma'anou VII.
139-163	»	Ma'anou VIII (1er règne).
163-165	»	*Waël*.
165-167	»	*Abgar VIII*.
167-179	»	*Ma'anou VIII* (2e règne).
179-214	»	*Abgar IX*.
214-216	»	Abgar IX et Sévère Abgar X.
216-242	»	Ma'anou IX.

Le royaume d'Osrhoène devient alors province romaine.

C'est vers 163-165 ap. J.-C. qu'il convient de placer le monnayage édessien, l'Arsacide Vologèse III étant alors sur le trône de Perse et suzerain des princes d'Osrhoène (voir aux Arsacides p. 168 fig. 180, c.)

Wâël, fils de Sahrou.
163-165 ap. J.-C.

Æ. (Fig. 284). Dr. Buste à g. de Vologèse III barbu, coiffé de la tiare. Dans le champ, derrière l'effigie, lettre B (parfois aussi A) sur les pièces de petit module.

R̷. Buste du roi Wâël à g. barbu, la tête nue. — Légende : *Wâël malka = Wâël roi* à dr. et à g. de l'effigie du prince. Le tout dans une couronne de laurier.

Æ. (Fig. 285.) Dr. Semblable au revers de la médaille précédente. — Même légende.

FIG. 284.

R̷. Temple du dieu Eoul(?). Vu de trois quarts, orné d'un fronton triangulaire orné d'une étoile. Sous le portique, un bétyle de forme rectangulaire posé sur un piédestal. — Légende : *le dieu Eloul* (lecture de E. Babelon).

Le second mot, Eloul est d'un déchiffrement difficile.

FIG. 285.

Vainqueurs des Parthes, les Romains (164 et 165) renversèrent Wâël et placèrent sur le trône d'Édesse Abgar VIII puis Manou VIII.

Abgar VIII.
165-167 ap. J.-C.

Æ. (Fig. 286.) Dr. Profil à dr. du prince coiffé de la tiare. — Sans légende.

R̷. Légende sémitique en deux lignes *Abgar malkâ* (de Vogüé 1892. — E. Babelon, *op. cit.*, Pl. IV, fig. 1). Pièce unique.

FIG. 286.

FIG. 287.

Æ. A l'effigie du Prince et à celle de l'empereur Commode.

Æ.   »   »   Septime Sévère.

Æ.   »   »   Caracalla.

Æ. (fig. 287.) Dr. Effigie d'Abgar. — Légende : ΑΒΓΑΡΟϹΒΑϹΙΛΕΥϹ.

Ɍ. Effigie de Manou, fils d'Abgar (mort avant son père). —
Légende : MANNOC ΠAIC

Manou VIII (second règne).
167-179 ap. J.-C.

Ce prince émit deux sortes de monnaies : les pièces d'argent,
avec légendes grecques et portraits de Marc Aurèle, de Faustine
jeune, de Lucius Verus ou de Lucille [1] et de petites pièces de
cuivre portant son nom en langue sémitique.

Monnaies à légendes grecques.

Manou VIII et Marc Aurèle.

FIG. 288.

Æ. Dr. (fig. 288.) Profil nu de l'empereur à dr. — Légende : T · K · M ·
AVPHΛ · ANTΩNINOC · CE ·
     Ɍ. Mars debout à droite s'appuyant
de la main dr. sur sa lance la main g.
posée sur son bouclier. — Légende :
BACIΛEYC MANNOC · ΦIΛO ou ΦIΛOP.

Manou VIII et Faustine jeune.

Æ. Dr. Buste diadémé et drapé de Faustine à dr. — Légende :
ΦAVCTINA CEBACTH ·
     Ɍ. Junon debout regardant à g. à ses pieds un paon —
Légende : BACIΛEYC · MANNOC ΦIΛOP ·

Manus VIII et Lucius Verus.

Æ. Dr. Buste à dr. de l'empereur drapé dans le paludamentum.
— Légende : A · K · Λ · AVP · OYPOC · CEB ·
     Ɍ. — Légende : BACIΛE · VC · MANN · OC ΦIΛOP · ΩMAIC ·
en quatre lignes dans le champ.

Manus VIII et Lucille.

Æ. Dr. Buste drapé de l'impératrice à dr. — Légende : ΛOYKIΛ·
ΛA · CEBACTH.

---

1. Ce groupe de monnaies avait été improprement attribué à un dynaste de ce
nom qu'on suppose avoir régné à Hatra (Mésopotamie). Cf. V. LANGLOIS, *Num.
de l'Arménie dans l'antiquité*, p. 69. sq. Voir E. BABELON, *Rev. belge, op. cit.*, p.
375 sq.

℞. Junon debout. — Légende : **BACIΛEYC. MANNOC. ΦIΛO-PΩMA.**

℞. Cérès assise à g. — Même légende.

Monnaies à légendes sémitiques.

Æ. (E. fig. 289.) Dr. Tête nue et barbue de Ma'nou sans la tiare. Cercle de perles.

℞. — Légende en deux lignes dans le champ. *M'anou malka = Manou roi.*

Æ. Dr. Le roi est coiffé de la tiare. Même médaille.

Fig. 289.

Abgar IX.
214-216 ap. J.-C.

Fig. 290.

Ce prince n'a régné que deux ans. On possède de lui des monnaies portant l'effigie de Caracalla et celle de Gordien le Pieux (fig. 290.)

En 242 de notre ère, le royaume d'Édesse devint province romaine. On y frappa dès lors des pièces à l'effigie de l'empereur au dr. portant au ℞ une figure allégorique.

Æ. (fig. 291.) Dr. **AVT·K·M·Λ·ANTωNEINO.** Buste à dr. de l'empereur.

℞. (Ville d'Édesse) Femme tourelée assise sur un rocher. — Légende : **M·A·K·AVP-EΔECC.**

Sur d'autres pièces on lit au ℞ : **KOΛ·EDECCA.** (Colonie d'Édesse).

Fig. 291.

VI. — ROYAUME DE JUDÉE [1]

Aux temps de David et de Salomon (xe siècle av. J.-C.), la monnaie n'était pas encore connue, et les métaux circulaient au poids :

---

1. Les principaux ouvrages sur la numismatique juive sont les suivants : PEREZ BAYER, *De Numis hebraeo-samaritanis* (1781). — CAVEDONI, *Numismatica biblica* (1849). — DE SAULCY, *Rech. sur la numis. judaïque* (1854). — LÉVY, *Geschichte*

toutefois les Hébreux auraient été à même de frapper dès le viiie siècle avant notre ère, car ce n'est qu'en 587 av. J.-C. que le royaume de Judah fut détruit par les Babyloniens. Mais à cette époque l'usage du numéraire était encore peu répandu, confiné qu'il était dans le bassin de l'archipel, spécialement en Lydie et dans l'Ionie. A partir de la fin du vi^e siècle, la Palestine demeura soumise à la domination étrangère, aux Babyloniens tout d'abord, puis aux Perses, enfin aux Macédoniens, de sorte qu'elle n'eut pas de vie indépendante en Judée. Ce pays passa des Ptolémées aux Séleucides, puis aux Romains ; mais au cours de la domination syrienne, profitant de la situation embarrassée de leurs maîtres, les Juifs secouèrent le joug. Sous la direction des Machabées (ou Hasmonéens), il se produisit, vers 168 av. J.-C., un mouvement politique et religieux dans la Palestine, et les trois frères Judas (167-161 av. J.-C.), Jonathan (161-143) et Simon Machabée (143-135), se succédant, dans le commandement des troupes israélites, remportèrent sur celles des Syriens de tels succès, que les Séleucides durent accorder à la nation les privilèges qu'elle réclamait. En 153 ou 152, Alexandre Bala reconnaissait le chef du parti juif national et le nommait grand prêtre, lui confiant le gouvernement du pays. En 145 Démétrius II exempta le peuple juif d'une taxe de 300 talents et accrut l'étendue de son territoire. Avantages qui, en 143, furent confirmés à Simon lors de la mort de son frère. En 141 le titre de grand prêtre fut proclamé perpétuel. Enfin en 139-8, alors que Démétrius venait d'être fait prisonnier par les Parthes, son frère Antiochus VI Sidétes non seulement reconnut les privilèges dont jouissait le peuple hébreu, mais lui accorda le droit de battre monnaie au nom de ses grands prêtres.

Les Juifs, rendus à l'autonomie par ces concessions successives de leurs suzerains, considèrent l'an 170 de l'ère séleucide (143-142 av. J.-C.) comme la première année de leur liberté, et désormais comptèrent les dates à partir de la première année du pontificat de Simon. Ils les inscrivirent sur leurs monnaies. Quant à la taille de leur numéraire, les Hébreux adoptèrent l'étalon phénicien et frappèrent des šékels (sicles) de 14 grammes et des demi-šékels de 7 gr. en même temps que des espèces de cuivre.

der jüdischen Münzen (1862). — MADDEN, Hist. of the Jewish Coinage (1864). — ID. Coins of the Jews (1881). — MERZBACHER, Untersuchungen über alte hebräische Münzen (Berlin, 1876). — ZUCKERMANN, Uber Talmudische Münzen und Gewichte (1862). — TH. REINACH, Jewish coins (1903) et les grands traités généraux de ECKEL, MIONET, LENORMANT, HEAD, etc.

Mais bientôt les relations entre les Hébreux et la cour des Séleucides se tendirent, au sujet des taxes sur les territoires qui, à proprement parler, ne faisaient pas partie du domaine juif, et la guerre avec les Syriens éclata. Antiochus retira aux Juifs tous leurs privilèges. Jean Hyrcan avait succédé à son père Simon quand, en février 135 av. J.-C., Jérusalem tomba entre les mains des Syriens, après une résistance obstinée qui dura plus d'un an. Dès lors la Judée perdit son indépendance, puis elle passa de la domination des Séleucides à celle des Romains.

Les querelles politiques des Juifs entre eux obligèrent les Romains maîtres de l'Égypte et de la Syrie à intervenir dans les affaires de la Palestine. Pompée s'empara de Jérusalem en 63 av. J.-C. C. Sotius, lieutenant de Marc-Antoine, prit également la ville sainte en 37 av. J.-C. alors qu'Antigone Mattathias s'y était proclamé roi, avec le concours des Parthes. Le soulèvement le plus important des Juifs fut celui qui eut lieu sous Vespasien en 70 ap. J.-C. ; il fut étouffé par Titus, et, en l'an 134 cette ère de révoltes se termina par l'agonie du Judaïsme.

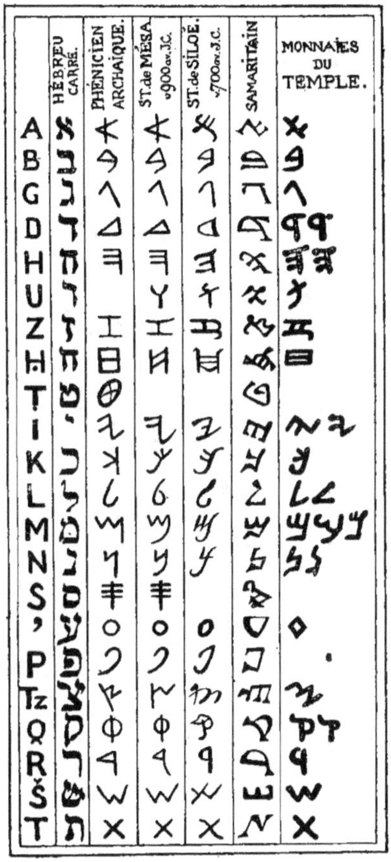

	HÉBREU CARRÉ.	PHÉNICIEN ARCHAÏQUE.	ST. de MÉSA ~900 av. JC.	ST. de SILOÉ ~700 av. JC.	SAMARITAIN	MONNAIES DU TEMPLE.
A	א					
B	ב					
G	ג					
D	ד					
H	ה					
U	ו					
Z	ז					
H	ח					
T	ט					
I	י					
K	כ					
L	ל					
M	מ					
N	נ					
S	ס					
'	ע					
P	פ					
Tz	צ					
Q	ק					
R	ר					
Š	ש					
T	ת					

Fig. 292. Alphabet hébreu des médailles et ses origines.

La langue dans laquelle sont rédigées les légendes des monnaies juives est l'hébreu, branche du groupe dit chananéen de la famille sémitique qui, en dehors de l'hébreu comprend le phénicien et son descendant le punique, le moabite, etc. Cette langue, fort ancienne, est surtout remarquable par son unité grammaticale aux diverses époques. « Peu de littératures, dit Renan (*Hist. des langues sémitiques*, liv. II, chap. 1), ont moins gardé le cachet d'un auteur et d'une époque déterminée. »

Quant à l'écriture hébraïque. elle était certainement en usage un millier d'années avant notre ère (Ph. Berger, *Hist. Écrit.*, p. 189), mais, au cours des temps, a subi des transformations : elle est, comme la langue, parente proche du phénicien, du moabite et du samaritain (Fig. 292). Lors du retour de la captivité elle est revenue en Judée fortement influencée par l'écriture araméenne, dont l'alphabet était alors d'un usage courant en Babylonie, en Assyrie et dans l'empire perse.

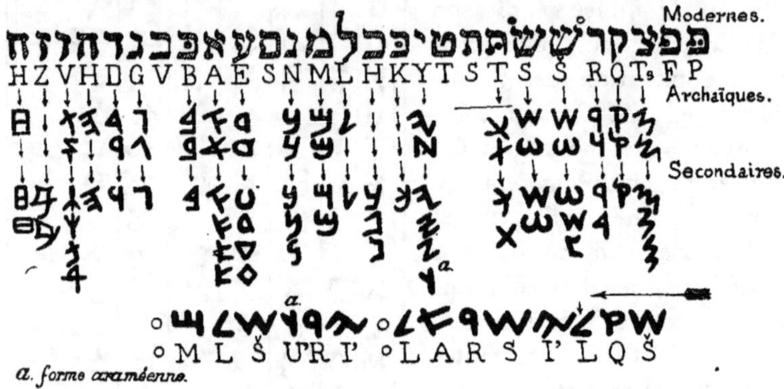

Fig. 293. Variantes dans la forme des lettres
d'après les médailles.

Cependant « l'ancienne écriture hébraïque n'avait pas entièrement abdiqué devant l'écriture araméenne. La numismatique hébraïque présente un phénomène qui a de tout temps attiré l'attention des hébraïsants. A l'époque des Machabées, alors que l'hébreu carré était devenu l'écriture courante, les monnaies frappées par Simon et ses successeurs ont toutes des légendes en caractères archaïques dérivés de l'ancien alphabet hébreu. Nous retrouvons la même écriture jusque sur les monnaies de Barcochba, dont la révolte amena la ruine définitive du judaïsme, en l'an 124 après J.-C. » (Ph. Berger, *op. cit.*, p. 197). Cette écriture, d'ailleurs, n'est pas d'une homogénéité parfaite, comme on en peut juger par le tableau ci-contre (Fig. 293) qui donne les principales formes que portent les médailles, et l'on y sent très nettement l'influence araméenne.

FAMILLE DES MACHABÉES

Simon Machabée.
143-135 av. J.-C.

Æ. — Šekel (Fig. 294. A.) et demi Šekel. (Fig. 294. B.)

FIG. 294.

Dr. — Coupe. — Légende : ŠeKeL 'IŠRAeL = « sicle d'Israël ».

R/. Fleur de lis à trois branches ou pavot. — Légende : 'IeRU-ŠaLeM KéDoŠaH ou 'IeRUŠaLeM Ha-KéDoŠaH = « Jérusalem la Sainte ».

Au-dessus de la coupe, au dr. sont les lettres א, ב, ג, ד ou ה exprimant les nombres de 1 à 5 et le plus souvent précédées de ש, initiale du mot ŠeNaTH = année.

Sur les demi-sicles, on lit au dr. ḤaTzI Ha-ŠeKeL = demi-Šekel. — La légende : « Jérusalem la Sainte » est inspirée par celle de beaucoup de monnaies contemporaines de cités grecques ΙΕΡΑΣ ΚΑΙ ΑΣΟΥΛΟΥ.

Æ. Même type (Fig. 294. C.) de la quatrième année de Simon, portant en légende au dr. שנת.ארבע.חצי = ŠaNaTH ARBA ḤaTZI, שנת.ארבע.רביע = ŠeNaTH ARBa ReBIA ou שנת.ארבע = ŠeNaTH ARBA, c'est-à-dire « dans la quatrième année, un demi ou un quart ».

℞. לגאלת ציון = LiGALlaTH ·TZIUN = « la·rédemption de Sion ».

Jean Hyrcan I.
135-106 av. J.-C.

Æ. Dr. — Légende : יהוחנן.הכהן.הגדל.וחבר.היהודים = IeHoHa-NaN. Ha KoHeN. HaGaDoL. VeḤBeR. HaIeHUDIM = « Johanan le grand prêtre et le Sénat des Juifs ».

℞. Double corne d'abondance et pavot.

Judas Aristobule.
106-105 av. J.-C.

Æ. Dr. — Légende : יהודה.כהן.גלול.וחבר.היהודים = IeHUDaH. KoHeN. GaLuL (pour GaDoL ?) VḤeBeR. HaIeHUDIM = Judas le grand prêtre et le Sénat des Juifs.

℞. Double corne d'abondance et pavot.

Alexandre Jannée.
105-78 av. J.-C.

Jonathan.

Æ. Type royal.

Dr. — Légende : יהונתן.המלך = IeHUNaTHaN HaMeLeK = « le roi Jehonathan ».

℞. Fleur et ancre ou étoile et ancre. — Légende : ΒΑΣΙ-ΛΕΩΣ ΑΛΕΞΑΝΔΡΟΥ. (Ce prince portait deux noms l'un grec, l'autre hébreu.)

Æ. Type pontifical.

Dr. Légende : יהונתן.הכהן.הג.דל.וחבר.היהדים = IeHUNA-THaN.HAKoHeN.HaGaDoL.VeḤeBeR.HaIeHuDIM = « Jonathan le grand prêtre et le Sénat des Juifs ».

Salomé (ou Alexandra).
78-69 av. J.-C.
Veuve d'Alexandre Jannée.

Æ. Même type. — Légende : ΒΑΣΙΛΙΣ·ΑΛΕΞΑΝΔ.

Cette princesse a frappé également avec légendes hébraïques ; mais sur ces pièces très rares, les textes ne sont pas lisibles.

Jean Hyrcan II.
63 à 57 et 47 à 40 av. J.-C.

Æ. Même type avec légende bilingue.
Æ. Dr. Fleur.
 Ŗ. Palme. — Légende : IeHUḤaNaN.HaKoHeN.HaGaDoL.
Ha ḤeBeR. HaIeHuD[im].

Alexandre II.
65-49 av. J.-C.

Æ. Étoile et ancre. — Légende : ΒΑΣΙΛΕΩΣ ΑΛΕΞΑΝΔΡΟΥ et
.....?..... עלצדרעשג = 'ALeTZanDRaŠ.G[adol etc.....?.....]

Antigone. (*Mattatiah*).
40-37 av. J.-C.

Æ. Dr. Fleur.
 Ŗ. Palme. — Légende : מתתיה.הכהן.הגדל.ההבר.היהד = Ma-
TaTIaḤ.HaKaḤeN.HaGaDoL.ḤaḤeBeR.HaIeHuD[im].
Æ. Monnaies à légendes bilingues : ΒΑΣΙΛΕΩΣ ΑΝΤΙΓΟΝΟΥ.

Princes Iduméens
Sous la suzeraineté de Rome.

Hérode le Grand.
37-4 av. J.-C.

Æ. Dr. Types divers : casque, trépied, bouclier, caducée.
 Ŗ. Grenade, aplustre, palme, trépied, guirlande, ancre,
double corne d'abondance, etc... — Légende : ΒΑΣΙΛΕΩΣ
ΗΡΩΔΟΥ.

Hérode Achelaus.
4 av. J.-C. à 6 ap. J.-C.

Æ. Types divers.
 Dr. Ancre, guirlande, proue de navire.
 Ŗ. Guirlande, double corne d'abondance, grappe de raisin,
galère, casque, etc... — Légende : ΗΡΩΔΟΥ ΕΘΝΑΡΧΟΥ.

Hérode Antipas.
4 av. J.-C. à 40 ap. J.-C.

Æ. Dr. Palme. — Légende : **HPⲰΔOY TETPAPXOY.**

Ŗ. Tresse ou guirlande. — Légende : **TIBEPIAC** ou **HPⲰΔHC TETPAPXHC.**

Quelques-unes de ces pièces portent dans une guirlande le nom de l'empereur Caius (Caligula).

Antipas en fondant Tibériade lui avait donné le nom de l'empereur Tibère.

Hérode Philippe II.
4 av. J.-C. à 33 ap. J.-C.

Æ. Dr. Auguste et Tibère.

Ŗ. Temple. — Légende : **ΦIΛIΠΠOY TETPAPXOY.**

Hérode Agrippa I.
37-44 ap. J.-C.

Æ. Dr. Effigies des empereurs Caius (Caligula) et Claude, ou sans effigies impériales. — Légende : **BACIΛEⲰC AΓPIΠA** (*sic*).

Ŗ. Gerbe de blé. — Légende : **BACIΛEYC MEΓAC AΓPIΠ-ΠAC ΦIΛOKAICAP.**

Ŗ. Effigie d'Agrippa.

Ŗ. Tyché debout. — Légende : **KAICAPIA H ΠPOC [CEBAC-TⲰ] ΛIMENI** (pièces frappées à Césarée).

Agrippa I et II.

Æ. Dr. Tête d'Agrippa I.

Ŗ. Agrippa II à cheval. — Légende : **[BAΣI]ΛEYC AΓP.....
AΓPIΠΠA YIOY ΦIΛOKΛAYΔIOC.**

Hérode.
Frère d'Agrippa I, roi de Chalcis.
41-48 ap. J.-C.

Æ. Dr. — Légende : **BAΣIΛ·HPⲰΔHC ΦIΛOKΛAYΔIOC.**

Ŗ. Nom de l'empereur Claude.

Agrippa II.
48-100 ap. J.-C.

Æ. Dr. Tête d'Agrippa II. — Légende : [BACIΛEΩΣ] AΓPIΠΠA AΓPIΠΠ [EΩN] (pièce frappée à Agrippias.) L. E. (année 5).

R⁄. Double corne d'abondance. — Légende : [BAΣ AΓPIΠ]ΠA ΦIΛOKAIΣA [POΣ].

Il existe aussi des petits bronzes avec effigies des empereurs Néron, Vespasien, Titus et Domitien, avec BACIΛEΩC AΓPIΠΠOY. Ces monnaies portent au revers : une Tyché tenant une corne d'abondance et une gerbe de blé, ou la Victoire soit tenant une palme ou une guirlande, soit écrivant sur un bouclier.

Aristobule.
70-92 ? ap. J.-C.

Fils d'Hérode, roi de Chalcis et arrière-petit-fils d'Hérode le Grand, était roi de Chalcis et d'une partie de l'Arménie.

Æ. Dr. — Légende : BAΣIΛEΩΣ APIΣTOBOYΛOY.

R⁄. Nom de Vespasien.

Aristobule et Salomé.
70-92 ? ap. J.-C.

Æ. Dr. Effigie du prince. — Légende : BACIΛEΩC APICTO-BOYΛOY.

R⁄. Effigie de la princesse. — Légende : BACIΛICCHC CAΛΩMHC.

Première révolte des Juifs contre les Romains.
66-70 ap. J.-C.

Les Hébreux ont alors frappé des pièces d'argent et de bronze portant les noms d'E-léazar, de Simon, ou des deux personnages en même temps. (Fig. 295, 296, 297.)

אלעזר הכוהן. = AL'EaZaR ḤaKUḤeN.

FIG. 295.

שמעון = ŠiM'EUN.

שמעון נשיא ישראל = ŠiM'EUN NaŠIA 'IŠRAeL.

·שבת'אחת'לגאלת'ישראל·שמעון'נשיא'ישראל·
·LARSI'AI S N'NUEMS·LAR SI'TLANL'THA'TN S.

FIG. 296.

l'étalon phénicien.

Dr. — Légende :
שנת אחת. לגאלת ישראל = « pre-mière année de la rédemp-tion d'Israël ».

Il existe aussi de grands bronzes de Simon Nasi de la seconde année de la révolte.

שמעון אלעזר הכוהן
= ŠiM'EUN AL-'EaZaR HaKUHeN.

Dr. Vase ou palmier.

℞. Grappe de raisin, palme, feuille de vigne.

℞. Grands Šekels d'argent taillés sur

שמעון'נשיא' שענת'אחת'לבאלת'
ישראל· ישראל·

FIG. 297.

Seconde révolte des Juifs contre les Romains.

Sous Simon Barcochba.
132-135 ap. J.-C.

שמעון' לחרות'ירושלם·
·NUE MS ·ML SURI'TURHL

FIG. 298.

שמע· סבלחרישא·

FIG. 299.

FIG. 300.

לחרות'ירושלם·
שמעון·

FIG. 301.

FIG. 302.

FIG. 303.

Æ. Æ. Dr. Au nom de Simon. שמעון en caractères archaïques.

Types divers : vase, lyre, grappe de raisin, palmier, deux trompettes, temple, Ethrog et Lulab, etc... — Légendes (Fig. 298, 299, 300, 301, 302, 303) :

לחרות ירושבם ‎ = LaḤéRUT IeRUŠaLeM.

לחרות ישראל ‎ = LaḤéRUT IŠRAeL.

Là s'arrête la série des monnaies israélites. Par la suite, la Palestine fut province de l'Empire jusqu'à l'époque à laquelle elle tomba sous le joug des Arabes. Jérusalem perdit son nom pour prendre celui d'Aelia Capitolina. Sous les empereurs, la Palestine fut gouvernée par des procurateurs romains qui battirent

FIG. 304.

monnaie en conservant souvent sur leurs cuivres les motifs anciens ; mais l'hébreu disparut des légendes (Fig. 304).

ÉGYPTE, PALESTINE, ARABIE DU NORD
DU VIe AU IVe SIÈCLE AV. J.-C.

L'une des pages les plus obscures de la numismatique orientale antique est celle concernant les régions philistine, arabique du nord et égyptienne du delta, à l'époque des luttes entre les Pharaons et les Perses. Nous savons par Ctésias [1], Hérodote [2] et Diodore de Sicile [3], que les deux partis belligérants employaient des merce

1. *Persica*, § 32, éd. MULLER.
2. III, 5, 91, 97.
3. XVI, 45.

naires grecs et que les Arabes payaient tribut au Grand roi. Or ces troupes exigeaient que leur salaire leur fût versé en espèces sonnantes, et les relations commerciales des Arabes avec l'étranger obligeaient à l'emploi de la monnaie. Il fut donc certainement émis du numéraire, tant en Égypte sous Nectanébo I et II ou Tachos, que dans la Palestine méridionale et chez les Arabes voisins du golfe d'Akaba.

Nous avons vu que le premier numéraire qui ait circulé dans les pays orientaux est le numéraire grec ; mais celui qui fut le plus en faveur est certainement celui d'Athènes, dont la qualité et la régularité de poids faisaient de ces pièces un objet d'échange de premier ordre.

Dès les débuts du vi⁰ siècle avant notre ère (590 d'ap. B. Head, *Hist. num.*, p. 310), la cité de Minerve émit des tétradrachmes et des oboles. Les Mèdes étaient alors maîtres de l'Iran. Mais le type athénien archaïque, celui qui montre la chouette de face, et dont la frappe a cessé de bonne heure, semble avoir été peu répandu. C'est le second type, celui sur lequel l'oiseau de Minerve est représenté de profil, qui circula le plus, et fut le plus imité dans tous les pays orientaux. Ces monnaies, faites de l'argent des mines du Laurium, circulèrent surtout à partir de la seconde moitié du vi⁰ siècle, après que Cyrus (558-529 av. J.-C.) eut renversé le pouvoir des Mèdes. Les dariques, nous l'avons vu, bien qu'inspirées par le monnayage archaïque de la Lydie, ne se sont cependant montrées que plus tardivement (Darius I, 521-486).

La monnaie d'Athènes a été imitée dans tout l'Orient, mais c'est surtout chez les Sémites, et plus particulièrement en Arabie, que ces imitations ont joué un rôle important. On commença par adopter le numéraire de l'Attique, tel qu'il arrivait de l'Hellade ; puis on le frappa d'un poinçon, garantissant ainsi sa valeur. Ce timbre porte généralement une seule lettre ou un signe conventionnel. Enfin commença le monnayage indigène, avec légendes sémitiques.

Dans ces émissions, peu à peu le type du droit comme du revers s'atrophie, la gravure devient grossière et, dans la plupart des cas, l'artiste n'a pas compris les détails du sujet. Longtemps encore les lettres grecques **AΘE** demeurent au revers, mais peu à peu elles se dénaturent et deviennent méconnaissables, on en retrouve les traces jusqu'aux plus basses époques du monnayage arabe.

Quant aux légendes que portent ces monnaies, elles demeurent encore obscures et les avis sont partagés [1]. On y voit un mélange de caractères araméens et himyarites, il semble donc qu'elles aient vu le jour dans toute la péninsule arabique. Leur usage se continua fort tard ; car on rencontre des pièces formant le passage entre le type archaïque et celles montrant au droit une tête inspirée de l'effigie de l'empereur Auguste.

On peut affirmer, sans crainte d'erreur, que toutes les imitations de la monnaie d'Athènes portant des légendes dérivées de l'araméen méridional sont d'origine arabe ; mais il est plus difficile de préciser quelle fut la frappe des derniers pharaons. Il est à penser qu'à Memphis on se contenta de copier le type athénien, que la gravure en fut confiée à des artistes grecs et que, par suite, ces monnaies ne peuvent être distinguées de celles de l'Attique. Les trouvailles de tétradrachmes à la tête d'Athéna et à la chouette sont d'ailleurs fréquentes dans le delta du Nil, il m'en est passé bon nombre entre les mains, et bien que j'en eusse fait un examen très méticuleux, je n'ai jamais rencontré le moindre indice qui pût me porter à donner quelqu'une de ces médailles à l'Égypte.

Un certain groupe de monnaies, bien que ne portant aucune légende concluante, peut cependant être attribué aux villes de la pentapole philistine. Les cités qui les ont émises doivent être Ekron ou Accaron [עקרון], Azdod ou Azot [אשדוד], Ascalon [אשקלון], Gath [גת] ou Gaza [עזה] [2], mais sauf le nom de la dernière de ces villes l'indication de l'atelier fait défaut.

I. — Gaza.

La chouette athénienne de face occupe souvent le revers de ces monnaies, alors qu'au droit on voit Dagon-Poseidon, un bouquetin ailé, une double tête janiforme imberbe ou barbue, un profil de femme, une tête d'Apollon de face, le profil casqué d'Athéna, etc... Si nous en jugeons par la représentation de face de l'oiseau de Minerve c'est entre 525 et 430 av. J.-C. que les Philistins auraient émis ce numéraire, ce serait donc un siècle avant la prise de Sidon par les Perses, événement qui eut lieu en 351 av. J.-C. De

1. Cf. BABELON, *Traité des mon. grecques et romaines*, IIe partie, t. II, 1910. p. 678.

2. Cf. E. BABELON, *Traité*, IIe partie, t. II, p. 641.

ces monnaies, quelques-unes portent nettement le nom de la ville de Gaza.

Puis vient une série de monnaies, aux types variés, qu'on attribue également à Gaza, parce que certaines d'entre elles portent les lettres עז ce sont (étalon attique) :

Æ. (Drachme.) Dr. Apollon lauré.

℞. Aegagre agenouillé. — Légende : ה.

Æ. (id.) Dr. Tête barbue à dr.

℞. Tête barbue à g. — Légende : א.

Æ. (id.) Dr. Apollon à dr.

℞. Lion accroupi au-dessus d'un sanglier. — Légende : ב.

Æ. (id.) Dr. Tête barbue du dieu Hadran.

℞. Dieu assis à dr. sur une roue ailée. — Légende : יהו.

Æ. (id.) Dr. Tête imberbe.

℞. Lion posant les griffes sur une tête de bélier.

Æ. (id.) Dr. Deux têtes de lions affrontées. — Légende : ב.

℞. Deux têtes humaines accolées.

Æ. (id.) Dr. Tête de femme à dr.

℞. Tête de Silène (Bésa) de face.

Æ. (id.) Dr. Tête barbue à dr.

℞. Tête de Bésa de face.

Æ. (id.) Dr. Tête casquée d'Athéna.

℞. Tête barbue de profil.

Æ. (id.) Dr. Tête barbue à dr.

℞. Deux protomés de chevaux, opposés, soudés.

Æ. (id.) Dr. Tête barbue à dr.

℞. Protomé de cheval au galop à dr. — Légende : עז.

Æ. (id.) Dr. Tête de femme à dr.

℞. Protomé de cheval au galop à dr. — Légende : וז.

Æ. (id.) Dr. Tête barbue à dr.

℞. Arabe assis sur son chameau.

Æ. (id.) Dr. Protomé d'hippocampe ailé.

℞. Tête de Bésa.

Æ. (obole) Dr. Tête d'Aréthuse.

℞. Tête de Bésa.

Æ. (hémiobole) Tête imberbe à dr.

℞. Tête imberbe de face.

Æ. Tête imberbe à dr. — Légende : ה.

℞. Cavalier au galop à dr. — Légende : א.

Æ. (obole) Personnage de type oriental debout tenant son cheval par la bride.

Ŗ. Lion bondissant au-dessus d'une tête de bélier.

Æ. (Fig. 305 B.) Drachme attique. Poids 4 gr. 10.

Dr. Double tête janiforme diadémée, l'effigie de g. est barbue, celle de dr. est imberbe.

Ŗ. Chouette de face entre deux rameaux d'olivier ou de laurier (anépigraphe); certaines de ces pièces portent en légende : אזה = AZaH (Gaza).

II. — Région philistine et arabique septentrionale [1].

Les monnaies dont la description suit appartiennent au vᵉ siècle avant notre ère et, d'après les districts où elles se trouvent, on les doit attribuer aux régions de la péninsule arabique, voisines de la Palestine, qui sont devenues plus tard la Nabatène et l'Arabie Pétrée. Les légendes de ces pièces sont en phénicien.

Æ. (Fig. 305.) A Stat. pers. Poids 11 gr. 11.

Dr. Bouquetin bondissant à g. ; au-dessus, légende אדת = ADH(?)

Ŗ. Chouette de face dans un carré creux.

FIG. 305.

Æ. Fig. 305 C.) Stat. pers. Poids 10 gr. 53.

Dr. Dragon ichthyomorphe à g. tenant de la main dr. un trident, de la main g. une couronne, la queue terminée en pince de scorpion.

1. Cf. E. BABELON, *Traité des monnaies grecques et romaines*, 2ᵉ partie, II, p. 635 sq. — G. F. HILL, *Cat. Arabia, Mesopotamia and Persia*, pp. XLV, sq. 45, sq. Pl. VII.

℞. Lion la gueule haute marchant à dr. sur des rochers (?).
— Légende : אד.

Æ. (Fig. 305 D). Drachme. Poids 4 gr.

Dr. Tête barbue à dr. l'œil de face, le front surmonté d'un large diadème, les cheveux retombant en longue boucle parallèles sur les épaules.

℞. Arabe assis sur son chameau, levant les bras.

Æ. Drachme. Poids 3 gr. 90.

Dr. Tête de femme à dr.

℞. (Fig. 305 E). Tête de Silène (Besa) de face dans un carré creux, le Silène porte des oreilles de cheval, une longue barbe striée et les cheveux hérissés.

Æ. Drachme. (Fig. 305 F). Poids 3 gr. 70.

Dr. Tête casquée d'Athéna à dr.

℞. Tête barbue de profil à dr. les cheveux et la barbe calamistrés, l'œil de face, portant au cou un collier. La nuque est dissimulée derrière un masque de Bésa de face, placé perpendiculairement. Carré creux limité par un rang de perles.

Comme on le voit par les exemples qui précèdent, cette série, bien que conservant l'inspiration du monnayage athénien, est fortement influencée par le voisinage de la Phénicie et, par ses poids, elle montre qu'elle est contemporaine de l'extension de la puissance des Achéménides de Perse.

ARABIE

Avant la conquête du nord de l'Arabie par les Romains, la Nabatène était gouvernée par des princes dépendant plus ou moins des
rois Lagides de l'Égypte ou des Séleucides de la Syrie, plutôt des
Ptolémées ; car c'est sur l'étalon alors en usage en Égypte que les
Nabatéens ont taillé leur numéraire. Mais le sud de la péninsule,
l'Arabie heureuse, a de tout temps conservé son indépendance. Ces
peuples, les Sabéens et les Homérites, habitaient les contrées fertiles
des bords de l'océan Indien, aux rivages du Golfe Persique, jusqu'au
VIe siècle de notre ère. Depuis les temps les plus reculés, ils formaient un État dont la puissance fut à son apogée, sous la dynastie
des Himyarites, du IVe siècle av. J.-C. à l'an 120 du Christ.

I. — LA NABATÈNE [1]

On désigne sous ce nom les pays du nord de l'Arabie qui sont
limités au nord par l'Euphrate et la Palmyrène, la Syrie et la Judée,
à l'ouest par la mer Rouge, et au sud par l'Arabie heureuse. Ces
régions furent, dans leur partie septentrionale, soumises tour à tour

1. BIBLIOGRAPHIE. — 1857. Fr. LENORMANT, *Descript. des médailles et des antiquités composant le cabinet de M. le baron Behr*, Paris, Hoffmann, p. 147.

1858. DUC DE LUYNES, *Monn. des Nabatéens, Rev. Num.*, p. 292-316, 362-
385, pl. XIV-XVI.

1859. V. LANGLOIS, *Monn. arabes avant l'Islam*, p. 5 sq.

1868. DE VOGÜÉ, *Mon. des rois de Nabathène, Rev. Num.*, p. 153-168, pl. V.

1873. DE SAULCY, *Numism. des rois nabatéens de Pétra*, in *Ann. Soc. fr. de
Numism. et d'Archéol.*, t. IV, p. 1-35, pl. I, II, t. V, p. 462-463.

1882. DE SAULCY, *Mélanges de Numism.*, t. III, p. 193-197.

1904, René DUSSAUD, *Numism. des rois de Nabatène*, in *Journ. asiat.*, mars-
avril, 50 pp. 4 pl.

1922. G. F. HILL, *Catal. of greek coins. Arabia* etc. 1922, p. I à XXII, I à 13,
pl. I et II.

aux Séleucides, aux Lagides et aux Romains ; mais, dans leurs districts méridionaux, les Nabatéens conservèrent leur indépendance et subirent seulement l'influence de leurs puissants voisins.

Le numéraire qui circula dans la Nabatène, nous l'avons vu, fut aux débuts, comme chez les Himyarites, celui d'Athènes et des villes de la Phénicie ; puis la conquête macédonienne de l'Asie répandit dans ce pays la monnaie alexandrine et celle des rois grecs de la Syrie et de l'Égypte ; enfin vint le numéraire des Romains et des Byzantins, dont l'usage se poursuivit très longtemps encore après l'établissement de l'Islam.

Les villes du nord de la Nabatène ont frappé des pièces autonomes, mais seulement à l'époque impériale romaine. Ces villes sont *Adraa* (à 50 kilomètres au nord-ouest de Bostra), *Bostra* (à 100 kilomètres environ au sud de Damas), capitale de la province romaine d'Arabie ; *Eboda* (au sud de Gaza et au sud-ouest de la mer Morte), *Esbus* (Hechbon, à 30 kilomètres environ, au nord-est de la mer Morte), *Petra*, métropole des Nabatéens, *Philippopolis* (à 18 ou 20 kilomètres de Bostra), *Rabbath-Môba* (**PABBAΘMѠBA**). Toutes ces monnaies portent des légendes grecques.

Antérieurement à cette période, vers l'époque de la mort d'Antiochus XII (85 av. J.-C.), Arétas III, roi de Nabatène, qui se dit philellène sur ses monnaies, émit les premières des pièces indigènes parvenues jusqu'à nous. Cet Arétas III (vers 87-62) succédait à son frère Rabbel I (vers 87). Tous deux étaient fils d'Obodas I (vers 90) qui, lui-même, avait occupé le trône après Arétas II (Erotimus) (vers 110-96) et Arétas I (169 av. J.-C.). Arétas I semble être le fondateur de la dynastie nabatéenne.

C'est en 1857 seulement que paraissent les premières attributions de monnaies aux rois de la Nabatène. François Lenormant, dans sa *Description des médailles et antiquités composant le cabinet de M. le baron Behr* [1], proposa d'attribuer deux pièces d'argent et une de cuivre aux rois de Pétra. Puis M. de Vogüé reprit la question quelques années plus tard [2] (1868). De Saulcy (1873), Sorlin-Dorigny et E. Babelon (1887), et enfin R. Dussaud [3] (1904), par leurs études successives, sont parvenus à fixer cette numismatique. C'est ce der-

---

1. Paris, Hoffman, 1857, p. 147.
2. Monnaies des rois de Nabatène, in *Rev. Numism.*, 1868, p. 153-168.
3. In *Journ. Asiat.*, 1904.

nier mémoire, le plus complet de tous, que nous suivrons dans
l'exposé de cette série.

Sauf Arétas III, qui grave ses légendes en langue grecque, tous

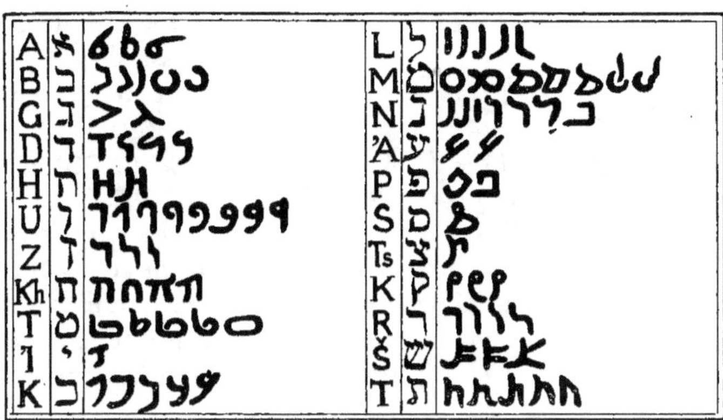

FIG. 306. Alphabet Nabatéen.

les dynastes nabatéens ont fait usage sur leurs monnaies de la langue
indigène, c'est-à-dire de l'arabe et de l'écriture dite nabatéenne (Fig.
306). Cette écriture, proche parente de l'hébreu, du palmyrénien et
de l'estranghelo, procède du phénicien par l'araméen, et aboutira
plus tard à celle des Arabes. Sur les monnaies elle varia fort peu
pendant les deux siècles qu'elle fut en usage.

Quant au système adopté par les Nabatéens pour la taille de leurs
monnaies, il varie suivant les époques. Depuis Obodas II jusqu'à
Obodas III, le poids varie de 6 gr. 51 à 6 gr. 77. A partir d'Arétas
IV jusqu'à Chaqîlat, il est de 4 gr. 40 et, dans les derniers temps,
il varie entre 3 gr. 30 et 3 gr. 80, ce qui rapproche ce numéraire tout
d'abord du didrachme ptolémaïque ou phénicien (7 gr. 20), ensuite
de la drachme attique (4 gr. 36), enfin du denier romain (3 gr. 41
sous Néron). Les premières monnaies d'argent sont des didrachmes;
puis on ne frappe plus que des drachmes et des demi-drachmes.
L'obole et la demi-obole d'argent étaient représentées par des pièces
de cuivre [1].

1. BABELON, *Traité*, t. I, p. 406 et 548.

Arétas III.
Vers 87-62 av. J.-C.
Frère de Rabbel I, fils d'Obodas I.

Æ. (Fig. 307.) Dr. Tête diadémée à dr.

℞. Victoire tourelée debout à g., Tyché tourelée de Damas, déesse debout à g. tenant une couronne. — Légende : ΒΑΣΙΛΕΩΣ ΑΡΕΤΟΥ ΦΙΛΕΛΛΗΝΟΣ.

FIG. 307.

FIG. 308.

Une monnaie romaine (Fig. 308) mentionne le nom d'Arétas III : elle fut frappée par M. Aemilius Scaurus, en 58 av. J.-C. en commémoration de son expédition de l'an 62 av. J.-C. contre Petra. — Légende : *Rex Aretas. M. Scaur. aed. ex. S. C.*

Æ. Dr. Effigie à dr. Même légende.

℞. Même type. Ville de Damasassise.

Obodas II.
Vers 62-47 av. J.-C.
Fils d'Arétas III.

Æ. (Fig. 309.) Dr. Buste diadémé à dr.

℞. Aigle debout à g. (type des Ptolémées). — Légende : (à dr.) מלך נבטו, (à g.) עבדת מלכא = 'OBaDaT MaLKA, MeLeK NaBaTU = *le roi Obodas, roi des Nabatéens*; (dans le champ) : שנת תרתין = SeNeT TeRaT'IN = l'an 2, ou שנת תלת = SeNeT TeLaTa = l'an 3.

FIG. 309.

Malichus I.
Vers 47-30 av. J.-C.
Fils d'Obodas II.

Æ. (Fig. 310) Poids 6 gr. 50. Dr. Tête diadémée à dr., cheveux calamistrés.

℞. Aigle debout à g. — Légende : (à dr.) מלך נבטן, (à g.)

FIG. 310.

מלכו מלכא = MaLiKU MaLKA, MeLeK NaBaTU = *le roi Malichus,*
etc...

Dans le champ à dr. IKᗄ, à g. ה et au-dessus O.

Obodas III.
Vers 30-9 av. J.-C.
Fils de Malichus I.

Æ. (Fig. 311.) Dr. Deux bustes jeunes et diadémés accolés à dr. du roi et de la reine, devant souvent ה en nabatéen.

Ⱶ. Aigle debout à g. — Légende : (à dr.) מלך נבמו, (à g.) מלכא עתדת = *Obodas roi*, etc... Dans le champ, indication des années 3 ou 5. Poids 6 gr. 54.

Æ. Ⱶ. Tête diadémée à dr. derrière un ה nabatéen. Même légende, années 10, 16 ou 18. Poids 4 gr. 50.

Æ. Dr. Tête laurée, derrière un ה nabatéen. Poids 4 gr. 35.

Ⱶ. Déesse debout à g. levant la main dr. Même légende.

FIG. 311.

Arétas IV, philopatris.
9 av. J.-C. à 40 ap. J.-C.
Fils de Malichus I, avec la reine Holdou d'abord, puis la reine Šaq'ilat.

Æ. (Fig. 312.) Dr. Tête laurée à dr. Devant O. — Légende : (à g.) רחם עמה עהכמת, (à dr.) חרתת מלך גבטו = *Arétas, roi de Nabat-*
ène, qui aime son peuple.

Ⱶ. Buste de femme voilée à dr., entre ה nabatéen et O. — Légende : (à g.) נבטו שנתג, (à dr.) הלדומלכת = *Holdou reine de Nabatène, l'an I* (2, ou 3).

Æ. Dr. Tête laurée à dr.

Ⱶ. Femme voilée debout à g. — Légende :

FIG. 312.

Arétas roi de Nabatène et date.

Æ. (Fig. 313.) Dr. Tête laurée à dr. — Légende : (à g.)
מעה כסף, (à dr.) הרתת מלדגבטו רהם = *Arétas, roi de Nabatène, qui
aime son peuple, obole d'argent.*

FIG. 313.   FIG. 314.

℞. Buste et légende de la reine, an 10, 13, 16, 24, 25, 28,
30, 40.

Æ. Dr. Même type.

℞. Aigle debout à dr.

Æ. (Fig. 314.) Dr. Tête diadémée, cheveux calamistrés.

FIG. 315.

        ℞. Corne d'abondance ornée d'une
bandelette. — Légende : *le roi Arétas,
roi de Nabatène.*

        Æ. Dr. Tête laurée à dr. Même lé-
gende.

        ℞. Double buste à dr. — Légende :
שקילת מלכת = « ŠiQ'ILaT » *reine [de
Nabatène].*

Æ. (Fig. 315.) Dr. Buste du roi (lauré) et de la reine accolés à
dr., le roi porte la moustache.

    ℞. Deux cornes d'abondance. — Légende : soit *Arétas, Šiqî-
lat* en trois lignes entre les cornes, soit *Arétas* soit, seulement des
initiales.

Malichus II.

40 à 75 ap. J.-C.

Fils d'Arétas IV, avec la reine Šaq'ilat.

Æ. (Fig. 316.) Dr. Buste lauré à dr.
— Légende : *le roi Malichus, roi de Nabatène, l'an...*

    ℞. Buste voilé à dr. — Légende :
Šaq'ilat, sa sœur, reine de Nabatène.

FIG. 316.

Æ. Dr. Buste du roi (lauré) et de la reine accolés à dr.

℞. Deux cornes d'abondance. — Légende : (en trois lignes entre les cornes), *Malichus Šaq'ilat*.

Rabbel II.
75-101 ap. J.-C.

Avec sa mère régente d'abord, avec sa femme ensuite.

Æ. Dr. Deux têtes laurées accolées à dr.

℞. Deux cornes d'abondance, entre elles, en trois lignes. — Légende : רבאר שקילת אמה = RaBAL ŠaK'ILaT AMH = *Rabbel, Šaq'ilat sa mère*.

Fɪɢ. 317.

Æ. (Fig. 317.) Dr. Buste à dr. — Légende : *le roi Rabbel, roi de Nabatène l'an...*

℞. Tête voilée à dr. — Légende : גמלת אהתה מלכת נבמו = *Gamilat sa sœur reine de Nabatène*.

Æ. (Fig. 318.) Dr. Tête laurée du roi seul.

℞. Deux cornes d'abondance. — Légende : (en deux lignes entre les cornes) רבאל, גמלת = RaBAL, GaMiLaT.

Fɪɢ. 318.

ARABIE MÉRIDIONALE

D'après Strabon, qui se rapporte à ce qu'en dit Ératosthène, l'Arabie méridionale, ou plutôt la partie de la péninsule qui fait face à l'Éthiopie, était occupée par quatre tribus principales : tout d'abord celle des Minéens dans la région de la mer Rouge, ayant pour capitale Karna ou Karnana. Ensuite, près des Minéens, habitaient les Sabéens, dont la métropole était Mariaba. En troisième lieu venaient les Katabaniens, dont les territoires s'étendaient jusqu'au détroit : leur ville royale était Tamna. Enfin, plus à l'Est, se trouvaient les Chatramotites et leur cité de Sabata. L'absence des Himyarites dans cette liste est due à ce que la puissance de cette dynastie est postérieure au temps d'Ératosthène.

Les monnaies que nous possédons de l'Arabie méridionale, et qu'on a longtemps classées sous le nom d'Himyarites, comprennent plusieurs séries différentes, savoir : certaines imitations du numéraire d'Athènes qui, sans aucun doute, appartiennent à l'Arabie méridionale, mais dont la provenance ne peut être précisée ; les imitations des monnaies attiques appartenant aux Sabéens, portant des caractères sémitiques, mais qui, par leur type, doivent être rangées antérieurement à la date de 115 av. J.-C., année des débuts de l'ère himyarite ; les monnaies de la découverte de San'a qui appartiendraient aux Himyarites, et les pièces, également himyarites, portant le nom des princes, les émissions des Katabaniens et celles des Minéens ; ces dernières demeurant encore peu connues sont représentées par des pièces d'une extrême rareté. Enfin quelques pièces indéterminables de bronze, qui semblent être contemporaines des débuts de notre ère, et des types non encore classés, paraissent appartenir à cette série.

Les principaux ouvrages publiés sur les séries arabes anté-islamiques sont les suivants :

1868. A. de Longpérier, *Rev. Numism.*

1878. W. B. Head (*Num. chron.*) *on himyarite and other arabian imitation of coins of Athens.*

1880. G. Schlumberger, *Le trésor de San'a.*

1880. Mordtmann, *Num. Zeitsch.*

1881. Prideaux, *Journ. of As. Soc. of Bengal*, vol. I, p. 95.

1881. Erman, *Zeitsch. f. num.*, t. IX, p. 296 sq.

1889. D. H. Müller et J. W. Kubitschek, *Südarabische Alterthümer* (Vienne).

1915. George F. Hill, *The ancient coinage of Southern Arabia* (*Proceed. of the British Acad.*, vol. VII).

1919. George F. Hill, *Catalogue of the Greek coins of Arabia, Mesopotamia, Persia, Elymais and Characene* etc. (*British Museum*).

Les alphabets en usage dans le sud de l'Arabie et qu'on rencontre dans les légendes des monnaies sont tous dérivés de celui des Phéniciens (Fig. 319). Le plus répandu semble avoir été celui de la dynastie himyarite. Il se compose, à peu de chose près, des mêmes lettres que les autres alphabets sémitiques ; cependant on y remarque des traces d'une évolution indépendante dans l'expression de certains éléments phonétiques confondus par les anciens Sémites. Il renferme deux *daleth*, deux *heth*, deux *teth*, deux *tsadé*, dédoublement que les

Éthiopiens ont poussé beaucoup plus loin encore, et qui, plus tard, sera caractéristique de l'écriture arabe. On reconnaît aisément l'origine phénicienne dans les *lameth, guimel, noun, aîn, kof, sin, tau*

	Araméen			Hébr. carré	Palmyrénien	Phénicien.	Nabatéen.	Himyarite des inscriptions	des monnaies	Inscr. de Safa.	Éthiopien.	Ghéez.
	archaïque.	des papyrus	perse									
A												
B												
G												
D												
H												
U												
Z												
H												
T												
I												
K												
L												
M												
N												
S												
E												
P												
Tz												
Q												
R												
S												
T												

Texte himyarite.

FIG. 319.

etc. Alors qu'*aleph, bet, hé, vaw, kal, mem,* se sont transformés en signes dont il est mal aisé de retrouver l'ascendance dans les caractères phéniciens. Les autres alphabets, celui de Safa, le minéen etc… appartiennent au même groupe, cependant ils sont plus simples que celui en usage à la cour des Himyarites. Dans les textes lapidaires les mots sont généralement séparés par un trait vertical.

Les inscriptions les plus anciennes connues jusqu'à ce jour font remonter l'emploi des lettres en Arabie méridionale au VIe siècle

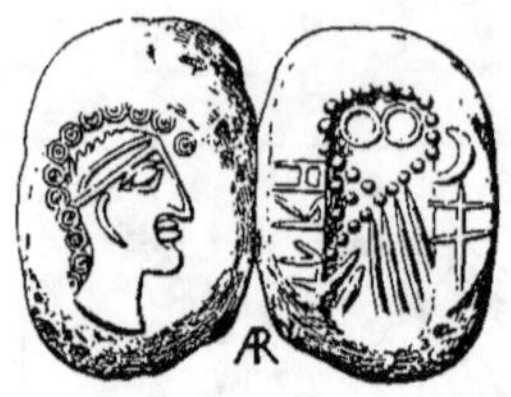

FIG. 320.

environ av. J.-C., alors que, dans le nord de la péninsule, l'écriture était depuis longtemps en usage. D'ailleurs, bien certainement, quand la péninsule sera mieux explorée, on reconnaîtra l'existence d'autres variantes de l'alphabet himyarite, peut-être même des médailles appartenant à des royaumes dont le nom même ne nous est pas encore parvenu. Certaines pièces qu'on ne peut encore classer (Fig. 320, coll. de l'auteur), permettent de concevoir des espérances à cet égard.

Parmi les plus anciennes monnaies arabes, on connaît une pièce d'argent unique (mus. de Berlin), pesant 16 gr. 95. Mais cette pièce semble être une exception ; car l'unité courante est de 5 gr. 55 (maximum). Elle se subdivise en demi-drachmes de 2 gr. 61 (pour 2 gr. 75), en quarts de 1 gr. 35, et en huitièmes de 8 gr. 55 (pour 0 gr. 693). La grande pièce du musée de Berlin serait donc une tridrachme. Plus tard ces poids se modifièrent et, au début de notre ère (trésor de San'a), on trouve 5 gr. 62 pour l'unité, 3 gr. 10 pour la moitié, 1 gr. 33 pour le quart, et 0 gr. 40 pour la plus petite division, le huitième. Toutes ces mesures correspondent à des pesées de monnaies et non à des déductions par calcul.

I. Sabéens et Himyarites.

IIIe siècle av. J.-C.

I. Imitations des types attiques archaïques sans légende sémitique. Monnaies épaisses.

Æ. Tridrachme.

Dr. Tête d'Athéna de profil à dr.

℞. Chouette avec rameau d'olivier et croissant à g. — Légende : (à dr.) ΑΘΕ.

Ce type se rencontre en Arabie méridionale sous forme de tridrachmes (très rares) [poids env. 15 gr.], de drachmes (?) plus abondantes [poids de 5 gr. 25 à 5 gr. 40], de demis [poids de

2 gr. 50 à 2 gr. 70], quart [poids env. 1 gr. 30] et huitièmes [poids env. 0 gr. 50] de drachmes. Parfois ces pièces portent une contre-marque au droit.

II. Même type avec monogrammes ou légendes au ℞, et sur la joue d'Athéna, au droit, souvent les lettres Ч, Γ, Χ ou Σ.

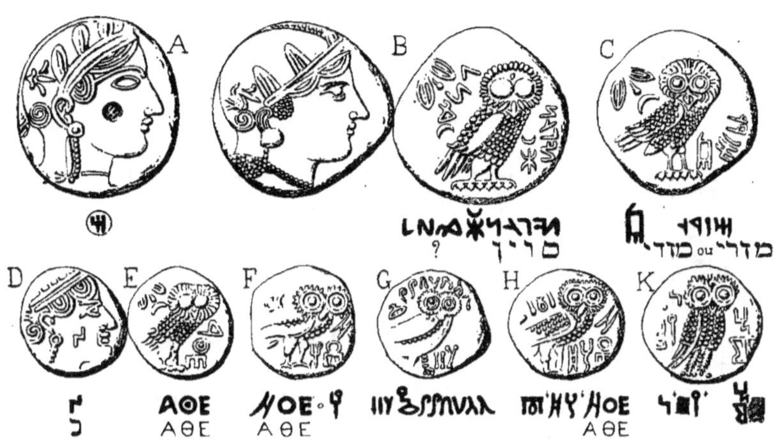

FIG. 321.

Æ. Tridrachme, drachme et divisions.

   Dr. Profil à dr. d'Athéna.

   ℞. Chouette (Fig. 321, A-K.).

A. Contremarque ם.

B. ℞. Légende sémitique indéchiffrée en deux parties et mono-gramme.

   C. ℞. Légende : מדוי = MuDV'I ou מדרי = MuDR'I.

D. Dr. Lettre Ч sur la joue.

E. ℞. ΑΘΕ.

F. ℞. ΑΘΕ en caractères corrompus et monogramme.

G. ℞. Légende sémitique indéchiffrable et monogramme « ianaf ».

H. ℞. ΑΘΕ et monogramme.

K. ℞. Monogrammes.

II. Katabaniens (?)

Æ. (Fig. 322.) Tiers (?) de drachme. Poids 1 gr. 75.

Dr. Tête imberbe à dr. avec cheveux crépus.

R/. Tête barbue de profil à dr. ; au-dessous, monogramme.

Æ. Tiers (?) de drachme.

Dr. Même type.

R/. Même type, les monogrammes diffèrent.

Fig. 322.

III. Monnaies au type d'Alexandre le Grand.

Vers 200 av. J.-C.

Æ. (Fig. 323.) Tétradrachme. Poids 16 gr. 72 (Cabinet de l'Université d'Aberdeen. Unique).

Dr. Profil à dr. d'Hercule jeune (Alexandre) coiffé de la peau de lion.

R/. Jupiter assis à g. sur un trône tenant une fleur de la main droite et de la main g. s'appuyant sur un long sceptre. Type certainement pris des revers d'Alexandre le Grand ; cependant Jupiter porte les cheveux longs à la mode arabe. — Légende en caractères himyarites : אביטע = AB'Ia T̄H̄'E à dr. à g. lettre א.

Fig. 323.

D'après D. H. Müller, *Ab'yad'a Yathi* serait un roi minéen et non un prince himyarite.

IV. Sabéens et Himyarites.

IIe et Ier siècles av. J.-C.

Imitations des derniers types d'Athènes. Monnaies peu épaisses. AV. Poids 2 gr. 48.

Dr. Dans une couronne, profil imberbe d'un homme à dr. portant les cheveux longs calamistrés.

R⁄. Chouette dans un cercle formé de petites amphores se suivant ; monogrammes dont le yanaf à g. (Mus. britanique. Unique).

Æ. (Fig. 324.) Poids 5 gr. 55.

Dr. Couronne de laurier renfermant le profil à dr. ou à g. d'un personnage lauré portant les cheveux calamistrés.

FIG. 324.

R⁄. Cercle formé de petites amphores grossièrement figurées

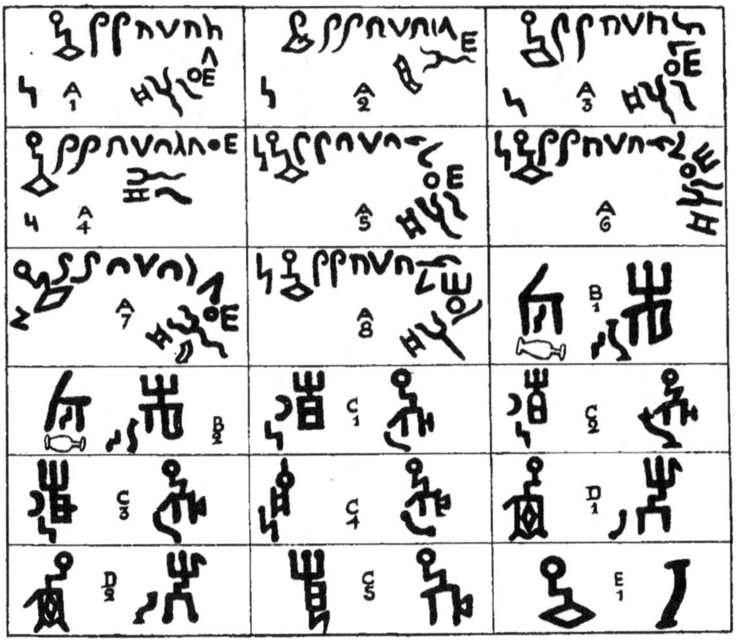

FIG. 325.

se suivant, dans le champ chouette à dr. la tête tournée de face, debout sur une amphore. — Légendes circulaires indéchiffrées. (Fig. 325, A n⁰ˢ 1 à 8.)

A g. monogr. *yanaf* (Fig. 325, E) ; à dr. lettre ⁊, restes

de la légende **AOE** et lettres himyarites. Monogrammes divers (Fig. 325, B nᵒˢ 1 à 2, C nᵒˢ 1 à 5, D nᵒˢ 1 à 2).

Sur bon nombre de ces pièces la légende du ℞ manque, et l'on ne voit plus que des monogrammes.

Ce type existe en drachmes de 5 gr. 55 et en demi-drachmes de 2 gr. 55 à 2 gr. 75. (Fig. 326.)

FIG. 326.

V. Type à l'effigie de l'empereur Auguste (?)
D'environ 24 av. J.-C. à 50 après.

Æ. (Fig. 327.) Poids 5 gr. 55.

Dr. Dans une couronne de laurier, profil à dr. ressemblant à celui de l'empereur Auguste. Dans le champ, lettres 4 ou Γ.

℞. Cercle d'amphores renfermant la chouette et des monogrammes.

FIG. 327.

VI. Série avec le bucrane.
Iᵉʳ siècle av. J.-C.

Æ. (Fig. 328.) Poids 3 gr. 38.

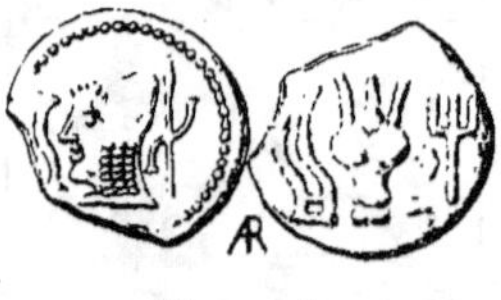

Dr. Profil à g. d'un personnage imberbe portant les cheveux longs et calamistrés. Monogrammes à dr. et à g. dans le champ.

℞. Cercle de perles ou d'amphores avec ou sans croissant en haut de la pièce. Bucrane ou massacre d'antilope de face ; à dr. et à g. monogrammes sémitiques.

FIG. 328.

VII. Série à deux têtes avec nom du prince.
Vers 50 à 150 ap. J.-C.

Ces monnaies frappées à Raïdan et à Harb, sont concaves au revers [1].

---

1. On ne connaît pas exactement l'ordre de succession de ces princes ; je donne ici celui qui est suivi par G. F. HILL (cat. *Brit. Mus.*, 1921).

Karib'il Yehun'im Watar.
Fils de Dhamar'ali Ba'in.

Æ. (Fig. 329.) Poids 1 gr. 61 et 1 gr. 54 (*Mus. Brit.*).

Dr. Profil à dr. d'un personnage imberbe, portant les cheveux longs et calamistrés ; derrière la tête, monogrammes ריתן = W'ATaR surnom du prince qu'on retrouve dans les textes lapidaires. Bordure de perles ou pleine, interrompue par le monogramme.

Rx. Profil d'homme imberbe à dr. ; dans le champ, monogrammes. — Légende circulaire : כרבאל יתנעמ ריתן KaRiB'AL IeHuN'IM V'ATaR en exergue. רידן = Ra'IDaN. (Rare.)

FIG. 329.

FIG. 330.

'Amdan Yehuqbidh.

Æ. (Fig. 330.) Poids 1 gr. 53 (*Mus. Brit.*).

Dr. Même type. Monogramme שקבץ ou autres indéchiffrés.

Rx. Même type. — Légende circulaire : עמדןיחקבד *Amdan Yehuqbidh* en exergue רודן = Ra'IDaN. (Rare.)

'Amdan Ba'in Yanaf.

Æ. (Fig. 331.) Poids 1 gr. 55. (Coll. de l'auteur.)

Dr. Même type. Cercle interrompu au sommet parfois orné d'un O dans l'intervalle de deux branches.

FIG. 331.

Rx. Même type. — Légende : (*Monogr.*) עמדןבין = 'AMDaNBa'IN (*yanaf*). (Ce dernier mot en monogramme ne faisant peut-être pas partie du nom.) Ville de frappe : *Raidan.*

'Amdan Ba'in.

Æ. (Fig. 332.) Poids 1 gr. 76 (*Mus. Brit.*).

Dr. Même type. Monogramme derrière la tête interrompant le cercle de bordure.

℞. Même type. — Légende : *Amdan Ba'in* sans le monogramme *Yanaf.*
Ville de frappe : *Raïdan.*

Tha'ran-Ya'ub.

Æ. (Fig. 333.) Poids 1 gr. 76 (*Mus. Brit.*).

Dr. Même type. Sur la joue, lettre X. Cercle de perle interrompu par un monogramme.

℞. Même type. — Légende : תארן יעב = TA-RaN'I'AuB. Monogrammes. Ville de frappe : *Raihan.*

FIG. 333.

FIG. 332.

Šamnar-Yehun'im.

Æ. (Fig. 334.) Poids 1 gr. 82 (*Mus. Brit.*).

Dr. Même type. Cercle de perles interrompu par un monogramme placé derrière la tête.

℞. Même type. — Légende : שמנריתנעמ ŠaMN'AR'IeuHN'IM. Ville de frappe : *Raïdan.* (Très rare.)

Yéda'ab-Yanaf.

Æ. (Fig. 335.) Poids 1 gr. 58 (*Mus. Brit.*).

Dr. Même type (exemplaire mal frappé).

℞. Même type. — Légende : ידעאב ינף = 'IeD'AÁB-'IaNaF. Ville de frappe : תרב = HaRB. (?) Unique

FIG. 335.

FIG. 334.

On connaît aussi des médailles de plus petit module (poids
o gr. 29) frappées à Harb, probablement par le même prince, mais
le nom royal n'y est pas inscrit.

ARABIE HEUREUSE SEPTENTRIONALE

On attribue au nord de l'Arabie heureuse des tétradrachmes au

FIG. 336.

type d'Athènes, d'une exécution fort barbare, ils appartiendraient
au IIIᵉ s. av. J.-C. (?)

Æ. (Fig. 336, A. B.) Poids 14 gr. 99, 14 gr. 13, 10 gr. 87
(*Mus. Brit.*).

Dr. Tête très grossière de profil
d'Athéna.

℞. Chouette avec légende ΔΟΕ
ou ∇ΟΕ ou simplement ΟΕ. On connaît aussi de petites monnaies de cuivre,

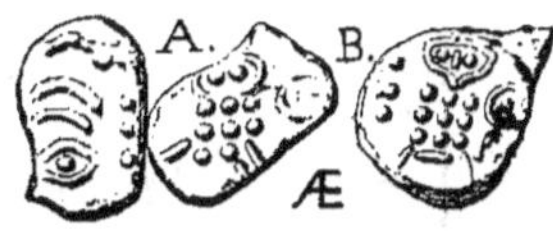

FIG. 337.

d'une exécution encore plus grossière, sur lesquelles on a peine
à reconnaître des traces de la tête d'Athéna et de la chouette (Fig.
337, A. B.). G. F. Hill les attribue au premier siècle de notre ère.

LA PERSE

I. — PRINCIPAUTÉ DE PERSIDE

Du temps des souverains achéménides, la Perside jouait un rôle important dans l'Empire. Les rois des rois y avaient une résidence d'été, alors qu'à Suse et à Babylone étaient leurs palais d'hiver, et les satrapes de Persépolis, qui, assurément étaient du sang royal, jouissaient d'une situation privilégiée. Si nous en jugeons par les médailles qu'ils émirent plus tard, ces princes étaient en même temps dépositaires du pouvoir civil et de la puissance religieuse. Strabon, d'ailleurs (liv. XV, ch. III, § 3 et § 24), nous informe que leur autorité, très grande sous les Achéménides, et plus tard, sous le régime macédonien, fut très diminuée par les Arsacides. Mais, dit-il, « aujourd'hui (IIᵉ siècle) les Perses (de la Perside) ont conservé leur autonomie avec des rois, d'abord soumis aux Macédoniens, ensuite aux Parthes ». En 323 av. J.-C. les princes de la Perside devinrent feudataires d'Alexandre le Grand qui maintint leur autorité, très certainement afin de profiter de leur influence sur les populations mazdéennes du centre et du sud de l'Iran.

La plus ancienne monnaie connue de ces princes appartient à la fin du IIIᵉ siècle avant notre ère, elle est d'un dynaste nommé *Bagadate* qui s'intitule fils de *Bagakert*, puis viennent *Oborze*, *Artaxercès 1* et *Autophradate I*, au cours du siècle qui s'écoula entre le règne d'*Antiochus III*, et l'époque à laquelle les Arsacides firent la conquête de la Perside.

Pour les mêmes raisons qui avaient conseillé aux Séleucides de conserver à la Persépolitaine son autonomie, les Parthes lui laissèrent de grandes libertés, entre autres, celle de battre monnaie, aussi possédons-nous une suite nombreuse qui, partant de l'an 220 environ av. J.-C., s'étend jusqu'à Artaxercès, fils de Papek, qui, usurpant l'empire sur le régime parthe affaibli (226 ap. J.-C.), transforma son titre de Malka de Perside en celui de Malkân Malka de l'Iran et de l'Aniran.

Nous ne possédons pas la liste complète des princes persépolitains, beaucoup s'en faut ; car les documents historiques manquant, nous ne pouvons donc, pour dresser cette liste, nous appuyer que sur les renseignements que fournissent les médailles. Il s'en suit que la succession elle-même n'est pas certaine, parce qu'on ne peut s'en rapporter qu'au style des pièces pour établir l'ordre des règnes, et à la comparaison avec le monnayage des Rois des rois arsacides. Il existe donc, bien certainement, un grand nombre de lacunes, soit que pendant certaines périodes la frappe eût été suspendue, soit que les médailles alors émises ne nous soient pas encore parvenues. Quoi qu'il en soit, la succession des princes me paraît être la suivante [1] :

....

Bagakert.....................................
*Bagadate I, fils de Bagakert............. vers 220 av. J.-C.

....

Frada...
*Oborze, fils de Frada....................
*Artaxercès I, fils de Frada..............
*Autophradate I...........................
*Alexandre (?), fils d'Autophradate I......

....

*Prince A....................................

....

*Darius I.....................................
*Autophradate II.......................... v. 123-88 av. J.-C.
*Darius II, fils d'Autophradate II..........
*Artaxercès II, fils de Darius II............ v. 57 av. J.-C.
*Oxithrès, fils de Darius II............... v. 57-38 av. J.-C.
    (Gocithrès d'Isidore de Charax ?)
*Pirouz I, fils d'Oxithrès................
*Pirouz II (fils ?) de Pirouz I............
*Namupat, fils d'Ataxercès II.............
*Napat, fils de Namupat..................

1. Les princes dont nous possédons les monnaies sont, dans cette liste, marqués d'un astérisque.

. . . .
*Prince X . . . .
. . . .
*Prince Y . . . .
. . . .
*Prince Z . . . .
. . . .
*Autophradate III . . . .
*Artaxercès III . . . .
 Mitri, fils d'Artaxercès III . . . .
. . . .
 Minučetri I . . . .
*Minučetri II, (fils ?) de Minučetri I . . . .
*Minučetri III, (fils ?) de Minučetri II . . . . . .
*Artaxercès IV, (fils ?) de Minučetri III . . . . .   v. 200 ap. J.-C.
 Prince W (?) fils d'Artaxercès IV (?) . . . . . .
. . . .
 Oxithrès, (Gòzirh) . . . .
 Papek . . . .   v. 200 ap. J.-C.
*Artaxercès V (?), fils de Papek . . . .   v. 210 ap. J.-C.
          (Devenu grand roi sassanide. — 226-240 ap. J.-C.)

Beaucoup de ces monnaies sont à double effigie, l'une au droit,
l'autre au revers. Il est impossible de dire si le prince a fait représenter son fils, ou si c'est le fils qui a fait graver l'image de son
père, car la tiare, insigne probable du pouvoir, ne peut être consi-
dérée comme une marque distinctive, sur certaines monnaies, les
deux effigies en étant coiffées, alors que sur d'autres ni l'un ni
l'autre des personnages ne la porte. La filiation que je donne est
donc uniquement basée sur les légendes ainsi que sur l'âge relatif des
personnages figurés.

Ce sont ces incertitudes qui m'amènent à indiquer ici une succession assez différente de celle proposée par M\u02b3. G. F. HILL (*op. c.*,
1922, p. CLXIV-CLXXXII) pour les princes de la période qui suit
Darius I. Le savant numismate anglais fait aux « princes incertains »
une part plus large que moi, sans toutefois, et avec raison, chercher
à fixer leur nombre. Ces deux classifications ne peuvent être considérées que comme provisoires.

Le dernier de ces princes, Artaxercès V (?) est celui qui, secouant le joug des Arsacides, s'empara du pouvoir sur tout l'Iran ; sur les monnaies où il figure avec son père on lit : ARTAHŠATR DYNASTE (MALKA) et PAPEK DYNASTE (MALKA), et sur les dernières ARTAHŠATR ROI DES DYNASTES. Cette inscription MALKAN MALKA correspond au ΒΑΣΙΛΕΟΣ ΒΑϹΙΛΕΩΝ des Séleucides et des Arsacides, aux *Khšayaṭhiya-Khšayathiyanam* des Achéménides.

BIBLIOGRAPHIE ET ÉTUDES SUR LES MONNAIES DE LA PERSIDE

PELLERIN, en 1767, signala le premier l'existence de ces médailles. ECKEL, en 1794 (*Doctrina Nummorum Veterum*, vol. III, p. 541, 553 et 554) reproduisit les attributions de PELLERIN qui voyait dans ces pièces des émissions royales sassanides. WILSON, dans *Ariana Antiqua* (p. 381, pl. XV, fig. 2, 3, etc...), publia quelques monnaies de Perside sous la rubrique « *Sassanian coins* », et ajoute qu'en 1837, MELLINGEN (*Syllogue*, Londres, p. 84, pl. IV, f. 3) avait déjà fait connaître plusieurs de ces pièces.

En 1847, le duc DE LUYNES (*Essai sur la numismatique des satrapies*, p. 42, pl. VI) attribuait un tétradrachme de Bagadate I à la Bactriane.

En 1849, ED. THOMAS, dans ses *Observations introductory to the explanation of the oriental legends to be found on certain imperial arsacidan and indo-parthian coins* (*Num. Chron.*, vol. XII, p. 95), émettait l'opinion que ces séries appartenaient probablement à des dynastes de la Perse.

LINSAY, en 1852 (*The history and coinage of the Parthians*, p. 226, pl. X, nᵒˢ 19 à 28), publiait dix de ces médailles sans tenter aucun déchiffrement. VAUX (*Num. Chron.*, vol. XVIII, p. 143) en donne quatre avec transcription en caractères hébraïques et, en 1859, le comte PROKESCH-OSTEN (*Acad. d. Wissenschaften phil. Hist.*, IX, p. 132) donne deux tétradrachmes de sa collection.

En 1866 (*Num. Chron.*, vol. VI, nˡˡᵉ série), ED. THOMAS, reprend la question, et l'avance grandement ; mais l'année suivante il attribue ces suites à l'Arménie.

FR. LENORMANT (*Journ. Asiat.*, VIᵉ série, vol. VI) fait faire un grand pas à la question, en classant à la Perside l'écriture de ces monnaies.

Après ces nombreux tâtonnements, LÉVY, reprenant tous les travaux de ses prédécesseurs (*Beiträge zur aramäischen Munzkunde Eran's Z. D. M. G.*, vol. XXI, p. 421), attribue définitivement ce monnayage à la Perside, décrit et figure 32 médailles.

Puis Mordtmann et Blau poursuivent ces études, Mordtmann en 1875 (*Z. f. Num.*, t. III, p. 223-234), 1876 (*id.*, t. IV, p. 152-229), 1878 (*W. N. Z.*, vol. X, p. 181-217) et la même année (*Z. f. Num.*, t. VII, p. 40-53), et Blau (*Elymaische Praethen. ds. W. N. Z.*, vol. X, p. 63-90).

Gutschmid, dans sa *Geschichte Irans*, en parlant de la Perside se range à l'avis de Mordtmann.

De 1895 à 1900, Justi donne trois mémoires, deux de linguistique et un d'histoire (*Z. D. M. G.*), dans les premiers il discute les lectures proposées par ses prédécesseurs (1895, *Miscellen zur iranischen Namenkunde, Iranisches Namenbuch*, 1900. *Geschichte Irans*).

En Angleterre paraissent les mémoires de P. Gardner (*Num. Chron.*, vol. XIX, n^lle série, 1879. *New coins from Bactria*), et de sir H. Howorth (*Num. Chron.*, 3e série, vol. X. *The initial coinage of Parthia*).

En 1889, M. de Markoff (*supplément à l'ouvrage du comte Prokesch-Osten*) publie quelques-unes de ces médailles encore inédites. Et la même année, Ed. Drouin (*Journ. Asiat.*, 3e série, vol. XII, et *Bull. Numism.*, p. 93) donnait deux excellents mémoires sur la question.

En 1906, le colonel Allotte de la Fuÿe (*Corolla Numismata*, p. 65 à 98, pl. III) publiait un mémoire d'ensemble très important, quant aux premiers des princes persépolitains.

En 1920, j'ai proposé (*C. R. de l'Acad. des Inscr. et Belles-Lettres*, pp. 132 sq.) une liste des princes persépolitains d'après les documents monétaires.

Dernièrement (1922), M^r. G. F. Hill, dans son *Catalogue of Greek coins, Arabia, Mesopotamia*, etc... (pp. clx à clxxxii, et 195-245, pl. XXVIII à XXXVII), a donné une étude fort complète des séries de la Perside.

Enfin, dans un ouvrage de grande étendue, *Numismatique de la Perse Antique*, terminé depuis 1913, mais qui n'a pas encore vu le jour par suite des circonstances, j'ai traité de la question dans son ensemble, et proposé des lectures pour les médailles des derniers temps de la principauté.

ÉPIGRAPHIE

Toutes les légendes des médailles de la Perside sont en langue perse mélangée d'araméen, et en caractères dits persépolitains ou proto-pehlvis dérivés de l'araméen usité au temps des Achéménides.

La langue est iranienne, mais profondément imprégnée de sémi-

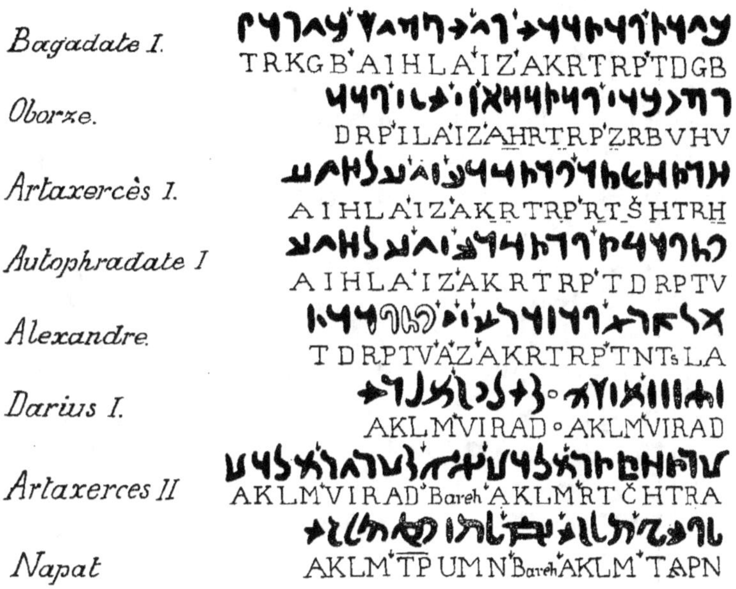

Fig. 338.

tisme. Elle est l'origine du pehlvi des temps sassanides. Nous n'en connaissons que fort peu de mots en dehors des noms propres, et ces mots sont parfois d'une lecture douteuse, par suite de la grande variabilité de la forme des lettres. On trouvera le fac-similé de ces mots dans le choix des légendes (Fig. 338).

פרתרכא.	FRaTaRaKA.	Gouverneur ? Satrape ? Maître ?
זי אלהיא.	ZI ALaHIA.	de dieu, des dieux, le divin.
בר, ברה.	BaR, BaReH.	Fils.
מלכא, מלכ.	MaLKA, MeLeK.	Roi, prince.
בגי.	BaGI.	Divin.

La forme des lettres est extrêmement variable, il en résulte de
fréquentes hésitations dans la lecture. Le tableau ci-joint (Fig. 339)

	HÉBREU	PHÉNICIEN	SIDONIEN	ARAMÉEN ACHÉMÉNIDE	PEHLVI PERSÉPOLITAIN,	SASSANIDE,
A						
B						
G						
D						
H						
U						
Z						
H						
T						
I						
K						
L						
M						
N						
S						
Č						
P						
Ts						
Q						
R						
Š						
T						

FIG. 339.

montre les diverses formes qu'on rencontre dans les légendes des
médailles. On remarquera que, au cours des quatre siècles et demi
que dura le monnayage de la principauté, l'écriture se modifie graduellement, pour en arriver à celle que nous voyons dans les légendes
des premiers rois sassanides. Cette évolution est très différente de
celle qui se produisit dans les pays de langue sémitique, tels que

l’Elymaïde et la Babylonie, là, l’écriture araméenne conserva beaucoup plus longte:nps qu’en Perside ses caractères archaïques.

Bagakert, BaGaKeRT (?).

Nous ne connaissons ce prince que par les légendes des médailles de Bagadate I. Son existence n’est pas acceptée par tous les numismates.

Bagadat I, BaGaDaT.

Ce prince nous a laissé des monnaies de deux types différents au R.

R. Tétradrachme, poids. 16 gr. 90, drachme 3 gr. 35, hémidrachme 1 gr. 70, obole 0 gr. 91.

1° R. Tétradrachme (Fig. 340). Dr. Profil nu à dr. du prince,

FIG. 340.

FIG. 341.

portant la barbe courte et la moustache, coiffé du bonnet satrapal. — Anépigraphe.

R. Le prince assis à gauche ; de la main droite il tient un long sceptre et de la main gauche une fleur. — Légende, fig. 342, n° 1.

BaGaDaT PRaTaRaKA ZI [1]
Bagadat maître, d’essence divine [(*fils de Bagakert* (?)]

ALAIA BaGaKeRT (?)

1.
TRKGB‘ALHLA‘IZ‘AKRTRP‘TDGB

2.
AIHLA‘IZ‘AKRTRP‘TDGB

3.

FIG. 342.

2° R. Tétradrachme. Même type au droit.

R. (Fig. 341), [coll. Jameson], temple du feu au centre ; à g. le prince (?) dans l’attitude de l’adoration ; à dr. le labarum (tablier du forgeron). — Légendes, fig. 342, n°s 2 et 3.

----

1. P et F sont toujours confondus.

(Fig. 342, n° 2). BaGaDaT PRaTaRaKA ZI 'ALaHIA
(Fig. 342, n° 3). . . . . PRaTaRaKA ZI . . . BaGaKeRT

Frada,
Père d'Oborze.

Nous ne possédons aucune médaille de ce prince.

Oborze, VaHUBeRZ.

Æ. Tétradrachme, poids 16 gr. 55, hémidrachme 1 gr. 60, triobole 2 gr. 80, obole 0 gr. 49.

Æ. Trétradrachme (Fig. 343).

Dr. Profil du prince portant le bonnet satrapal dont les pans enveloppent la partie inférieure du visage. — Anépigraphe.

℞. Temple du feu ; à g. le prince (?) dans l'attitude de l'adoration ; à dr. le labarum. — Légende :

DRP····HLAÏZAHRT RP'ZRBUHV

FIG. 343.

VaHUBeRZ FRATaRaKA ZI ALaH[IA] FRaDa.
Oborze maître d'essence divine (fils) de Frada.
Sur quelques médailles, le prince la main droite levée en signe d'adoration, tient un arc de la main gauche.

Artaxercès I, HaRTaHCaTeR.

Æ. Drachme, poids 3 gr. 94.
Æ. Drachme (Fig. 344).

Dr. Effigie du prince à dr., semblable à celle d'Oborze, mais la barbe est plus détachée. — Anépigraphe.

℞. Temple du feu, le prince à g., labarum à dr. — Légende :

° A IHLAIZAKRTRPRT ČHTRH

FIG. 344.

HaRTaHCaTeR PRaTaRaKA ZI ALaHIA
Artahčater maître d'essence divine.

Autophradate I, VaTaFRADaT.

Æ. Tétradrachme, poids 16 gr. 90, drachme 4 gr. 17, hémidrachme 1 gr. 85.

Æ. Tétradarchme (Fig. 345).

Dr. Buste du prince à dr. coiffé du bonnet satrapal, dont les pans enveloppent le bas du visage. — Anépigraphe.

Fig. 345.

R̸. Temple du feu surmonté de l'image d'Ormazd ; à droite, le labarum ; à gauche la Victoire couronnant le prince (?) en adoration. — Légende (Fig. 345 a, a') : VaTaFRaDaT FRaTaRaKA (Fig. 346). Le même sans la Victoire. — Légende (Fig. 345 b, b') : VaTaFRaDaT FRaTaRaKA ZI ALAHIA.

Fig. 346.

Alexandre (?), ALTsaNT.

Æ. Didrachme (?) (Fig. 347).

Dr. Profil dextre semblable à celui d'Oborze. — Anépigraphe.

R̸. Temple du feu surmonté de l'effigie d'Ormazd ; à droite, le labarum, à gauche le prince (?) dans l'attitude de l'adoration.

Médaille unique (coll. Allotte de la Fuÿe) surfrappée sur un tétradrachme d'Alexandre le Grand. Ce prince n'est pas reconnu par G. F. HILL.

Fig. 347.

M. Allotte de la Fuÿe propose, sous réserves, la lecture
אלׄצ:ת (Ex) פרתרכאויא (g) .... ודת_בר.
ALTsaNT (?) FRaTaRaKA ZI A[LaHIA] [VaTaF] RaDaT BaR.
Altsant (Alexandre) maître, d'essence divine, fils d'Autophradate.

Prince A (anonyme).

Tétradrachme, drachme, hémidrachme, tétrobole, 1/5 de drachme,
Æ. Drachme (Fig. 348).

Dr. Profil dextre, barbe courte, tête coiffée d'un bonnet plat

FIG. 348. FIG. 349.

muni d'un couvre-nuque surmonté d'un aigle éployé. — Anépigraphe.

R̷. Temple du feu surmonté de l'effigie d'Ormazd ; à g., le
prince (?) dans l'attitude de l'adoration ; à dr., le labarum surmonté
d'un oiseau (aigle ?). — Anépigraphe.

Æ. Drachme (Fig. 349). Même médaille, mais d'un style beaucoup plus barbare ; au R̷ le labarum est remplacé par sa stylisation,
une sorte de perchoir. — Anépigraphe.
1/10 de sicle.

Ces médailles doivent peut-être être reportées à Darius I, cependant elles sont, comme style, très supérieures à celle de ce prince.

Darius I, DARIV.

Æ. Tétradrachme, poids 16 gr. 47, drachme 4 gr. 13, tétrobole
3 gr. 70 et diobole 1 gr. 80.

Æ. Drachme (Fig. 350).

Dr. Même type, un croissant remplace l'aigle sur le bonnet. — Anépigraphe.

R̷. Même type, l'oiseau est posé sur une colonne. (travail très barbare). — Légende (Fig. 350 a, b) :
DARIV MaLKA. *Darius roi (prince).*

FIG. 350.

Autophradate II, VaTaFRaDaT.

Æ. Drachme, poids 4 gr. 05, tétrobole 3 gr. 75, hémidrachme
2 gr.

A. Dr. Drachme au type de Darius I. Même légende que sur le
type B.

B. Drachme (Fig. 351).

Dr. Buste diadémé du prince semblable à celui du roi des rois Mithridate II (jeune), portant un croissant
sur le sommet de la tête. — Anépigraphe.

R̸. Temple du feu surmonté de
l'image d'Ormazd ; à g. le prince en
adoration ; à dr. oiseau posé sur une
colonne (représentation très barbare).
— Légende : VaTaFRaDaT MaLKA. *Autophradate roi.*

Fig. 351.

Darius II, DARIV.
Fils d'Autophradate II.

Æ. Tétrobole, poids 3 gr. 70, diobole 1 gr. 80, hémitrihémiobole
0 gr. 70.

Fig. 352.

Æ. Tétrobole (?) (Fig. 352).

Dr. Buste du prince à g., analogue
à celui du grand roi Mithridate II,
coiffé de la tiare parthe ornée d'un
croissant. — Anépigraphe.

R̸. Le prince à droite en adoration devant un pyrée flamboyant placé
à g. — Légende en carré suivant
l'usage parthe : DARIV MaLKA bareh
VaTaFRaDat MaLKA. *Darius roi fils d'Autophradate roi.*

Oxathrès, VaHUKhŠaTR.
Fils de Darius II.

Æ. Drachme, poids 4 gr. 05, hémidrachme 2 gr. 02, tétrobole
3 gr. 70, diobole 1 gr. 82, obole 0 gr. 68.

KLMVIRAD   bareh AKLMRT Š KUHV

FIG. 353.

ℛ. Drachme (Fig. 353).

Dr. Effigie à g., diadémée, au type parthe. — Anépigraphe.

℞. Le prince (?) en adoration devant le pyrée flamboyant. — Légende en carré : VaHUKhŠaTR MaLKA bareh DARIV MaLKA. *Oxathrès roi fils de Darius roi.*

Artaxercès II, ARTaHČaTR.

Fils de Darius II.

ℛ. Drachme, poids environ 4 gr. 16, tétrobole 2 gr. 75, triobole 2 gr. 10, diobole 1 gr. 35, 1/5 de drachme 0 gr. 80.

ℛ. Drachme (Fig. 354).

Dr. Effigie du prince à g. coiffée d'une couronne à trois créneaux. Monogramme derrière la tête. — Anépigraphe.

℞. Le prince (?) devant le pyrée flamboyant. — Légende

AKLMVIRAD'bareh 'AKLMRTČHTRA

FIG. 354.

en carré : ARTaHČaTR MaLKA bareh DARIV MaLKA. *Artaxercès roi fils de Darius roi.*

Une variété unique (Fig. 355)

FIG. 355.

(coll. A. de la Fuÿe) montre le prince diadémé.

Pirouz I, PiRUČ [1].

Fils d'Oxathrès.

ℛ. Drachme, hémidrachme, obole.

ℛ. Drachme (Fig. 356). Effigie à g. du prince, diadémée, de style parthe. — Anépigraphe.

1. M. G. F. HILL lit *Pakur* et ne compte qu'un seul prince de ce nom.

℞. Signe ⚶ entouré de la légende circulaire : PiRUĆ MaLKA bareh VaHUKhŠa[TR]. *Pirouz roi, fils d'Oxathrès [roi].*

Æ. Drachme.

Dr. Même type. — Anépigraphe.

℞. Aigle volant à g. — Légende circulaire indistincte. Mr G. F. Hill (Pl. XXXV, fig. 9), classe cette médaille dans les « incertaines ». Je la range sous réserve à Pirouz I en raison de l'effigie du Dr.

[RT]AHKUHV bareh AKLMĆURP

Fig. 356.

Pirouz II, PiRUĆ.
Fils de Pirouz I.

Æ. Drachme, diobole.

AKLMĆURP

Fig. 357.

Æ. Diobole (Fig. 357). Buste du prince à g. diadémé, au type arsacide. — Légende à droite. PiRUĆ MaLKA. *Pirouz roi.*

℞. Effigie analogue. — Légende à droite : PiRUĆ MaLKA. *Pirouz roi.*

L'âge seul des personnages figurés autorise une distinction entre Pirouz I et Pirouz II.

Namupat, NaMUPaT.
Fils d'Artaxercès II (?).

Æ. Drachme, hémidrachme, obole.

Æ. Hémidrachme (Fig. 358).

Dr. Buste à g. du prince, portant la couronne à trois fleurons. — Anépigraphe.

℞. Le prince (?) en adoration devant une étoile et un croissant. — Légende circulaire : NaMUPaT MaLKA bareh ARTaH [ŠaTR]. *Namupat roi, fils d'Artaxercès.*

[RTŠ]HTRA bareh AKLMTPUMN

Fig. 358.

Napat, NaPAT [1].
Fils de Namupat.

Æ. Drachme, diobole.

FIG. 359.

Æ. Drachme (Fig. 359).

Dr. Effigie du prince à g., coiffé de la tiare arsacide. — Anépigraphe.

℞. Effigie plus petite (de Namupat (?)) diadémée, à g. — Légende en carré : NaPAT MaLKA bareh NaMUPaT MaLKA. *Napat roi, fils de Namupat roi.*

Prince X.

Æ. Drachme, hémidrachme, obole.
Æ. Drachme (Fig. 360).

Dr. Effigie à g. d'un prince coiffé de la tiare arsacide.

Derrière la tête, fragment de légende.

℞. Buste tourné à g. vers le croissant et l'étoile. — Légende illisible sur les exemplaires que nous connaissons.

FIG. 360.

Prince Y.

Æ. Drachme, obole.

FIG. 361.

Æ. Drachme (Fig. 361).

Dr. Effigie à g. d'un prince coiffé de la tiare arsacide.

Signe ⌇ derrière la tête.

℞. Figuration barbare du pyrée (?) entourée d'une légende circulaire illisible sur les exemplaires dont nous avons eu connaissance.

1. G. F. HILL propose, sous réserves, de lire *Kapat.*

Prince Z.

Æ. Hémidrachme, obole.
Æ. Hémidrachme (Fig. 362).
Dr. Effigie à g. d'un prince portant la couronne à deux créneaux. — Anépigraphe.
Ƀ. Analogue à celui du prince Y. — Légende effacée.

Fig. 362.

Autophradate III, VaTaFraDaT.

[VaTa]FRaDaT M[aLKA] ?

Fig. 363.

Æ. Drachme. Poids 2 gr. 82, hémidrachme 1 gr. 44, obole, 0 gr. 53.
Æ. Drachme (Fig. 363).
Dr. Buste à g. portant la tiare ornée d'un croissant. — Légende : [VaTa] FRaDaT M[aLKA].
Ƀ. Buste diadémé à g. Légende illisible.

Artaxercès III, ARTaHŠaTR.

Nous ne connaissons ce prince que par les monnaies sur lesquelles il figure avec Mitri.

Mitri, MiTRI.
Fils d'Artaxercès III.

Le personnage figuré au revers, qui s'intitule roi, étant beaucoup plus jeune que celui qu'on voit au droit, il est à penser que ces pièces sont dues au dynaste Mitri plutôt qu'à Artaxercès III.

Æ. Drachme. Poids 3 gr. 55. Hémidrachme 1 gr. 26.
Æ. Drachme (Fig. 364).
Ƀ. Buste à g. d'un personnage imberbe, diadémé et radié. — Légende à g., devant la face : MiTRIMaLKA. *Mitri roi.*
Dr. Buste à g. diadémé. — Légende à dr. derrière la tête : ARTaHŠaTR MaLKA. *Artaxercès roi.*

AKLMRTŠHTRA
AKLMIRTM

Fig. 364.

Minučétri I.

Nous ne connaissons ce prince que par les monnaies de Minučétri II son fils (?).

Minučétri II, MiNUČeTRI [1].

Fils de Minučétri I.

De même que pour Mitri, il convient d'attribuer ces médailles au plus jeune des personnages qui tous deux s'intitulent *roi*, et de voir dans le plus âgé, celui du ℞., le père du jeune homme figuré au Dr.

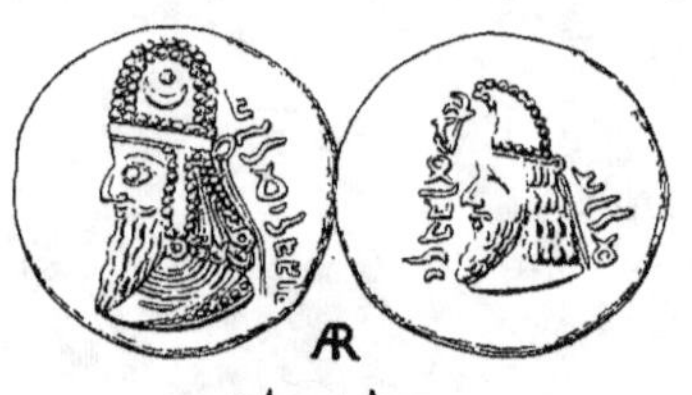

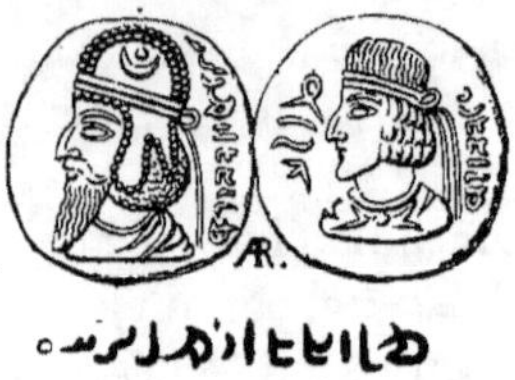

AḰLM'IRT ČUNM

FIG. 365.

Æ. Drachme. Poids 3 gr. 09, hémi-drachme, 1 gr. 51, obole (?).

Æ. Drachme (Fig. 365).

Dr. Buste d'un jeune homme, diadémé. — Légende : MiNUČetri MaLKA. *Minučetri roi.*

℞. Effigie à g. d'un prince portant la tiare arsacide. — Légende à droite : MiNUČeTRI MaLKA. *Minučetri roi.*

Minučétri III.

Fils de Minučétri II.

Æ. Drachme. Poids 3 gr. 10, 3 gr. 06, obole.

AKLM'I RT ČUNM
AKLM'IRT ČNM barah

FIG. 366.

AKLM'IRT ČNM

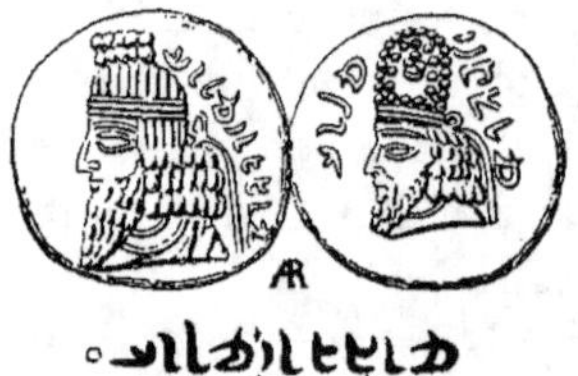

FIG. 367.

Æ. Drachme (Fig. 366).

Dr. Buste à g. d'un prince drapé, coiffé de la tiare ornée d'un

1. G. F. HILL lit *Manučithr*.

croissant, portant la barbe et les cheveux longs. — Légende :
[M]iNUČeTRI MaLKA.

Æ. Drachme (Fig. 367).

Dr. Buste à g. d'un personnage drapé et diadémé, portant la barbe longue et les cheveux à la mode des Sassanides, formant une touffe sur le sommet de la tête et retombant sur les épaules. — Légende : MiNuČeTRI MaLKA.

Artaxercès IV.

Fils de Minučetri II ou III.

Æ. Drachme. Poids 2 gr. 27. Triobole 2 gr. 35, hémidrachme 1 gr. 08, obole.

Æ. Hémidrachme (Fig. 368).

Dr. Effigie à g. diadémée d'un prince portant la barbe longue et les cheveux pendant sur les épaules et formant une touffe sur le sommet de la tête. — Légende : [AR]TahŠaTR MaLKA. *Artaxercés roi*.

℞. Effigie couronnée à g. — Légende : MiNUČTR[I] MaLKA. *Minučetri roi*.

Fɪɢ. 368.

Æ. Triobole. (Fig. 369).

Dr. Effigie diadémée à g. semblable au type précédent. — Légende effacée.

℞. Effigie couronnée et radiée. AR-TaHŠaTR MaLKA. *Artaxercès roi*.

Fɪɢ. 369.

Bien que sur ces deux médailles, l'ordre des légendes et des insignes soit interverti, il ne semble pas qu'on doive les séparer et attribuer leur frappe à des princes différents.

Prince W (?).

Fils d'Artaxercés IV.

Æ. Figure avec son père. Légendes illisibles.

Oxithrès.

(Gôzihr des auteurs arabes.)

Papek, BaBeKA ou PaPeKI.

Nous ne connaissons ce prince que par les médailles de son fils
Artaxercès V de Perside.

Artaxercès V et Pâpek.
(Plus tard, en 226, *Artaxercès I Grand roi.*)

Æ. Drachme (Fig. 370). Effigie de face du prince portant la tiare
des Arsacides. — Légende (Fig. 370 b') : ARTahŠa[TR] MaLKA.
Variante (Fig. 370 a') : [AR]TĊT ? MaLKA.

Ŗ. Buste à g. de Papek
coiffé de la tiare. — Légende
confuse : M[aZDiSN] BaGI PA-
P[eKI] MaLKA.

Æ. Hémidrachme (Fig. 371).

FIG. 370.

FIG. 371.

Dr. Profil coiffé de la tiare. —
Légende (Fig. 371 a') : ARTaHŠ
[aTR] MaLKA.

Ŗ. Profil coiffé de la tiare surmontée d'un ornement rappelant le labarum. — Légende : BaGI PAP[eKI] MaLKA.

Artaxercès V seul.

Æ. Hémidrachme (Fig. 372).

FIG. 372.

Dr. a. Buste de face du prince coiffé
de la tiare. — Légende (Fig. 372 a') :
ARTaHŠaTR. MaLKA.

Ŗ. Pyrée flamboyant. — Légende
(Fig. 372 b') : ARTahŠTR.MaLKA.

Il existe également quelques très rares
monnaies de cuivre sur lesquelles Artaxercès ne s'intitule pas encore Roi des rois.

II. — GRANDS ROIS SASSANIDES DE L'IRAN ET DE L'ANIRAN

226-651 ap. J.-C.

Au début du IIIe siècle de notre ère, le pouvoir des princes arsacides était très affaibli, et de tous côtés dans leur empire survenaient des révoltes, facilitées d'ailleurs par le désordre qui régnait à la cour, et par les nombreuses compétitions à la couronne.

A la faveur de ces troubles, un dynaste persépolitain Artaxercès, fils de Papek, de la famille de Sassan (voir Artaxercès V de Perside p. 287), soutenu par l'élément mazdéen de la population, s'empara du pouvoir royal, restaura le culte d'Ormazd, les vieux usages perses achéménides, et chassa de l'Iran l'influence et la langue des Grecs qui, on l'a vu, étaient d'ailleurs depuis un quart de siècle fort tombés en désuétude.

La dynastie sassanide régna sur la Perse pendant 425 ans, de 226 à 651 de notre ère.

Par suite de la destruction de tous les livres grecs et mazdéens de la Perse, par ordre du khalife 'Omar, l'histoire des Sassanides présente, comme celle des Arsacides, de grandes obscurités. Cependant, en faisant usage de toutes les sources, orientales et occidentales, ainsi que des légendes numismatiques, on peut rétablir, d'une manière assez satisfaisante, la filiation des princes de cette dynastie.

L'examen des éphémérides qui suivent permet, non seulement de se rendre compte de cette succession, mais aussi de juger des événements qui ont pris place dans le monde oriental, durant ces quatre siècles et quart.

ÉPHÉMÉRIDES

Vers 200 ap. J.-C. — Papek, personnage dont l'origine est inconnue, de même que celle de Sassan, détrône Gôzihr [1], dynaste de Perside, et fait reconnaître par les Parthes son fils Sapor, comme prince de la Persépolitaine. A la mort de Papek, son second fils Artaxercès, refusant d'obéir à son frère Sapor, marcha contre lui et le tua.

Vers 211 ou 212. — Artaxercès se révolte contre les Parthes,

---

1. Des auteurs arabes connaissent un Oxithrès ou Gocithrès, prince dont on n'a pas encore retrouvé les monnaies.

qui venaient de remporter sur l'empereur romain Macrin une grande victoire.

22 avril 224. — Artaban V vaincu par Artaxercès est tué. Artaxercès se proclame roi des rois et défait, l'un après l'autre, tous les dynastes jadis feudataires des Arsacides.

233. — Artaxercès, étant entré sur le territoire romain, en est chassé par les légions de Septime Sévère.

240. — Mort d'Artaxercès I. Son fils, Sapor I, monte sur le trône.

242. — Sapor est vaincu en Syrie par Gordien III, qui est assassiné par Philippe l'Arabe. Cet usurpateur signe avec les Perses une paix honteuse.

251 à 260. — Campagne de Sapor en Arménie et en Syrie. Il entre en Asie Mineure, mais est vaincu par Balista et par Odénath, prince de Palmyre. Défaite de l'empereur Valérien, capture de son armée et de sa personne par les Perses.

Révolte en Arménie, en Bactriane et chez les Cadusiens (Ghilan).

271. — Mort de Sapor I. Avènement d'Hormisdas I son fils.

272. — Mort d'Hormisdas I et avènement de Varahran I, fils d'Artaxercès I et frère de Sapor I.

Il secourt contre Aurélien Zénobie reine de Palmyre et, après la chute de cette princesse, aurait eu à subir le choc des légions romaines, si, sur ces entrefaites, Aurélien n'était mort.

275. — Varahran II, fils de Varahran I, monte sur le trône à la mort de son père.

276-282. — Campagne des Romains contre les Perses, assassinat de Probus.

283. — Carus continue la guerre et s'avance jusqu'à Ktésiphon. Varahran III, fils d'Hormisdas I, succède à Varahran II, mais ne règne que quelques mois.

283. — Narsès, fils de Sapor I, monte sur le trône. Guerre contre les Romains en Arménie.

297. — Défaite de Galerius Cesar par les Perses, en Mésopotamie.

298. — Dioclétien reprend l'Arménie aux Perses, qui abandonnent les territoires de la rive droite du Tigre.

300 ou 303. — Hormisdas II, fils de Varahran III ou de Nersès, monte sur le trône. Il épouse la fille du roi de Kaboul.

309. — Un soulèvement de la noblesse contraint Hormisdas II à se réfugier chez les Romains. Sapor II, fils d'Hormisdas II, encore enfant, est proclamé roi.

Guerres contre les Romains, Constantin I prépare une grande expédition contre les Perses. Il meurt le 22 mai 337.

338-346 et 350. — Siège par les Perses de Nisibe et des autres places fortes romaines de la Mésopotamie.

350. — Sapor II est appelé sur la frontière du Khoraçan. Armistice de huit années avec Rome (350-358). Cependant la guerre recommence.

363. — Expédition et mort de Julien II.

364-375. — Les Perses sont chassés de Syrie par Valentinien I.

379. — Mort de Sapor II. Artaxercès II, qui probablement était son fils, monte sur le trône.

383. — Déposition d'Artaxercès II, son frère Sapor III lui succède.

388. — Varahran IV monte sur le trône. Accord entre Rome et les Perses au sujet du partage de l'Arménie.

399. — Yezdégerd I succède à Varahran IV. Il semble qu'il vécut en paix avec les Romains.

420. — Varahran V, fils de Yezdégerd I, monte sur le trône.

428. — Victoire des Perses sur les Hephthalites.

438. — Avènement d'Yezdégerd II. Il reprend la guerre contre les Romains. Théodose II charge son général Anatolius de traiter avec les Perses. Libre alors, Yezdégerd envahit la Transcaucasie, ravage l'Arménie, bat les Huns, mais essuie des revers dans la Transoxiane.

457. — Hormisdas III, plus jeune fils de Yezdégerd II, s'empare du pouvoir à Ktésiphon ; mais son frère aîné, Pirouz, met fin à son règne éphémère, et monte sur le trône.

Yezdégerd II fait la guerre en Orient, en Arménie et en Ibérie, puis est vaincu et tué avec ses fils par les Hephthalites.

484. — Vologèse, probablement frère d'Yezedégerd II, monte sur le trône. Il traite avec les Hephthalites.

488. — Kavat ou Kavad (Kobad), fils de Pirouz, monte sur le trône, grâce à l'assistance des Huns. Il ravage l'Arménie et l'Ibérie, passe le Caucase, et va combattre les nomades du Don et de la Volga.

497. — A son retour de cette expédition, Kavat est déposé par le clergé mazdéen, qui donne la couronne à son frère Zamasp.

499. — Kavat, qui s'était réfugié chez les Hephthalites, rentre en Perse à la tête de 30.000 Huns. Zamasp abdique. Guerre contre les Romains au sujet des défilés de Derbend, au Caucase, que les deux États s'étaient engagés à garder à frais communs.

531. — Chosroès I, fils de Kavat, désigné au trône par testament de son père, prend le pouvoir, au détriment de son frère aîné, Kaosès, et de son autre frère, Zamès, qu'il fait mettre à mort.

533. — Traité de paix entre Chosroès I et Justinien I.

540. — La guerre reprend contre les Byzantins, en Arménie et dans la Mésopotamie.

542. — Chosroès est chassé de la Syrie par Bélisaire.

545. — Justinien signe avec Chosroès un traité valable pour cinquante ans, moyennant le paiement annuel de mille livres pesant d'or.

549. — La guerre éclate de nouveau, Justinien signe un nouveau traité, et s'engage à payer annuellement trois mille livres d'or aux Perses.

560. — Les Turcs, après avoir vaincu les Huns blancs, attaquent la Perse au Khoraçan.

572. — L'empereur Justin II refuse de payer le tribut à la Perse, et entre en campagne contre Chosroès I.

579. — Mort de Chosroès I. Hormisdas IV, fils de ce prince et de la fille du khaqan des Turcs, lui succède. Les empereurs Tibère et Maurice pressent les armements contre les Perses, ravagent le Kurdistan et pénètrent en Médie.

590. — Les grands de Perse déposent Hormisdas IV, et donnent la couronne à Varahran IV, vainqueur des Turcs en Afghanistan, mais qui, plus tard, fut vaincu sur l'Araxe par les Romains. Ce roi n'appartenait pas à la lignée des Sassanides, il est déposé, et Chosroès II monte sur le trône.

592. — Usurpation de Bestam. Il est vaincu par Chosroès II et se réfugie chez les Turcs.

Chosroès dévaste la Syrie et la Palestine, prend Jérusalem dont il massacre la population.

627. — Héraclius envahit la Perse et se retire en conservant la rive droite du Tigre.

Chosroès est mis à mort par les nobles Perses à cause de sa cruauté. Siroès ou Kavat II, prince héritier, instigateur de ce mouvement, prend le pouvoir.

628. — Kavat II ne règne que quelques mois (février à septembre), il fait la paix avec Héraclius, rend aux Romains toutes les conquêtes de son père. Son fils, Artaxercès III, âgé de dix ans, est élevé au trône.

630. — Šarbaraz, usurpateur, assisté par les Romains, s'empare de Ktésiphon, et met à mort Artaxercès III.

630. — Chosroès III, fils de Kavad, frère d'Hormisdas IV, se proclame roi des rois au Khoraçan.

630 ? — Hormisdas V, usurpateur, connu seulement par une monnaie douteuse.

631. — Hormisdas VI, petit-fils de Chosroès II, est roi dans Ktésiphon pour quelques mois seulement.

630-631. — Borân ou Pourândokht, fille de Chosroès II et de la princesse Marie, fille de l'empereur Maurice, monte sur le trône.

Les Perses rencontrent pour la première fois les Arabes musulmans sur les champs de bataille, ils sont vaincus en Mésopotamie par les troupes d'Omar. Borân est déposée, à la suite d'une révolution dans Ktésiphon causée par cette défaite.

632. — Yezdégerd III, fils de Šariâr, petit-fils de Chosroès II, monte sur le trône.

635. — Défaite des Perses à Qadésiah, près de Madaïn.

641. — Défaite des Perses à Néhawend, près d'Hamadan. Yezdégerd se retire au Khoraçan.

642. — Ispahan, Ahwaz, le centre de l'Iran et le Khoraçan tombent aux mains des Arabes. Yezdégerd s'enfuit à Merw.

643. — Les Arabes s'emparent du Fars, de Yezd et de Kirman.

644. — Conquête de l'Azerbaïdjan par les Musulmans.

651. — Assassinat de Yezdégerd III, dernier roi de la dynastie sassanide.

OUVRAGES A CONSULTER
SUR LA NUMISMATIQUE DES ROIS SASSANIDES

1793. *S. de Sacy.* Mémoires sur les diverses antiquités de la Perse et sur les médailles des rois de la dynastie des Sassanides, suivis de l'histoire de cette dynastie traduite de Mirkhond. Paris, in-4°.

1840. *A. de Longpérier.* Essai sur les monnaies des rois perses de la dynastie sassanide. Paris, in-4°, 88 pp., XII pl.

1842. *B. Dorn.* Versuch einer Erklärung von drei Münzen mit sassaniden Gepräge. Saint-Pétersbourg, Bull. acad. sciences histor.-philol., t. I, col. 33 à 43.

1843. *J. Olshausen.* Die Pehlwi-Legenden auf den Münzen der letzten Sâsâniden, auf den Ältersten Münzen arabischer Chalifen, auf den Münzen von Taberistân und auf indo-persischen Münzen des Östlichen Irân, zum ersten Male Gelesen und erklärt. Copenhague, in-8°. Trad. angl. ds Numism. Chron., 1849, t. XI, p. 60-92 et p. 121-146.

1847. *J. de Bartholomaei*. Conjectures sur quelques monnaies sassanides postérieures au roi Firouz. Saint-Pétersbourg, in-8°.

1847. Classement des médailles au type sassanide au point de vue de l'art. Saint-Pétersbourg, in-8.

1848. *B. Dorn*. Bemerkungen zur Sassaniden-Münzkunde. Saint-Pétersbourg, Acad. imp. Sc. Histor. Philol., t. V, col. 225-234.

1850. *Ed. Thomas*. Sassanian coins, ds Num. Chron., t. XII, p. 68-77 ; id., 1852, t. XV, p. 65-66, 180-187.

1852. Notes introductory to sassanian mint monograms and gems, with a supplementary notice on the arabico-pehlvi series of persian coins, ds Journ. of the royal as. soc., t. XIII, p. 373-428, 3 pl.

1854. *A. D. Mordtmann*. Erklärung der Münzen mit Pehlvi-Legenden ds Zeitschr. d. Deut. Morg. Gess., t. VIII, p. 1-209, t XII, p.. 1-57, id., 1858. Leipzig, in-8°, 1 pl.

1854. *Mommsen*. Ueber das Gewicht der Sassaniden-Münzen. ds Zeitsch. d. Deut. Morg. Gess. Bd. VIII, trad. ds Num. Chron., 1re série, t. XIX, p. 223 sq.

1865. *A. D. Mordtmann*. Erklärung II der Münzen mit Pehlvi-Legenden, nachtrag ds Zeitsch. d. Deut. Morg. Gesell., t. XIX, p. 363 à 496 et 679. Grotés Münzstudien, Bd V, p. 1-8.

1872. *Ed. Thomas*. Sassanian coins, Num. Chron., new ser., vol. XII.

1873. Numismatic and other antiquarian illustrations of the rule of the Sassanians in Persia, ds Num. Chron., new ser., t. XII, p. 33-59, 105-119, 271-286, et t. XIII, p. 220-253.

1873. *B. Dorn*. Collection de monnaies sassanides de feu le lieutenant général J. de Bartholomaei, Saint-Pétersbourg, in-4°, 10 pp. et 32 pl.; id., édit. de 1875. (Ouvrage très important par l'abondance de son iconographie.)

1873. *A. D. Mordtmann*. Numismatik der Sassaniden. Beilage zur Allgemeine Zeitung, n° 308.

1874. *Bayley*. Sassanian coins.. Journ. asiat. Beng. Calcutta.

1877. *Th. Noldeke*. Zur erklärung der Sassaniden-Münzen, ds Zeitschr. d. Deutch. Morg. Gesell., t. XXXI, p. 147-151.

1879. *A. D. Mordtmann*. Zur Pehlvi-Münzkunde IV, ds Zeitsch. d. Deutsch. Morg. Gesell., t. XXXII, p. 82-142 ; id., 1880, t. XXXIV, p. 1-160, 1 pl.

1886. *Ed. Drouin*. Observations sur les monnaies à légende en pehlvi et pehlvi arabe. Rev. Archéol., 98 pp., 4 pl.

1895. Monnaies sassanides inédites. Rev. Num., IIIe série, t. XIII, p. 45-64. Pl. II.

1898. Les légendes des monnaies sassanides. Rev. Num., I, p. 62-129.

1906. *Vincent A. Smith*. Catalogue of the coins in the indian Museum, Calcutta, including the cabinet of the Asiatic Society of Bengal. Oxford, in-8°, vol. I, pp. 217-229, pl. XXIV.

1908. *A. de Markoff*. Rapport sur la collection des médailles sassanides de M. Paul Zoubow, ds Rec. de la Soc. Num. de Moscou, 10 nov. 1908.

1912. *Nützel*. Sassanidische Goldmünzen Amtl. Berich. Aus d. Königl. Kunstsam., p. 41.

1913. *J. de Morgan*. Études sur les ateliers monétaires sous la dynastie des Sassanides. Rev. Num., 1913, p. 486 sq. (126 pages).

1921. *W. H. Valentine*. Sassanian Coins.

ÉPIGRAPHIE

La langue dans laquelle sont rédigées les légendes des monnaies

TABLEAU COMPARATIF DES LETTRES PEHLVIES DES MONNAIES SASSANIDES

Latin	Hébreu	Palmyréen	Satrapes araméens	Proto-pehlvi	Pehlvi arsacide (des inscriptions)	Pehlvi arsacide (des Monnaies)	Chaldéo-pehlvi	Pehlvi sassanide (des Monnaies)	Monumental	Pehlvi des Manuscrits	Zend
A	[glyph]	[glyph]	[glyph]	[glyph]	[glyph]	[glyph]	[glyph]	[glyph]	[glyph]	[glyph]	[glyph]
Â								[glyph]			[glyph]
I	[glyph]	[glyph]	[glyph]	[glyph]	[glyph]	[glyph]	[glyph]	[glyph]	[glyph]	[glyph]	[glyph]
Û	[glyph]	[glyph]	[glyph]	[glyph]	[glyph]	[glyph]	[glyph]	[glyph]	[glyph]	[glyph]	[glyph]
K	[glyph]	[glyph]	[glyph]	[glyph]	[glyph]	[glyph]	[glyph]	[glyph]	[glyph]	[glyph]	[glyph]
K'	[glyph]	[glyph]	[glyph]	[glyph]	[glyph]	[glyph]	[glyph]	[glyph]	[glyph]	[glyph]	[glyph]
G	[glyph]	[glyph]	[glyph]	[glyph]		[glyph]	[glyph]			[glyph]	[glyph]
Tch								[glyph]	[glyph]	[glyph]	[glyph]
T	[glyph]	[glyph]	[glyph]	[glyph]	[glyph]	[glyph]	[glyph]	[glyph]	[glyph]	[glyph]	[glyph]
D	[glyph]	[glyph]	[glyph]	[glyph]	[glyph]	[glyph]	[glyph]	[glyph]	[glyph]	[glyph]	[glyph]
P	[glyph]	[glyph]	[glyph]	[glyph]	[glyph]	[glyph]	[glyph]	[glyph]	[glyph]	[glyph]	[glyph]
B	[glyph]	[glyph]	[glyph]	[glyph]	[glyph]	[glyph]	[glyph]	[glyph]	[glyph]	[glyph]	[glyph]
N	[glyph]	[glyph]	[glyph]	[glyph]	[glyph]	[glyph]		[glyph]	[glyph]	[glyph]	[glyph]
M	[glyph]	[glyph]	[glyph]	[glyph]	[glyph]	[glyph]	[glyph]	[glyph]	[glyph]	[glyph]	[glyph]
S	[glyph]	[glyph]	[glyph]				[glyph]	[glyph]	[glyph]	[glyph]	[glyph]
Sh	[glyph]	[glyph]	[glyph]	[glyph]	[glyph]	[glyph]	[glyph]	[glyph]	[glyph]	[glyph]	
S'	[glyph]							[glyph]	[glyph]		[glyph]
Z	[glyph]	[glyph]	[glyph]	[glyph]		[glyph]	[glyph]	[glyph]	[glyph]	[glyph]	[glyph]
H	[glyph]	[glyph]	[glyph]	[glyph]		[glyph]	[glyph]	[glyph]	[glyph]	[glyph]	[glyph]
R	[glyph]	[glyph]	[glyph]	[glyph]		[glyph]	[glyph]	[glyph]	[glyph]	[glyph]	[glyph]
V	[glyph]	[glyph]	[glyph]	[glyph]		[glyph]	[glyph]	[glyph]	[glyph]		[glyph]
Kh								[glyph]		[glyph]	
L	[glyph]	[glyph]	[glyph]	[glyph]	[glyph]	[glyph]	[glyph]	[glyph]	[glyph]	[glyph]	

Nota. — *Les caractères laissés en blanc sont les plus usités sur les Monnaies*

FIG. 373.

sassanides est une descendance du perse achéménide, mélangée d'un grand nombre de mots et de formes sémitiques, résultant du long contact des Perses avec les Sémites dans la Basse-Chaldée, la Mésopotamie et sur les côtes du Golfe persique. De même que la dynastie sassanide, la langue est issue de Perside, et l'écriture n'est qu'une forme de celle de la Persépolitaine, transformée au cours des siècles. En examinant les légendes des médailles de la Perside (p. 270 sq.) on se rendra compte de l'évolution qui s'est produite et a amené la forme des lettres composant les légendes d'Artaxercès I. Il est aisé de suivre ensuite, sur les monnaies de la dynastie sassanide, les transformations que subit cette écriture pour en arriver au pehlvi, que nous voyons sur les drachmes des khalifes, des gouverneurs arabes, des Ispehbeds du Thabéristan et dans les manuscrits. Le tableau ci-dessus (Fig. 373) donne les formes les plus courantes des lettres, ainsi que leurs équivalences et leur origine.

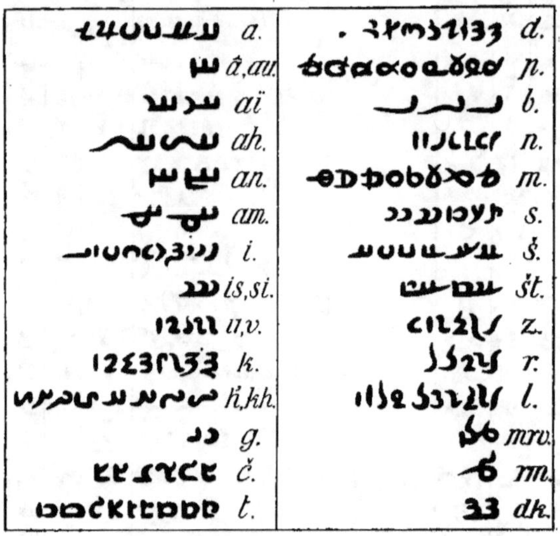

Toutefois, il y a lieu d'observer qu'il est peu de légendes qui soient absolument correctes, quant à l'écriture, très souvent les graveurs, soit par ignorance, soit par manque de place sur la médaille, ont atrophié la forme des lettres. Quelquefois même, ces légendes sont tellement barbares, qu'on ne reconnaît les mots que par la présence de quelques signes moins mal gravés. Il est à noter également, que souvent interviennent des ligatures dont la valeur nous échappe ; quelques-unes de ces ligatures, cependant, de signification connue, sont courantes (Fig. 374).

La lecture et la traduction des textes pehlvis sont extrêmement difficiles, parce que nous ne connaissons cette langue que fort imparfaitement, par un seul livre, incomplet d'ailleurs, l'Avesta, et par

FIG. 374. — Formes diverses de certaines lettres pehlvies et ligatures les plus courantes[1].

1. On trouvera dans ce tableau bien des formes de lettres qui n'ont pas trouvé place dans le tableau de la fig. 373.

quelques rares inscriptions lapidaires. Fort heureusement, sur les médailles, les légendes sont presque toutes copiées les unes sur les autres par les divers souverains ; aussi, dans la plupart des cas, le nom du prince est-il aisé à distinguer.

On croit généralement que le pehlvi des rares textes sassanides que nous possédons et celui des médailles est la même langue que celle des livres religieux de la Perse ; cependant, de nombreux indices permettent de penser que ces deux langues sont des formes dialectales différentes du parler iranien ; malheureusement les documents dont nous disposons sont trop peu nombreux pour qu'on puisse, au sujet de ces deux langues, se livrer à une étude comparative de quelque étendue. Les obscurités du texte lapidaire de Hadjiabad, celles des légendes des pierres gravées viennent à l'appui de cette hypothèse. D'ailleurs, dans la Perse actuelle, les formes dialectales sont encore extrêmement nombreuses [1]. De même le zend est une autre forme du persan, et son écriture est de composition récente [2].

Vers la fin de la dynastie, les monnaies portent en abrégé le nom de la ville d'émission et l'année du règne.

ATELIERS MONÉTAIRES

Les indices monétaires qui commencent sous Varahran V (420-439), et continuent à figurer sur les médailles jusqu'à la fin de la dynastie, sont représentés par les initiales du nom de la ville. Groupes d'une lecture souvent douteuse, et dont l'identification présente de très grandes difficultés ; car nous ne sommes que très mal renseignés, quant à la géographie politique de l'Iran à l'époque sassanide [3].

Parmi les indices les plus fréquents, ceux qu'on peut identifier avec quelque certitude, nous citerons (Fig. 375) :

N° 1. — RD. Ville indécise. Frappe pendant 90 années à partir de Varahran IV.

---

1. Cf. J. DE MORGAN, *Mission en Perse*, t. V, *Etudes linguistiques*, 1re partie, 1904.

2. Dans mon étude (*Rev. Num.*, 1913) sur les ateliers monétaires sassanides, j'ai, je pense, publié tout ce qu'il est possible de dire sur cette difficile question.

3. Pour le pehlvi et le zend des manuscrits, voir p. 19, fig. 2 et 3.

N° 2. — ID, ZD ou GD. Zadracarta (?) capitale de l'Hyrcanie.
N° 3. — BIŠ. Bichapour (?) (Fars).
N° 4. — ST. — Stakhar (?). Perside.
N° 5. — NIH, NZH ou NGH. Nièh (Νιή) (?) Seïstan.
N° 6. — MR. Merw.
N° 7. — MB. Meïboud.

FIG. 375. — Principaux indices monétaires
des monnaies sassanides [1].

N° 8. — ZB, ZR, BH? Ville indécise.
N° 9. — AU ou AN. Khoubous (?) (Kirman), Khoraçan ?
N° 10. — AHM. Ahmatana (Ecbatane de Médie).
N° 11. — ST. Stakhar (Perside). Cf. n° 4.
N° 12. — PR, FR. Ferghanèh (?) (Fars).
N° 13. — ŠU. Šusân (?) (Suse).
N° 14. — NH. Néhâwend (?)
N° 15. — DA. Darabdjerd (?)
N° 16. — AM. Amol (?) (Mazandérân).
N° 17. — AMUI. Amol (?) (sur l'Oxus).
N° 18. — KR. Kirman.

1. Cette liste sera reprise et complétée, par la suite, dans cet ouvrage, en traitant des ateliers des gouverneurs arabes de la Perse, ayant frappé au type sassanide.

N° 19. — AB. Aberkouh (?) (Fars), Aberqobad (?) (Elymaïde), Abhar (?) (Azerbaidjan), Aberchahr (atelier des khalifes).

N° 20 — BaBA. La résidence royale (?)

N° 21. — ASF. Asfahan (Ispahan).

N° 22. — RIU, RIN. Mordtmann propose Raga (Ragès près de Téhéran).

N° 23. — BN. Bendjhir (?) près de Balk.

N° 24. — AI probablement abréviation pour AIRAN.

N° 25. — SD. Soudd (?) près de Merw.

N° 26. — AH. Ahar (?) (Atropatène).

N° 27. — AIRAN. Nom de la Perse, peut-être employé pour les émissions des armées en campagne, ou ville dont nous ne connaissons pas le site, aujourd'hui disparue, ou qui a perdu son nom.

N° 28. — UH. Veh-Ardechir (?) Veh-Châpour ? Veh-Kobad (?).

N° 29. — ANT. Ville de site inconnu.

N° 30. — KA. Kazéroun (?) Kachan (?) Kaboul (?) Kazvin (?).

N° 31. — NAR. Nahr-Tira (?) (Khouzistan, atelier des khalifes), Nehrvan (d'après Mordtman).

N° 32. — ŠB. Chaberan (?) (près de Derbend-Caucase) Choubourqan (?) (près de Balkh).

N° 33. — DU, GU, ZU, IU... ?

N° 34. — BC, BG. Baghdhour (?) (près de Hérat) Baghlân (?) (Tokharestan).

N° 35. — AR. Ardébîl, Ardéchir-Khourrah, Artaxata, Aria, etc. ?

N° 36. — APR, AFR. Aspéradjin (?) (Khoraçan).

N° 37. — NB. Noubendjan (?) (ville fondée dans le Fars par Sapor I).

N° 38. — HR. Hérat.

N° 39. — IB, ZB, GB ?

N° 40. — MA. Marus ? Maracanda ? (Samarkand). Maïsân (?) (Irak-Arabi).

Parmi les autres ateliers monétaires, au nombre de 215, 34 figurent pour moins de dix années sur les médailles et 181 pour une année seulement.

LES DATES

C'est à la troisième année du règne de Pirouz (457-483), c'est-à-dire en 457-58, que les dates commencent à être indiquées sur les

médailles. Elles sont toujours, comme d'ailleurs les indices monétaires, inscrites au revers à gauche du pyrée.

Ces dates sont exprimées en toutes lettres, les nombres simples (fig. 376, de 1 à 10), en langue sémitique et les unités et dizaines entrant dans des nombres composés, étant en langue iranienne (fig. 376, de 11 à 40 et au delà).

Suivant l'usage des Sémites, les nombres commencent par l'indication des unités, puis viennent les dizaines (et les centaines sur les médailles des Arabes), on lira donc 3 + 20 pour 23, 6 + 30 pour 36, etc...

L'écriture étant parfois très négligée, il en résulte souvent des incertitudes dans la lecture des dates. Les erreurs les plus fréquentes portent sur les nombres composés

Fig. 376.

dont les unités sont 1 et 3 ; mais fréquemment aussi, les dizaines ne sont exprimées que par une seule lettre, D pour DH, S pour SIH, etc...

Les souverains indiquent leur première année du règne qui, presque toujours, est la dernière de leur prédécesseur, il s'en suit qu'en ajoutant les unes aux autres, les périodes du règne des divers princes, on obtient un total supérieur parfois de deux ans à la durée réelle de la phase envisagée, et qu'ainsi la chronologie se trouve être faussée. Parfois aussi, certains ateliers frappent encore durant l'année qui suit la mort du roi ; c'est ainsi que nous connaissons des drachmes de Chosroès I portant la date 49, alors que ce prince n'a régné que quarante-huit ans.

Les dates inscrites sur les médailles ne doivent donc être traduites dans l'ère vulgaire que sous réserves dans bien des cas. Toutefois, certains événements relatés par les auteurs occidentaux, permettent souvent d'effectuer les corrections nécessaires.

LES TYPES MONÉTAIRES

Toutes les monnaies sassanides portent au droit l'effigie du souverain et sa légende, commençant en haut du côté gauche et se lisant dans le sens inverse du mouvement des aiguilles d'une montre. Au revers est l'autel du feu accompagné ou non de deux personnages. Sur les médailles des premiers princes, le revers porte à droite et à gauche la courte légende : NURA ZĪ (le feu de) à dr. et le nom du prince à g. A l'époque de Pirouz ces légendes disparaissent pour faire place à l'indice monétaire et à l'année du règne.

Les monnaies des divers souverains sassanides présentent non seulement des portraits spéciaux à chacun d'eux, mais des attributs (couronne, costume) différents. Il est donc très aisé de classer la plupart des monnaies de ces princes sans avoir recours à la lecture des légendes. Certains d'entre eux, entre autres Artaxercès I, offrent jusqu'à quatre types différents très spéciaux ; mais en général le modèle est unique.

Après Chosroès II le type demeure presque constant pour ses successeurs ; cependant il existe encore des différences dans le costume, dans les cadres de grènetis et dans les détails du droit, permettant de séparer les pièces d'un souverain de celles de ceux qui lui sont, à peu de chose près, contemporains.

Le monnayage d'or et celui de bronze sont moins constants comme type, et il en est de même pour les petites pièces divisionnaires d'argent, très rares d'ailleurs. Cependant ces médailles portent toujours des indications les rapprochant des drachmes du souverain qui les a émises.

Les monnaies d'or, les divisionnaires d'argent et les pièces de bronze sont extrêmement rares, alors que les drachmes sont en très grande abondance. Il existe plus de 800 drachmes du roi Chosroès I, différents comme indices monétaires et comme dates. De tous les rois sassanides, seul Artaxercès I a frappé des monnaies de potin dans les débuts de son règne, imitant en cela l'exemple des derniers princes arsacides. Ces médailles représentent le tétradrachme parthe au titre corrompu, pièce qui était en cours depuis un siècle environ, et que le nouveau roi dut conserver, soit pour ménager une transition entre ces monnaies de mauvais aloi et le numéraire pur, soit pour répondre aux pressants besoins d'argent que lui imposait sa révolte contre son suzerain.

Dans les monnaies des premiers princes l'impression de la matrice, tant au droit qu'au revers, couvre toute la pièce ; mais à partir de Sapor III, le disque s'amincit et s'élargit pour devenir, à la fin de la dynastie, une feuille mince d'argent obtenue au marteau, sur laquelle l'empreinte laisse une large marge. Sous Kavad et tous ses successeurs, afin de combattre la rognure des marges, on les a ornées de quatre croissants renfermant chacun une étoile.

Sous presque tous les princes sassanides, les émissions de numéraire d'argent sont abondantes ; mais les souverains qui ont le plus frappé sont : Chosroès I, Hormisdas IV et Chosroès II ; leurs médailles se rencontrent en quantité énorme, depuis la Méditerranée jusqu'à l'Indus, et depuis le centre de l'Arabie jusqu'à la chaîne du Caucase. Elles étaient, dans cette immense région, avec l'or byzantin, la base de toutes les transactions commerciales.

Le titre du métal reste très pur durant tout le règne de la dynastie, et le poids de la drachme demeure, à peu de chose près, constant : sa moyenne est de 5 gr. 600.

DESCRIPTION DES MÉDAILLES

Artaxercès I. (ARTAHŠATR.)

226-240 ap. J.-C.

Type n° 1.

N. Æ. Æ. (fig. 4, n°ˢ I et II). Dr. Buste à dr. du prince coiffé de la tiare arsacide. — Légende : (n° VI) MaZDISN BaGI ARTaHČaTR MaLKAN MaLKA AIRAN. *L'Adorateur d'Ormazd, le divin Artaxercès roi des rois de l'Iran.*

Variantes d'orthographe du nom du prince (fig. 377. N° VIII), ARTAŠaTR, (n° IX) ARTAHŠATR, (n° X) ARTAČaTR.

Sur quelques médailles, qui semblent être antérieures à la réduction des divers dynastes feudataires des Parthes, ce prince ne s'intitule que *roi de l'Iran.*

℞. Autel du feu. — Légende : (n° VII) NURA ZI ARTaHŠaTR. *Le feu d'Artaxercès.*

Ce type monétaire, le plus courant, est connu en or. Poids 7 gr. 30 (diamètre 13 et 22 mm.) : en argent ; drachmes, poids 3 gr. 28 à 3 gr. 80 ; en potin, poids 11 gr. 95 à 15 gr. 55, représentant le

tétradrachme des derniers rois parthes, et en bronze, poids 1 gr. 35
à 1 gr. 98, et 2 gr. 40 à 2 gr. 93.

Type n° II.

Æ. (fig. 377, n° IV). Dr. buste du prince à dr. coiffé d'une couronne à trois créneaux, touffe de cheveux au-dessus de la couronne.

Fig. 377.

— Légende (Fig. 377, n° VII) : MaZDISN BaGI ARTaHĊaTR
MaLKAN MaLKA AlRAN MiNUĊeTRI MeN IeZDAN. *L'Adora-
teur d'Ormazd, le divin Artaxercès roi des rois de l'Iran, germe céleste
des dieux.*

℞. du type n° I et même légende.

Ce type existe en argent (drachme et obole) et en bronze, poids
15 gr. 78, il est toujours fort rare.

Type n° III.

Æ. (Fig. 377, n° V). Drachme, poids 3 gr. 68 à 4 gr. 10 ; obole,
poids 0 gr. 67. Extrêmement rare. Buste à dr. du prince coiffé d'un
bandeau serrant ses cheveux sur le front, chevelure tombant sur les
côtés de la tête et derrière, attachés au sommet en une touffe formant sept petites sphères.

Même légende que le type n° II.

Même revers que les types précédents.

Type n° IV.

Æ. (Fig., 377, n° III). A̸. (Musée britannique et coll. Zouboff de Moscou).

Æ. Drachme poids 3 gr. 99 à 4 gr. 33 ; hémidrachme, poids 1 gr. 85 à 1 gr. 96, oboles ; ce type est, avec le n° I, le plus courant d'Artaxercès I et semble avoir été frappé à la fin de son règne. Buste du roi tourné de face, vêtu de la candyle, profil dextre, tête coiffée du bonnet d'étoffe plissée noué au sommet de la tête et formant un globe (contenant la touffe supérieure des cheveux ?). Chevelure tombant sur les épaules et dans le dos.

Même légende que le n° précédent.

Même revers.

Type n° V.

Æ. Dr. Buste d'Artaxercès I à dr. et de son fils Sapor I à g., face à face.

Légende barbare ou très effacée sur les rares exemplaires connus.

℞. Type du n° IV.

Cette médaille n'existe qu'en bronze (cf. Bartholomaei [Dorn]. Pl. I, fig. 15. Vincent Smith. Cat. Mus. Calcutta, 1906. Pl. XXVI, fig. 2).

Les divers types des monnaies d'Artaxercès I sont cités dans l'ordre probable de leur émission.

Sapor I (ŠAHPUHR).
240-271 ap. J.-C.

Type unique.

A̸. Æ. Pot. Æ. (Fig. 378). Cette médaille existe en or, poids 7 gr. 28, 7 gr. 22, 7 gr. 41 ; en argent, drachmes, poids 3 gr. 53 à 4 gr. 40 ; triple et double obole, obole, poids 0 gr. 63 à 0 gr. 69 ; en potin, poids 12 gr. 18 à 15 gr. 48, à l'imitation des derniers tétradrachmes arsacides, et en bronze, poids 1 gr. 29 à 2 gr. 69, sous forme de lingots irréguliers.

Dr. Buste de face du prince drapé dans la candyle ; profil dextre (sénestre sur une obole), tête coiffée de la couronne à créneaux surmontée du globe. Cheveux en une large touffe tombant sur les épaules.

Variantes : la coiffure est (n° I) ou non (n° II) munie d'oreil-

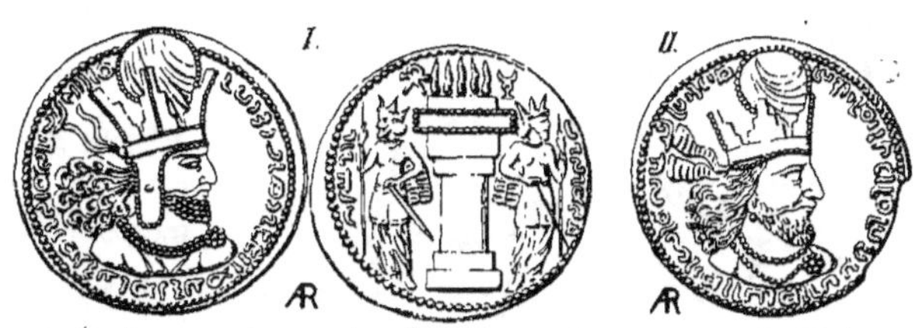

Fig. 378.

lettes. — Légende (fig. 378, n° III) : MaZDISN BaGI ŠaHPUHRI MaLKAN MaLKA AIRAN MiNUČeTRI MeN IeZDAN.

L'Adorateur d'Ormazd, le divin Sapor, roi des rois de l'Iran, germe céleste des dieux.

℞. Pyrée flamboyant entre deux personnages (le roi et son fils ?) tournant le dos à l'autel. — Légende (n° IV) : NURA ZI ŠaHPUHRI. *Le feu de Sapor.*

Il n'est pas rare que les légendes de Sapor I soient très barbares et difficilement lisibles.

Hormisdas I (AUHRAMAZD).

271-272 ap.-J.-C.

Type unique.

Æ. Drachme (Fig. 379).

Dr. Buste du prince tournée de face, vêtu de la candyle, profil dextre, barbe courte et frisée, serrée vers la pointe par un ruban, et se terminant en une touffe ronde. Cheveux flottant dans le dos. Tête coiffée d'une calotte bordée de quatre ou cinq volutes rondes et surmontée du globe. — Légende circulaire : (fig. 379 *a*) MaZ-DISN BAGI [A]HuRaMaZDI MaLKAN MaLKA AIRAN U ANI-RAN MiNUČeTRI MeN IeZDAN. *L'Adorateur d'Ormazd, le divin*

Hormisdas, roi des rois de l'Iran et de l'Aniran, germe céleste des dieux.

C'est pour la première fois que les souverains sassanides s'intitulent « roi des pays non iraniens ».

FIG. 379.

Ɍ. Semblable au précédent, mais les deux personnages font face au pyrée. — Légende (fig. 379 *b*) : NURA ZI [A]HuRaMaZDI. *Le feu d'Hormisdas.*

Sur quelques monnaies on lit au droit :

MaZDISN BaGI [A]HURaMaZDI MaLKAN MaLKA IRAN
U ANIRAN MiNUČeTRI MeN IeZDAN I ŠaHPuHRI.

C'est-à-dire « [fils] de *Sapor I* ».

Ce type existe à l'état de drachmes et d'hémi-drachmes, d'ailleurs assez rares.

Émission satrapale.

Æ. (Fig. 380), poids de 5 gr. 50 à 7 gr. 00. Diam., 24 mm.

Dr. Buste senestre d'un personnage portant la barbe courte et les cheveux longs tombant sur les épaules, maintenus sur le front par un bandeau. — Légende circulaire en caractères chaldéo-pehlvis : BaGI AUHRaMaZDI MaLKIN MaLKA [A]IRAN MiNUČeTRI.

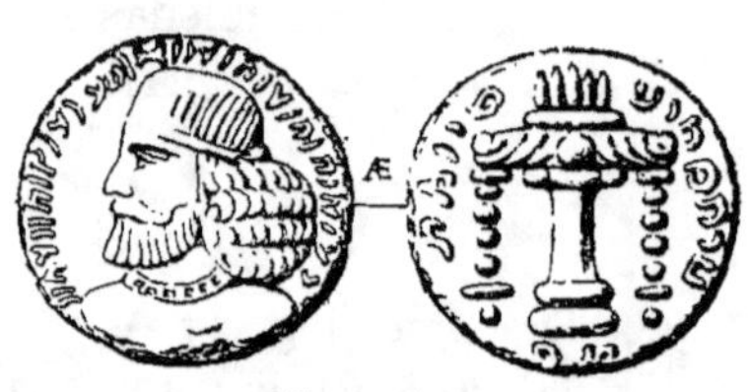

FIG. 380.

Le divin Hormidas, roi des rois de l'Iran, de semence céleste.

Ɍ. Pyrée sans personnages. — Légende : ARDaMITRa MaGuPaT (lecture de E. Drouin [1]). *Ardamitra (le saint Mitra) mage.*

1. *Rev. Numis.*, 1895, ser., III, t. XII, p. 45. Pl. II, fig. 1 à 7 et 9.

Varahran I (VARAHRAN).
272-275 ap. J.-C.

Type unique.

Æ. (Fig. 381) (coll. Zouboff et coll. de l'auteur).

 Æ. Drachme, hémi-drachme, poids 2 gr. 08, et obole, poids 0 gr. 57.

Dr. Buste du prince revêtu de la candyle, profil dextre portant la barbe longue et droite, diadème orné de cinq flammes et surmonté du globe. Légende : MaZDISN BaGI VaRaH-RAN MaLKAN MaLKA

Fig. 381.

AIRAN U ANIRAN MiNUČeTRI MeN IeZDAN.

Ŗ. Pyrée flamboyant, à dr. le roi, à g. son fils ou le grand Mobed, tous deux tournant le dos à l'autel. — Légende : NURA ZI VaRaHRAN. *Le feu de Varahran.*

Sur quelques médailles, telle celle fig. 381, on lit en seconde ligne, au droit, à g., I ARTaHŠaTRI, (*fils*) *d'Artaxercès*, suivi d'un mot illisible qui probablement est IeZDANI, *issu des dieux.*

Les monnaies de ce prince sont assez rares.

Varahran II.
275-283 ap. J.-C.

Type n° I. Le roi seul.

Æ. (Fig. 382). Poids, 7 gr. 21, 7 gr. 34 (Mus. Brit. coll. Zouboff), 1 gr. 40 (coll. de l'auteur).

Æ. Drachme. Poids, 4 gr. 33 ; obole, poids, 0 gr. 55, rare.

Dr. Buste du prince de face, profil, dextre, barbe frisée, nouée à la pointe, coiffé d'un bonnet rond, orné d'ailes, surmonté de la sphère. — Légende : MaZDISN BaGI VaRaHRAN MaLKA MaL-KAN (*sic*) MiNUČeTRI MeN IeZDAN.

Ŗ. Pyrée accompagné de deux personnages, le roi et le prince

héritier, type du ℞. fig. 382, n° III. — Légende : NURA ZI VaRaH-
RAN.

Type n° II. Le roi et la reine.

Æ. (Fig. 382, n° II). Drachme. Poids, 4 gr. 5 (Musée britannique, M. de l'ermitage). Rare.

FIG. 382.

Même effigie du prince, à dr. ; la reine, également à dr., placée à
g. du roi.
Même légende et même revers.

Type n° III. Le roi, la reine et le prince héritier.

Æ. (Fig. 382, n° III). Poids, 7 gr. 10 à 7 gr. 35 (coll. Zouboff).
Æ. Drachme. Poids, 3 gr. 98 à 4 gr. 23.
Obole. Poids, 0 gr. 52.
Æ. Piécettes irrégulières de poids et de forme.

Dr. Même effigie du roi, la reine est coiffée d'une tête de sanglier leur faisant face, profil senestre du prince héritier coiffé d'une
tête d'aigle, présentant une couronne de la main gauche.
Même légende, le plus souvent très barbare.

℞. Pyrée flamboyant accompagné du roi à g. levant la main
droite vers l'autel et du prince à dr. présentant une couronne.
Même légende.

Ce type est le plus courant de toutes les monnaies de Varahran II.

Type n° IV. Le roi et le prince héritier.

Æ. Drachme. Poids 3 gr. 71 à 4 gr. 48 (Musée de l'Ermitage). Ces médailles sont fort rares.

Dr. Même type que fig. 382, n° III, mais sans l'effigie de la reine.
Le prince porte parfois un bonnet rond très haut, orné de perles.

Même légende, mais le plus souvent très barbare.

Même revers que le type n° III.

Sur les types n°s II, III et IV, la coiffure de la reine et celle du
prince varient, elles figurent soit une tête de sanglier, soit une tête
d'aigle ou d'épervier.

Varahran III.
283 ap. J.-C.

Type unique.

N. (Fig. 383) (Musée Britannique et Cabinet de Berlin).

Æ. Drachme. Poids, 3 gr. 72
(coll. de l'auteur), et obole (coll.
von Zambaur de Vienne).

Æ. (Cf. Bartholomaei, pl. V,
fig. 4). Les pièces de ce prince
sont peu communes.

Dr. Buste de face du prince
revêtu de la candyle, profil dextre,

FIG. 383.

couronne à neuf créneaux carrés, entourant le bonnet, qui est
surmonté du globe.

Légende généralement très barbare :

MaZDISN BaGI VaRaHRAN MaLKAN MaLKA AIRAN U[ANI-
RAN].

Rₓ. Pyrée flanqué du roi à g. et du prince héritier (?) à dr. —
Légende : NURA ZI VaRaHRAN.

Narsès (NIRHI, NERŠHI).
283-300 ap. J.-C.

Type unique.

N. (Fig. 384). Poids, 6 gr. 83 à 7 gr. 49 (coll. Zouboff).

Æ. Drachme, obole et demi-obole.

Æ. Petites pièces irrégulières.

Dr. Buste de face du prince, profil dextre, tête ornée d'une

Fig. 384.

Fig. 385.

couronne à facettes portant trois fleurons (palmes) et surmontée du globe.

Légende, le plus souvent barbare :

MaZDISN BaGI NeRŠ MaLKAN MaLKA MiNUČeTRI MeN IeZDAN.

Ɍ. Pyrée flamboyant accompagné du roi et d'un autre personnage lui faisant face, tenant chacun l'épée haute. — Légende : NURA ZI NeRŠHI.

Une pièce d'or (Fig. 385) (coll. V. Zambaur de Vienne) présente au dr. le même type, mais au revers l'autel flamboyant est accompagné de deux globes attachés au chapiteau de l'autel. Revers unique dans la série sassanide.

Hormisdas II.

300-309 ap. J.-C.

Type nº I. Le roi seul.

AV. Le cabinet de l'Ermitage possède un médaillon de ce type de 32 mm. de diamètre. Les pièces ordinaires pèsent 7 gr. 19, 7 gr. 31 (coll. Zouboff); les divisionnaires, 1 gr. 24 (coll. de l'auteur).

Æ. Drachmes. Divisions : Poids, 0 gr. 73, 0 gr. 36.

Æ. Poids, 9 gr. 37.

Dr. Buste de face du prince drapé dans la candyle, profil dextre, coiffure, surmontée du globe, formée d'un aigle aux ailes éployées, tenant dans son bec une perle. — Légende : MaZDISN BaGI AUHRa

MaZDi MaLKAN MaLKA AIRAN U ANIRAN MiNUČeTRI MeN IeZDAN.

R̥. Pyrée flamboyant orné de férouer (image d'Ormazd) dans

les flammes, le fé-
rouer est senestre,
dextre (Fig. 386 *a*)
ou de face (Fig.
386 *b*), l'autel est
flanqué de deux
personnages, le
roi à g., et le
prince héritier ou
le grand mobed à

FIG. 386.

dr. — Légende : NURA ZI AURAMaZDI.

Parfois dans le champ à g. au-dessous des rubans flottants du diadème, les lettres AT (Fig. 386 *c*).

Type n° II. Le roi et la reine.

A̅. Dr. (Fig. 387). Buste de face du roi revêtu de la candyle, pro-
fil dextre coiffé d'un bonnet pointu maintenu sur le front par un bandeau plat ; à gauche du prince est la reine de profil à droite portant une coiffure ornée de perles. — Légende barbare.

FIG. 387.

R̥. Autel du feu formé de onze pierres superposées ; à droite et à gauche,

colonnes supportant des sphères et reposant sur des boules. — Légende NURA ZI AUR[AMaZDI].

Médaille d'or unique du Cabinet de France.

Un bronze du Musée de l'Ermitage (Fig. 388) montre l'effigie du prince tournée à g.

FIG. 388.

Type n° III.

N. Dr. (Fig. 389). Buste de face du prince, profil dextre, coiffé d'une couronne formée de lamelles imitant les plumes d'un oiseau? et surmontée du globe. — Légende : RaBA KUŠAN MaLKAN MaLK A MaZDISN BaGI AUHRaMaZDI MaLKI l'*Adorateur d'Ormazd, le divin Hormisdas, grand Kouchan roi des rois* [*de l'Iran*].

R̶. MaZDISN BaGI. A U R H a M a ZDI MaLKI RaBA KUŠAN MaLKAN MaLKA. *Le Mazdéen, le divin Hormisdas de la famille royale des grands Kou-*

FIG. 389.
Fig. réduite du tiers.

chans, roi des rois [*de l'Iran*].

(Traduction E. Drouin, notice sur les monn. des grands Kouchans postérieurs, p. 163, et *Rev. Numism.*, 1895, sér. III, t. XIII, p. 60. Pl. II, fig. 12.)

Or et argent (Musée Britannique).

Ces médailles ont probablement été frappées à l'occasion du mariage d'Hormisdas II avec la fille du roi des grands Kouchans de Kaboul.

Il existe un certain nombre de monnaies de bronze attribuées à ce prince, dont le type est très différent de celui des médailles sassanides de l'Iran. Probablement ont-elles été émises dans les pays orientaux.

Sapor II.
309-379 ap. J.-C.

Les médailles de Sapor II sont à haut relief et à faible relief, et se partagent d'après leurs revers en deux classes : celle des médailles au revers .desquelles figure l'autel du feu seul, et celles dans lesquelles cet autel du feu est accompagné de deux personnages. Nous ne savons pas si ces diverses classes correspondent à des époques spéciales, ou bien à des différences d'ateliers d'émission.

Type nº 1. Revers au pyrée simple.

N. (Fig. 390). Poids, 7 gr. 30, 7 gr. 08, 7 gr. 06, 7 gr. 19.

Dr. Buste de face du roi revêtu de la candyle portant la couronne

ornée de trois cré-
neaux à trois étages
chacun, et surmontée
du globe.

L'effigie du droit
est la même pour les
deux types.

Légende, le plus
souvent très barbare:
MaZDISN BaGIŠaH-
PUHRI MaLKAN MaLKA AIRAN.

FIG. 390.

R. Semblable à celui d'Artaxercès I (voir fig. 4, nᵒˢ I et II).
— Légende : NURA ZI ŠaHPUHRI.

Ces monnaies d'or sont assez communes mais très barbares.

Æ. Poids 3 gr. 99 (Cabinet de l'Ermitage).

Type nº II.

N. Poids, 7 gr. 06, 7 gr. 08, 7 gr. 13, 7 gr. 20 (Vienne,
Londres, Paris, coll. de l'auteur) ; 8 gr. 55 (Ermitage) ; 2 gr. 52
(Ermitage)

R. Drachme à fort relief : poids, 4 gr. 06 à 4 gr. 29 ; à faible
relief, 4 gr. 02 à 4 gr. 34. Divisions de la drachme. Poids, 1 gr. 68
à 1 gr. 84 ; oboles, poids 0 gr. 63, 0 gr. 57, 0 gr. 42, etc.

R. (Fig. 390). Dr. Même effigie et même légende au droit.

R. Pyrée, avec ou sans férouer, flanqué de deux personnages
lui faisant face et tenant l'épée haute.

Parfois sur le fût de la colonne le mot RAST (Fig 390 a), *Juste,
droit.*

Artaxercès II.
379-383 ap. J.-C.

Type nº I.

R. (Fig. 391). Drachme.
Buste de face du prince, vêtu de la candyle, profil dextre, coiffure

composée d'un bonnet rond ceint d'un cordon de perles et surmonté

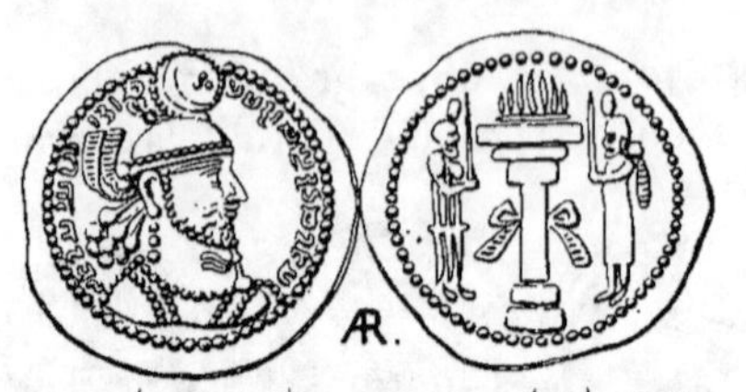

FIG. 391.

du globe. — Légende : MaZDISN BaGI ARTaH-ŠaTR MaLKAN MaLKA A[IRAN].

℞. Pyrée flanqué de deux personnages tenant l'épée haute (travail très barbare). — Anépigraphe.

Les revers d'Artaxercès II ne portent jamais le férouer ; parfois, sur la colonne du pyrée, on lit, RAST.

On ne connaît pas de divisionnaires de la drachme.

Type n° II (douteux).

N. (Fig. 392). Musée Britannique, collection Zouboff.

Dr. Buste tourné de face, profil dextre, cheveux bouclés, tête nue ornée d'un simple bandeau. Croissant sur le front.

Légende très barbare dans laquelle on retrouve quelques lettres du nom d'Artaxercès.

(Fig. 392 *a*). Légende de gauche ; (Fig. 392 *b*). Légende de droite.

FIG. 392.

℞. Semblable au précédent, les flammes du pyrée sont accostées de deux croissants et de deux points. — Légende illisible.

Les monnaies de ce prince sont extrêmement rares.

Sapor III.

383-388 ap. J.-C.

Type n° I.

Æ. (Fig. 393). Drachmes. Poids, 3 gr. 85 à 4 gr. 17.
Æ. Petit module.

Dr. Buste de face du prince, drapé dans la candyle, profil dextre, coiffure formée d'une couronne plate ornée de fleurons dans des lobes, surmontée du globe. — Légende : MaZDISN BaGI ŠaH-PuHRI MaLKAN MaLKA AI-RAN U ANI[R]AN MiNUČe-[TRI MEN IeZDAN].

R̸. Pyrée flamboyant, ferouer dans les flammes, personnages lui faisant face, tenant l'épée haute. — Légende : A droite, NUR[A ZI]; à gauche, ŠaH[PuHRI]. Sur le fût de la colonne, RAST.

FIG. 393.

Type n° II.

Æ. (Fig. 394). Poids, 4 gr. 24 à 6 gr. 98.

Æ. Petit module.

FIG. 394.

Dr. Le prince est tête nue, simplement serrée par un diadème sans ornement. Cheveux frisés et tombant en une longue touffe, derrière la nuque.

Parfois la tête est surmontée du globe. — Légendes le plus souvent très indistinctes.

Même revers que le type n° I.

Peut-être doit-on donner cette médaille à Artaxercès II (type II) ou inversement celle fig. 392 à Sapor III.

Type n° III.

Æ. Poids, 7 gr. 00, 7 gr. 31.

Æ. Poids, 0 gr. 42.

Æ. Petit module.

Quelques monnaies d'or à légendes indistinctes (coll. Zouboff) présentent tous les caractères des pièces de Sapor II, mais en raison de leur style il semble qu'on doive les attribuer à Sapor III.

Ces pièces d'or paraissent avoir été frappées hors de la Perse.

Varahran IV.

388-399 ap. J.-C.

Type n° I.

N. (Fig. 395). Poids 4 gr. 33, diam. 18 mm. (Ermitage. Unique).
Effigie du roi de face, portant la barbe courte et, à droite et à
gauche de la tête, de grosses touffes
de cheveux, coiffure ornée de chaque
côté de deux ailes et surmontée par le
globe. — Légende : VaRaHRAN Ma-
LKAN MaLKA. *Varahran roi des rois.*

FIG. 395.

RL. Pyrée flamboyant accompagné
de deux personnages, face à l'autel,
tenant l'épée haute. — Légende :
VaRaHRAN.

Sur le fût de pyrée, RAST.

Type n° II.

N. (Fig. 396) (Cabinet de France, Cabinet de Berlin).
R. Drachme. Poids, 4 gr. 06
à 4 gr. 18.

Dr. Buste du roi, de face,
profil dextre, même coiffure que
le type n° I; mais vu de côté. —
Légende : VaRaHRAN... ?...
MaLKA MaLKAN.

RL. Même revers. Sur le fût
de colonne, RAST. A droite et à
gauche, légende barbare

FIG. 396.

Indice monétaire des deux côtés de la flamme, parfois on voit
aussi le férouer.

Type n° III.

R. Drachme (Cab. de France).

Dr. Même type. — Légende : MaZDISN BaGI VaRaHRAN
MaLK[A].

RL. Autel du feu sans les personnages.

Aucune médaille de Varahran IV ne porte la date de son émission.

Iezdegerd I (IeZDIKERT).
399-420 ap. J.-C.

Type unique.

Æ. Drachme. Poids de 3 gr. 22 à 4 gr. 12.

Dr. (Fig. 397). Buste de face du prince, profil dextre, coiffure composée d'un bonnet rond orné sur un côté d'un créneau à trois étages et d'un croissant placé au-dessus du front et surmonté du globe. — Légende : MaZDISN BaGI IeZDiKeRTI MaLKAN MaLKA AIRAN...

Ŗ. Pyrée flamboyant flanqué de deux personnages tenant l'épée lui faisant face. Sur le fût de la colonne, parfois RAST ; à dr. et à g., légendes barbares,

FIG. 397.

probablement pour NURA ZI IeZDIKeRTI et, près de la flamme, indice monétaire BaBA. Toutes les monnaies de ce prince ne portent pas l'indice monétaire. Aucune ne fournit l'année de l'émission, et jamais le férouër ne figure sur le pyrée.

Varahran V.
420-439 ap. J.-C.

Type unique.

Ɲ. Poids, 4 gr. 33, diam. 19 mm. (coll. Zouboff).

Æ. Drachme. Poids de 3 gr. 58 à 3 gr. 90.

FIG. 398.

Dr. (Fig. 398). Buste de face du prince revêtu de la candyle, profil dextre, coiffure ornée de deux créneaux, l'un à l'avant, l'autre à l'arrière, et surmontée du globe. — Légende : VaRaHRAN MaLKAN MaLKA.

Ŗ. Pyrée flamboyant. Férouër placé devant l'autel et non plus dans les flammes, personnages portant de longs bâtons ornés de boules. — Légende : VaRaHRA[N].

Les drachmes de ce prince ont servi de type à la série des dynastes de Bokhara.

DORN (BARTHOLOMAEI) accorde à Varahran V deux types de cuivre : mais la justesse de cette attribution paraît être très douteuse.

Quelques médailles de ce prince fournissent l'indice monétaire, mais aucune ne donne l'année de l'émission.

Iezdegerd II.
438-457 ap. J.-C.

Type unique.

N. Poids, 4 gr. 33, 4 gr. 21, 1 gr. 00 (coll Zouboff, Mus. brit., Cab. de Berlin. (Ermitage).

FIG. 399.

Æ. Drachme. Poids de 3 gr. 53 à 4 gr. 15. Double obole (Cab. de France) et obole (Ermitage).

Dr. (Fig. 399). Buste de face du prince revêtu de la candyle, profil dextre, coiffure ornée de trois créneaux et surmontée du globe. — Légende : KaDI IeZDIKeRTI MaLKAN MaLKA. *Le maître (Seigneur) Iezdegerd roi des rois.*

parfois aussi :

MaZDISN BaGI MaLKA KaDI IeZDeKeRTI.

. R̸. Pyrée flamboyant sans férouër accompagné de deux personnages levant la main vers l'autel ; à dr. et à g. soit inscription barbare du nom du prince, soit indice monétaire. La date d'émission ne figure jamais.

Hormisdas III.
457 ap. J.-C.

On ne connaît aucune médaille de cet usurpateur. Celle qui lui a été attribuée par A. DE LONGPÉRIER (*op. c.* Pl. IX, n° 1) est une pièce indo-sassanide.

Pirouz (PIRUČI)
457-483 ap. J.-C.

Les deux types se rencontrent en or, poids, 3 gr. 77, 3 gr. 71, 3 gr. 74, 3 gr. 85, 4 gr. 15 (Berlin, Mus. brit., Ermitage, coll. Allotte de la Fuÿe) ; en argent, drachme, poids de 3 gr. 69 à 4 gr. 17, dixième d'octobole, poids, 0 gr. 50, 0 gr. 45, et en bronze, poids, 1 gr. 47.

Type n° I.

Dr. (Fig. 400 A). Buste de face du prince revêtu de la candyle,
profil dextre.
Coiffure ornée
de deux cré-
neaux, l'un à l'ar-
rière, l'autre sur
le côté, et d'un
croissant sur le
front. — Lé-
gende : KaDI Pi-
RUČI MaLKA.

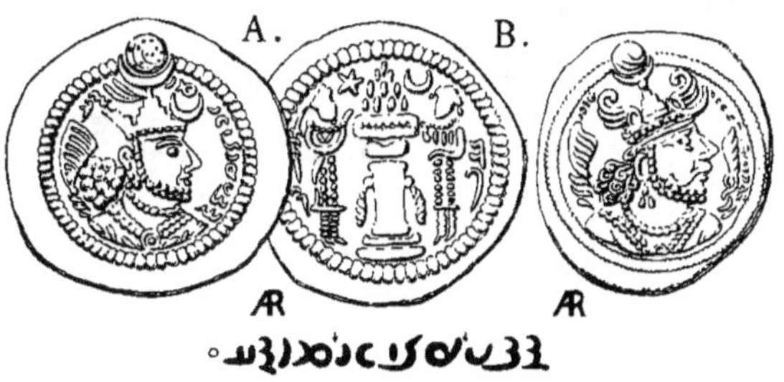

FIG. 400.

℞. d'exécution très barbare. Pyrée flamboyant accompagné de
deux personnages. A droite, dans le champ, derrière le personnage,
indice monétaire, et parfois à gauche, la date à partir de l'année 3
du règne.

Type n° II.

Même effigie (Fig. 400 B) ; mais la coiffure est ornée de deux
ailes, l'une en arrière, l'autre sur le front, et d'un créneau médian.
Globe soutenu par un croissant.

Même légende souvent très barbare.

Même revers.

Vologèse.
484-488 ap. J.-C.

Type unique.

Æ. Drachme. Poids, 3 gr. 89 à 4 gr. 09.

Æ. Diam. 12 mm. Poids,
2 gr. 06, 1 gr. 66.

Dr. (Fig. 401). Buste
du prince tourné de face,
profil dextre, coiffure ornée
d'une couronne à trois créneaux, surmontée d'un
croissant supportant la
sphère. Flammes paraissant
sortir de l'épaule gauche.

FIG. 401.

— Légende : HUKaD VaLKaŠ ou HUKaD VaLŠaH. *Heureux Vologèse.*

℞. Pyrée accompagné de deux personnages. Férouer placé devant l'autel et non dans les flammes.

Indice monétaire à droite.

Kavat ou Kavad.
Ier règne.
488-497 ap.- J.-C.

Type unique.

Dr. (Fig. 402). Buste de face du prince, profil dextre, coiffure ornée de deux créneaux à trois étages, placés sur le côté et à l'arrière, et d'un croissant sur le front; le tout surmonté d'un globe, soutenu par un croissant. — Légende : KaVA-[TU].

℞. Pyrée flamboyant accompagné de deux personnages ; à dr., indice monétaire ; à g., le nom du roi KaVAT.

FIG. 402.

Les médailles de Kavat du Ier règne ne portent jamais la date de leur émission.

[Quelques-unes de ces drachmes sont contre-marquées d'une triple légende en caractères dits scythiques. Voir plus loin, aux monnaies scytho-sassanides.]

Zamasp ou Thamasp.
497-499 ap. J.-C.

Type n° I.

Drachmes et petits bronzes.

Dr. (Fig. 403). Buste de face du prince, profil dextre, coiffure ornée de deux créneaux à trois étages, l'un en avant, l'autre au-dessus de la

FIG. 403.

nuque, le tout surmonté d'un croissant supportant le globe. Dans le champ, à dr., profil senestre du prince héritier (?) présentant une couronne ornée de rubans. — Légende : ZAM[ASP].

℞. Pyrée flamboyant accompagné des deux personnages, à dr., indice monétaire AL et à g. année 3, TeRIN, du règne.

Toutes les drachmes de Zamasp sont datées des années 1, 2 et 3.

Kavat.
IIᵉ règne, 499-532 ap. J.-C.

Type nº I.

Mêmes médailles qu'au cours du premier règne (fig. 402), mais portant la date.

Type nº II.

Aʹ. Diam. 14 mm., poids 0 gr. 81 (coll. Zouboff).
Æ. Drachmes.

Même type (Fig. 404) que nº I ; mais à dr. et à g. du globe, deux larges rubans flottants, dépassent le cercle de grènetis et les marges : au droit, les marges sont ornées de trois croissants placées suivant l'axe de l'effigie et à droite et à gauche, à angle droit avec cet axe. — Légende :
KaVAT AFZUTU
Que Kaval soit prospère.

FIG. 404.

℞. Pyrée flamboyant accompagné des deux personnages, double cercle de perles. — Légende : à dr. indice monétaire, à g. année du règne.

Toutes les médailles du second règne sont datées à partir de l'an 11 jusqu'à l'an 43.

Type nº III.

Aʹ. Poids 4 gr. 50.

Dr. (Fig. 405). Effigie de face du prince, portant la couronne ornée de créneaux sur les côtés et d'un croissant sur le front, sur-

montée d'un croissant et de deux larges rubans flottants. — Légende :
KaDI (en caractères retournés) KaVATI : Maître (*fortuné*) ? *Kavad*.

℞. Personnage debout à dr. portant la couronne royale surmontée du croissant et du globe, appuyant la main gauche sur le pommeau de son épée et, de la main droite, présentant une couronne. — Légende : à g. PaNČ VIST = (année) 25 (513 ap. J.-C.). A dr. ČUBANI AFZU = *Gloire* (*prospérité*) *au jeune homme* (*prince*).

FIG. 405.

Ce prince est Chosroès I que Kobad désigna au trône, au détriment de ses frères aînés Kaosès, Djam, Xercès, Pérose etc... (cf. Procope, *De Bell. pers.* I, 11).

Chosroès I.

531-579 ap. J.-C.

(KHOSROU, HOSROU).

Type n° I.

Æ. Drachme (Fig. 406). Dr. Buste de face du roi, revêtu de la

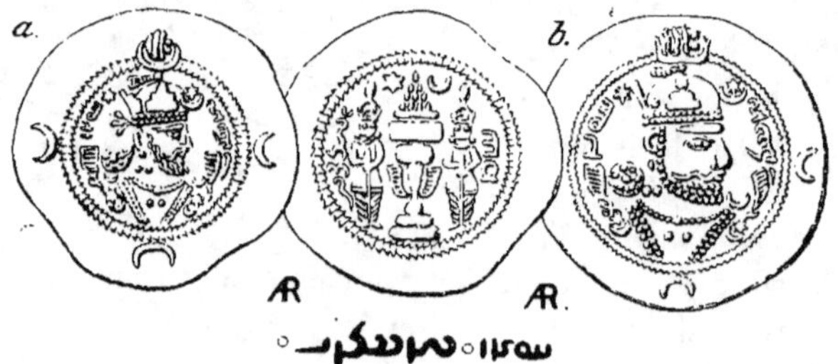

FIG. 406.

candyle, profil dextre, coiffure ornée de créneaux sur les côtés et à l'arrière et d'un croissant portant une étoile sur le front.

Marge ornée de quatre croissants sans étoiles, celui du sommet renfermant la sphère. — Légende : AFZUI HUSRUI ou AFZU HUSRUI ou AFZU AUSRUI = *que grandisse* (le nom) *de Chosroès*.

Vers la fin du règne (Fig. 406 b, année 45) l'effigie diffère quelque peu par son exécution de celle des débuts (Fig. 406 a, année 14).

℞. Pyrée flamboyant, personnage de face. — Légende : à dr., indice monétaire, à g. année du règne.

Il existe, pour le moins, 82 ateliers monétaires de Chosroès I.

Type n° II.

Æ. Seulement (Fig. 407). Diam. 26 mm., poids 4 gr. 05. Variété diam. 21 mm., poids 4 gr. 12.

Dr. Effigie de face de Chosroès II drapé dans la candyle, coiffé d'une tiare ornée de créneaux à droite et à gauche, et d'un croissant au-dessus du front, surmontée du croissant renfermant le globe réduit à un simple point. — Légende : HaRMaN AF-ZUT HUSRUDI.

℞. Le roi debout de face, vêtu d'une longue tunique, les deux mains appuyées sur son épée. — Légende : à g. HUSRUI ĊeHAR SIH = *Chosroès* [année] *trente-quatre* à dr. GIHANA PIBIM KiRTAR ou GIDAN APIBIM KiRTAR = « *Celui dont il dépend de semer la terreur* dans le monde » (trad. de NÜTZEL, *Amt. Bericht. König. Kunst Samm.*, 1912, XXXIV, p. 43). ŠaHANa SPaDaBaT KaRTAR. *Généralissime royal* (trad. E. DROUIN).

FIG. 407.

Sur une autre médaille du même type, NÜTZEL lit à dr. : *Khusravé* et à g. : *Khurräkè afzôte* « *l'éclat de la royauté est accrue* » (la variété publiée par A. DE LONGPÉRIER, Pl. X, fig. 4, porte la date 34).

Type n° III.

Æ. Seulement (Fig. 408). Même type du droit. — Légende : HaR-MaN AFZUI HUSRUI.

FIG. 408.

℞. Le roi en pied, debout à dr. présentant une couronne. — Légende : à dr. HUSRUI ČeHAR ČIH. A g. GIHAN FRADoNIT (Nützel).

Hormidas IV.

579-590 ap. J.-C.

Type unique.

Ꝛ. Drachme.

Æ. Très petit module, 13 mm.

Ꝛ. Drachme (Fig. 409). Dr. Même effigie que sur les pièces de Chosroès I. Visage allongé.

Pas de croissant dans la marge. — Légende : AFZU ou AFZUT

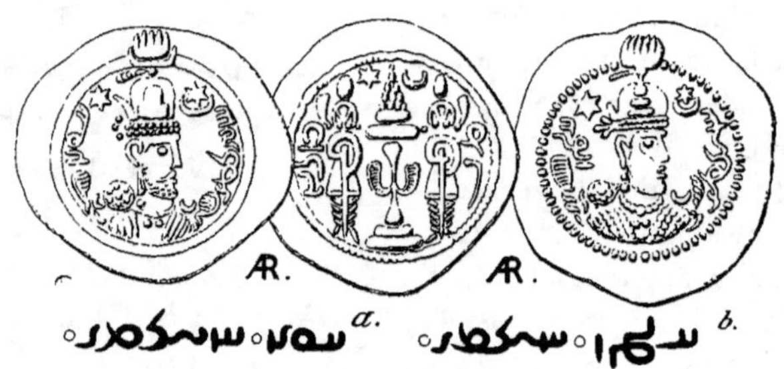

FIG. 409.

AUHRaMaZ (Fig. 409 a) = *que grandisse* (le nom) *d'Hormisdas.*

Sur quelques pièces plus rares AFZU est remplacé par la ligature HaRMaNU [1] = *la fortune* (la puissance) *d'Hormisdas.*

Même revers et même disposition de l'indice monétaire et de l'inscription de l'année.

On connaît 68 ateliers monétaires de ce roi.

---

1. J. DE MORGAN, Communication du 16 avril 1920 à l'*Académie des Inscriptions et Belles Lettres.* La lecture HaRMaNU = récolte, moisson, richesse, d'où puissance, en arabe, دربة m'a été proposée par M. E. Blochet.

Varahran VI.
590 ap. J.-C.

Type unique.

A͡V. (Fig. 410). Diam. 18 mm., poids 4 gr. 76 (Cab. de France, Ermitage, Musée britannique, coll. Zouboff).

Æ. Drachme. Poids 3 gr. 72, 3 gr. 94, 3 gr. 98.

Même effigie que celle des pièces de Chosroès I. — Légende : AFZUi VaRaHRAN — Marge ornée de croissants sans étoiles.

FIG. 410.

Ⱃ. Le même que sous Chosroès I.

On connaît de ce prince des pièces des années 1 et 2 et cinq ateliers monétaires seulement.

Bestam (BESTAHM).
592-597 ap. J.-C.

Type unique.

Æ. Drachme. Poids 3 gr. 80. Ces médailles sont très rares (Cab. de France, Ermitage, coll. Zouboff).

Æ. (Fig. 411). Dr. Même effigie que le précédent. Marges ornées de croissants renfermant chacun une étoile. — Légende : HaRMaN AFZUNI PiRUČIn BeSTaHM.

Ⱃ. Semblable au précédent.

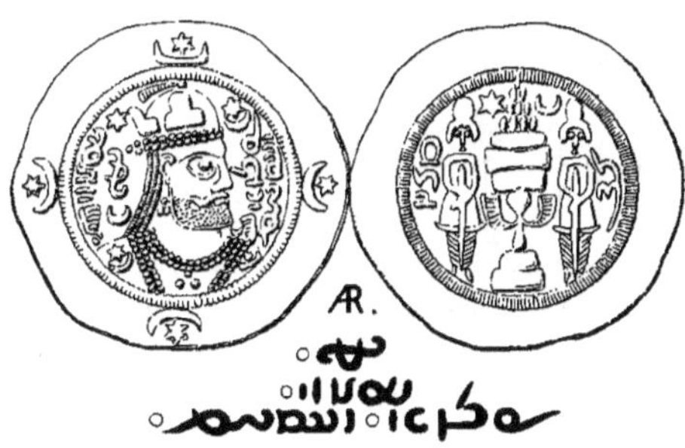

FIG. 411.

On connaît des médailles de cet usurpateur datées des années 2 à 6. Toutes ont été émises par le même atelier ᚱᚱ et sont très rares.

Chosroès II.

590-627.

Type n° I (le plus courant).

Æ. Drachmes, oboles (très rares).
Æ. Petits bronzes d'attribution incertaine.
Æ. (Fig. 412). Dr. Buste de face du prince, profil dextre, coiffé du bonnet rond, surmonté de deux ailes éployées et du croissant renfermant une étoile, orné sur les côtés et à l'arrière de créneaux à deux degrés sur l'avant du croissant renfermant l'étoile.
— Légende : HaRMaN, à g. (en monogramme), AFZUT à dr. HUSRUI.

Variantes du nom du prince : (a) HUSRUI, (b) AUSRUI (c) AUSRUDI.

Marge au Dr. et au Rev. ornée de croissants contenant chacun une étoile.

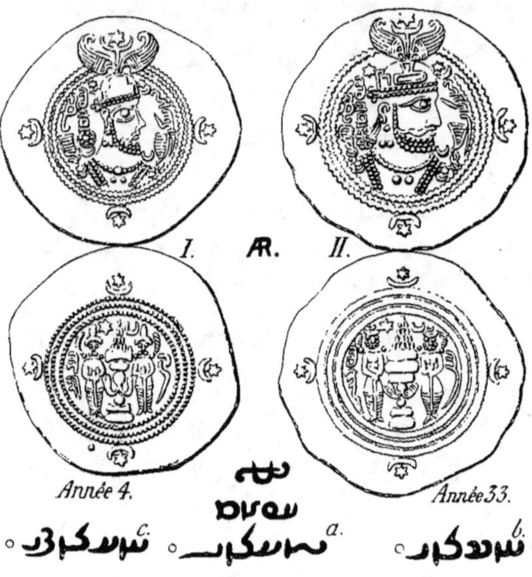

FIG. 412.

℞. Le même que sous Chosroès I et ses successeurs.

Le type des premières années du règne (Fig. 412, n° I) jusqu'aux environs de l'an 12, montre une effigie allongée puis le visage s'élargit graduellement pour en arriver au type le plus abondant (Fig. 412, n° II) qui sera adopté par la plupart des successeurs de Chosroès II et, plus tard, par les Arabes.

On connaît 66 ateliers monétaires différents de Chosroès II et quelques médailles de l'an 39, frappées après la mort de ce prince.

Type n° II.

FIG. 413.

AV. Seulement (Fig. 413). Dr. Buste de face du roi, revêtu de la candyle, profil dextre semblable au type courant des drachmes. — Légende : HaRMaN AFZUTaN HUSRUI MaLKaN MaLKA.

RV. Effigie de face du dieu solaire de Multan. — Légende : AIRA N AFZUTAN ITI SIČ-VISTI, année 23 (coll. Zouboff).

Type n° III.

ÆR. Drachme (Fig. 414). Effigie du roi de face, revêtu de la candyle, coiffé d'un bonnet rond entouré d'une couronne à créneaux, surmontée du croissant, de l'étoile et des ailes éployées.

Double cercle de perles, croissants et étoiles dans la marge. — Légende : dr. HaRMaN AFZUTU g. HUSRUI MaLKAN MaLKA.

FIG. 414.

RV. Buste de face du dieu solaire Aditya entouré de flammes. Triple cadre de perles, le cercle extérieur au champ de la pièce comprenant les croissants étoilés. — Légende : AIRAN, à dr. AFZUTAN, à g. HIST VIŠTI.

Kobad II (PIRUC KAVAT).
628 ap. J.-C.

Type unique.

ÆR. (Fig. 415). Drachmes. (Ermitage, Cab. de Vienne, coll. Zouboff, très rares). Même effigie que sur les drachmes de Chosroès II.

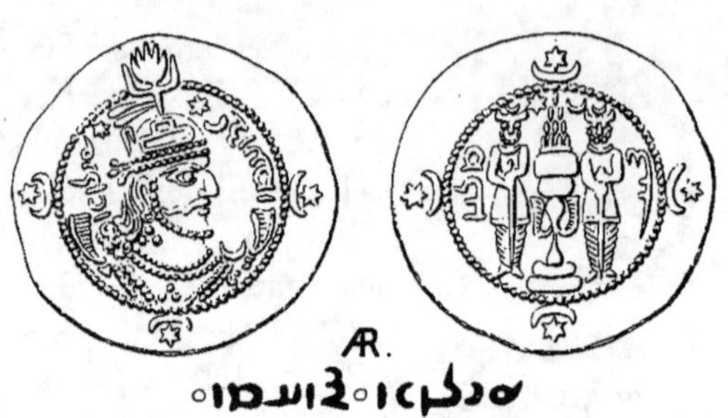

Légende : PIRUČI KaVATU.

Même revers que Chosroès II.

Bien que cet usurpateur n'ait régné que pendant quelques mois, toutes ses monnaies sont datées de l'an 2. On ne connaît jusqu'à ce jour

FIG. 415.

que six ateliers monétaires ayant frappé pour lui.

Artaxercès III.
628-630 ap. J.-C.

Type unique.

Æ. (Fig. 416). Drachme (assez rare). Buste de face du jeune prince imberbe, profil dextre, couronne composée de trois créneaux à trois étages chacun, surmontée de deux ailes éployées et du globe soutenu par un croissant. — Légende : AFZUN ARTAŠaTR.

Ŗ. Même revers que sur les pièces de Chosroès II et de ses successeurs.

FIG. 416.

On connaît de ce prince des drachmes, rares d'ailleurs, des années 1 et 2, et vingt ateliers monétaires.

Chosroès III.
630 ap. J.-C.

Type unique.

Æ. (Fig. 417). Drachme. (Ermitage, coll. Zouboff, coll. de l'au-

teur, extrêmement rare). Même effigie que Chosroès II. Vers la fin
de son règne, style très
barbare très différent des
pièces de Chosroès II
portant l'indication de
l'année 2. — Légende :
HaRMaN (en mono-
gramme) AFZUTU HUS-
RUI.

R⁄. Le même que
celui des princes précé-
dents.

FIG. 417.

Toutes les monnaies connues de ce prince sont datées de sa
seconde année, bien qu'il n'eût régné que quelques mois. On connaît de lui trois ateliers monétaires seulement.

Borân ou Pourân (*Reine*).

630-631 ap. J.-C.

Type unique.

Æ. (Fig. 418). Drachme. (Ermitage, Cab. de Berlin, coll. Zouboff, extrêmement rare).
Buste de face de la prin-
cesse, profil dextre, coiffure formée d'une calotte
ronde assez haute, ornée
de perles, surmontée par
les ailes éployées, le
croissant et le globe.
Cheveux tombant dans
le dos et sur les côtés

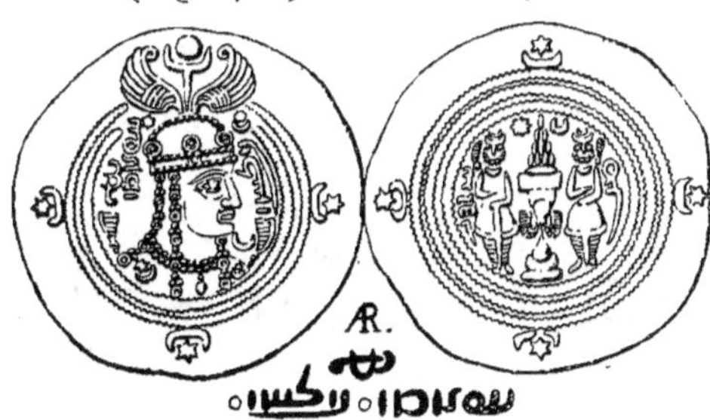

FIG. 418.

de la tête, double collier de perles. — Légende : HaRMaN AF-
ZUTU BURANU.

R⁄. Semblable aux précédents.

On connaît de cette princesse des monnaies datées de l'an 1 et
de l'an 2 émises par cinq ateliers seulement.

Hormisdas V.
Vers 631 ap. J.-C.

Type unique.

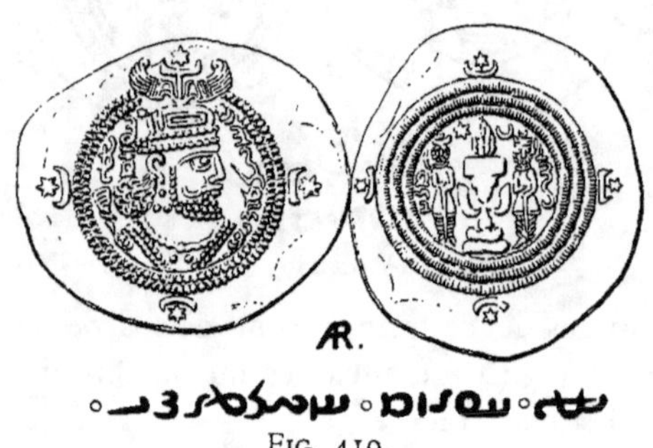

FIG. 419.

Æ. (Fig. 419).
Drachme (rare).

Dr. Même type. Visage large. — Légende : HaRMaN AFZUT AUHRaMaZDI.

On connaît de ce prince des monnaies datées des années 1 (très rare) et 2, émises par six ateliers seulement.

Iezdegerd III.
632-651 ap. J.-C.

Type unique.

Æ. Drachme (Fig. 420 et 421). Dr. Même effigie que les types précédents ; variété imberbe (Fig. 420). (Coll. de l'auteur, très rare). — Légende : HaRMaN AFZUTI IZeDiKeRTI.

FIG. 420 et 421.

Les lettres D et K ne portent pas leur lobe supérieur.

Ry. Semblable aux précédents.

Les monnaies de ce prince ont été émises par dix-huit ateliers et portent les dates de 1 (très rare) à 21. Elles ont été imitées par les Arabes, mais, dans ce cas, on lit en marge du dr. la légende coufique *bism illah*.

Incertaine.

Æ. (Fig. 422). Drachme. (Collection du C¹ Allotte de la Fuÿe.)

FIG. 422.

Dr. Type de Chosroès II. — Légende : à g. HaRMaN AFZUTU à dr....?...

Ŗ. Même type, légendes indistinctes.

Au cours de la période troublée qui a suivi la mort de Chosroès II (627) jusqu'à l'avènement d'Iezdegerd III (632), les compétitions à la couronne ont été nombreuses ; et, certainement, bon nombre de monnaies ont été frappées par des usurpateurs. Mais nous ne connaissons rien de l'histoire de ces quelques années que par quelques médailles incertaines, toutes uniques, de frappe très barbare et de légendes jusqu'ici indéchiffrées.

LES INDES

ET LES

PAYS SITUÉS ENTRE L'INDUS ET L'IRAN

———

On a coutume de partager la numismatique de ces régions en trois classes distinctes : 1° Les émissions indigènes primitives qui, d'après ce que nous savons, auraient eu lieu dans toute la Péninsule, jusqu'à Ceylan, en y comprenant la grande Ile ; 2° le monnayage du nord et du nord-ouest des Indes, largement empreint d'hellénisme ; 3° celui du Sud. Mais aucune classification basée sur des considérations géographiques ne répond à la réalité des choses, l'existence de ces deux dernières classes ne reposant que sur l'influence plus ou moins grande exercée sur les diverses régions par les invasions étrangères. Ces invasions sont toutes entrées dans la Péninsule par son extrémité du nord-ouest, qu'elles soient venues de l'Iran, de la Grèce ou de l'Asie Centrale et de la Chine, par la Sibérie ; et, au fur et à mesure qu'une influence pénétrait dans les pays centraux et méridionaux de l'Hindoustan, elle s'atténuait rapidement ; et, le plus souvent, n'atteignait pas les districts du Sud. Puis, de proche en proche, par les relations commerciales, l'influence du Nord reprenait une part de ses effets, bien longtemps après que la source en était tarie. Il est donc bien difficile d'établir un ordre positif dans la description de ces séries numismatiques, le mieux est de la donner en tenant compte autant que possible de la chronologie et de la distribution géographique.

Pour les Hindous [1], l'histoire de la Péninsule commence antérieurement au troisième millénaire avant notre ère, à l'époque de la fameuse guerre entre les fils de Kourou et ceux de Pandou, sur les rives de la Djumna ; mais les récits épiques du Mahâbhârata rentrent dans le domaine des traditions fabuleuses, et ce n'est guère qu'à la fin du VIe siècle av. J.-C. que débute l'histoire positive de l'Inde, période de progrès, marquée par le développement du

---

1. Cf. VINCENT A. SMITH, *The early history of India from* 600 B. C. *to the Mohammedan conquest*, Oxford, 2e édition, 1908, p. 24 sq.

commerce maritime, et, probablement aussi, par la diffusion de la
connaissance de l'écriture que nous désignons sous le nom kharoṣṭhi.
Jusqu'à cette époque, les habitants de la Péninsule, bien qu'ils

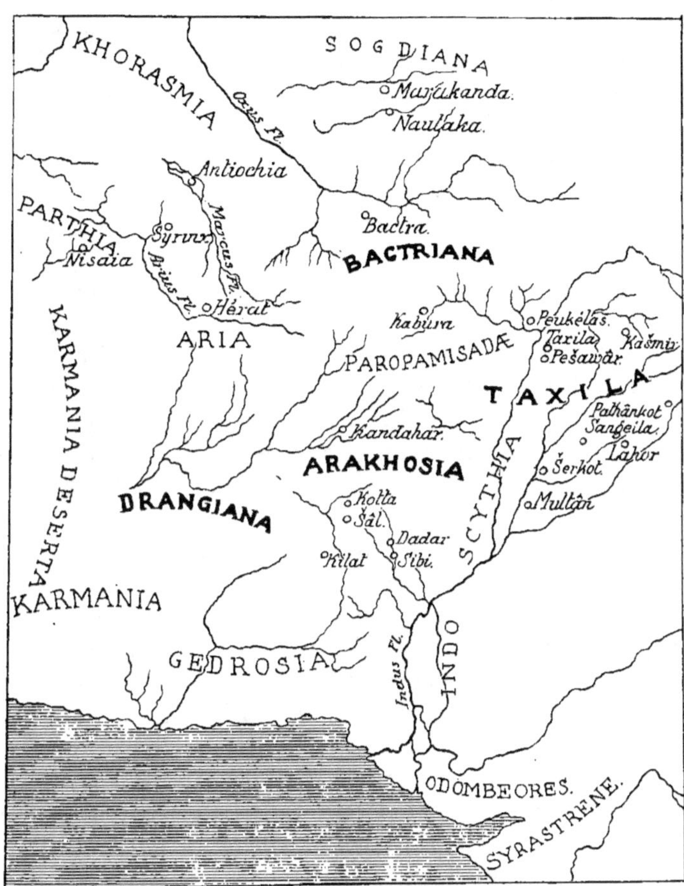

Fig. 423. — Carte du Nord-Ouest de l'Inde vers le ve s. av. J.-C[1].

fussent sortis peu à peu de la barbarie des mœurs primitives, semblent
avoir ignoré la science de figurer la pensée.

En ces temps, de vastes territoires étaient encore couverts de
forêts épaisses, livrés aux bêtes sauvages et à des tribus incultes.

1. La présence des Indo-Scytes sur l'Indus est très douteuse.

Cependant certaines régions de l'Inde septentrionale nourrissaient des communautés humaines, d'aptitudes plus élevées qui, ayant traversé les montagnes du nord-ouest, étaient venues s'établir dans les districts des grands fleuves septentrionaux. Nous ne savons ni quand, ni comment les peuplades dravidiennes sont venues se fixer sur le plateau du Deccan, aussi bien que d'où elles sont parties (Voir la carte, Fig. 423); tout ce que nous pouvons reconnaître est que des peuples de race vigoureuse, parlant des dialectes aryens sont sortis des régions voisines du Pamir et de l'Indou-Kouch, ont occupé le Pendj-âb et le bassin supérieur du Gange, et s'y sont établis, partagés en seize États, les uns républicains, les autres dynastiques. Ceci eut lieu, pense-t-on, antérieurement au XIIe siècle avant notre ère [1]. Tel était l'état de l'Inde au moment où, sous les Achéménides, les Perses entrèrent en contact avec ce pays. C'est vers 487 av. J.-C. que serait mort Gautama Bouddha, le prophète du Bouddhisme, c'est-à-dire sous le règne de Darius I (521-485 av. J.-C.). On place également ment vers ce temps la vie de Vardhamana Mahavira, l'auteur du Djaïnisme. En 516 environ le grand roi achéménide avait envoyé vers les Indes, par le golfe persique, le navigateur Skylax (de Karyande, en Carie) [2] et vers la même époque il créait une satrapie des Indes (la XXe satrapie), province qui payait annuellement l'énorme tribut de 360 talents euboïques de poudre d'or. Cette satrapie, sur laquelle nous sommes assez mal renseignés, renfermait entre autres l'Arie (Hérat), l'Arachosie (Kandahar) et la Gandarie (nord-ouest de Pendj-âb), mais il est à penser qu'elle comprenait aussi le Sind en entier, ainsi qu'une partie importante du Pendj-âb située à l'orient de l'Indus : quand Alexandre parcourut ces pays, la frontière de l'empire perse suivait la rive droite de l'Indus. Dans le Pendj-âb et le Sind régnaient alors de nombreux dynastes locaux indépendants.

L'écriture. — Longtemps avant l'intervention des Grecs dans les provinces orientales de l'empire perse et aux Indes, l'écriture était en usage dans ces régions, et les orientalistes sont aujourd'hui d'accord pour admettre que l'un de ces alphabets, celui du Nord, qu'on a coutume de désigner sous le nom de Kharosthi et auquel on donnait jadis celui d'indo-bactrien, procède de l'araméen en usage en

---

1. S'il existe une relation entre la migration des Aryens sur le plateau iranien et leur colonisation de l'Inde, la date qu'on assigne à l'invasion de la péninsule n'est certainement pas assez reculée.

2. HÉRODOTE, IV, 44.

Perse au temps des Achéménides, et que l'autre, celui du Sud, dit
brahmî, venu d'Arabie par la navigation, aurait pour type originel l'himyarite. Cette thèse cependant n'est pas universellement
admise par les orientalistes. Il s'en suit que le kharoṣṭhi aurait
débuté, au plus tôt, lors des campagnes de Darius contre les Indes
ou des premières relations des gens de l'Iran avec ceux de la pénin-

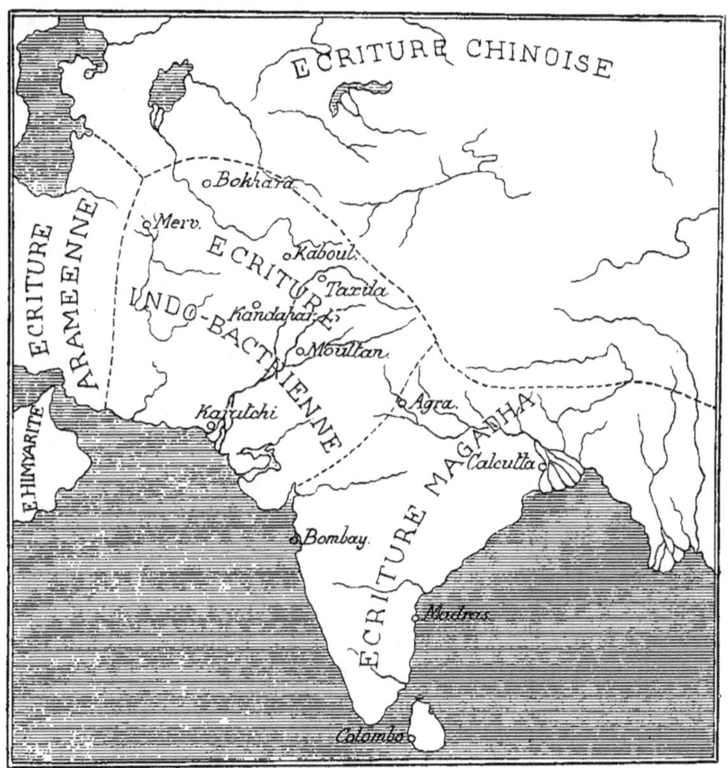

Fig. 424. — Carte des écritures aux Indes vers le vᵉ siècle av. J.-C [2].

sule, c'est-à-dire vers le vıᵉ ou le vᵉ siècle avant notre ère (Voir la
carte, Fig. 424). Quant à l'écriture du Sud on lui accorderait une
origine quelque peu plus ancienne, en faisant résulter sa propagation

1. Sur les écritures de l'Inde, voir Philippe Berger, *Hist. de l'écriture dans
l'antiquité*, Paris, 1891, p. 221, chap. VII. — Bühler, *Indische Palaeographie*.

du développement de la navigation des Hindous qui paraît avoir été très important au VIIe et au VIe siècle avant le Christ [1].

Quoi qu'il en soit les plus anciens textes indiens du Nord parvenus jusqu'à ce jour à notre connaissance, sont ceux qui renferment les fameux édits d'Açoka [2]. Or le roi Piyadasi était le contemporain d'Antiochus II de Syrie (260-247 av. J.-C.), de Ptolémée Philadelphe (285-247), d'Antigone Gonatas de Macédoine (272-242), et de Magas de Cyrène (mort en 258), souverains dont Piyadasi cite les noms dans ses édits. Ces textes appartiennent donc au milieu du IIIe siècle, c'est-à-dire qu'ils sont, pour le moins, postérieurs de deux ou trois cents ans à la diffusion de l'écriture dans les provinces septentrionales et occidentales des Indes. C'est dans ce milieu, possédant depuis longtemps l'écriture, que s'est, avec la conquête macédonienne, développée la culture hellénique ; puis les langues et l'écriture indigène out repris leur place chassant le grec des légendes monétaires.

L'indo-bactrien ou karoṣṭhi comme l'araméen, s'écrit de droite à gauche, il possède les trois sifflantes de l'alphabet sémitique ; son système de voyelles est assez incomplet, sauf pour les initiales, qui sont représentées par une lettre correspondant à l'*alef* des Arabes ; quant aux autres, à celles qui suivent les consonnes, leur notation se fait au moyen d'un appendice attaché au signe consonne.

Cette écriture s'est éteinte de bonne heure, alors que le brahmî a survécu, et est devenue la souche de toutes les écritures de la Péninsule, du Thibet, du Siam, de la Birmanie, de Ceylan. On en rencontre des formes spéciales multiples : celles dites à tort d'ailleurs des temples bouddhiques, de la dynastie des Gouptas, le kutila, l'écriture des kuśans, etc., et, la plus employée de toutes, la dévanâgarî, connue vulgairement sous le nom impropre de sanskrit, qui contrairement à ce que pensent bien des gens, désigne non pas l'alphabet moderne, mais bien la langue savante de l'Inde.

Ces alphabets qui correspondent à des phases de développement figurent sur les monnaies, ils se tracent de droite à gauche.

Les ancêtres de la dévanâgarî, tels que nous les connaissons, sont :

1° L'alphabet indien d'Açoka, dit *maurya* ou *mâgadha*, tel que nous le voyons sur les textes lapidaires et sur quelques médailles ;

---

2. Sur la carte lire ÉCRITURE KHAROṢṬHI au lieu de INDO-BACTRIENNE (nom tombé en désuétude).

1. Cf. E. SÉNART, *Les inscriptions de Piyadasi*, Paris, 1881. In-8°, 2 vol.

2° Le caractère des inscriptions trouvées dans les temples souterrains, ou *caves bouddhiques*, de la côte occidentale de l'Inde, qui peuvent dater du 1er siècle de notre ère;

3° L'écriture des Gouptas, dont l'ère commence en 319 ap. J.-C., telle qu'on la voit sur les médailles des princes de cette dynastie, et dans l'inscription qui suit les édits d'Açoka, sur la colonne monolithe d'Allahâbâd;

4° Enfin le *kouṭila*, qui doit son nom à une inscription de l'an 992 de notre ère, et fournit le type, bien daté, d'où est sorti le dévanâgarî.

Quelques-unes des lettres himyarites, se rapprochent beaucoup des formes indiennes; il est à remarquer cependant que les caractères de l'Arabie sont d'époque relativement basse, et ont beaucoup évolué depuis le temps probable où les navigateurs indiens en ont eu connaissance; de telle sorte que les transformations se produisant dans des directions différentes, aux Indes et en Arabie, les témoins qui nous en restent sont forcément fort éloignés les uns des autres.

L'indien et l'écriture des textes lapidaires découverts dans les

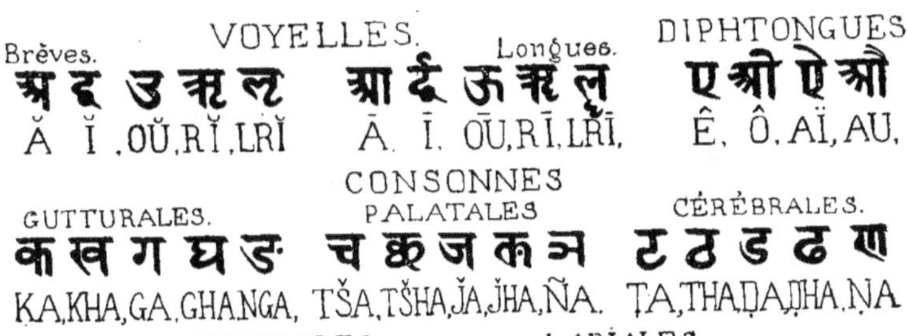

FIG. 425. — Alphabet dévanâgari [1].

1. Corrections au tableau fig. 428. Ligne 2 (dévanâgari) transcription. Signes 6 et 7. Lire Č au lieu TŠ, signe 12. Lire ṬHA au lieu de THA.

temples souterrains sont fort voisins l'un de l'autre ; puis viennent l'alphabet des Gouptas et celui dit kou̯tila, qui offrent la transition entre les signes archaïques et le dévanâgari (Fig. 425); ce système est complètement approprié aux sons voyelles des langues aryennes.

Le dévanâgarî est l'écriture des livres sacrés de l'Inde, on le trouve sur toutes les monnaies indigènes du moyen âge, jusqu'aux temps modernes. La finesse de ses détails rend parfois fort ardue la lecture des textes gravés dans ces caractères. Nous verrons paraître cette écriture d'assez bonne heure sur les monnaies indiennes et sur celles dites indo-sassanides.

Titres et qualificatifs qu'on rencontre sur les monnaies dans les légendes indo-bactriennes.

Radjine	roi (au génitif)
Apadihatasa	invincible (au génitif)
Apratihatačakrasa	» »
Aparajitasa	» »
Bhradaputrasa	fils du frère (gén.)
Ča	et
Chatrapasa	satrape, gouverneur (gén.)
Devatratasa	protégé des dieux (gén.)
Dhramathidasa	inébranlable dans la loi (gén.)
Dhramikasa	juste (gén.)
Hidudja-same	juste pour ceux qui sont nés sur l'Indus (gén.)
Djayadharasa	victorieux (gén.)
Djamtasa	conquérant (gén.)
Djayatasa	» »
Karisiye nagara devata	Dieu de la ville de Karisi.
Mahačhatrapasa	satrape (gén.)
Maharadjasa	roi (gén.)
Maharadjabhrata	frère du roi
Mahatakasa	grand (gén.)
Mahatasa	» »
Mahisvarasa	grand prince (gén.)
Palanakramasa	capable de protéger (gén.)
Pratitchhasa	illustre (gén.)
Putrasa	fils (gén.)

Radjadiradjasa . . . . . . roi des rois (gén.)
Radjaradjasa . . . . » »
Satchadhramathidasa . . inébranlable dans la loi (gén.)
Sagaba . . . . frère
Sampriyapita . . . . qui aime son père ($\varphi\iota\lambda o\pi\alpha\tau\dot{\omega}\rho$)
Sarvaloga isvarasa . . . prince de l'Univers (gén.)
Strategasa . . . . général ($\sigma\tau\rho\alpha\tau\eta\gamma\dot{o}\varsigma$) (gén.)
Tradatasa . . . . sauveur
Vṛišabha . . . . bœuf.

Afin de guider le lecteur dans l'histoire très compliquée des dynasties de l'Inde et de l'Arie, je pense utile de donner la liste des principaux faits, en suivant leur ordre chronologique.

Indes et Arie. — Éphémérides.

Cette chronologie, de même que les noms qui y sont inscrits, ne peut être donnée que sous les réserves les plus expresses et simplement à titre d'indication. Bien que la plupart des dates soient problématiques nous avons pensé que le lecteur nous saurait gré de le mettre au courant de l'état précaire de nos connaissances historiques en ce qui regarde les siècles voisins des débuts de notre ère.

600 av. J.-C.	Dynastie *Saisunaga*.
370	» *Nanda*.
327	Arrivée d'Alexandre le Grand.
326	*čandragupta Maurya*.
325	Alexandre le Grand quitte les Indes.
323	Révolte du Pendj-âb sous *čandragupta Maurya*.
322	Destruction de la dynastie *Nanda*, *čandragupta* empereur.
305	Campagne de Séleucus aux Indes.
303	Défaite de Séleucus par *čandragupta*, cession par les Grecs d'une grande partie de l'Arie.
273	Avènement d'*Asoka* comme empereur des Indes.
261	Conquête du *Kalinga* par *Asoka*.
? — ?	Publication des édits d'*Asoka*, s'étendant sur une assez longue période.

Empire *Maurya*.

Publication des édits des sept piliers .
Sangata Maurya roi.
Salisuka Maurya roi.
Somasarman Maurya roi.
Satadhanvan Maurya roi.
Brihadratha Maurya roi.
Assassinat de *Brihadratha* par *Pušyamitra Sunga*.
Fin de l'empire *Maurya*.

Dynastie *Andhra*.

220	*Simuka* roi.
197	*Krišna* roi.
179	*Sri Malla Satakarni* roi.
169	*Purnotsanga* roi.
151	*Satakarni* roi.
111	*Lambodara* roi.
93	*Apitaka* roi.
81	*Sangha* roi.
63	*Satakarni* roi.
45	*Skandasvati* roi.
38	*Mrigendra Satakarni* roi.
35	*Kuntala Satakarni* roi.
27	*Sata Satakarni* roi.
26	*Pulumayi* I roi.
6 ap. J.-C.	*Megha Satakarni* roi.
44	*Arišta Satakarni* »
69	*Hala*.
74	*Mandalaka*
79	*Purindrasena*
84	*Sundara Satakarni*.
85	*Vilivayakura* I.
85	*Sivalakura*
113	*Vilivayakura* II.
138	*Pulumayi* II.
170	*Sva Sri*.
177	*Siva Skanda*.

184	*Yadjña Sri.*
213	*Vidjaya.*
219	*Tchada.*
229	*Pulumayi* III.
236	Fin de la dynastie.

Dynastie *Sunga*.

184	*Puśyamitra* roi.
148	*Agnimitra* »
140	*Sudjyeśtha* »
133	*Vasumitra* »
125	*Andhraka* »
123	*Pulindaka* »
120	*Ghośavasu* »
117	*Vadjramitra* »
108	*Bhagavata* »
82	*Devabhuti* »
72	Fin de la dynastie.

Dynastie *Kanva*.

	Vasudeva
37	*Bhumimitra*
63	*Narayana*
49	*Susarman*
27	Fin de la dynastie.

Pour plus de clarté je joins à ces listes (page 344) un tableau des correspondances des événements des autres États de l'Asie Antérieure survenus du IIIe siècle avant notre ère, au Ier après le Christ, mais en faisant les mêmes réserves que pour la liste chronologique.

PRINCIPAUX OUVRAGES A CONSULTER SUR LA NUMISMATIQUE DE L'ARIE, DE LA TRANSOXIANE ET DES INDES

1841. *H. H. Wilson.* Ariana Antiqua.

1858. *J. Prinseps*, Essays on Indian Antiquities (édité et augmenté par E. Thomas).

1868. *A. Cunningham.* Coins of Alexander's successors in the East. 1873 (Num.

Dates av. J.-C.	Syrie	Bactriane	Perse	Nord-ouest de l'Inde, Kaboul, Pendjab	Intérieur de l'Inde	Observations
280	Antiochus Sôter					
261	Antiochus Théos					
v. 250		Diodotus I				
v. 248			Révolte des Parthes			
v. 246	Séleucus callinicus					
v. 232.1		Diodotus II		Dynastie Maurya		
v. 230		Euthydemès			Dy. Maurya	Mort d'Asoka
223	Antiochus III (le Grand)					
v. 208						Indépendance de la Bactriane
v. 206						
v. 200				Démétrius Antimachus Pantaléon		Campagne d'Antiochus le Grand
				Euthydème II . . . Agathoclès		Conquêtes de Démétrius
v. 190						
187	Séleucus philopator					
184						
v. 175		Eukratidès				
v. 174			Mithridatès I			
165		Plato, rival d'Eukratidès		Ménander (à Kaboul)	Dynastie Sunga	
v. 156		HéVioklès		Apollodotus		
v. 155						Invasion de l'Inde Ménandre
v. 148						
v. 138-130		Fin du royaume de Bactriane				Invasion de la Bactriane par les Sakas
136			Phraatès II			
124 ou 123			Mithridatès II			
v. 120				Strato I Mauès Satrapes de	Dynastie Andhra	
v. 115				Srtato II (Pendjab occid.) Taxila et de Mathura		
v. 90				Vononès		
v. 72				Azès I (Arachosie)		
ap. J.-C. 21						
v. 50				Gondopharès, Hermaius	Dyn. Kansa	Hermaeus est détruit par les grands chans
v. 60				Mort de Gondopharès		

Chron., pp. 93-181, 257 ; 1869, pp. 28, 121, 217, 293 ; 1870, pp. 65, 205 ; 1872, pp. 157 ; 1873, p. 187).

1874. *E. Thomas.* Ancient Indian Weights (Internat. Numismat. Orientalia I, 2e partie).

1877. *T. W. Rhys Davids.* Ancient Coins and Measures of Ceylon (Intern. Num. Or. I, 6e partie).

1883. *A. von Sallet.* Nachfolger Alexander's. d. Gr. in Baktrien und Indien (Zeitsch. f. Num. 1879, pp. 165, 271 ; 1880, pp. 296 ; 1881, pp. 109, 279 ; 1882, p. 158 ; 1883, p. 156.

1886. *P. Gardner.* Catalogue of the Indian Coins in the British Museum. Greek and Scythic Kings of Baktria and India.

1886. *G. Bühler.* Kharoṣṭhī inscriptions on Indo-grecian Coins. W.Z.K.M. VIII, p. 193.

1886. *W. Elliot.* Coins of Southern India (Internat. Numism. Or. III, 2e partie).

1888. *E. Drouin.* Chronologie et Numismatique des rois Indo-Scythes (Rev. Num., pp. 8, 185).

1889. *W. A. Smith.* Coinage of the Early or imperial Gupta Dyn. of Northern India (Journ. R. Atiat. Soc., p. 1). *Id.* Observ. on the Gupta Coinage (J.R. As. Soc. 1893, p. 177). — *Id.* History and Coinage of the Gupta period (J.R.A., p. 164), 1894.

1890. *Bhagvānlāl Indrajī.* Coins of the Western Kṣatrapas (éd. Rapson. Journ. R. Asiat. Soc., p. 639).

1891. *A. Cunningham.* Coins of Ancient India. — *Id.* Coins of Mediaeval India, 1844.

1892. *A. Cunningham.* Coins of the Indo-Scythians (Śakas et Kuṣanas). — *Id.* Coins of the later Indo-Scythians (grands Kouchans postérieurs, Scytho-Sassanides, Petits Kouchans et Ephthalites ou Huns blancs), 1844. (Num. Chron., 1893, p. 93, 166, 184 ; 1894, p. 243).

1896. *E. Drouin.* Monnaies des Grands Kouchans (Scytho-Sassanides) (Rev. Num., p. 164).

1897. *E. J. Rapson.* Indian Coins (Grundr. der Indo-Arischen Philog. u. Altertumskunde II. 3. B. Strassburg).

1905. *Vincent A. Smith.* Catalogue of the Coins in the Indian Museum of Calcutta.

1914. *John Allan.* Catalogue of the Coins of the Gupta dynasties (Cat. Mus. Brit.).

NUMISMATIQUE PRIMITIVE DE L'INDE

LINGOTS POINÇONNÉS ET PIÈCES COULÉES

Tout comme les Chinois, les Indiens, dans les temps préhistoriques, ont certainement bien fait usage des cauris (*Cypraea moneta*) [voir p. 31, fig. 5], comme intermédiaire d'échange dans leurs trans-

actions commerciales ; cet usage que nous retrouvons plus tard en
extrême Orient, combiné avec l'emploi des métaux, nous permet de
nous rendre compte de la valeur de cette monnaie primitive. La
cauri était la plus petite unité indienne ; puis venait le *ganda* de quatre
cauris, et le *pana* de 20 gandas, soit de 80 cauris qui, plus tard corres-
pondit à 9 grammes 330 de cuivre. Quatre panas, c'est-à-dire 320
cauris, soit un *tangka* ou *ana* (37 gr. 320 de cuivre) équivalait à
0 gr. 907 d'argent, et 4 tangkas formaient un *kâhan* ou *karśa*
(149 gr. 280 de cuivre) de 3 gr. 628 d'argent. En poids, l'argent
valait donc un peu plus de quarante fois le cuivre. Quant à l'or, il
circula d'abord sous forme de poudre ou de lingots, plus tard comme
monnaie, le *kaltis*, pesant 3 gr. 240. Le *suvarna* était un petit sac de
poudre d'or, il pesait 9 gr. 072. Le rapport entre la valeur de l'argent et celle de l'or était d'environ 1/13.

Il est à remarquer que le *karśa* d'argent correspond exactement,
comme poids, au sicle phénicien. Les auteurs qui ont traité de ces
questions sont d'accord pour penser que ce sont en effet les Phéniciens, ou mieux les navigateurs arabes qui ont introduit ce poids
dans l'Inde, en échangeant le numéraire alors en cours dans leur
pays, contre de la poudre d'or. C'est aussi par le commerce que
s'introduisirent les systèmes pondéraux de la Babylonie dont on
rencontre aux Indes de nombreux exemples. Puis vinrent l'influence
perse et celle des Macédoniens.

Les plus anciennes monnaies indiennes se présentent sous la
forme de lingots poinçonnés soit par les autorités locales, soit par
les personnes entre les mains de qui ces valeurs passaient, afin
d'en certifier le titre et le poids. Mais la nature de ces poinçons ne
permet pas de dire quelle est l'autorité qui les a fait estampiller
état, clergé ou commerçants. Ces monnaies sont en argent et en
cuivre.

De la même époque environ sont les pièces de bronze coulées.

Quelques numismates, Cunningham entre autres [1], ont pensé
que l'usage de ce numéraire, dans l'Hindoustan, remonte à un millier d'année avant notre ère ; mais cette antiquité semble avoir été
exagérée ; l'on admet aujourd'hui qu'il a pris naissance vers le
v[e] ou le vi[e] siècle av. J.-C. et que, dans bien des pays indiens,
son usage s'est continué jusqu'au début de notre ère. Il est diffi-

---

1. *Coins of ancient India* (Londres, 1891).

cile de dire si son invention est complètement indigène, ou si elle s'est inspirée de la dispersion, par le commerce, des dariques et des sicles achéménides qui, on l'a vu, ont elles-mêmes emprunté leurs caractères aux pièces primitives de la Grèce émises au VIIe siècle av. J.-C. On est également en droit de penser, en raison du poids de ces monnaies primitives, que l'influence de la Phénicie s'est fait sentir par suite des relations commerciales qu'entretenaient les Arabes avec la côte occidentale de l'Hindoustan.

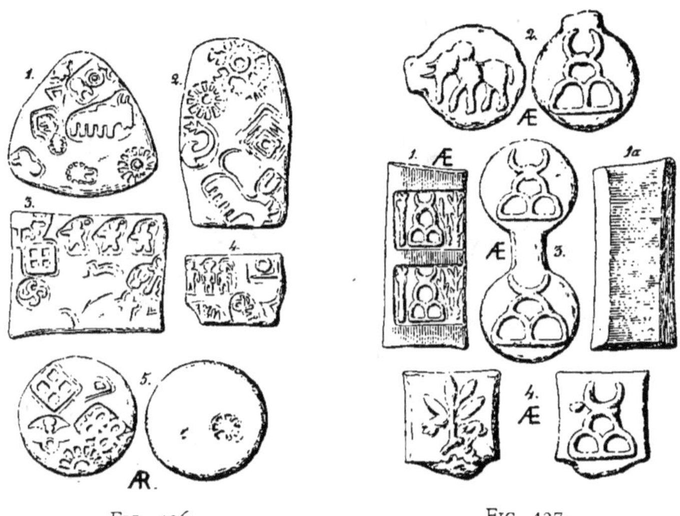

FIG. 426.   FIG. 427.

Quoi qu'il en soit, ces monnaies grossières étaient usitées dans l'Inde entière, depuis l'Himalaya jusqu'au cap Comorin. Elles sont anépigraphes et, par suite, on ne peut fixer avec exactitude ni leur date ni leur lieu d'émission.

Ces lingots sont de forme irrégulière, le plus souvent rectangulaire ; on forgeait le métal en longues barres plates, qu'ensuite on découpait à la longueur voulue, pour que le poids fût régulier, retouchant un angle dans le cas où le lingot était trop lourd, renvoyant à la fonte ceux de poids trop faible.

Le morceau d'argent, ainsi découpé, était poinçonné, toujours au droit, plus rarement au revers qui, parfois, est demeuré lisse.

On a relevé sur ces lingots plus de trois cents poinçons différents

que W. Theobald[1] partage en six classes distinctes : 1° les représentations humaines ; 2° les instruments et les armes ; 3° les animaux ;
4° les arbres, le feuillage et les fruits ; 5° les symboles du culte des
astres ; 5° les symboles divers et représentations inexpliquées.

Le poids des lingots d'argent varie. Il est généralement de 2
grammes ; mais se tient parfois au-dessous, et il en est aussi qui
pèsent jusqu'à 3 gr. 60.

Nous donnons ci-contre (Fig. 426, 427 et 428) les principaux
types de ces monnaies primitives :

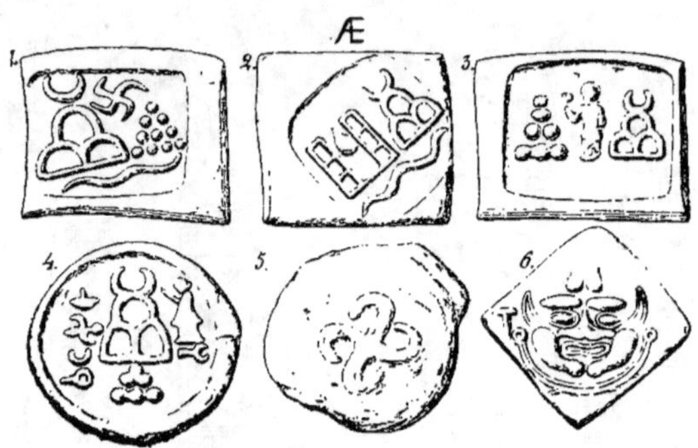

FIG. 428.

Fig. 426, n°s 1 à 5 . — Æ. lingots poinçonnés (d'ap. Cunningham et d'ap. la coll. de l'auteur).

Fig. 427, n° 1. — Æ. barre poinçonnée.

Fig. 427, n°s 2-4. — Æ. pièces moulées.

Fig. 428, n° 1. — Æ. pièce poinçonnée portant les symboles
chaitya, *svastika*, la pyramide de perles, le serpent, etc...

Fig. 428, n° 2. — Æ. lingot poinçonné, serpent, *chaitya* et plan
d'un monastère bouddhiste (d'ap. Cunningham), avec ses cellules,
stupa dans la cour.

Fig. 428, n° 3. — Æ. lingot poinçonné. Adorateur levant la
main droite, debout entre le *chaitya* et la pyramide de perles.

Fig. 428, n° 4. — Æ. monnaie, fondue (?) personnage en adoration devant le chaitya posé sur la pyramide de perles. — Légende :
vatasvaka en caractères d'Açoka, mot dont la signification est
inconnue.

1. *J. As. S. Bengal*, Vol. LIX, part 1, p. 181-268, Pl. VIII-XI. et *Essay on the
Symbols*.

Fig. 428, n° 5. — Æ. lingot fondu ne portant que le *svas-tika*.

Fig. 428, n° 6. — Æ. lingot poinçonné. Tête de démon (*Rakṣasa*) de face. Représentation peut-être inspirée par le monnayage occidental.

Les médailles de ce dernier groupe (Fig. 428) sont attribuées par Cunningham au royaume de Taxila, et placées au ve et vi[e] siècle avant notre ère ; mais il est à croire qu'elles ont été émises sur bien des points différents de l'Inde, pendant une période plus étendue, et que les plus grossières sont antérieures à l'apparition dans les Indes de l'influence iranienne. Les moins anciennes semblent être celles portant des légendes (Fig. 428, n° 4) ou des sujets d'un art plus développé (Fig. 428, n° 6). Nous les donnons ici en raison des analogies qu'elles présentent avec les pièces primitives. D'ailleurs, comme nous aurons occasion de le constater plus tard, la numismatique de la plupart des petits États indigènes débute par des types inspirés des lingots primitifs, poinçonnés ou fondus ; toutefois, comme il est impossible d'assigner une date certaine à ces émissions, de savoir si, réellement, elles sont antérieures à l'expédition de Darius aux Indes, il est préférable d'en traiter à part, après avoir parlé des séries au sujet desquelles nous sommes le mieux renseignés. Chercher à éviter cette dérogation à la chronologie serait jeter une grande confusion dans l'étude de cette numismatique si compliquée.

ÉPOQUE DES ACHÉMÉNIDES DE PERSE

C'est à l'époque où se frappaient aux Indes les grossières monnaies dont il vient d'être parlé, que s'est montrée dans ces pays l'influence des Achéménides de Perse : nous ne savons pas exactement à quelle époque, les Iraniens ont, pour la première fois, pénétré dans le nord et l'occident de la Péninsule, mais, nous l'avons vu, à l'époque de Darius I certaines provinces étaient déjà réduites en satrapies ; les textes de Behistoun (B) et de Nakch-i-Roustem (N) en font foi. Ces gouvernements étaient les suivants :

(B)	XIIIe Satrapie	(N)	IIe	*Parthava*, Πάρθοι	(Hérodote)
»	XIVe	»	» VIIe	*Zaranka*	
»	XVe	»	» IIIe	*Haraiva*, Ἄριοι	(Hérodote)
»	XVIe	»	» VIIIe	*Uvarazmiya*, Χοράσμιοι	(Hérodote)

(B) XVIIe Satrapie (N) IVe   *Baktriš*
  »   XVIIIe   »   » V^e   *Suguda,* Σόγδιοι, Σατταγύδαι (Hér.)
  »   XIXe   »   » X^e   *Gandara* Γάνδάριοι (Hér.)
  »   XXe   »   *Saka,* (Babylonien) *Gimiri-Saka-humavarka, Saka-tigra-khanda.* — Σάκαι, Κάσπιοι (Hérodote). Plus tard alliés et non sujets de Darius III Codoman, ces peuples avaient comme roi Μαυακης. Ce sont vraisemblablement les *Saï* des Chinois, qui, au IIe s. av. J.-C., ont été refoulés par les *Ta-yué-tchi.*
  »   XXI[•]   »   *Thataguš,* (Babylonien) *Sattagu.*
  »   XXII   »   *Haruvatiš,* (Babylonien) *Aruhatti.*
  »   XXIII   »   *Maka*

Ces provinces, relevant directement de l'autorité du grand roi, étaient certainement soumises aux mêmes règles que l'Iran ; le

FIG. 429.

métal y circulait au poids, et les dariques, aussi bien que les sicles, frappés pour les provinces occidentales de l'Empire devaient être peu connues sur les rives de l'Indus ; cependant E. J. Rapson [1] donne une double darique comme ayant été frappée aux Indes sous Darius III Codoman (Fig. 429). Cette attribution d'ailleurs semble être douteuse ; car on ne s'explique pas la présence, aux Indes, à cette époque, de pièces portant des légendes grecques.

L'autorité des Achéménides ne dépassait guère la rive droite de l'Indus et, au delà, vivaient des tribus, des dynastes locaux, qui, bien certainement, ont continué les traditions indiennes et fait usage de la monnaie. Nous possédons bon nombre de ces pièces ; mais, dans la plupart des cas, il n'est pas possible de préciser l'époque de leur émission, de dire si l'on doit les placer aux siècles qui précédèrent Darius I, sous les Achéménides, ou même les considérer comme contemporaines de la campagne d'Alexandre le Grand.

---

1. *Grundriss der Indo-Arischen Philol. u. Altertumsk.* II Band. 3. Heft. B. Strasbourg, 1897. Pl. I, fig. 5.

Cependant la présence de légendes sur bon nombre de ces monnaies oblige à rajeunir la date de leur frappe ; car, on le sait, l'écriture n'est apparue dans la Péninsule que sous l'influence des Perses, en ce qui concerne les provinces septentrionales, et grâce au développement du commerce maritime, en ce qui regarde les régions du Midi.

PÉRIODE MACÉDONIENNE.

C'est à partir de la conquête alexandrine que véritablement commence le monnayage dans les pays situés à l'orient de l'Iran. En 325 av. J.-C. le roi de Macédoine rentrait à Babylone, après avoir fondé son immense empire qui comprenait alors soixante-douze satrapies, provinces dont, malheureusement, nous ne possédons pas le détail (Fig. 433). Ses possessions s'étendaient au loin dans la Parthie, la Sogdiane, la Gandarie et jusqu'au delà de l'Indus, le delta du fleuve lui était soumis. Partout il avait placé des gouverneurs, maintenant parfois les anciens satrapes achéménides dans leurs fonctions, ou confiant le pouvoir aux dynasties indigènes. Le tétradrachme à la tête d'Héraklès eut alors cours non seulement dans les régions soumises, mais bien au delà, jusqu'au centre de la Péninsule.

Alexandre n'a pas laissé de monnaies qu'on puisse sans hésitation rattacher aux Indes ; on lui attribue cependant, avec beaucoup de vraisemblance, des pièces de cuivre carrées de forme indienne portant son nom ΑΛΕΞΑΝΔΡΟΥ [1].

Après la mort d'Alexandre, Séleucus ne négligea pas les frontières orientales de ses États ; à la suite de son expédition et de son traité d'alliance avec Chandragupta (306 av. J.-C.) [2], les relations demeurèrent étroites entre la cour de Syrie et le royaume Maurya du nord de l'Inde. La cour de Pātaliputra envoya, sous Daïmachus, des ambassadeurs auprès des princes grecs.

Mais la domination des Séleucides de Syrie sur les régions orientales fut de courte durée. Vers le milieu du IIIe siècle avant notre ère, les Parthes et les Bactriens secouèrent le joug. Diodote se proclama roi, et un prince de la famille des Arsacides s'empara du trône de la Parthie. Les débuts de ces deux royaumes sont fort obscurs.

1. GARDNER, p. XVIII. — DANNEBERG, VON SALLET, *L. N. S.*, 1879, p. 285. Pl. IV, f. 1.
2. APPIEN, *Syr.*, 55.

Strabon, Arrien et Justin nous fournissent les seuls renseignements
que nous possédons à ce sujet, et leurs récits sont loin de concorder.

Quoi qu'il en soit, Antiochus III entreprit une expédition pour
faire rentrer la Parthie et la Bactriane dans le devoir ; mais il faut
croire que ses armes n'eurent pas tout l'effet qu'il en attendait ; car

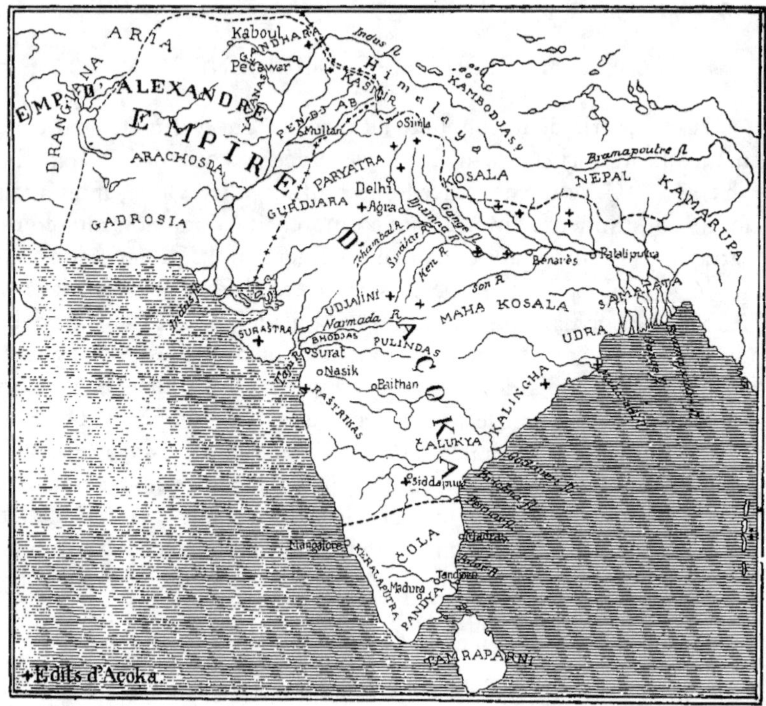

FIG. 430. — L'Inde vers l'époque d'Alexandre le Grand.

d'une part il confirma Eutydème, un usurpateur, dans sa royauté
et promit même à Démétrius, fils de ce prince, la main de sa propre
fille, d'autre part il ne semble pas que l'indépendance des Parthes
eût été sérieusement menacée.

Pendant cette période, qui s'écoula entre l'extension vers les Indes
de la puissance des Achéménides et la ruine du pouvoir macédonien dans cette partie de l'Asie, c'est-à-dire de la fin du VIe siècle
au milieu du IIIe siècle avant notre ère, la majeure partie de l'Inde,
alors partagée en un grand nombre de petits États, conserva sa
liberté et battit monnaie. Ces émissions nous les examinerons, après

avoir parlé des conséquences qu'eut sur le monnayage de ces pays la conquête alexandrine.

Avant d'entretenir le lecteur des suites gréco-indiennes, il importe de citer les imitations des monnaies athéniennes qui ont eu cours dans les Indes et dont l'usage, comme de nos jours celui du Thalari de Marie-Thérèse en Arabie orientale, a certainement survécu aux émissions de l'Attique (vers 322). Cette circulation des tétradrachmes à la chouette venant à diminuer, par suite de la cessation des importations de l'Occident, les Indiens accoutumés à cette marque de bon argent, l'imitèrent pendant quelque temps, puis remplacèrent la chouette d'Athéna par un aigle (Fig. 431). C'est ce même

FIG. 431.

aigle du revers que nous retrouvons sur les monnaies de Sophytès qui, au temps de la campagne d'Alexandre (326 av. J.-C.), régnait sur les rives de l'Acésinès [1].

DYNASTES GRECS DE LA BACTRIANE
ET DES PAYS VOISINS

GÉNÉRALITÉS

Vers 250 av. J.-C. Diodotos, gouverneur de la Bactriane pour le compte des Séleucides, se révolta contre l'autorité de son souverain, et réussit à constituer un royaume, dont environ quarante ans plus tard Antiochus le Grand reconnut l'indépendance. Suivant Justin, le nouveau souverain ne jouit que peu de temps de ses succès. Il mourut quelques années après l'an 250 et son fils Diodotos II lui succéda. Peu après, vers 230, Euthydème, un Grec de Magnésie, fixé dans le royaume, usurpa le pouvoir. Son fils Démétrios, gendre du roi séleucide Antiochus le Grand, lui succéda, et ce dernier prince étendit très largement son autorité, en faisant d'importantes conquêtes dans les territoires du bassin de l'Indus.

Agathoklès et Pantaléon, qui appartiennent à la même époque, occupèrent le trône, sinon de la Bactriane proprement dite, du moins de certaines provinces indiennes. Leurs monnaies, dont le revers porte des légendes en caractères pâlis du sud de la Péninsule,

1. Cf. E. J. RAPSON, *op. c.*, 1897, p. 3, Pl. I, fig. 8.

montrent que ce n'est pas dans la Bactriane proprement dite qu'il convient de chercher leur domaine, mais plus avant dans l'Inde.

L'époque exacte du règne d'Antimachos (Théos) n'est pas encore établie ; mais nous sommes mieux renseignés à l'égard d'Eukratidès (env. 175-156) av. J -C., car ce prince eut à lutter contre Démétrios qu'il vainquit ; il fut assassiné par l'un de ses propres fils qu'on croit être Appollodotos. Toutefois c'est un autre de ses fils, Hélioklès, qui monta sur le trône bactrien. Hélioklès fut le dernier souverain indépendant du pays, car à cette époque des nomades, venus de l'Asie Centrale, envahirent la Bactriane. Toutefois des princes grecs, appartenant sans doute à la même lignée, conservèrent l'autorité sur les pays qui de nos jours forment la partie méridionale de l'Afghanistan, au sud de l'Hindou Kouch, sur le Pendj-âb et sur la vallée de l'Indus. Ménander est le plus connu de ces princes, il entra dans l'Inde et traversa le Radjpoutana et l'Oudh.

Les territoires soumis à l'autorité des dynastes hellènes se partagèrent dès lors en nombreux royaumes indépendants les uns des autres, et cet état de choses se continua jusqu'en 45 environ après J.-C., époque à laquelle Kadphisès I, roi des Kouchans, envahit le pays. Hermaïos était alors roi de Kaboul.

Nous possédons, il est vrai, les monnaies d'une nombreuse série de princes ayant exercé le pouvoir sur ces pays, au cours du IIIe, du IIe et du Ier siècles avant notre ère ; mais tous ces dynastes n'ont pas régné sur les mêmes contrées, beaucoup d'entre eux sont contemporains les uns des autres, et la pauvreté de notre documentation historique ne nous permet pas d'assigner à chacun d'eux d'une façon certaine les territoires qui ont été son domaine. Les liens très étroits qui existent entre les médailles de ces divers princes montrent que vraisemblablement, pendant un long espace de temps, ils ont appartenu à une même souche.

L'origine de cette numismatique est le type grec importé en Orient par les Macédoniens, les noms des princes sont helléniques, et pendant cent ans environ (250 à 150 av. J.-C.), les monnaies sont taillées sur l'étalon grec. Mais sous Hélioclès, fils de d'Eukratidès (vers 150), il se produit un grand changement. L'étalon attique est remplacé par celui de l'Inde, qui, peut-être, n'est qu'une modification de celui des Perses achéménides, et les figurations des divinités helléniques font place à des motifs indigènes. En même temps, déjà même du temps d'Eucratidès, paraissent au revers les traductions en prâcrit des légendes grecques du droit; l'influence hellénique s'efface peu à peu. Toutefois jusqu'au dernier roi de cette série, les légendes de la face demeurent en grec assez pur. L'arrivée aux Indes et dans la Bactriane (vers 50 av. J.-C.) des barbares scythes marque la fin de la culture grecque dans ces pays.

La région dans laquelle furent frappées ces séries de médailles semble s'être étendue depuis le cours supérieur de l'Oxus au nord, jusqu'à la Djumna vers l'est, et les embouchures de l'Indus au sud.

En présence d'une semblable indécision, nous donnerons les médailles de ces divers princes en suivant l'ordre géographique approximatif d'après les éléments de classification dont nous disposons. Toutefois, avant d'entrer dans la description des monnaies, il semble utile d'indiquer les noms de tous les princes dont nous possédons des médailles : cette liste est établie chronologiquement, sans tenir compte des données géographiques, elle n'est d'ailleurs que fort approximative.

327-323 av. J.-C. — Conquête macédonienne du nord-ouest de l'Inde.

v. 306 » *Sophytès*, vassal des Séleucides dans la région de l'Indus.

avant 250 » Expédition d'Antiochus II aux Indes.

v. 250 » *Diodotos I* secoue le joug des Séleucides.

v. 245-230 » *Diodotos II*, roi de Bactriane.

v. 230-200 » *Euthydémos I*, roi de Bactriane.

v. 200 » *Demétrios*, roi de Bactriane, étend son pouvoir dans la vallée de l'Indus.

v. 190 » *Euthydémos II*, fils de Démétrios.

v. 190 » *Pantaléon*, roi (dans l'Inde méridionale ?).

v. 185 » *Agathoclès*, roi (dans l'Inde méridionale ?).

v. 190 » *Antimachos Théos*, roi de Bactriane (?).

v. 175-156 » *Eukratidès*, roi de Bactriane et des Indes occidentales.

v. 147 » *Plato*, contemporain d'Eukratidès.

v. 156-140 » *Hélioclès*, fils et successeur d'Eukratidès, dernier roi grec de Bactriane.

v. 150 » *Lysias*, collègue et prédécesseur d'*Antialkidas*, roi (?) dans le Pendj-âb.

v. 140 av. J.-C. — *Diomédès*, roi (?) dans le Pendj-âb.

v. 140　　»　　*Archébios*, roi (?) de Kaboul.

v. 156-140　»　　*Apollodotos*, probablement fils d'Eukratidès, roi dans le nord-ouest de l'Inde.

?　　»　　*Strato I*, avec sa mère *Agathocleia*, régente dans le Pendj-âb oriental.

?　　»　　*Strato II*, roi du Pendj-âb oriental.

v. 160-140 »　*Ménander*, roi de Kaboul, de la vallée de l'Indus et du Suraštra.

Epander.

v. 140　　»　　*Dionysios*, roi (?) dans Pendj-âb oriental.

v. 140　　»　　*Zoiloš*, roi dans le Pendj-âb oriental, à peu de chose près contemporain de Dionysios.

Apollophanès Artémidorus.

v. 130　　»　　*Antimachos II niképhoros*, roi (?) de la vallée de Kaboul.

v. 125　　»　　*Philoxénos*, roi (?) dans le Pendj-âb occidental.

Nicias.

v. 120　　»　　*Hippostratos*, roi (?) dans le Pendj-âb occidental.

v. 120　　»　　*Théophilos*, roi (?) dans le Pendj-ab.

v. 100　　»　　*Amyntas*, roi (?) dans la vallée de Kaboul.

Téléphos.

v. 20-45 apr. J.-C. — *Hermaïos*, dernier grand roi de Kaboul, et la reine *Kalliopé*.

»　　»　　*Hermaïos* seul.

v. 45 à 50　»　　*Hermaïos* et le kušan *Kadphisès I*.

ROIS DE BACTRIANE ET DES RÉGIONS VOISINES

DESCRIPTION DES MÉDAILLES.

La Bactriane occupait les districts situés au nord du Paropamisus ; elle se trouvait à l'Ouest en contact avec l'Iran, à l'Est avec les royaumes de la vallée supérieure de l'Indus, et au Nord elle s'étendait jusqu'aux steppes de la Transoxiane.

Diodotos I.

Roi de Bactriane. Vers 250 av. J.-C.

On attribue à ce prince, cependant sous réserves, des monnaies

au revers de Zeus assis, portant le nom et l'effigie d'Antiochus II,
alors suzerain de la Bactriane, et d'autres coins du même type, également au nom d'Antiochus, mais dont l'effigie, pense-t-on, est celle
du prince oriental [1].

Æ. Tétradrachme attique.

Dr. Tête diadémée d'Antiochus à dr. Grènetis au pourtour.

R̸. Zeus nu, debout à g., vu de dos ; de la main dr. il brandit
le foudre, et tient l'égide sur le bras gauche allongé ; à ses pieds, à
g., est un aigle, les ailes éployées. Dans le champ, à g., est un monogramme. — Légende : à dr. ΒΑΣΙΛΕΩΣ, à g. ΑΝΤΙΟΧΟΥ). La tête
ressemble à celle qui a été prise pour type des monnaies de Diodotos,
le premier roi indépendant de la Bactriane. [E. Babelon, *op. cit.*,
p. 30].)

Æ. Tétradrachme attique.

Dr. Tête diadémée de Diodotos I ? à dr. Grènetis au pourtour.

Même revers et même légende. Le monogramme est remplacé
par une couronne renfermant un groupe de lettres.

N. Statère. Même médaille.

Diodotos II (ou I ?)
Roi de Bactriane. Vers 245-230 av. J.-C.

N. Æ. (Fig. 432). Dr.
Profil à dr. du prince.
— Anépigraphe.

R̸. Jupiter debout
à g. lançant la foudre
de la main dr., l'égide
sur le bras g. Dans le
champ, à g., aigle debout
de face, la tête tournée

FIG. 432.

à g. surmontée d'une couronne. — Légende : à dr. ΒΑΣΙΛΕΩΣ,
à g. ΔΙΟΔΟΤΟΥ.

Euthydèmos.
Roi de Bactriane. Vers 230-200 av. J.-C.

Æ. (Fig. 433). Poids 16 gr. 50.

1. Cf. Allotte de la Fuÿe, *Rev. Num.*, 1900, p. 89. — E. Babelon, *Rois de
Syrie*, n° 218, Pl. IV, fig. 13.

Dr. Profil du prince à dr. — Anépigraphe.

R⁄. Hercule assis à g. sur un rocher sur lequel il appuie la

FIG. 433.   FIG. 434.

main g., tenant sa massue de la main dr. — Légende : dr. **ΒΑΣΙ-
ΛΕΩΣ**, g. **ΕΥΘΥΔΗΜΟΥ**.

Æ. (Fig. 434). Dr. Profil d'Hercule à dr. — Anépigraphe.

R⁄. Cheval au galop à dr. — Légende : haut **ΒΑΣΙΛΕΩΣ**, bas
ΕΥΘΥΔΗΜΟΥ.

Æ. Dr. Profil à dr. d'Apollon. — Anépigraphe.

R⁄. Trépied. — Même légende.

Antimachos.
Roi de Bactriane. Vers 190 av. J.-C.

Æ. (Fig. 435). Poids 16 gr. 10. Dr. Profil à dr. de Diodotus. —

FIG. 435.

Légende : à dr. **ΔΙΟΔ-
ΟΤΟΥ**, à g. **ΣΩΤΗΡΟΣ**.

R⁄. Jupiter lançant
la foudre. — Légende :
dr. **ΒΑΣΙΛΕΟΝΤΟΣ**, g.
ΑΝΤΙΜΑΧΟΥ, en exer-
gue **ΘΕΟΥ**.

Æ. Dr. Profil diadé-
mé du roi coiffé de la
kausia.

R⁄. Poseidon debout de face. — Légende : dr. **ΒΑΣΙΛΕΩΣ
ΘΕΟΥ**, g. **ΑΝΤΙΜΑΧΟΥ**.

Eukratidès.

Roi de Bactriane et du nord-ouest de l'Inde.

Légendes grecques.

AΓ. Médaille de 20 statères, semblable au type d'argent (Cabinet de France) [1].

Ӕ. (Fig. 436 A). Dr. Tétradrachme, 16 gr. 77. Profil du roi casqué à dr. — Anépigraphe.

℞. Les Dioscures à cheval chargeant à dr. — Légende circulaire : en haut ΒΑΣΙΛΕΩΣ ΜΕΓΑΛΟΥ, en bas (rectiligne) ΕΥΚΡΑΤΙΔΟΥ.

ΒΑΣΙΛΕΩΣ∘ΜΕΓΑΛΟΥ∘ΕΥΚΡΑΤΙΔΟΥ∘

Fig. 436

Ӕ. (Fig. 436 B). Dr. Tétradrachme, 4 gr. 22. Profil diadémé du roi. — Anépigraphe.

Ӕ. Dr. Drachme. Même type.

℞. Apollon debout. — Légende : dr. ΒΑΣΙΛΕΩΣ, g. ΕΥΚΡΑΤΙΔΟΥ

Ӕ. Obole, 0 gr. 65. Même type.

℞. Bonnets des Dioscures. — Même légende.

Légendes bilingues.

Ӕ. Dr. Drachme, 4 gr. 15. Profil diadémé du prince à dr. — Légende · ΒΑΣΙΛΕΩΣ ΜΕΓΑΛΟΥ ΕΥΚΡΑΤΙΔΟΥ.

℞. (Fig. 437 B). Les Dioscures debout de face. — Légende en caractères kharosthi. *Radjasa Mahatakasa Eukratidasa.*

Æ. (carré) (Fig. 437 A). Dr. Profil casqué du prince à dr. —

Fig. 437.

1. Cette superbe médaille a été trouvée à Asadabad près d'Hamadan.

Légende : g. **ΒΑΣΙΛΕΩΣ**, haut **ΜΕΓΑΛΟΥ**, bas **ΕΥΚΑΡΑΤΙΔΟΥ**.

℞. Les Dioscures à cheval, chargeant. — Légende kharoṣṭi : *Maharadjasa Eukratidasa*.

Æ. Dr. Profil diadémé du prince à dr. — Même légende grecque.

℞. Victoire. — Légende bactrienne : *Eukratidasa*.

Helioklès.

Dernier roi de la Bactriane proprement dite.
Vers 156-140 av. J.-C.

Æ. (Fig. 438 A). Tétradrachme. Poids 16 gr. 912.

Dr. Profil du prince drapé et diadémé à dr. — Anépigraphe.

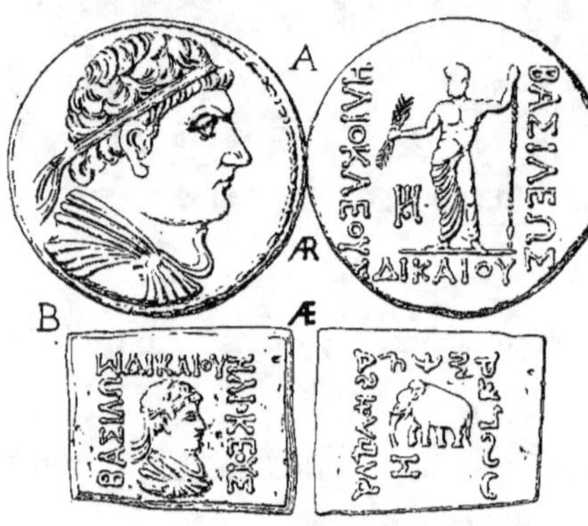

℞. Jupiter debout, de face, tenant la foudre de la main droite et appuyé de la gauche sur un long sceptre. — Légende : **ΒΑΣΙΛΕΩΣ ΔΙΚΑΙΟΥ ΗΛΙΟΚΛΕΟΥΣ**.

Æ. Drachme. Poids 3 gr. 628.

Dr. Profil du prince à dr. drapé et diadémé. — Légende : **ΒΑΣΙΛΕΩΣΔΙΚΑΙΟΥ ΗΛΙΟΚΛΕΟΥΣ**.

℞. Jupiter. — Légende : *Maharadjasa dhramikasa.Heliyakreyasa*.

FIG. 438.

Æ. (Fig. 438 B). Dr. Pièce carrée. Même type. — Même légende.

℞. Éléphant debout à g. — Même légende kharoṣthi que sur la pièce d'argent.

Æ. Pièce carrée. Dr. Même type.

℞. Cheval à dr. — Légende : **ΒΑΣΙΛΕΩΣ**.

Ménander.

Roi de Kaboul, de la vallée de l'Indus et de Suraštra.
Vers 160-140 av. J.-C.

Æ. Drachme (Fig. 439 A). Poids 3 gr. 38. Dr. Profil casqué et drapé du prince. — Légende : **ΒΑΣΙΛΕΩΣ ΣΩΤΗΡΟΣ**, en exergue **ΜΕΝΑΝΔΡΟΥ**.

℞. Pallas debout à g., le bouclier en avant et menaçant de la foudre. — Légende : *Maharadjasa tratarasa* ; en exergue, *Menadrasa*.

Ǣ. (Fig. 442 B). Même pièce et mêmes légendes, l'effigie du prince est drapée et diadémée.

Fig. 439.

Ǣ. (Fig. 439 C). Même médaille et mêmes légendes, mais l'effigie du prince le représente tourné à g. et menaçant du javelot.

Ǣ. Dr. Buste de Pallas casquée. — Même légende grecque.

℞. Chouette. — Légende kharoṣṭhi : *Menadrasa Maharadjasa tratarasa*.

Æ. (carré). Même dr.

℞. Victoire. — Même légende indienne.

Æ. (carré). Même dr.

℞. Bouclier. — Même légende indienne.

Æ. (carré). Dr. Tête d'éléphant.

℞. Massue. — Mêmes légendes.

Æ. (carré). Dr. Tête de bœuf de face.

℞. Tripode. — Mêmes légendes.

Æ. (carré). Dr. Chameau bactrien.

℞. Tête de bœuf de face. — Mêmes légendes.

Il est à remarquer que sur toutes ces monnaies la légende se partage en deux parties : celle des titres qui se lisent suivant la marche des aiguilles d'une montre, et celle du nom du prince, en exergue, se lisant en sens inverse.

Fig. 440.

Antimachos (Nicéphoros).
Roi de la vallée de Kaboul (?).
Vers 130 av. J.-C.

Ǣ. (Fig. 440). Dr. Victoire à g. tenant une palme. — Légende : ΑΝΤΙΜΑΧΟΥ ΒΑΣΙΛΕΩΣ ΝΙΚΗΦΟΡΟΣ. Monogramme du roi.

℞. Le prince à cheval galopant à dr. — Légende : *Amtimakhasa maharadjasa djayadharasa*.

Epander.

Roi de la vallée dans l'Indus (?).

Æ (carrée). (Fig. 441). Dr. La Victoire marchant à dr., tenant une couronne et une palme. — Légende : ΒΑΣΙΛΕΩΣΝΙΚΗΦΟΡΥΟ ΕΠΑΝΔΡΟΥ.

FIG. 441.

RⱣ. Bœuf indien à dr. — Légende : *Maharadjasa djayadharasa Epadrāsa*. Monogrammes en lettres grecques.

Æ. Dr. Buste du roi diadémé. — Même légende.

RⱣ. Pallas debout à g. portant l'égide et tenant la foudre. — Même légende.

Philoxénos.

Roi du Pendjâb occidental (?).
Vers 125 av. J.-C.

Æ. (carré) (Fig. 442). Dr. Profil du prince drapé et casqué à dr. — Légende : ΒΑΣΙΛΕΩΣ ΑΝΙΚΗΤΟΥ ΦΙΛΟΞΕΝΟΥ·

RⱣ. Le roi à cheval galopant à dr. — Légende : *Maharadjasa Apadihatasa Philasinasa*.

ÆR. Même médaille, mais au dr. le roi est représenté drapé et diadémé.

Æ. Dr. Déméter ou Tyché (?) debout tenant une corne d'abondance. — Même légende.

RⱣ. Bœuf zébu à dr. — Même légende.

FIG. 442.

Nicias.

Roi dans la vallée de l'Indus (?).

Æ. (carré). Dr. fig. 443. Profil diadémé du roi à dr. — Légende : ΒΑΣΙΛΕΩΣ ΣΩΤΗΡΟΣ ΝΙΚΙΟΥ.

R̸. Le roi à cheval portant la chlamyde. — Légende : *Maharadasa tradatasa Nikiasa*.

Æ. (Fig. 443). Dr. Même type. — Légende : ΒΑΣΙΛΕΩΣ ΕΩΤΗΡΟΣ ΝΙΚΙΟV.

R̸. Pallas casquée à g. tenant une palme sur l'épaule. — Même légende indienne. Monogramme en lettres grecques.

FIG. 443.

Amyntas.

Roi (?) dans la vallée de Kaboul.

Vers 100 av. J.-C. ? ou après.

Æ. (Fig. 444). Dr. Profil drapé et diadémé du prince à dr. — Légende : ΒΑΣΙΛΕΩΣ ΝΙΚΑΤΟΡΟΣ, en bas ΑΜΥΝΤΟΥ.

R̸. Zeus assis sur un trône tenant la foudre et une palme. — Légende : *Maharadjasa djayadharasa*, en bas *Amitasa*.

Æ. Dr. Buste à dr. d'une divinité radiée, coiffée d'un bonnet

FIG. 444.

phrygien. — Même légende.

R̸. Pallas debout à g. — Même légende.

Téléphos.

Roi de la vallée de l'Indus (?).

Æ. (Fig. 445). Dr. monstre de face, dont le corps se termine par trois serpents, dont il tient une tête dans chaque main. — Légende : ΒΑΣΙΛΕΩΣ ΕΥΕΡΓΕΤΟΥ ΤΗΛΕΦΟΥ.

R̸. Λ g. Helios debout de face appuyé sur un long sceptre, à dr. un autre personnage. — Légende : *Maharadjasa palanakramasa Teliphasa*.

FIG. 445.

Hermaios.

Avec sa femme, la reine Kalliopé.
Vers 20-45 ap. J.-C.
Roi de Kaboul.

Ya Pa Ya Li Ka Sa Ya Ma Ra He Sa Ra Ta TRa Sa Dja Ra Ha Ma.

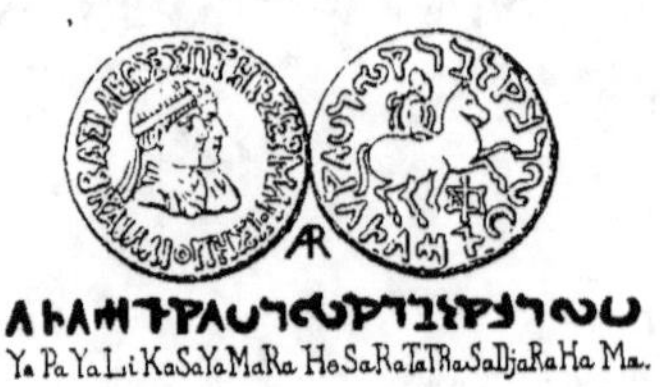

Fig. 446.

Æ. (Fig. 446) Dr. Profils drapés et diadémés à dr. du roi et de la reine. — Légende : ΒΑΣΙΛΕΩΣ ΣΩΤΗΡΟΣ ΕΡΜΑΙΟΥ, en bas ΚΑΙ ΚΑΛΛΙΟΠΗΣ.

℞. Le prince à cheval, galopant à dr. — Légende : *Maharadjasa tratarasa Heramayasa*, en bas *Kaliyapaya*.

Hermaios (seul).

Æ. (Fig. 447). Dr. Profil diadémé et drapé du roi à dr. — Légende : ΒΑΣΙΛΕΩΣ ΣΩΤΗΡΟΣ, en bas ΕΡΜΑΙΟΥ.

℞. Zeus assis sur un trône. — Légende : *Maharadjasa tratarasa*, en bas *Heramayasa*.

Æ. Même médaille, mais au dr. le prince est figuré casqué.

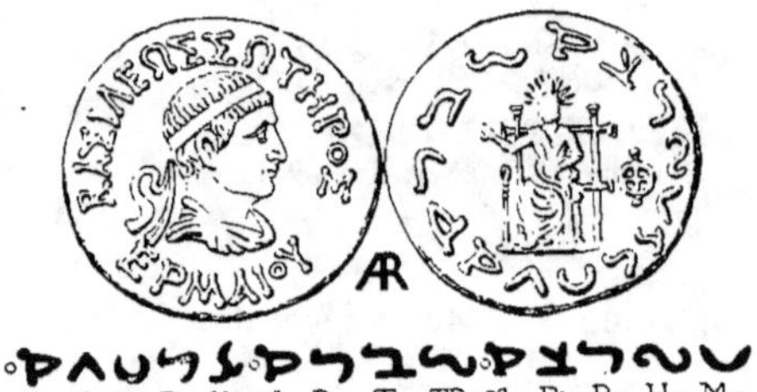

°Sa Ya Ma Ra He °Sa Ra Ta TRa °Sa Dja Ra Ha Ma.

Fig. 447.

Æ. Dr. Même buste. — Légende : ΒΑΣΙΛΕΩΣ ΣΩΤΗΡΟΣ ΕΡΜΑΙΟΥ.

℞. Victoire. — Légende : *Maharadjasa radjaradjasa...*

Æ. (carré) (Fig. 448). Dr. Buste de divinité à dr., coiffée du bonnet phrygien. — Légende : ΒΑΣΙΛΕΩΣ ΣΩΤΗΡΟΣ ΕΡΜΑΙΟΥ.

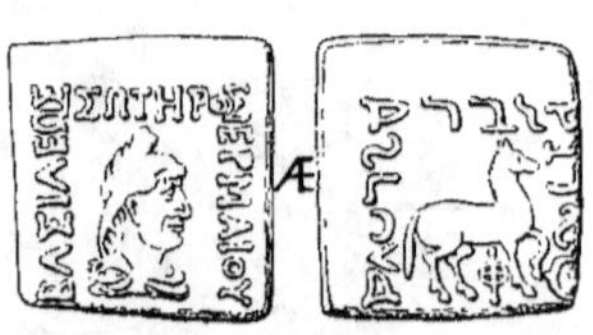

Fig. 448.

℞. Cheval au trot à dr. — Légende ordinaire.

Hermaios.

Dernier roi grec de Kaboul avec le prince Kouschan KADPHISÈS I (KUDJULAKASA)
Vers 45-50 ap. J.-C.

Æ. (Fig. 449). Dr. Buste drapé et diadémé d'Hermaios à dr.
— Légende : **ΒΑΣΙΛΕΩΣ ΣΤΗΡΟΣΣΥ ΕΡΜΑΙΟΥ.**

Ŗ. Héraclès debout de face
— Légende circulaire : *Kudjula Kasasa Kušana yavu gasa dhramaṭhidasa.*

A ce prince appartiennent également de curieuses monnaies de cuivre bilingues (Musée britannique). (Fig. 450 A. B.).

FIG. 449.

Æ. (Fig. 450 A). Dr. Cheval marchant à dr. — Légende kharoṣṭhi entre deux cercles : *Maharadjasa Radjadiradjasa Mahatasa Heramayasa.*

Ŗ. Légende circulaire chinoise entre un cercle et un cordon d'ornements carrés *Tchung yh Liang szé tchu = valable pour une once quatre tchous.*

Dr. (Fig. 450 B). Même pièce de petit modèle, la légende du droit occupe le champ.

Ŗ. Légende chinoise occupant tout le champ de la pièce.

FIG. 450.

DYNASTES DU PENDJ-ÂB

Sophytès (saubuti).

Dynaste du Pendj-âb (Les cinq fleuves) probablement soumis à

Séleucus Nicator, alors qu'en 305 av. J.-C. ce prince envahit le nord-ouest de l'Inde.

FIG. 451.

Æ. (Fig. 451). Dr. Profil à dr. du prince, casqué, couronné de lauriers. — Anépigraphe.

℞. Coq à dr. — Dans le champ à g. caducée, à dr. ΣΩΦΥΤΟΥ·

Démétrios.

Roi des territoires de la frontière nord-occidentale de l'Inde.
Vers 200 av. J.-C.

Æ. (Fig. 452 A). Dr. Profil à dr. du prince, coiffé de la dépouille d'une tête d'éléphant. — Anépigraphe.

℞. Hercule jeune debout de face se couronnant de la main dr., et, de la g., tenant la massue ; la peau de lion posée sur l'avant-bras. — Légende : Dr. ΒΑΣΙΛΕΩΣ, g. ΔΗΜΗΤ·ΡΙΟΥ. — Monogramme dans le champ, à g.

FIG. 452.

Æ. (Fig. 452 B). Dr. Profil à dr. d'Hercule.

℞. Artémis ou Pallas debout, de face. — Même légende.
Æ. Dr. Bouclier.

℞. Trident. Même légende.

FIG. 453.

Lysias.

Roi du Pendj-âb (?).
Vers 150 av. J.-C.

Æ. (Fig. 453). Dr. Buste casqué et drapé du prince à dr. — Légende : ΒΑΣΙΛΕΩΣ ΑΝΙΚΗΤΟΥ, en bas ΛΥ-ΣΙΟΥ.

℞. Hercule se couronnant de la main droite, portant de la g. la massue, la peau de lion sur l'avant-bras. — Légende : *Maharadjasa Apadihatasa*, en bas *Lisiasa*.

Antialkidas.

Collègue et successeur de Lysias, roi du Pendj-âb (?).
Vers 145 av. J.-C.

Æ. (Fig. 454 A). Dr. Profil à dr. du prince drapé et diadémé. — Légende : ΒΑΣΙΛΕΩΣ ΝΙΚΗΦΟΡΟΥ, en bas ΑΝΤΙΑΛΚΙΔΟΥ.

℞. Jupiter assis sur un trône, tenant un sceptre et une Victoire, dans le champ, à g., partie antérieure d'un éléphant. — Légende : *Maharadjasa djayadharasa*, en bas *Amtialikidasa*.

Æ. (Fig. 454 B). Même pièce mais le profil du prince est drapé et casqué.

Æ. Pièce carrée ou circulaire.

Dr. Buste à dr. de Jupiter. — Même légende grecque.

℞. Coiffures des Dioscures. — Même légende indienne.

Fig. 454.

Diomédès.

Roi du Pendj-âb (?).
Vers 140 av. J.-C.

Æ. Dr. Profil du roi, drapé et casqué. — Légende : ΒΑΣΙΛΕΩΣ ΣΩΤΗΡΟΣ, en bas ΔΙΟΜΗΔΟΥ.

℞. Les Dioscures à cheval, chargeant. — Légende : *Maharadjasa tratarasa*, g. *Diyamedasa*.

℞. Les Dioscures debout de face. — Même légende indienne.

Æ. (Fig. 455). Dr. Les Dioscures debout de face. — Même légende grecque.

℞. Bœuf zébu à dr. — Même légende indienne.

Fig. 455.

Archébios.
Roi de Kaboul (?).
Vers 140 av. J.C.

Æ. Dr. Profil du roi diadémé et drapé. — Légende : BAΣI-ΛEΩΣ ΔIKAIOY NIKHΦO POY, en bas APEXBIOY·

FIG. 456.

R⁊. Jupiter assis tenant la foudre et un sceptre. — Légende : *Maharadjasa dhramikasa djayadharasa*, en bas *Arkhebiyasa*.

Æ. (Fig. 456). Dr. Victoire debout à g. tenant une couronne et une palme. — Même légende grecque.

R⁊. Chouette (?) presque de face. — Même légende indienne.

Æ. Même médaille, mais au dr. la Victoire est remplacée par un éléphant debout à dr.

Apollodotos.
Probablement fils d'Eukratidès roi des pays situés sur la frontière N.-O. de l'Inde.
Vers 156-140 av. J.-C.

Æ. (Fig. 457 A). Dr. Profil diadémé et drapé du prince à dr. —

FIG. 457.

Légende : BAΣIΛEΩΣ ΣΩTHPOΣ, en bas AΠOΛΛOΔOTOY.

R⁊. Pallas debout à g. tenant l'égide de la main gauche et de la dr. menaçant de la foudre. — Légende : *Maharadjasa tratarasa*, en bas *Apaladatasa*.

Æ. Dr. Éléphant.

℞. Bœuf. — Mêmes légendes.

Æ. (circulaire). Dr. Apollon debout.

℞. Tripode. — Mêmes légendes.

Æ. (carré). Dr. Apollon debout.

℞. Tripode. — Mêmes légendes.

Æ. (carré). Dr. Éléphant à dr.

℞. Bœuf zébu à dr. — Mêmes légendes.

Artémidoros.

Dynaste du Pendj-âb (?).

Æ. (circulaire) (Fig. 458). Dr. Buste diadémé du roi. —
Légende : ΒΑΣΙΛΕΩΣ ΑΝΙΚΗΤΟΥ ΑΡΤΕΜΙΔΟΡΟΥ.

℞. Artémis à g. lançant une flèche. — Légende : *Maharadjasa Apadihatasa Artemidorasa*.

Æ. (carré). Dr. Artémis debout de face, tenant l'arc de la main gauche et de la droite prenant une flèche dans son carquois. — Même légende.

SaRaDoMiRTeA'SaTaHa DiPaA'SaDjaRaHaMa

FIG. 458.

℞. Bœuf indien à dr. — Même légende.

Apollophanès.

Dynaste de Pendj-âb (?).

SaNaPHaLaPuA'SaTaDaTRaSaDjaRaHaMa

FIG. 459.

Æ. (Fig. 459). Dr. Buste du prince casqué à dr., diadème (?) sur le casque. — Légende : ΒΑΣΙΛΕΩΣ ΣΩΤΗΡΟΣ ΑΠΟΛΛΟΦΑΝΟΥ.

℞. Pallas à g. tenant l'égide et le tonnerre. — Légende : *Maharadjasa tradatasa Apulaphanasa*.

Strato I et sa mère [1].

Avec sa mère, la reine-régente, Agathokleia contemporains d'HÉLIOKLÈS,
souverains du Pendj-âb oriental (?)

Æ. Dr. Profil à dr. de la reine. — Légende : ΒΑΣΙΛΙΣΣΗΣ
ΘΕΟΤΡΟΠΟΥ, en bas ΑΓΑΘΟΚΛΕΙΑΣ.

℞. Hercule assis sur le rocher. — Légende (douteuse) : *Mah.
radjasa tratarasa dhramikasa*, en bas *Stratasa* ou *Thratasa.*

Strato I (seul).
Roi du Pendj-âb oriental (?).

Æ. (Fig. 460). Dr. Profil drapé et diadémé du prince à dr. —
Légende : ΒΑΣΙΛΕΩΣ ΣΩΤΗΡΟΣ, en bas ΣΤΡΑΤΩΝΟΣ.

FIG. 460.

℞. Pallas se couvrant du bouclier et menaçant de la foudre. —
Légende : *Maharadjasa   tratarasa
dhamikasa*, en bas *Thratasa*.

Æ. Même pièce, mais le prince
est casqué.

℞. Légende : *Maharadjasa tratarasa*, en bas *stratasa* ou *Thratasa*.

Æ. Même pièce.

Dr. Légende : ΒΑΣΙΛΕΩΣ ΕΙΠΦΑΝΟΥΣ ΣΩΤΗΡΟΣ, en bas
ΣΤΡΑΤΩΝΟΣ.

Æ. Dr. Buste d'Héraklès. — Légende : ΒΑΣΙΛΕΩΣ ΣΩΤΗΡΟΣ,
en bas ΣΤΡΑΤΩΝΟΣ.

℞. Victoire. — Même légende indienne.

Dionysios.
Roi du Pendj-âb oriental (?).
Vers 140 av. J.-C.

Æ. (Fig. 461). Dr. Profil drapé et diadémé du roi à dr. —
Légende : ΒΑΣΙΛΕΩΣ ΣΩΤΗΡΟΣ, en bas ΔΙΟΝΥΣΙΟΥ.

1. V. A. Smith, *Cat. of the Calcuta Mus.*, 1906, p. 21, Pl. IV, fig. 11, décrit le
seul exemplaire connu de cette pièce d'argent, d'ailleurs en très mauvais état de
conservation.

R/. Pallas debout à g. se protégeant du bouclier, et menaçant de
la foudre. — Légende : *Maharadjasa
ratarasa Dianisiyasa.*

   Æ. (carré). Dr. Apollon.

   R/. Diadème. — Mêmes légendes.

    Æ. (carré). Même dr.

    R/. Tripode. — Mêmes légendes.

FIG. 461.

Hippostratos.

Roi du Pendj-âb occidental (?).
Vers 120 av. J.-C.

Æ. (Fig. 462). Dr. Profil du roi drapé et diadémé à dr. —
Légende : **ΒΑΣΙΛΕΩΣ ΣΩΤΗΡΟΣ**, en bas **ΙΠΠΟΣΤΡΑΤΟΥ**.

FIG. 462.

R/. Ville coiffée du modius, tenant la corne d'abondance debout
à g. — Légende (Fig.
465 a) : *Maharadjasa
tratarasa,* en bas *Hipa-
thratasa.*

   Æ. (Fig. 463). Dr.
Même type. — Lé-
gende : **ΒΑΣΙΛΕΩΣ
ΜΕΓΑΛΟΥ ΣΤΗΡΟΣΩ**,
en bas **ΙΠΠΟΣΤΡΑΤΟΥ**.

FIG. 463.

   R/. Le prince à cheval galopant à dr. — Légende : *Maharad-
djasa tratarasa mahatasa djayañtasa Hipathratasa*

Zoilos.

Roi du Pendj-âb oriental, à peu près contemporain de Dionysios.

Æ. (Fig. 464). Dr. Buste diadémé et drapé du prince. — Légende : ΒΑΣΙΛΕΩΣ ΣΩΤΗΡΟΣ, en bas ΖΩΙΛΟΥ.

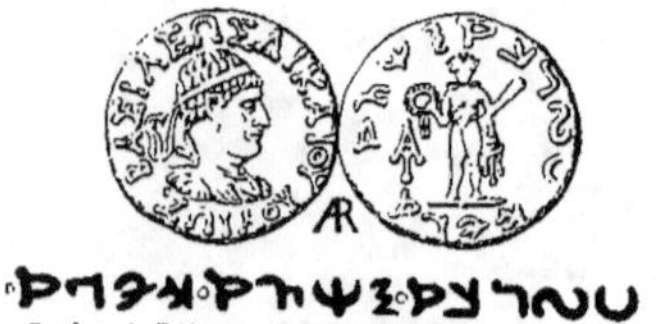

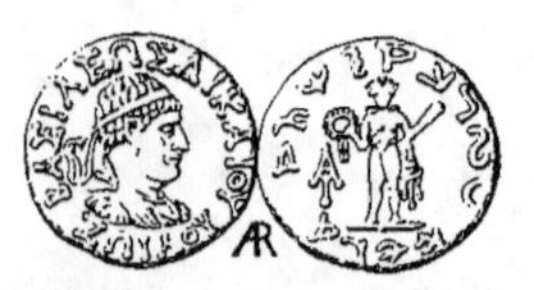

°Sa La I DjHoOSa Ka MiDHRaSa Dja Ra Ha Ma

FIG. 464.

℞. Pallas. — Légende : *Maharadjasa Dhramikasa*, en bas *Djhoïlasa*.

Æ. Même type du Dr. — Légende : ΒΑΣΙΛΕΩΣ ΔΙΚΑΙΟΥ, en bas ΖΩΙΛΟΥ.

℞. Hercule debout de face.

Æ. (circulaire). Dr. Apollon.

℞. Tripode. — Mêmes légendes.

Théophilos.

Roi d'un pays indéterminé situé dans le Pendj-âb.
Vers 120 av. J.-C.

Æ. (Fig. 465). Dr. Buste drapé et diadémé du roi à dr. — Légende : ΒΑΣΙΛΕΩΣ ΔΙΚΑΙΟΥ, en bas ΘΕΟΦΙΛΟΥ.

℞. Héraclès se couronnant. — Légende : *Maharadjasa dhramikasa*, en bas *Thiuphilasa*.

°SaLaPHi UTHi°Sa KaMiDHRa°SaDja Ra Ha Ma

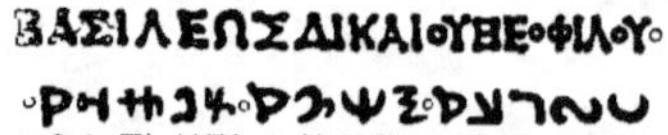

FIG. 465.

DYNASTES DES PROVINCES MÉRIDIONALES DE L'INDUS (?).

Pantaléon.

Roi des districts de la frontière nord-occidentale de l'Inde.
Vers 190 av. J.-C.

RaDjNo PamTaLeVaSa.

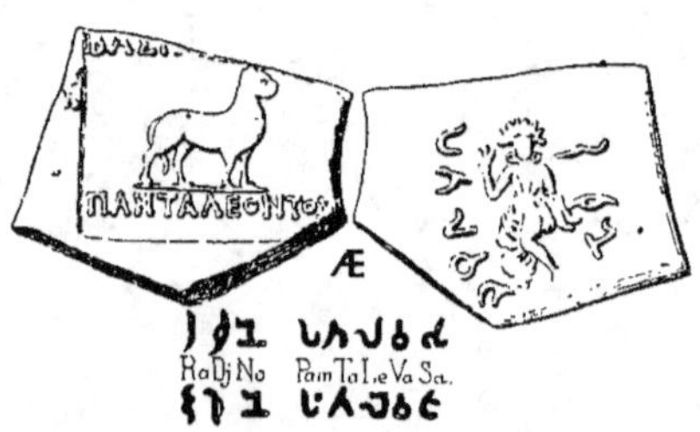

FIG. 466.

Æ. (Fig. 466). Dr. Lion debout à dr. dans un carré incus. — Légende, haut ΒΑΣΙΛΕΩΣ, bas ΠΑΝΤΑΛΕΟΝΤΟΣ.

℞. Danseuse. (?) — Légende dr. : *Radjano*, g. *Pamtalevaša*.

On ne connait pas de monnaies d'argent de ce prince.

Agathoclès.

Probablement successeur de Panthaléon, comme souverain de districts situés vers la frontière nord-occidentale de l'Inde.

Vers 185 av. J.-C.

Æℛ. Tétradrachme et drachme (Fig. 467). Profil du prince à dr. — Anépigraphe.

℞. Jupiter debout appuyé sur un long sceptre et tenant dans sa main droite une figurine (Artémis ?). — Légende dr. : ΒΑΣΙΛΕΩΣ, g. ΑΓΑΘΟΚΛΕΟΥΣ

Æℛ. Drachme. Même dr.

Fig. 467.

℞. Panthère à dr. tenant une grappe de raisin. — Même légende.

Æ. Profil du roi à dr., une lance derrière la tête.

℞. Panthère à dr., devant une vigne dont elle mange les raisins.

Æ. (Fig. 468). Dr. Lion debout à dr. dans un carré incus. — Légende : haut ΒΑΣΙΛΕΩΣ, bas ΑΓΑΘΟΚΛΕΟΥΣ.

Fig. 468.

℞. Danseuse. — Légende : dr. *Radjano*, g. *Aghathoklayasa*.

DYNASTIES INDO-PARTHES

Suivant Orose, Mithridate I roi arsacide de Perse aurait, à la fin de son règne vers 138 avant J.-C., envahi les pays situés entre l'Indus et l'Hydaspès, c'est-à-dire le royaume dont la capitale était Taxila (Pendj-âb occidental). Ce royaume demeura pendant quelques années possession de l'empire des Arsacides de Perse. Mais à la faveur des troubles survenus lors de la mort de Mithridate I (vers 136 av. J.-C.) le pouvoir iranien s'affaiblit dans ces régions et, vers 120 av. J.-C. un chef nommé Mauès (Moa) se déclara indépendant dans la ville de Taxila.

Vers la même époque, un peu plus tard peut-être, un grand seigneur parthe, du nom de Vonônès (Onônès), usurpa le pouvoir suprême en Drangiane (Seïstan, Arie), et étendit son autorité sur l'Arachosie (Kandahar). Il fit administrer ses possessions tout d'abord par son frère, Spalahora, puis par le fils de ce prince Spalagadama. Lors de la mort de Vonônès, un autre de ses frères Spalirises (Spaliriša) lui succéda au trône, et un personnage du nom d'Aya (Azès), probablement fils du nouveau roi, administra l'Arachosie pour le compte de la couronne.

Azès ne monta pas sur le trône après la mort de son père. Il est à croire que le roi de Perse Mithridate II, le Grand, détrôna cette lignée, et fit rentrer quelques provinces orientales sous l'autorité directe de la Perse. Cependant Azès fut autorisé à succéder à Mauès sur le trône de Taxila, et ses descendants présumés Azilisès (Ayiliša), Azès II et Gondopharès, exercèrent le pouvoir sur la totalité de ce royaume. Ce dernier prince étendit même son autorité sur toute la basse vallée de l'Indus et, profitant de circonstances favorables, reprit aux Perses l'Arachosie et la Drangiane. A sa mort (vers 60 av. J.-C.) ses vastes possessions ne demeurèrent pas sous un seul sceptre. Son frère Orthagnès régna sur les provinces d'Arachosie, tandis qu'Abdagasès, fils d'un autre frère de Gondopharès, dont le nom ne nous est pas parvenu, monta sur le trône de Taxila. A cette époque les Sakas (Yueh-či) et d'autres nomades, venus de l'Asie centrale par le Nord-Ouest des Indes, entraient dans la vallée de l'Indus et, suivant toute vraisemblance, ils s'emparèrent de Taxila, et en détrônèrent le souverain, au profit de l'une de leurs familles princières.

Cette invasion ne toucha l'Arachosie que plus tard, en sorte que le trône d'Orthagnès fut occupé successivement par Pakorès (Pakura) et Arsacès Dikaïos. Mais, vers 90 ap. J.-C., un roi koušan (Yuéh-či), Kadphisès II (Ooémo), s'empara du Pendj-âb, de l'Arachosie et du Sind, obligeant les princes parthes à se retirer dans un petit territoire du delta de l'Indus, d'où ils furent d'ailleurs délogés vers 130 ap. J.-C. probablement par Kaniška.

Nous possédons des monnaies de presque tous les princes indo-parthes de ces régions, ainsi que de leurs gouverneurs, dont ils associent très fréquemment le nom au leur sur les médailles. Le droit de ces pièces porte le nom du souverain dans une légende grecque, à moins qu'il soit composé seulement de titres comme c'est le cas pour les bronzes de Soter Megas ; quant au revers,

les textes sont toujours en langue et en écriture du Nord de l'Inde,
et sont en tout semblables aux légendes des monnaies bactriennes.
Les titres cependant diffèrent.

Toutes ces monnaies taillées sur l'étalon indien, sont en argent et
en bronze, elles sont rondes ou carrées. Les Indo-parthes, de même
que les Souverains de la Perse, semblent n'avoir, que très excep-
tionnellement, émis des pièces d'or.

ROYAUME DE TAXILA

Nous avons vu plus haut que dans les origines, le royaume de
Taxila comme beau-
coup d'autres, émit
probablement des
monnaies anonymes,
lingots poinçonnés
ou coulés, qu'il est
impossible de distin-
guer avec certitude
des autres pièces du
même genre émises
dans les autres parties
de l'Inde. Ce mon-
nayage que nous

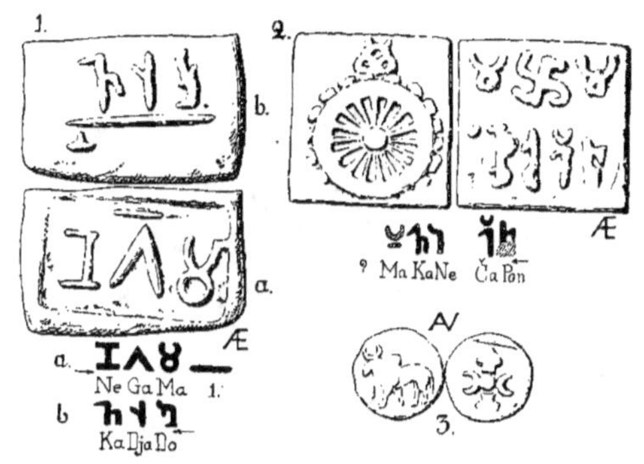

Fig. 469.

attribuons à Taxila se continua jusqu'à l'époque de la conquête
arsacide de l'Inde.

On donne aussi au royaume indigène de Taxila des monnaies
rondes ou carrées de bronze portant quelques signes ou emblèmes
connus et de courtes légendes en caractères kharoṣṭhi : généralement *negama nekama* ou *nikama*, signifiant la valeur de la monnaie, accompagné d'une barre horizontale marquant l'unité
(Fig. 469, n° 1). Parfois, mais rarement, le revers porte, en caractères indiens, la légende : *Dodjaka*.

Mais la monnaie ne correspondait pas seulement à l'unité, on en
trouve sur lesquelles il est inscrit en kharoṣṭhi : *Panca-Nekama =*
cinq nekama (Fig. 469, n° 2).

On place à Taxila également, mais sans raisons péremptoires,
aux temps anciens de Taxila, de petites monnaies rondes anépigraphes en or (Fig. 469, n° 3).

Mauès (Moa).

Roi parthe (?) de Taxila.
Vers 120-90 av. J.-C.

Æ. Dr. Caducée. — Légende verticale en deux lignes : **BAΣI-ΛEΩΣ MAYOY.**

℞. Tête d'éléphant à dr.

Æ. (Fig. 470 A). Dr. Jupiter debout à g. — Légende circulaire : **BAΣIΛEΩΣ BAΣIΛEΩN MEΓAΛOY**, en exergue **MAYOY.**

℞. Victoire debout à dr. tenant une couronne. — Légende circulaire : *Radjadiradjasa mahatasa,* en bas *Moasa* (*Du roi des rois, du grand Manès*).

Æ. Dr. Artémis courant à dr. — Même légende circulaire.

℞. Bœuf zébu à g. — Même légende circulaire indienne.

Æ. Dr. Héraklès debout, de face. — Même légende grecque.

℞. Lion debout à g. — Même légende circulaire indienne.

FIG. 470.

Æ. (carré). Dr. Éléphant marchant à dr. — Même légende en carré.

℞. Personnage (divinité ou roi) assis. — Même légende indienne.

Æ. (carré). Dr. Cavalier. — Même légende.

℞. Victoire. — Même légende.

Æ. (carré). (Fig. 470 B). Dr. Éléphant se cabrant. — Même légende.

℞. Bos zébu debout à dr. — Même légende en trois lignes. Monogramme grec (?) dans le champ

Vonônès (Onônès) [seul].

Roi indo-parthe de la Drangiane et de l'Arachosie, avec son frère *Spalahora* (ou *Spalyris*) comme vice-roi.

Vers 105 av. J.-C.

Æ. (Fig. 471 A). Dr. Roi diadémé à cheval, soit les mains libres, soit la lance en avant. — Légende : ΒΑΣΙΛΕΩΣ ΒΑΣΙΛΕΩΝ ΜΕΓΑΛΟΥ, en bas ΟΝΩΝΟΥ.

ΒΑΣΙΛΕΩΣ·ΒΑΣΙΛΕΩΝ·ΜΕΓΑΛΟΥ·ΟΝΩΝΟΥ·

FIG. 471.

℞. Jupiter debout. — Légende : *Maharadja bhratadhramiasa,* en bas *Spalahorasa*

Æ. Dr. Héraklès debout. — Même légende.

℞. Pallas casquée debout à g. — Même légende.

Vonônès (Onônès).

Avec son neveu *Spalagadama* (vice-roi).

Vers 115 à 105 av. J.-C.

Æ. (Fig. 471 B). Dr. Roi diadémé à dr. la lance en arrêt. — Légende : ΒΑΣΙΛΕΩΣ ΒΑΣΙΛΕΩΝ ΜΕΓΑΛΟΥ — ΟΝΩΝΟΥ.

℞. Jupiter debout de face. — Légende : *Spalahora-putrasa dhramiasa*, en bas *Spalagadamasa*.

Spalahora (Spalyris).

Vice-roi.

Frère du roi *Onônès*, avec son fils *Spalagadama*.

Vers 110 av. J.-C.

Æ. (carré) (Fig. 472). Dr. Prince diadémé à cheval. Carré de perles.

FIG. 472.

— Légende : g. ΣΠΑΛΟΥ-ΡΙΟΣ, haut ΔΙΚΑΙΟΥ, dr. ΑΔΕΛΦΟΥ, bas ΒΑΣΙΛΕ-ΩΣ [O et Σ carrés].

℞. Hercule assis sur un rocher. — Légende : dr. *Spalahora putrasa*, haut *Dhramiasa*, g. *Spalagadamasa*.

Spalirisa (ou Spalirisès).

Roi indo-parthe de l'Arachosie, frère et successeur de *Vonônès*.

Vers 100 à 90 av. J.-C.

Æ. (carré) (Fig. 473). Dr. Victoire marchant à g. tenant une fleur. — Légende : ΒΑΣΙ-ΛΕΩΝ ΒΑΣΙΛΕΩΣ ΜΕΓΑΛΟΥ, en exergue ΣΠΑΛΙΡΙΣΟΥ.

℞. Zeus radié assis à g. sur un trône. — Légende : dr. *Maharadjasa*, haut *mahatakasa*, g. *Spaliritisa*.

FIG. 473.

Azès (Aya) I.

Roi de Taxila et du Pendj-âb occidental, peut-être fils de *Spalirisa*.

Vers 90-40 av. J.-C.

Azès et Vonônès.

Æ. (Fig. 474 B). Dr. Héraklès debout de face. — Légende : ΒΑΣΙ-ΛΕΩΣ ΒΑΣΙΛΕΩΝ ΜΕΓΑΛΟΥ ΟΝΟΝΟΥ.

℞. Lion passant à g. Monogramme dans le champ. — Légende : *Radjadiradjasa Mahatasa Ayasa.*

Azès (seul).

Æ. Dr. Jupiter debout à g. — Légende : **ΒΑΣΙΛΕΩΣ ΒΑΣΙ-ΛΕΩΝ ΜΕΓΑΛΟΥ**, en bas **ΑΖΟΥ**.

℞. Victoire debout à dr. — Légende : *Maharadjasa radjarad jasa mahatasa,* en bas *Ayasa.*

Æ. (Fig. 474 A). Dr. Le roi diadémé, à cheval, la lance en arrêt. — Même légende.

℞. Zeus lauré et radié, debout à g. — Même légende.

Æ. Dr. Le roi diadémé, à cheval, la main droite levée. — Même légende.

℞. Poseidon debout à dr. — Même légende.

Æ. Dr. Le roi à cheval, à dr., la lance en arrêt. — Même légende.

FIG. 474.

℞. Divinité debout à g. — Même légende.

Æ. Même dr.

℞. Pallas debout de face se couronnant. — Même légende.

Æ. Même dr.

Æ. Pallas debout à g. se couronnant.

Æ. Même dr.

℞. Pallas debout à dr. se couronnant.

Æ. (circulaire). Dr. Éléphant marchant à dr. — Même légende.

℞. Bœuf zébu marchant à dr. — Même légende.

Æ. (circulaire). Dr. Bœuf zébu marchant à dr. — Même légende.

℞. Lion debout à dr. ; au-dessous, *Saśi* ou *Siśa.* — Même légende.

Æ. (circulaire). Dr. Déesse assise (Déméter ?) portant la corne d'abondance. — Même légende.

R̵. Hermès debout à g. *saśi*. — Légende : *Maharadjasa radja radjasa mahatasa,* au-dessous *Ayasa.*

Æ. (circulaire). Dr. Le roi diadémé, assis de face. — Même légende.

R̵. Hermès debout à g. — Même légende.

Æ. Même médaille.

R̵. Pallas debout de face.

Æ. (carré). Dr. Poseidon debout, de face. — Même légende.

R̵. Déesse drapée, debout de face. — Même légende.

Æ. (carré). Dr. Le roi monté sur un chameau à deux bosses à dr. — Même légende.

R̵. Bœuf zébu à dr. — Même légende.

Æ. (carré). Dr. Le roi à cheval à dr., la lance en arrêt. — Même légende.

R̵. Bœuf à bosse. Même légende.

       Æ. (carré). Même dr.

       R̵. Héraklès assis sur un rocher. — Même légende.

       Æ. (carré). Même dr.

       R̵. Lion debout à dr. — Même légende.

Azilisès (Ayiliśa)

Fils (?) et successeur d'*Aʐès I.*

Vers 40-45 av. J.-C.

Æ. Dr. Le roi à cheval à dr. la lance en arrêt. — Légende : ΒΑΣΙΛΕΩΣ ΒΑΣΙ-ΛΕΩΝ ΜΕΓΑΛΟΥ — ΑΖΙΛΙΣΟΥ.

R̵. Pallas debout à g., menaçant de la foudre. — Légende : *Maharadjasa radjaradjasa mahatasa Ayiliśasa* (Fig. 52).

Æ. Même dr.

R̵. Déesse bebout à g. — Même légende.

°Sa Śa Li Yi A °Sa Ta Ha Ma° Sa DjaTa DjaRa° SaDjaRaHa Ma

Fig. 475.

Æ. (carré). Dr. Même type. — Même légende.

R̵. Bos zébu marchant à dr. — Même légende.

Æ. (circulaire) (Fig. 475 A). Dr. Le roi à cheval. — Même légende.

℞. L'un des Dioscures (?) [Cunningham], debout, de face, avec l'épée et la lance. — Même légende indo-bactrienne. Monogramme en caractères indiens.

Æ. (circulaire). Même dr.

℞. (Fig. 475 B). La déesse *Lakšmi*, debout sur une fleur de lotus, accostée de deux fleurs de lotus, supportant des éléphants jetant, avec la trompe, de l'eau (?) sur la tête de la déesse. — Même légende.

Azès (Aya) II.
Roi de Taxila et du Pendj-âb occidental (probablement petit-fils *Azès I*).
Vers 15 av. J.-C. et 20 ap. J.-C.

Æ. Dr. Le roi à cheval à dr. — Légende : ΒΑΣΙΛΕΩΣ ΒΑΣΙ-ΛΕΩΝ ΜΕΓΑΛΟΥ ΑΖΟΥ.

℞. Jupiter debout à dr., tenant dans la main dr. une Victoire et dans la g. un long sceptre. — Légende (Fig. 476 A). : *Maharadjasa radjaradjasamahatasa — Ayasa.*

Æ. (circulaire). Même dr. que les drachmes. Même ℞.

Billon (circulaire). Même type du dr.

℞. Pallas debout à dr. — Même légende.

Æ. (circulaire). Même dr.

FIG. 476.

℞. Déesse ou Cité debout à dr. — Même légende.

Azès II et son satrape (Stratégos) Aspavarma.
Pendj-âb occidental.
Vers 10 ap. J.-C.

Æ. (Fig. 476 B) (circulaire). Dr. Le roi à cheval à dr. — Légende : ΒΑΣΙΛΕΩΣ ΒΑΣΙΛΕΩΝ ΜΕΓΑΛΟΥ — ΑΖΟΥ.

℞. Pallas debout à dr. — Légende : *Indravarmaputrasa Aspavarmasa Strategasa — Djayalasa.*

Djihunia ou Zeionisès,

Fils du satrape *Managula*
Satrape de Taxila, probablement contemporain d'*Azès II*.
Vers 10 ap. J.-C.

Æ. (Fig. 477). Dr. Le satrape à cheval à dr., la main dr. levée.
— Légende : ΑΝΝΙΓΛΟΥ ΥΙΙΥ ΣΑΤΡΑΠΕΙ ΖΕΙШΝΙϹΟΥ·

R̸. Le satrape debout à g., devant une déesse à dr. qui le couronne. — Légende : *Managulasa chatrapasa putrasa chatrapasa Djihuniasa.*

Æ. 'Dr. Bos zébu debout à dr.

R̸. Lion debout à dr.

Fig. 477.

— Légende : *Managulaputrasa chatrapasa Djihuniasa.*

Aspa Varma.

Fils d'*Indra Varma*, satrape sous *Azès II*.

Æ. (Fig. 488). Dr. Le roi à cheval à dr., tenant en main une couronne. —Légende : ΒΑΣΙΛΕΩΣ ΒΑΣΙΛΕΩΝ ΜΕΓΑΛΟΛ ΑΖΟΥ.

R̸. Pallas armée, debout à dr.
— Légende : *Indra Varma putrasa Aspa Varma Strategasa djayatasa.*

Fig. 478.

Kharamostis.

Fils d'*Artasa*, satrape, probablement contemporain d'*Azès II*.

Æ. Dr. Cavalier à droite, la lance en arrêt. — Légende : ΧΑΡΑ-ΗΠϹΤΕΙ ϹΑΤΡΑΕΙ ΑΡΤΑΟΥ·

R̸. Lion à dr. — Légende : *Chatrapasa Kharamastasa Artasa putrasa.*

Gondopharès ou Undopharès.

(*Gudupharna*) roi indo-parthe de la vallée de l'Indus.
Vers 20 à 60 ap. J.-C.

Æ. Dr. Le roi à cheval à dr. — Légende (Fig. 479 A). : BACI-
ΛEΩC BACIΛEΩN MEΓAΛOV YNΔOΦEPPOY

Rℓ. Pallas
debout à dr. —
Légende (Fig.
479 B). : *Maha-
radjaradjatiradja
tratarasa devavra-
stasa — Gudapha-
rasa.*

Æ. — Même
dr.

Rℓ. Zeus
debout à dr. —
Légende : *raya-
rayasa apratihata-
chakrasa devavradasa — sasasa* (Fig. 479 C).

Var. *mahatasa tradarasa devavradasa*.

Æ. Même dr.

Rℓ. Zeus debout à dr., tenant une Victoire. *Sasasa* en exergue.
— Même légende.

Æ. (Fig. 479 E). Dr. Buste diadémé du roi à dr. — (de style
arsacide). Légende : ΒΑΣΙΛΕΩΣ ΣΩΤΗΡΟΣ ΥΝΔΟΦΕΡΡΟΥ.

Rℓ. Victoire debout à dr. présentant une couronne. — Légende :
(Fig. 479 D). *Maharadjasa Gudapharanasa tratarasa.*

Æ. Dr. Buste diadémé du roi — Légende : ΒΑΣΙΛΕΩΣ ΒΑΣΙ-
ΛΕΩΝ ΥΝΔΟΦΕΡΡΟΥ.

Rℓ. Pallas menaçant de la foudre à g. — Même légende indienne.

A BACIΛEΠCBACIΛEΠNMEΓAΛOYYHΔOΦEPPOY

B
Sa Ra PHa Da Gu° Sa Ta VRa Va De ° Sa Ra Ta TRa° DjaRaTi DjaRaDjaRaHaMa

C
Sa Sa Sa ° Sa Da VRa Va De ° SaKRaCHaTa HaTi PRaA ° SaYaRaYaRa

D
° Sa Ra Da TRa° SaNaRaPHaDaGu° SaDjaRaHaMa

FIG. 479.

Abdagasès (Avadagaśa).

Neveu de *Gondopharès*, roi de Taxila.
Vers 60 à 65 ap. J.-C.

Æ. (Fig. 480 AA′). Dr. Buste du roi drapé et diadémé. —
Légende (Fig. 480 A) : BACIΛEΩC BACIΛEΩN ABΔAΓACOY.

Ɍ. Victoire debout à g. — Légende : (Fig. 480 A′) *Maharad-jasa Avadagasasa.*

FIG. 480.

Æ. Dr. Le roi à cheval à dr. présentant une couronne — Même légende.

Ɍ. Jupiter tenant une Victoire.

Æ. (Fig. 480 B). Dr. Même type.

Ɍ. Jupiter (?) debout à dr. levant la main dr. — Légende :

Gandaphara bhrata putrasa radjadi radjasa maharadjasa tradatasa Avadagaçasa.

Sasan (?) (Sasasa).

Les monnaies de ce prince se rencontrant avec celles d'*Abdagasès,* on les doit ranger soit avant, soit après celles de ce dernier roi.

Æ. (Fig. 481). Dr. Le roi à cheval à dr. — Légende : **BACIΛE... ΛCY.**

FIG. 481.

Ɍ. Jupiter de face. — Légende : (d'ap. Cunningham) *Maharâdjasa mahatasa tradatasa devahadasa gadapharasa Sasasa* ou *Maharâdjasa radjatiradjasa mahatasa dhramikasa gudapharasa Sasasa.*

Orthagnès.

Frère (?) et successeur de *Gondopharès* dans le Seïstan et l'Arachosie.
Vers 60 à 70 ap. J.-C.

Æ. (Fig. 482). Dr. Buste diadémé et drapé du roi de face, tête tournée à g. Cheveux disposés en touffes suivant la mode du Grand

roi de Perse Mithridates III (57 av. J.-C.). — Légende : BACI-
ΛΕΩC ΒΑCΙΛΕΩΝ ΜΕΓΑC ΟΡ-
ΘΑΓΝΗC·

℞. Victoire à dr. — Légende :
*Maharadjasa radjadiradjasamahatasa
guadaphara Sagabasa* [Smith ou *Maa
haradjasa radjatiradjasa gandapha-
ràsa Gudranasa* (?) [Cunningham].

Fig. 482.

Pakura ou Pakorès.

Roi indo-parthe du Seïstan et de l'Arachosie.
Vers 70-75 ap. J.-C.

Fig. 483.

Æ. Dr. Buste à g. du
roi drapé dans la candyle,
diadémé, les cheveux
bouclés réunis en une
grosse touffe derrière la
tête. — Légende : BA-
CΙΛΕΥC ΒΑCΙΛΕΩΝ
ΜΕΓΑC ΠΑΚΟΡΗC.

℞. Niké debout à
dr. — Légende : *Ma-
haradjasa radjatirasa mahatasa Pakurasa* (Fig. 483).

Arsakès (Arśakasa)

La position de ce prince est inconnue.
Nous le plaçons ici, en raison des caractères épigraphiques de ses monnaies.

Æ. (Fig. 484). Dr. Le roi à
cheval à dr. — Légende : BACI-
ΛΕΥΟΝΤΟC ΒΑCΙΛΕШΝ ΔΙΚΑ-
ΙΟΥ ΑΡCΑΚΟΥ.

℞. Motif effacé.—Légende :
*Maharâdjasa radjaradjasa maha-
tasa Arśakasa tradatasa.*

℞. Jupiter debout, tenant
une Victoire (vignette effacée). — Même légende.

Fig. 484.

Fig. 485.

čhatrapasa Radjabulasa.

Radjabula.

Satrape d'un prince inconnu ou de *Soter Megas.*

Æ. (Fig. 485). Dr. Profil à dr. du roi. — Légende BACIΛEI BACIΛEШC CШTHPOC PAΣY.

R̸. Pallas armée menaçant de la foudre. — Légende : *Apratica krasa*

Soter Megas.

Dynaste de nom inconnu, contemporain de *Kadphisès II.*
Vers 10 ap. J.-C. et apparenté aux princes Indo-parthes.

Æ. (Fig. 486 B) (moyen module). Dr. Buste radié, drapé et diadémé du prince à dr. levant la main g. tenant un sceptre, à g. OIE en monogramme.

R̸. Le prince à cheval à dr. — Légende : BACIΛEYC BACIΛEΩNCΩTHP MEΓAC

Æ. (petit module). Id.

Æ. (Fig. 486 A). Dr. Buste diadémé et drapé du prince à dr. — Même légende grecque qu'au revers précédent.

R̸. Jupiter assis sur un trône. — Légende :
Maharadjasa rādjadirasa mahatasa tratarasa.

Æ. Dr. Cavalier à dr. — Même légende grecque.

R̸. Zeus debout à dr. — Même légende indienne.

Fig. 486.

Heraüs ou Miaüs.

Prince dont l'époque n'est pas connue.

Æ. Tétradrachme (Fig. 487). Buste du roi à dr. — Anépigraphe.

J. DE MORGAN

MANUEL

DE

NUMISMATIQUE

ORIENTALE

DE

L'ANTIQUITÉ ET DU MOYEN AGE

FASCICULE II

LIBRAIRIE ORIENTALISTE
PAUL GEUTHNER
13, RUE JACOB, PARIS — 1924

MANUEL DE NUMISMATIQUE ORIENTALE

Contenu du fascicule II (271 fig. dans le texte) :

VI. Les États de la Mésopotamie et de la Syrie. — Élymaïde, Characène, Subcharacène, Palmyre, Édesse, Judée.

VII. Arabie. — La Nabatène, Arabie méridionale et septentrionale.

VIII. La Perse. — Principauté de Perside, Grands rois Sassanides de l'Iran et de l'Aniran.

IX. Les Indes et les pays situés entre l'Indus et l'Iran.

LIBRAIRIE ORIENTALISTE PAUL GEUTHNER

En préparation pour paraître chez moi :

J. DE MORGAN

LA PRÉHISTOIRE ORIENTALE

TABLE DES MATIÈRES

Préface.

Historique des découvertes.

Ire PARTIE : *Généralités.* I. Géographie tertiaire. — II. L'homme tertiaire. — III. Les phénomènes glaciaires. 1. Les oscillations des pôles. — 2. Soulèvements et effondrements des Continents. — 3. Les forces sismiques. — 4. Oscillations de l'écorce terrestre. — 5. La Glaciation. — 6. Modifications dans l'étendue des Continents. — 7. Conduite des glaciers européens. — 8. Les plateaux de l'Asie Centrale. — 9. Le plateau persan. — 10. L'Arménie et le Caucase. — 11. La Sibérie. — 12. Les périodes glaciaires. — 13. Durée des temps glaciaires. — IV. Les alluvions quaternaires (Incertitudes de la chronologie des superpositions dans les couches alluviales quaternaires). — V. Les origines humaines. — VI. Les climats aux temps glaciaires. — VII. La population humaine au Pleistocène moyen. — VIII. Les grandes inondations du Pleistocène et le dépeuplement du globe. — IX. Le repeuplement de la terre (les dolichocéphales ; les brachycéphales ; les Indo-Européens ; les Sémites). — X. Des vestiges que laissent après eux les peuples sauvages. — XI. De l'usage des instruments de pierre.

IIe PARTIE : I. *L'Asie, au temps des industries de la pierre.* 1. L'industrie paléolithique en Syrie, en Mésopotamie et en Arabie. — 2. L'industrie de la pierre au pays des Somalis. — 3. L'industrie de la pierre dans l'Hindoustan. — La presqu'île de Malacca, l'Indo-Chine. — 4. L'obsidienne dans l'Asie Antérieure. — II. *La Susiane et la Chaldée.* 1. Formation de la Chaldée et de la plaine susienne. — 2. Colonisation de la Chaldée et de l'Elam. — 3. La première ville de Suse, culture de ses habitants, leurs industries. — Première période céramique. — 4. Seconde période céramique, — l'écriture, les métaux. — 5. La plaine de Moussian et le Poucht-è-Kouh. — 6. La Chaldée, la Syrie et la Palestine. — 7. Relations de la Chaldée et de l'Elam avec les pays étrangers.

IIIe PARTIE : *L'Égypte et le Nord de l'Afrique.* 1. L'industrie paléolithique en Égypte. — 2. La pierre polie dans la Vallée du Nil : le Fayoum, Hélouan. — 3. Les Kjoekkenmoeddings et les premiers villages de la Haute Égypte. — 4. Les Stations préhistoriques de la Moyenne Égypte. — 5. Les usages funéraires préphараoniques. — 6. La dernière phase prédynastique — la Céramique, l'industrie du silex. — 7. Les métaux et la presqu'île du Sinaï. — 8. Le tombeau royal de Négadah. — 9. L'influence de l'Asie dans la Vallée du Nil aux temps prédynastiques. — 10. Les industries de la pierre dans le nord de l'Afrique, Tunisie. — 11. Les îles méditerranéennes et le littoral d'Europe et d'Asie Mineure.

IVe PARTIE : *Les débuts des métaux dans l'Accil de l'Asie Antérieure.* — 1. Le cuivre et le bronze. — 2. Le fer.

Conclusions.

Cet ouvrage paraîtra à partir de 1924. Les conditions de souscription seront publiées ultérieurement.

CONTENAU (G.). La glyptique syro-hittite, avec 48 planches hors texte, xii-217 pp., gr. in-8, 1922.................... **40 fr.**

Bibliothèque archéologique et historique du service des antiquités de Syrie, tome II.

I : *Constitution d'un groupe de glyptique syro-hittite* (*Monuments* : rapports avec le grand art, formes et usages des cylindres et des cachets — *sources de cette étude — dénomination archéologique* : justification du terme syro-hittite, notions ethnographiques et historiques).

II : *Caractères propres du groupe syro-hittite* (*écriture et langue* : hiéroglyphes, documents cunéiformes — *costume — armement — représentations de divinités*).

III : *Glyptique syro-hittite de la première période* (2400-1550) (*glyptique de transition — répartition géographique des cylindres et des cachets, empreintes de cylindres cappadociens et de la première dynastie — thèmes principaux de l'iconographie cappadocienne — empreintes de cachets* cappadociens).

IV . *Glyptique syro-hittite de la deuxième période* (1550-1100) (caractéristiques, influences extérieures, circonstances historiques, etc.). — *Cylindres à influences égyptiennes — influence égéenne — scarabées hyksos et dérivés — motifs syro-hittites de la deuxième période — influence particulière de Chypre — empreintes de Kerkouk et cylindres de Gezer — glyptique archaïque d'Assur — les cachets syro-hittites de la deuxième période.*

V : *Glyptique syro-hittite de la troisième période* (décadence et disparition du cylindre — décadence des cachets).

VI : *La place de la glyptique syro-hittite dans l'art oriental ancien : Critique de la classification.*

Conclusion — indices et tables diverses.

HUART (Cl.). Histoire des Arabes, 2 vol. (iv-381 et 512 pp.), av. carte, gr. in-8, 1912............................. **40 fr.**

I : Configuration de l'Arabie — II : Mœurs et coutumes des Arabes — III : Histoire primitive de l'Arabie — IV : Les rois de Ghassan et de Hira — V : La Mecque avant Mahomet — VI : Mahomet — VII : L'Emigration à Médine — VIII : Organisation de la société musulmane — IX : Khalifat d'Abou Bekr. — X : Les trois Khalifes orthodoxes successeurs d'Abou Bekr, 'Othman, 'Ali, Omar. — XI : Les Oméiyyades — XII : La prédication abbaside — XIII : Khalifat des Abbasides — XIV : Le Kalifat de Bagdad sous la domination des Emirs Al Omara — XV : Aghlabites en Tunisie, Toulounides en Égypte, Hamdanides à Alep — XVI : Les Fatimites — XVII : Les Khalifes de Bagdad depuis Mostakfi — XVIII : Institution politiques et économiques — XIX : Les Eyyoubites — XX : Les Mamlouks turcs ou Bahrites — XXI : Les Mamlouks circassiens — XXII : Relations diplomatiques avec les puissances d'Occident — XXIII : L'Espagne et le Maghreb — XXIV : Les guerres civiles en Espagne — XXV : Les petits États musulmans d'Espagne — XXVI : Les Almoravides — XXVII : Fin de la domination des Arabes en Espagne — XXVIII : La dynastie saadienne au Maroc (1511-1670) — XXIX : Les Chérifs hasaniens de Sidjilmâssa — XXX : Le Yémen — XXXI : Histoire de l'Oman — XXXII : Histoire des Wahabis — XXIII : Les Arabes au Soudan — XXXIV : Le Mahdi — XXXV : Les Lettres chez les Arabes — XXXVI : Les Sciences chez les Arabes.

MEYER (Ed.). Histoire de l'antiquité, *tome premier* : Introduction à l'étude des sociétés anciennes (évolution des groupements humains), traduit par Maxime David, vii-284 pp., gr. in-8, 1912... **15 fr.**

I. *Évolution politique et sociale.* — II. *L'évolution intellectuelle.* — III. *L'histoire et la science historique.*

—— Idem ; tome II : L'Égypte jusqu'à l'époque des Hyksos, trad. par A. Moret, xxiv, 288 pp., gr. in-8, 1914.............. **15 fr.**

Sources pour l'histoire de l'Égypte — I. Commencements de la civilisation et de l'histoire d'Égypte. — II. Les états primitifs d'Egypte. Les royaumes des adorateurs d'Horus — III. L'Égypte sous les Thinites. — IV. L'ancien empire. — V. La fin de l'ancien empire et l'époque de transition. — VI. Le moyen empire. — VII. Décadence du moyen empire et domination étrangère. — Index

CORDIER (H.). Histoire générale de la Chine et de ses relations avec les pays étrangers depuis les temps anciens jusqu'à la chute de la dynastie mandchoue, 4 vol. *in-8*, 1920-21 . . . . **100 fr.**

TOME I : Depuis les temps anciens jusqu'à la chute des T'ang (907), 572 pp., 1920.

*Aperçu des chapitres du tome I*er : I) Origines des Chinois : Théories étrangères—II) Sources de l'histoire de la Chine : Origines des Chinois : légendes chinoises — III) Les cinq empereurs — IV) Yao et Chouen. Le Kiang et le Ho — V) 1re dynastie, les Hia : 2e dynastie, les Han —VI) 3e dynastie, les Tcheou — VII) Confucius et Lao Tse — VIII) la 4e dynastie, les T'sin — IX à XI) 5e dynastie, les Han — XII) San Kouo 6e dynastie, les Tsin — XIII) 7e dynastie, les Tsin —XIV) Nord-Sud (Nan Pe Tch'ao) — 8e dynastie : les Soung — XV) Les Ts'i — les Wei — 9e dynastie : Les Ts'i — 10e dynastie : les Leang — XVI) la sculpture sous les Wei — XVII) 11e dynastie, les Souei. — XIX à XXIV) 13e dynastie, les T'ang — XXV) les pèlerins bouddhistes.

TOME II : Depuis les cinq dynasties (907) jusqu'à la chute des Mongols (1368), 432 pp., 1920.

Aperçu des chapitres du tome II : I) Les cinq dynasties : Wou Taï, xive dynastie : les Heou Leang ou Leang postérieurs — II) xve dynastie : les Heou T'ang ou T'ang postérieurs — III) Heou Tsin — Heou Han. — xvie dynastie. Les Heou Tsin ou Tsin postérieurs. — xviie dynastie : les Heou Han ou Han postérieurs. — IV) xviiie dynastie : les Heou Tchou ou Tcheou postérieurs — V à XI) xixe dynastie : les Soung — XII) xxe dynastie : les Mongols : origines. — Débuts de Tchinguiz Khan. — XIII) Les Mongols. Tchinguiz Khan (*suite*) — XIV) Les Mongols : Ogotaï — XV) Les Mongols : Tourakina. — Kouyouk — XVI) Les Mongols : Mangkou — XVII-XIX) K'oublaï — XX-XXI) Les Mongols (*suite*) — XVII-XXIV) Les Mongols : missionnaires et voyageurs étrangers,

TOME III : Depuis l'avènement des Ming (1368), jusqu'à la mort de Kia K'ing (1820), 428 pp., 1920.

Aperçu des chapitres du tome III : I) xxie dynastie : Les Ming (1368-1644) : Houng Wou. — II) Les Ming : Kien-Wen Ti. — III) Les Ming : Yong Lo.— IV-V) Les Ming (*suite*). — VI) Les Ming : Wan Li. — VII) Les Ming (*fin*). — VIII) Le Monde au xve siècle. — IX) Le Portugal : Découverte du cap de Bonne-Espérance. — X) Les Portugais dans l'Océan Indien. — XI) Malacca. — XII) Arrivée des Portugais en Chine. — XIII) Arrivée des Portugais à Macao. — XIV) Saint François Xavier et les Missions. — XV) Les Espagnols. — XVI-XVIII) Le début des Anglais dans l'Extrême-Orient. — XIX) Les Hollandais. — XX) xxiie dynastie : Les Ts'ing (1644) : Chouen Tche (1644-1662). — XXI) K'ang Hi (1662-1722). — XXII-XXIV) K'ang Hi (*suite*). — XXV) K'ang Hi (*fin*). — Young Tcheng. — XXVI-XXVIII (Kien Loung. — XXIX) Kia K'ing.

TOME IV : Depuis l'avènement des Tao Kouang. jusqu'à l'époque actuelle. 427 pp., et un tableau, 1920 (1921).

Aperçu des chapitres du tome IV : I) Tao Kouang — II-III) Hien Foung — IV-IX) Foung Tche — X-XVI) Kouang Sin — XVII) Siouen Toung — XVIII) Épilogue : La république (*Tchong Houa Min Kouo*) — Appendice : A) Table des Dynasties — B) Missions catholiques en 1913 — C) Divisions territoriales de la Chine — D) Population de la Chine 1910 — Tableau généalogique de la famille impériale de Chine. — Index alphabétique des 4 volumes (93 pages).